환동해의 중심
울릉도·독도

이 도서는 2022년 (재)독도재단 동해독도 글로벌 알림 콘텐츠 개발 사업의 지원을 받아 제작되었음.(독도재단-22-111504)

환동해의 중심
울릉도·독도

권용휘 · 권혁 · 서경순 · 서인원 · 서호준 · 최정환 · 하대성

도서출판 지성人

- 저자 -

- 권용휘 ▶경북대학교 지리학박사
- 권 혁 ▶중부대학교 학생성장교양학부 조교수
- 서경순 ▶부경대학교 대마도연구센터 연구교수
- 서인원 ▶행정안전부산하 일제강제동원피해자지원재단 전문관(3급)
- 서호준 ▶신용보증기금 기업개선부 팀장
- 최정환 ▶중국 대련해사대학 법과대학 조교수
- 하대성 ▶경북대학교 국제시사분석실 전문위원

환동해의 중심 울릉도·독도

2023년 1월 26일 초판 1쇄 발행

저 자 권용휘·권혁·서경순·서인원·서호준·최정환·하대성
펴낸이 엄승진
책임편집.디자인 도서출판 지성인 편집부
펴낸곳 도서출판 지성인
주 소 서울 영등포구 여의도동 11-11 한서빌딩 1209호
메 일 Jsin0227@naver.com
연락주실 곳 T) 02-761-5915 F) 02-6747-1612
ISBN 979-11-89766-36-8 93300

정가 26,000원

잘못 만들어진 책은 본사나 구입하신 곳에서 교환하여 드립니다.
이 책은 저작권법에 의해 보호를 받는 도서이오니 일부 또는 전부의 무단 복제를 금합니다.

들어가며

일본은 2005년 시마네현의 소위 '죽도의 날' 조례 제정을 시작으로 매년 1월 외무상의 정기국회 외교연설 망언, 2월 정부 고위인사가 참석하는 시마네현의 '죽도의 날' 기념식 개최, 3월 문부과학성의 역사왜곡 초중고 교과서 검정 통과, 4~5월 외무성의 『외교청서』 발간, 7~8월 방위성의 『방위백서』 발간 등을 통해 지속적으로 '독도는 일본 고유영토이며, 한국이 불법점거하고 있다.'고 억지 영유권 주장을 펼치고 있습니다. 이처럼 시간이 갈수록 대한민국 영토인 독도에 대한 일본의 영유권 침탈행위가 가속화되고 있는 상황입니다.

그러나 대한민국은 '독도는 역사적·지리적·국제법적으로 대한민국 고유영토이고, 독도에 대한 영유권 분쟁은 존재하지 않으며, 독도는 외교교섭이나 사법적 해결의 대상이 될 수 없다.'라는 기본입장을 분명히 하고 있습니다. 이에 따라 2009년에 설립된 경상북도 출연기관인 독도재단은 일본의 역사 왜곡을 통한 억지 독도 영유권 주장에 대응하고 대한민국 동해의 아름다운 섬 독도의 영토주권을 더욱 공고히 하고자 민간차원의 독도수호사업 및 국내외 교육·홍보·탐방·연구·네트워킹 활동을 지속적으로 실시하여 왔습니다.

특히 올해는 대한민국의 바다인 동해 바로 알기 및 독도 영토주권 강화를 위한 관련 연구 과제를 발굴하고 연구의 지속가능성을 확보하고자 연구후속세대인 신진연구자를 대상으로 연구 과제를 공모하였습니다. 그 결과 역사학, 지리학, 국제법, 정치학, 사회학, 군사학 등 다양한 학문분야의 신진연구자 일곱 분의 연구논문을 모아 재단의 연구총서5 『환동해의 중심 울릉도·독도』를 출판하게 되었습니다.

독도재단은 이번 신진연구자 지원 사업을 시작으로 동해 및 독도관련 주제에 대한 연구 역량을 배양하고 학계의 관심을 증대시키는 계기를 마련하여 미래 연구세대 발굴을 위해 노력할 것입니다. 아울러 앞으로도 동해 명칭 확산 및 독도 영유권을 강화하기 위한 동해 및 독도관련 연구기반 조성 사업에 아낌없는 지원을 해 나가겠습니다.

다시 한 번 더 이번 도서 발간을 위해 애쓰신 신진연구자 분들의 노고에 진심으로 감사의 말씀을 드립니다. 끝으로 독도 영토주권 강화를 위해 최 일선에서 노력하고 있는 독도재단에 대한 변함없는 관심과 사랑을 부탁드립니다.

감사합니다.
2022. 12.
독도재단 사무총장 유수호

■ 차 례

들어가기 / 5

제 1장 독도 서도 어민숙소 사면 애추 지형 발달·························· 11
  Ⅰ. 서론·· 11
  Ⅱ. 독도의 지형 개관·· 14
  Ⅲ. 독도의 애추 발달에 영향을 주는 기후················· 18
  Ⅳ. 독도 서도 어민숙소 일대 애추의 공간 규모와 분포······ 21
    1. 애추 A·· 23
    2. 애추 B·· 26
    3. 애추 C·· 29
  Ⅴ. 독도 서도 어민숙소 일대 애추의 발달 원인과 앞으로의 전망········ 31
    1. 애추 형성 지역의 지형 특성···························· 31
    2. 애추의 암설 공급에 기여하는 요인················· 33
  Ⅵ. 결론 및 시사점··· 41

제 2장 지역민의 커뮤니티 웰빙 만족도가 행복 수준, 지역 소속감, 삶의 만족에 미치는 영향························ 45
  Ⅰ. 서론·· 46
  Ⅱ. 이론적 배경 및 문헌연구···································· 50
    1. 커뮤니티 웰빙 만족도와 행복 수준, 삶의 만족··········· 50
    2. 커뮤니티 웰빙과 지역 소속감························· 54
    3. 옹진군·울릉군 지역 사회 특성 비교················ 55
  Ⅲ. 연구설계··· 57
    1. 연구모형··· 57
    2. 연구가설··· 58
  Ⅳ. 연구방법··· 60
    1. 자료 수집 및 분석 방법································· 60

2. 변수의 조작적 정의……………………………………… 60
　Ⅴ. 실증 분석 및 가설 검증…………………………………… 61
　　1. 표본의 인구통계학적 특성………………………………… 61
　　2. 요인분석 및 신뢰성 분석………………………………… 67
　　3. 상관관계 분석……………………………………………… 69
　　4. 연구가설 검증……………………………………………… 70
　Ⅵ. 결론……………………………………………………………… 74
　　1. 연구결과 요약 및 시사점………………………………… 74

제 3장 『한국수산지』의 해도와 일본 해군 수로부의 해도
- 경상도 동해 연안지역을 중심으로 -………………… 79

　Ⅰ. 서론……………………………………………………………… 79
　Ⅱ. 근대 해도의 성립…………………………………………… 81
　　1. 근대 유럽의 해도………………………………………… 81
　　2. 근대 일본의 해도………………………………………… 86
　Ⅲ. 『한국수산지(韓國水産誌)』……………………………… 94
　　1. 『한국수산지』의 편찬 배경……………………………… 94
　　2. 『한국수산지』의 편찬 목적……………………………… 97
　　3. 『한국수산지』의 구성 및 편찬조사자………………… 100
　Ⅳ. 경상도 동해 연안지역……………………………………… 106
　　1. 일본인 어업……………………………………………… 111
　　2. 일본인 이주어촌………………………………………… 111
　Ⅴ. 『한국수산지』의 해도……………………………………… 114
　　1. 경상도 동해 연안지역 해도…………………………… 115
　　2. 근대 일본 해군의 해도………………………………… 119
　Ⅵ. 결론…………………………………………………………… 122

제 4장 일본의 영토정책이 가지는 지정학적 함의…… 127

　Ⅰ. 서문…………………………………………………………… 127
　Ⅱ. 영토정책의 지정학적 이해………………………………… 129

Ⅲ. 일본 영토정책의 지정학적 전략 · 134
Ⅳ. 남쿠릴열도와 동아시아지역의 지정학적 현상 · · · · · · · · · · · · · · · 139
Ⅴ. 센카쿠(댜오위다오)제도와 동아시아지역의 지정학적 현상 · · · · · · · 145
Ⅵ. 독도와 동아시아지역의 지정학적 현상 · 150
Ⅶ. 결론: 한국 독도 영유권 강화에 주는 함의 · · · · · · · · · · · · · · · · · 156

제 5장 빅데이터 기반 텍스트 네트워크 분석을 활용한 '문무대왕(文武大王)' 관련 핵심 이슈 및 정책 개선과제 도출 · · · · · · · · · · · · · · · · · · · 162

Ⅰ. 서론 · 162
Ⅱ. 이론적 배경 · 166
   1. 문무왕 생애 개관 · 166
   2. 빅데이터 기반 텍스트 네트워크 분석 · · · · · · · · · · · · · · · · · · · 172
   3. 선행연구 검토 · 178
Ⅲ. 연구설계 · 184
   1. 연구 방법 및 범위 · 184
   2. 연구 흐름(Flow) 정립 · 189
Ⅳ. 실증분석 · 190
   1. 문무왕 연구경향에 대한 기술적 분석 · · · · · · · · · · · · · · · · · · · 190
   2. 텍스트 네트워크 분석 결과 · 196
   3. 정책개선을 위한 후보과제 풀 구축 · 210
   4. 계층화 분석(AHP)를 통한 정책 우선순위 설정 · · · · · · · · · · 216
Ⅴ. 결론 · 219
   1. 연구요약 · 219
   2. 정책적 시사점 및 연구의 한계 · 221

제 6장 독도 및 주변해역의 해양보호구역 설정에 관한 연구 · · · · · · · 227

Ⅰ. 서론 · 228
Ⅱ. 독도의 일반적 현황 및 지위 · 229
   1. 독도의 일반적 현황 · 229
   2. 독도 영유권 분쟁 및 한·일간 해양경계 미확정 문제 · · · · · · · 234

Ⅲ. 독도의 해양보호구역 설정에 관한 일반적 검토·················· 240
   1. 해양보호구역의 일반적 현황·································· 240
   2. 우리나라의 해양보호구역 현황································ 242
   3. 독도 및 주변해역의 해양보호구역 설정 효과···················· 245
Ⅳ. 독도 및 주변해역의 해양보호구역 설정에 관한 적법성 평가 ········· 247
   1. 독도 및 주변해역의 해양보호구역 설정 적법성·················· 247
   2. 차고스 군도 사례 검토를 통한 시사점 ························ 250
   3. 독도 및 주변해역의 해양보호구역 설정에 관한 제언············· 257
Ⅴ. 결론·· 259

제 7장 한·일 독도인식과 독도방어 DKD 모델
   * DKD(The Defense of Korea Dokdo; 대한민국 독도방어)······ 263

Ⅰ. 서 론··· 263
Ⅱ. 한국의 독도 인식과 방어전략······································ 268
   1. 독도 분쟁의 원인과 가치····································· 268
   2. 독도 방위전략·· 272
   3. 독도 방위전략의 딜레마와 한계······························ 274
Ⅲ. 일본의 독도 인식과 입장·· 276
   1. 일본의 인식·· 276
   2. 권원 주장의 논리 및 한계··································· 279
   3. 한·일 인식 및 입장 차이···································· 281
Ⅳ. 독도방어를 위한 DKD 모델······································· 288
   1. 한국군의 독도방어 전략과 시스템 상황······················· 288
   2. 일본의 독도 무력 점령 시나리오······························ 291
   3. 독도방어 DKD 모델과 실천 한계····························· 298
Ⅴ. 결론 및 평가··· 310

제 1장

독도 서도 어민숙소 사면 애추 지형 발달

권용휘

I. 서론

　대한민국 영토로서 독도에 대한 역사학, 정치학적 연구는 일본과의 갈등 관계를 극복하는 방안으로 활발하게 진행되고 있다. 그러나 자연과학 분야에서의 독도에 대한 연구는 일본과 갈등을 겪고 있는 독도의 특수한 상황으로 인해 역사학, 정치학적 연구보다 상대적으로 활발하지 못한 실정이다. 독도가 자연과학 분야만 살펴보더라도 동해 한가운데에 솟은 작은 화산섬이라는 점에서 자연과학적으로도 연구할 가치가 매우 큰 섬이다. 독도와 비슷한 조건으로 자연과학 분야에서 주목을 받고있는 외딴 섬은 우리나라에서 가거도, 격렬비열도 등이 있고 외국에서는 일본의 오가사와라 제도, 미국의 하와이 일대의 작은 섬 등이 있다. 이러한 섬들은 대륙은 물론 인근의 큰 섬과는 확연히 다른 자연환경을 갖추고 있는 경우가 많기 때문에 학술적으로 많은 가치를 인정받고 있다.
　이처럼 학술적으로 많은 가치를 지닌 독도는 울릉도에서도 약 87km나 떨어진 외딴 곳에 있고 기상 상황에 따라 선박 운항 및 접안이 어려운 경우가 많아서 접근성이 매우 떨어진다. 따라서 야외조사가 필수적인 자연과학

연구는 이러한 어려움 등으로 인해 상대적으로 지체되고 있는 실정이다. 현재 해수면 위로 드러난 독도 지표 부분의 자연환경과 생태계에 관한 연구는 식물학 분야에서 활발하게 이루어졌고, 해저 생물에 대한 연구는 해양학 및 생물학 연구자들에 의해 진행되어왔다. 지질학 분야에서는 독도의 생성 과정을 밝히기 위한 독도를 구성하는 암석의 물리, 화학적 특성 연구가 주를 이룬다. 이를 통해 독도에 대한 지질과 암석에 관한 조사를 실시하여 현재 해면 위로 노출된 독도의 화산암류가 약 270~210만 년 전 사이에 형성되었음을 확인하여 독도의 대략적인 나이를 밝히기도 하였다.

한편, 지형학 분야에서는 독도의 지형을 분류하고, 독도 전체 산봉우리 중 동해 바다에 잠겨있는 부분인 독도해산의 사면침식의 변화를 조사하는 등의 연구가 이루어졌다. 독도에서 확인되는 지형은 해안지형, 화산지형, 구조지형[1], 매스무브먼트, 암석풍화지형 등이 있다. 이들 가운데 사면을 따라 암설이 개입 없이 중력에 의해 아래로 이동하는 것을 매스무브먼트(mass movement)라고 하며, 단애[2]에서 낙하한 암설[3]이 단애 아래 평지에 원뿔 형태로 쌓인 지형이 애추(talus)이다. 애추는 단애로부터 지속적으로 아래쪽으로 암설이 공급되므로, 암설이 생성되는 단애 상부는 식생이 빈약한 나지의 상태를 유지하게 된다. 식생이 번성하면 식물의 뿌리가 암설과 토양을 어느 정도 고정시켜주어 매스무브먼트의 빈도와 규모를 줄여준다. 반대로 식생이 빈약하면 이러한 식생의 기능이 없기 때문에 매스무브먼트의 빈도와 규모가 증가하여 사면은 지속적으로 침식을 받게 된다.

그리고 독도는 기반암의 특성, 밀도 높게 분포하는 지질구조선, 파고가 높은 파랑의 영향, 섬의 정상부까지 비말[4]에 의해 공급되는 염분의 영향, 지표면을 덮은 얇은 토양과 빈약한 식생 등으로 인해 지반안정성이 낮다. 독도에서 암석의 낙하와 매스무브먼트에 의해 붕괴 위험이 있는 구역은 동도의 선착장 배후사면과 서도의 어민숙소 배후사면 그리고 남쪽 사면과 북쪽으로 뻗어있는 사면 등이 있다.

---

1) 지구 내부 힘에 의한 지각운동의 영향으로 생긴 지형.
2) 매우 험준하여 경사가 심한 절벽.
3) 암반에서 풍화, 침식작용으로 인해서 생긴 작은 암석 조각.
4) 날아 흩어지거나 튀어 오르는 물방울.

매스무브먼트는 인간 생활에 있어 직접적인 위협이 될 수 있다. 우리나라에서 발생하는 매스무브먼트의 흔한 사례로는 여름철 집중호우로 발생하는 산사태를 들 수 있다. 인간이 거주하는 공간에 매스무브먼트가 발생하면 인명피해와 재산피해가 발생할 가능성이 높다. 독도는 육지부나 울릉도와 달리 많은 사람이 거주하는 곳은 아니지만, 그래도 상주하는 주민과 경비대가 있다. 또한 파식대와 해식애 위로 곳곳에 탐방로가 개설되어 사람의 통행이 이루어지고 있다. 게다가 독도는 앞서 언급한 바와 같이 애추 등 매스무브먼트 지형이 형성되기 용이한 조건을 갖추고 있다. 따라서 독도 역시 학술적 차원을 넘어, 인명피해와 재산피해를 예방하기 위해 매스무브먼트 지형을 살펴볼 필요가 있다.

또한 장기적으로 독도는 축소 및 해체 과정에 있다. 현재 독도가 직면한 자연환경 변화 가운데 가장 주목할 분야는 지구온난화와 더불어 발생할 수 있는 파랑의 침식 부활과 이에 따라 나타나는 해식애의 후퇴, 염풍화에 의한 침식작용, 해면상승과 관계없이 단층선의 영향으로 사면에 분포하는 하곡이 확대되면서 침식이 증대되는 등의 현상이다. 이와 같은 과정을 통해 독도 전체의 규모는 축소되고 있으며 해체될 수도 있다. 독도는 화산작용으로 공기 중에 드러난 이후 파랑의 침식작용으로 지속적으로 축소되어 왔으며, 가장 최근에 해면이 현재 수준에 도달한 7,000년 BP 이후 독도 남부 해안에서 파식대 폭이 가장 넓은 구역의 해식애 평균 후퇴속도는 연간 약 4mm이다(황상일 외 2인, 2019). 이와 같은 파랑의 침식작용은 지구온난화와 함께 더욱 강력해질 것이다. 그리고 이는 매스무브먼트 현상을 촉진하여 다시 또 독도가 축소되는 속도를 높일 수 있다. 따라서 매스무브먼트 등에 대한 연구는 독도 지형 변화를 예측하고 독도 보전에 기여할 수 있다.

그리고 독도는 20세기 이후 인간이 본격적으로 활동하면서 지형이 변형되어 경관에 변화가 나타나고 있다. 동도는 1954년에 경찰이 주둔하기 시작하여 여러 차례 건물 및 시설물을 증축하여 지금에 이르고 있다. 그리하여 1982년 천연기념물 제336호 독도천연보호구역으로 지정된 이후, 문화재보호법 제33조에 근거하여 동도와 서도의 공개를 제한해 왔다. 그러나 2005년 3월 24일 정부 방침의 변경으로 입도허가제를 승인에서 신고제로 전환하여 제한지역 중 동도에 한해서 일반인의 출입이 가능하도록 하였다. 그 결과 독도를 찾는 관광객의 수가 지속적으로 증가하고 있다. 독도를 찾는 관광객의 수가 점차 증가하자 경상북도는 독도의 입도 인원을 1일 140명(1회 70명)으로 제한하였던 것을 2005년 8월에 1일 400명(1회 200명)으로 늘렸고, 2006년 1월 1일부터는 1회 470명, 하루 1,880명으로 확대하였다. 현재와 같이 독도를 찾는 관광객의 수가 계속적으로 증가하게 된다면 독도에 대한 관심이 증가하는 순기능도 있지만, 독도생태계가 갖는 생태적 수용능력(carrying capacity)을 벗어나 독도생태계와 지형의 훼손 및 파괴로 연결될 가능성이 있다. 현재는 관광객에 의한 지형 변형을 최소화하기 위해 관광객 출입구역을 동도 선착장으로 제한하고 있다. 그러나 관광객 이외에 경비대, 관리자, 연구자, 어민 등은 동도와 서도 곳곳에 출입하고 있고 이들을 위한 시설이 설치되어 지형에 변화를 가하고 있다. 현실적으로 이러한 시설을 유지할 수밖에 없기 때문에 이들 시설의 안전을 보장하고 지형의 변화를 관찰하는 한편, 지형의 변화를 최소화할 필요가 있다.

II. 독도의 지형 개관

독도는 동해 남서부 지역의 울릉분지 북동쪽 경계부에 위치해 있으며, 신생대 제3기 플라이오세(Pliocene) 후기인 약 460만 년 전부터 250만 년 전 사이에 일어난 지각변동으로 인한 화산활동에 의해 화산체가 형성되었다.

독도는 겉으로 보기에 동해 해수면 위로 채 200m도 되지 않는 낮은 고도로 솟은 작은 섬이다. 그러나 동해 해저 바닥까지 전체를 놓고 보면 수심 2,000m가 넘는 울릉분지에서 높이 2,100m, 하부지름 20~25km인 봉우리 형태로 솟아있다(그림 1). 이를 독도해산이라 한다. 독도해산 중 해수면보다 높은 육지부는 파랑의 침식으로 대부분 제거되고 지금의 독도만 남아있다. 그리고 현재 해수면 기준 수심 170m 정도에서 지름 10~13km의 매우 평탄한 지대가 있다. 독도는 그 가운데 솟아있으며, 모든 방향에서 접근하는 파랑의 침식을 받으므로 해수면 부근에는 파식대가 발달하고 배후에는 거의

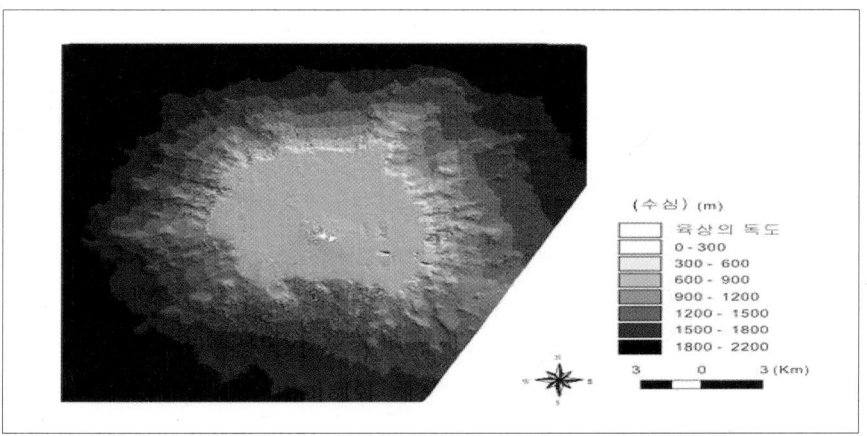

<그림 1> 독도 해산의 수심도(강지현, 2008)

수직에 가까운 단애의 해식애로 되어 있다. 그러므로 해안을 따라서 애추가 형성되기 유리한 조건을 갖추고 있으나, 파고가 높은 파랑에 의해 하단부의 암설이 꾸준히 제거되므로 애추는 현재 매우 제한적으로 분포한다.

현재 해수면 위에 드러난 독도는 전체 면적은 약 187,554㎡으로 2개의 큰 섬인 동도와 서도, 그리고 89개의 부속 암초로 되어 있다(그림 2). 독도의 해안에는 짧은 구간의 자갈해안 외에는 대부분 암석해안이며 사면 경사가 대단히 급한 해식애와 함께 시스택5), 시아치6), 해식동7) 등이 해안 경관을 이룬다.

동도는 섬 전체에 걸쳐 해발고도 약 70~80m의 봉우리가 높게 솟아있으며, 대부분 급경사로 이루어져 있다. 가장 높은 곳은 일출봉으로 해발고도가 98.6m이며 섬의 북쪽에 해당한다. 정상 부근은 비교적 평탄하여 등대와 독도 경비대 관련 건물들이 설치되어 있다. 또한, 두께 20~30㎝의 토양이 분포하고 있어 식생으로 덮여있다. 그러나 정상 부근 및 일부 지역을 제외한 동도의 대부분 지역은 급한 경사로 인해 토양이 퇴적되지 못해서 식생이 발달하기에 불리한 환경을 가지고 있다. 해안의 둘레는 약 2.8㎞이며 대부분 높이 30m 내

---

5) 해안의 암석이 파랑의 침식을 차별적으로 받아 만들어진 지형. 침식에 약한 암석은 침식되고, 침식에 강한 암석만 굴뚝 형태로 남음.
6) 파랑의 차별 침식으로 해안의 암석에 구멍이 생겨 아치 모양을 하고 있는 지형.
7) 해식애 중 해안선 가까운 높이에서 파랑 등의 침식 작용을 받아 생긴 동굴 지형.

외의 경사가 급한 해식애로 이루어져 있다. 동도의 중앙부에는 원형상태로 해수면까지 이어진 와지가 형성되어 있으며, 해면 부근에서 천장굴을 통해 바다와 연결된다. 동도에는 정상부의 평탄한 지역에 설치된 건물 외에 남서쪽 해안에 형성된 파식대 위에 콘크리트를 덮어 만든 선착장이 있다.

연구지역이 위치한 서도는 정상부가 대한봉으로 불리며 해발고도 168.5m이다. 전체적으로는 북동-남서 방향으로 좁고 날카로운 능선이 100m 이상

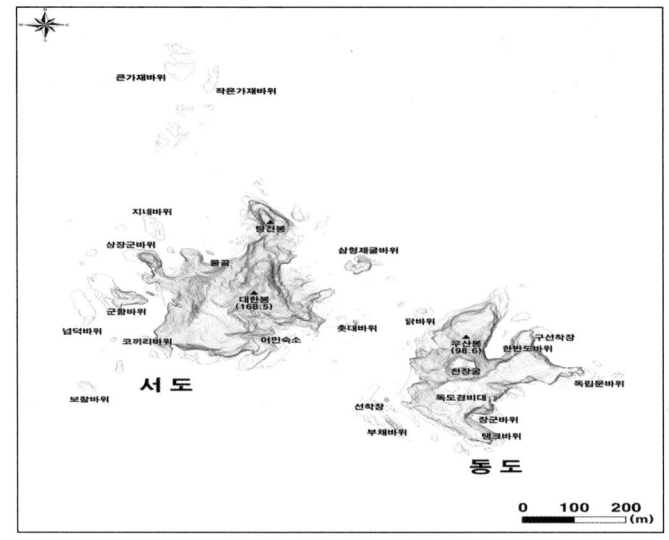

<그림 2> 독도의 지형 개관

연결된다. 기반암으로 된 이 능선의 양쪽에는 타포니가 형성되어 있으며, 폭풍이 내습하면 정상부 능선까지 염분의 비말로 뒤덮인다. 그러나 남서쪽의 해발고도 100~140m 구간은 비교적 평탄하여 토양층이 형성되어 초본류가 비교적 높은 밀도로 서식하고 있다. 서도의 해안에 분포하는 해식애는 토양층이 없거나 얇아서 식생이 서식하기 매우 어려운 환경이다. 서도에서 해식애가 개석되면서 만들어진 하곡에 암설이 퇴적된 곳은 북쪽 해안의 물골과 남서쪽 해안의 어민숙소 배후사면이다. 그 중 물골 방면으로는 세립질 토양이 대부분을 차지하여 식생이 비교적 높은 밀도로 서식하지만, 어민숙소 방면으로는 사면을 따라 자갈 등의 물질이 퇴적되어 애추가 형성되었다. 어민

숙소가 위치한 서도 남동해안과 동도 서부 해안 사이의 해역은 대부분 수심 5m 이하이고 그 중에서도 수심 2m 이하의 얕은 해역이 많은 부분을 차지하며 해저에는 사면을 따라 낙하한 자갈 등이 퇴적되어 있다(그림 3). 특히 촛대바위 남서쪽의 자갈해안과 동남동 방향의 동도 선착장 자갈해안을 연결하는 부분의 수심이 가장 얕다.

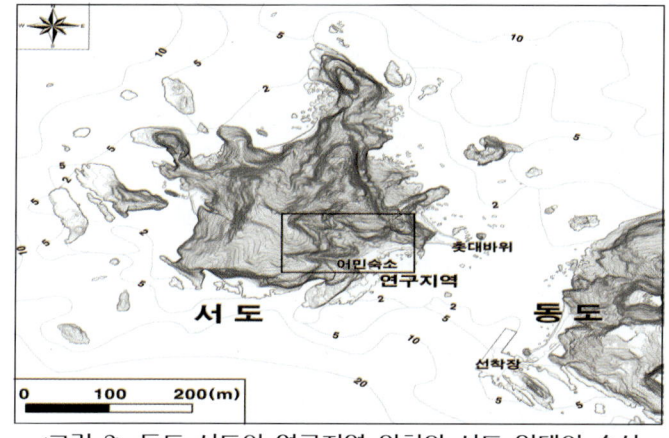

<그림 3> 독도 서도의 연구지역 위치와 서도 일대의 수심

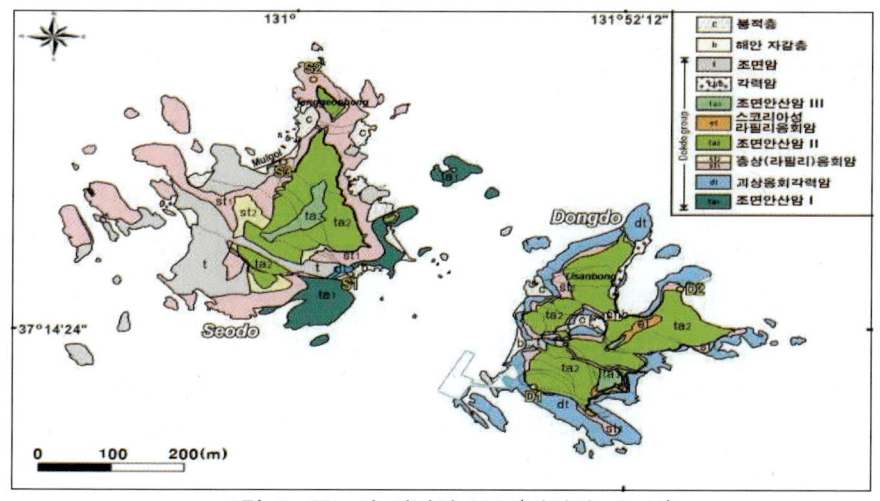

<그림 4> 독도의 기반암 분포(박선인, 2021)

(그림 4)는 독도의 기반암 분포, 즉 지질을 나타낸 것이다. 서도에는 화산활동과 관련된 조면암(t, trachyte), 층상 라필리응회암(st1, stratified lapilli tuff), 층상 응회암(st2, stratified tuff), 조면안산암(ta, trachyandesite) 등이 분포한다. 이들 기반암의 퇴적상은 전체적으로 화산쇄설암과 용암류가 번갈아 분출되어 형성된 구조이다. 그 중 조면안산암은 해수면에서 서도 정상부까지 3개의 층으로 나뉘어 분포하는데, 기본적으로 용암류에서 기원한 암석으로서 서도에 분포하는 기반암들 중에서는 침식에 강한 편이다. 반면 응회암류는 기본적으로 화산쇄설물에서 기원하였는데 이러한 종류의 암석은 풍화와 침식에 대한 저항력이 약한 편이다. 거기에 절리나 단층이 있다면 저항력이 더욱 약해진다. 독도에는 또한 북서-남동 방향으로 정단층이 다수 발달하고 있어 구조적으로 지반이 안정되어 있다고 보기는 어렵다. 따라서 매스무브먼트 현상이 발생하기 쉬운 환경으로 볼 수 있다.

Ⅲ. 독도의 애추 발달에 영향을 주는 기후

앞서 여름철 집중호우 시 산사태가 발생한 사례를 언급한 바와 같이 매스무브먼트 활동은 기상의 영향을 직접적으로 받는다. 한편, 기후는 일정한 지역에서 여러 해에 걸쳐 나타난 기온, 비, 눈, 바람 따위의 평균 상태를 말한다. 따라서 아주 극심한 이상 기상 현상이 아니라면 기후를 통해 어느 정도 파악할 수 있다. 독도는 한반도 육지부와 같은 위도에 있고, 독도 역시 한반도의 부속도서이기 때문에 한반도 육지부와 기후가 크게 다르지는 않다. 그러나 비교적 면적이 넓으며 해발 1,000m 이상의 높은 산지와 다양한 지형이 분포하여 대륙의 면모를 어느 정도 갖춘 한반도 육지부와 달리, 독도는 동해 한가운데에 좁은 면적과 낮은 고도로 솟은 작은 섬이다. 그러므로 독도는 바다와 산이 기후에 미치는 영향이 육지부와 크게 다르다. 따라서 독도와 한반도 육지부의 기후 사이에 어느 정도의 차이가 있는 것 또한 사실이다.

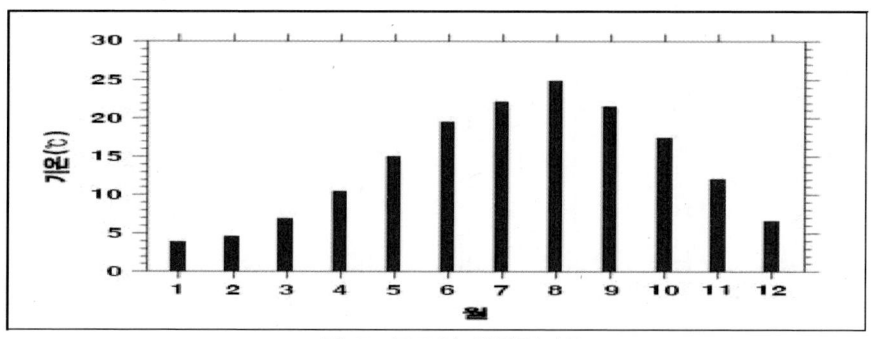
<그림 5> 독도의 월평균기온

(그림 5)는 1998년부터 2007년까지 측정된 독도의 월별 평균 기온을 나타낸 것이다. 독도 역시 한반도 대부분 지역과 마찬가지로 연중 최고기온은 8월, 최저기온은 1월에 나타난다. 그런데 1월의 평균 기온이 영상 4℃ 가량, 8월의 평균 기온이 25℃ 가량을 나타내어 기온의 연교차가 21℃ 가량인 것으로 나타났다. 이러한 연교차는 한반도의 육지부보다 적은 편이다. 참고로 서울은 1월 평균 기온이 영하 2℃, 8월 평균 기온이 26℃ 가량으로 연교차가 28℃에 이른다. 그리고 몽골 등과 같이 대륙 가운데에 위치한 지역은 연교차가 서울보다도 훨씬 크다. 반면 육지부라 하더라도 해안 지역은 연교차가 적은 편이다. 특히 한반도에서는 태백산맥에 가로막혀 유라시아 대륙의 영향을 상대적으로 덜 받는 동해안 지역의 연교차가 적게 나타난다.

독도와 같은 섬과 해안 지역의 연교차가 비교적 적게 나타나는 것은 바다의 영향을 받는 해양성 기후의 특성 때문이다. 전 지구적인 기준으로 보면 독도가 완전한 해양성 기후인 것은 아니지만, 육지부에 비하면 해양성에 가까운 것 또한 사실이다. 해양성 기후 지역에서 연교차가 적은 이유는 해양의 영향으로 공기가 냉각되고 가열되는 시간이 늦어지기 때문이다.

따라서 독도는 비슷한 위도의 한반도 육지부와 달리 기온이 영하로 떨어지는 경우가 적은 편이다. 참고로 독도와 비슷한 위도이면서 내륙에 위치하여 대륙성 기후의 특징을 보이는 충북 제천의 1월 평균 기온이 독도보다 9℃ 가량 높은 영하 5℃ 가량이다. 이를 통해 독도가 내륙 지역에 비해서 겨울철에 상대적으로 온난하다는 것을 알 수 있다. 그러나 겨울철 동안 최저기온은 영하로 내려가는 경우는 종종 있고 후술할 바와 같이 강설량은 한반도 육지부보다 많다. 따라서 겨울철에는 경우에 따라 하루 사이에 동결과 융해가 반복되어, 이로 인한 기계적 풍화가 발생할 가능성이 있다. 즉, 독도에 쌓인 눈이 낮에 녹아 물이 되어 절리와 같은 암석 틈 사이로 침투한 뒤 밤에 얼었다가 다음날 낮에 녹는 과정이 반복되는 것이다. 물이 밤에 얼음으로 변하면 부피가 커졌다가 다시 녹아서 물로 변하면 부피가 작아지는 과정이 반복되면서 암석의 틈을 벌려나가는 셈이다. 이러한 현상으로 인해 암석에서 암설이 떨어져나오게 된다.

그러나 지구온난화 현상이 계속된다면 1년 중 가장 추운 1월에도 독도의 최저기온이 영상을 유지하는 경우가 많아질 것이다. 그렇다면 겨울철에도 눈이 아닌 비가 내리는 경우가 많아지는 한편, 앞서 설명한 겨울철에 쌓인 눈이 동결과 융해를 반복하는 기계적 풍화작용이 둔화될 가능성도 있다.

(그림 6)은 1998년부터 2007년까지 25km의 공간 분해능을 가진 극궤도 기상위성(TRMM)으로 측정된 독도와 울릉도의 월평균 강수량을 나타낸 것이다. 독도와 울릉도 지역은 우리나라의 대표적인 다설, 대설 지역이다. 이는 겨울철에 서고동저형의 기압배치로 독도와 울릉도에 강한 북서풍이 불고 일본열도 남쪽에 발달하는 저기압에 의해 북~북동기류가 유입되기 때문이다. 울릉도에서는 4월 중순까지 강설이 이어진다. 전반적으로 독도와 울릉도는 이러한 겨울철 다설, 대설에도 불구하고 강수의 월별 변화가 뚜렷하여, 전반적으로는 여름철에 강수

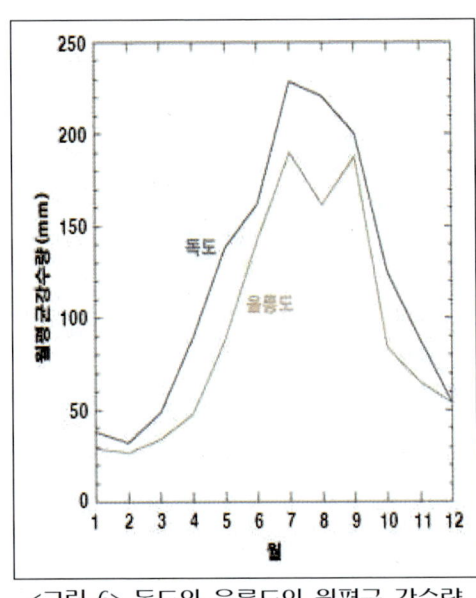

<그림 6> 독도와 울릉도의 월평균 강수량

가 집중되고 겨울철에 강수가 적은 한반도의 계절별 강수량 변화와 어느 정도 일치한다. 그러나 여름철 강수량과 겨울철 강수량의 차이는 한반도 육지부에 비해 확연히 적은 편이다. 이는 연교차가 적은 기온 분포와도 비슷하다 할 수 있다.

독도가 다설, 대설 지역이 된 것은 겨울철 강수량이 많으면서 겨울철 기온이 종종 영하로 내려가기 때문이다. 독도의 강설에 대한 구체적인 기록은 없지만, 울릉도와 비교하면 3월 말까지 강설이 있을 것으로 추정된다. 독도에 눈이 많이 내리는 것은 앞서 언급한 바와 같이 동결과 융해가 반복되는 기계적 풍화작용을 촉진할 수 있다.

그러나 지구온난화가 계속된다면 겨울철에도 눈이 아닌 비가 내리는 경우가 증가할 것으로 보이는데, 그렇다면 동결과 융해가 반복되는 풍화작용 대신 많은 양의 비가 지표를 흐르면서 발생하는 풍화작용이 보다 활발해질 수 있다. 즉, 여름철 집중호우 시 산사태가 발생하는 것과 비슷한 현상이 자주 나타나는 것이다.

Ⅳ. 독도 서도 어민숙소 일대 애추의 공간 규모와 분포

애추(talus)는 급사면 또는 단애로부터 매스무브먼트 현상으로 인해 여러 차례 낙하한 암설이 아래쪽의 완경사면이나 평탄지에 중첩하여 쌓여 형성된 사면이다. 독도에서 흔히 볼 수 있는 산사태는 바로 이러한 애추가 대부분이다. 애추의 종단사면은 비교적 직선으로 된 것도 있지만, 일반적으로는 상단에서 말단으로 매끄러운 요형(凹形) 사면이다. 독도에서 애추를 형성하는 암설은 계곡을 통해 하부로 운반되므로 암설이 모이기 쉬운 협곡의 하단부에 애추가 분포한다. 서도 어민숙소 일대의 지형 역시 협곡에 해당하므로 비교적 큰 규모의 애추가 분포한다.

(그림 7)은 2020년 6월에 동도 선착장에서 촬영한 사진을 바탕으로 나타낸 서도 어민숙소 일대 애추 지형 경관이다. 애추 지형 발달에 큰 영향을 끼치는 식생의 분포를 나타내기 위해 식생이 비교적 번성하는 여름철에 촬영

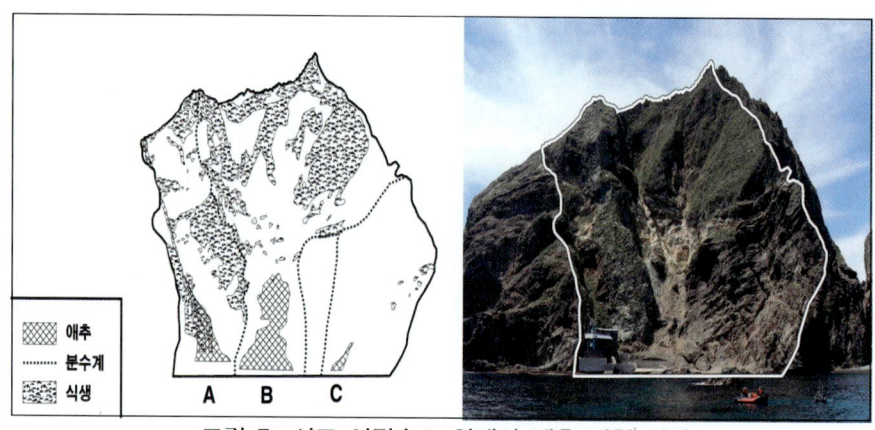

<그림 7> 서도 어민숙소 일대의 애추 지형 경관

한 사진을 바탕으로 그림을 작성하였다. 서도 어민숙소 일대의 사면에서는 해빈8)과 접하는 세 개의 애추가 확인되었다. 점선은 계곡 간 능선을 따라 이어지는 분수계이다. 이 분수계를 경계로 각각의 계곡마다 암설이 흘러내려 애추가 형성된다. 서도 어민숙소 일대에서는 크게 세 개의 분수계에서 애추가 발달하였다. 그 중 가장 남쪽에 위치하여 탐방로 계단이 설치된 좁은 협곡을 따라 발달한 애추를 A, 가운데에 가장 큰 협곡을 따라 발달한 애추를 B, 가장 북쪽에 위치하여 비교적 작은 협곡을 따라 발달한 애추를 C로 분류하였다. (그림 7)을 통해 애추 A의 사면은 대체로 식생으로 피복되었으나, 애추 B와 C의 사면은 식생의 발달이 비교적 미약한 것을 알 수 있다.

(그림 8)은 어민숙소가 위치한 서도 남동해안의 A~C 애추 지형면을 분류하고 종단선 위치를 표기한 것이다. 그리고 현지 조사 결과와 대축척 지형도를 통해 종단면도를 작성하고, 현지 조사를 통해 보완하였다. 애추가 분포하는 구역의 해안은 원래 남서쪽과 북동쪽의 헤드랜드9) 사이의 만입부에 형성된 자갈해안이었다. 그리고 원래 해식동이 발달해 있었던 것으로 보인다. 그러나 현재는 어민숙소 등의 시설물을 건축하면서 경관이 변화하였다. 일부는 콘크리트로 포장되었으며, 어민숙소 건물이 들어섰다. 또한 애추에

---

8) 해안선을 따라 평행하게 발달한 모래, 자갈, 생물 등으로부터 기원한 퇴적물이 쌓인 지형.
9) 드나듦이 심한 해안 지형에서 불쑥 튀어나온 부분. '만'의 반대 개념.

서 암설이 흘러내려 콘크리트 구조물이 훼손되는 것을 막기 위해 옹벽이 설치되어 있는 부분도 있다. 콘크리트 구조물 북동쪽으로는 자갈과 모래가 함께 퇴적되어 있으나 콘크리트 구조물 인근은 주로 모래가 퇴적되어 있다. 그리고 이러한 자갈과 모래 퇴적층 위에는 협곡의 상단부에서 낙하하였거나 태풍 등으로 인해 발생한 큰 파랑이 바다로부터 운반해온 커다란 바위들이 분포한다.

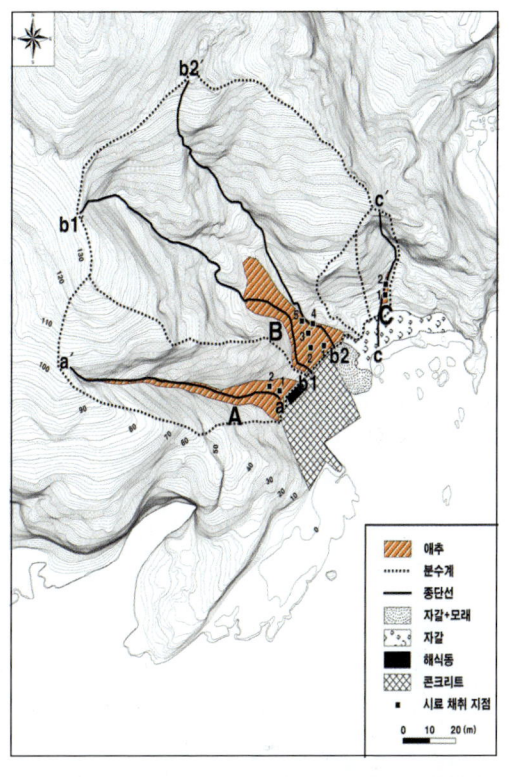

<그림 8> 서도 어민숙소 일대 애추의 지형면 분류와 종단선

1. 애추 A

가장 남쪽에 위치한 애추 A는 동-서 방향으로 형성된 좁고 깊은 계곡을 따라 길게 분포한다. 이 하곡에는 어민숙소에서 서도의 해발고도 100~140m의 평탄한 구역으로 연결하는 탐방로 계단이 조성되어 있다. 종단선 a-a′는 계단의 위치와 거의 일치한다. 애추 A는 해발고도 29m부터 해안까지 분포하며, 이 애추에 암설을 공급하는 집수역[10]의 최고 고도는 해발 132m이다. 사면 물질의 크기는 최대 boulder[11] 급 자갈이다.

소규모 계곡은 단층선을 따라 직선상의 비교적 깊은 골짜기를 형성하여 계곡의 측벽은 사면 경사가 대단히 급하므로 암설 공급에 유리하다. 그러나

---

10) 강이나 하천수 등의 물질이 모이는 지형적 경계구역. 독도는 비가 올때만 지표에 물이 흐르는데, 여기서는 애추의 암설이 흘러서 모이는 것으로 이해.
11) 입자의 직경이 256mm 이상인 퇴적물.

애추 A는 현재 계곡을 따라 계단이 조성되어 있어 지형이 변형되었다. 이로 인해 본래 계곡의 아래쪽으로 낙하하여야 할 암설들이 계단의 목재 데크나 콘크리트에 쌓여있다. 심한 경우 계단이 파손되기도 하는데, 이는 암설이 계단으로 낙하할 경우 탐방객의 안전이 위협받는다는 것을 의미한다. 따라서 계단에 쌓인 암설을 제거하고 암설로 인해 파손된 계단을 복구하는 작업이 이루어지기도 한다. 또한 최하부에는 어민숙소 건물을 보호하기 위한 옹벽과 철망이 건설되었다. 애추 A에서는 인간의 만든 시설물이 자연적 지형을 파괴하는 것과 자연적 지형발달이 인간이 만든 시설물을 파괴하는 상호작용이 일어나고 있다고 볼 수 있다. 따라서 자연적 지형과 인간이 만든 시설물이 공존하기 위한 대책이 시급하다.

한편, 어민숙소 부근 콘크리트 구조물 뒤편 해식동으로 드나드는 파랑은 애추의 하단을 침식하여 제거하고 있다. 그리고 어민숙소 및 콘크리트 선착장, 옹벽 설치 등이 이루어지면서 애추 A는 최근까지 인위적인 영향을 받았다. 따라서 단애로부터 공급되는 암설량과 파랑에 의해 제거되는 암설량과의 관계에 대해서는 앞으로 지속적인 추적 및 관찰이 이루어져야 할 것으로 생각한다. 만약 공급되는 암설량이 제거되는 암설량보다 많다면 애추가 더 발달하거나 최소 현재의 상태를 유지할 것이고, 제거되는 암설량이 공급되

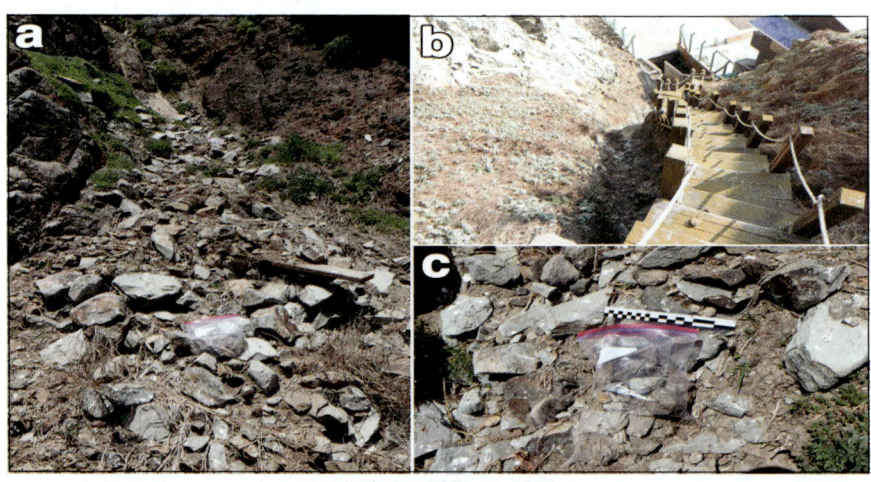

<그림 9> 애추 A 사진
(a: 애추 A 암설 전경, b: 계단에 떨어진 암설, c: 암설 시료 채취)

는 암설량보다 많다면 애추는 점차 축소되어 최종적으로는 사라질 것이다.

<그림 10> 애추 A 전경

애추 A 하부에서는 계단 인근의 2개 지점에서 암설을 조사하였는데, 애추를 구성하는 자갈은 각력[12]이다. 1지점은 애추 A의 최하부 자갈층으로 9~15cm의 cobble[13] 급과 5cm 내외의 pebble[14] 급이 주를 이루며 그보다 큰 boulder 급 자갈도 확인된다. 2지점은 1지점보다 약 5m 상부에 위치해있다. 2지점은 8cm 내외의 cobble 급과 4cm 내외의 pebble 급이 주를 이룬다. 1지점과 2지점을 비롯하여 계단과 가까운 애추 A 하부는 미약하게나마 토양층과 식생이 분포하고 봄철에는 괭이갈매기가 둥지를 틀고 알을 낳으며 활동한다.

(그림 11)은 애추 A의 종단면도이다. a-a' 사면의 평균 경사각은 48°에 이르러 매우 가파르다. 그리고 애추 A는 단층선을 따라 발달해 있기 때문에 종단선 양측의 남쪽과 북쪽 사면의 기반암이 다소 어긋나있다. 이처럼 애추 A는 경사가 가파르고 단층선이 발달한데다 인공 구조물인 계단이 건설되어 불안정한 상태라고 볼 수 있다. 앞서 이야기한 바와 같이 애추 A의 계단이 암설에 의해 빈번하게 파손되는 것 역시 이를 뒷받침한다.

기반암을 자세히 살펴보면 남쪽 사면은 하부에서부터 조면안산암, 층상 라필리응회암, 층상 응회암 순으로 나타나며 북쪽 사면은 조면암질 암맥, 층

---

12) 암석이 부서져 생긴 암석 파편의 모서리가 거의 닳지 않고 각진 상태로 있는 것.
13) 입자의 직경이 64~256mm인 퇴적물.
14) 입자의 직경이 4~64mm인 퇴적물.

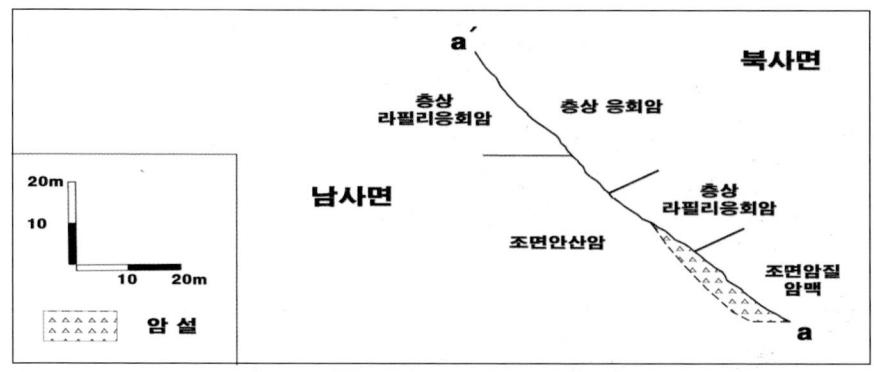

<그림 11> 애추 A의 종단면도와 기반암 분포

상 라필리응회암, 층상 응회암, 조면안산암 순으로 분포한다. 애추 A의 암설은 대부분 풍화와 침식에 약한 응회암 계통의 기반암으로부터 공급된 것으로 보인다.

2. 애추 B

애추 B는 어민숙소 선착장 뒤편으로 발달해 있다. 암설은 해발고도 40m까지 분포하며 폭이 상대적으로 넓다. 집수역은 애추 A보다 넓고, 집수역의 최고 고도는 해발 161m에 이른다. 애추 하부의 폭은 약 25m, 애추의 연장은 약 50m이다. 암설의 최대 크기는 boulder급 자갈이다. 이곳은 2개의 단층선이 비교적 얕은 골짜기를 따라 발달하였는데 해발고도가 낮은 쪽으로 내려오면서 하나의 단층선으로 합쳐지므로 복합애추(compound talus)로 볼 수 있다. 식생은 집수역 상부에는 비교적 잘 발달해 있으나 암설에서는 빈약하다.

애추 B 구역에는 단층선을 따라 계곡이 발달하므로 암설은 사면으로부터 단층선을 거쳐 공급되고 있다. 애추 하단에는 암설의 양이 많아 어민숙소의 안전을 위협하므로 콘크리트와 철망으로 이루어진 옹벽이 설치되어 있다. 그리고 옹벽에 암설이 크게 축적될 때마다 바지선과 굴삭기 등의 장비를 동원하여 암설을 제거하고 외부로 반출하고 있다. 옹벽에는 배수구가 설치되어 강수 시 암설로 침투하여 흐르는 유수를 배출한다. 그러나 배수구가 설치되어 있다 하더라도 옹벽이 없는 경우에 비해서는 유수를 배출하는 것이 어려울 가능성이 있다. 만약 집중호우 시 유수를 배출하는 것이 원활하지 않다면 암설이 유수를 타고 더욱 활발하게 흘러내려 어민숙소의 안전을 위협할 수도 있다. 한편, 옹벽이 없는 애추의 동쪽 끝부분은 암설이 해안까지 이동하여 애추 특유의 원추형을 나타내고 있다.

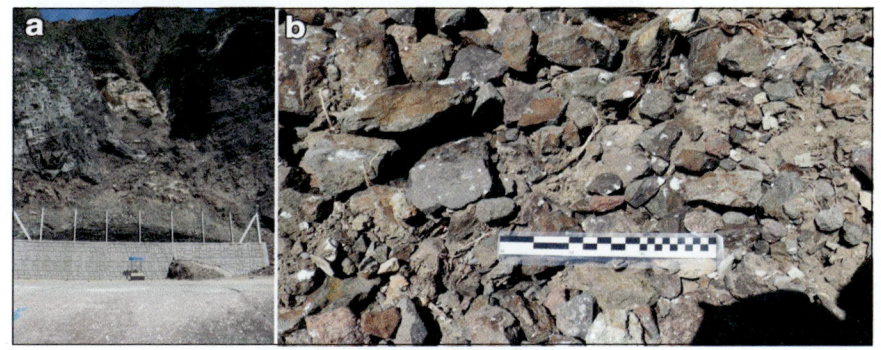

<그림 12> 애추 B 사진
(a: 애추 B 전경, b: 암설 시료 채취)

<그림 13> 애추 B 옹벽의 배수구에서 유수가 배출되는 모습

애추 B 하부에서는 옹벽 인근의 5개 지점에서 암설을 조사하였다. 동쪽 최하부의 1지점은 10cm 이하의 cobble급이 주를 이루는데 풍화가 비교적 덜 이루어진 암설은 드물고 풍화가 많이 진행된 암설이 많다. 중앙부 하부의 2~3지점은 12cm 내외의 cobble 급부터 boulder 급까지 다양한 크기의 암설이 분포하는데 주로 조립질[15]이다. 1지점에서 7m 상부에 위치한 4지점과 그보다 2m 가량 상부에 위치한 5지점에서는 pebble 급이 cobble 급보다 많으며 암설 물질의 양이 하부의 1, 2와 3지점

---

15) 광물의 입자가 비교적 굵은 결정질 암석이나 그 조직을 일컫는 표현.

보다 많다.

(그림 14)는 옹벽이 없는 애추의 동쪽 끝부분을 촬영한 사진이다. 앞서 언급한 바와 같이 이 곳에서는 암설이 옹벽의 방해를 덜 받으면서 자연스럽게 해안까지 이동하여 지리 교과

<그림 14> 애추 B 동쪽 끝부분 하단

서에서 볼 수 있는 애추 특유의 원추형을 볼 수 있다. 이처럼 인간이 개입하지 않으면 교과서에서 볼 수 있는 전형적인 지형 경관이 나타난다. 반면 옹벽이 조성된 애추 B의 나머지 부분과 계단이 조성된 애추 A와 같이 인간이 개입하는 경우에는 지형 경관이 변형, 훼손되어 학술적인 가치가 떨어지고 지형이 향후 어떤 방향으로 변화할지 예측하기가 어려워진다.

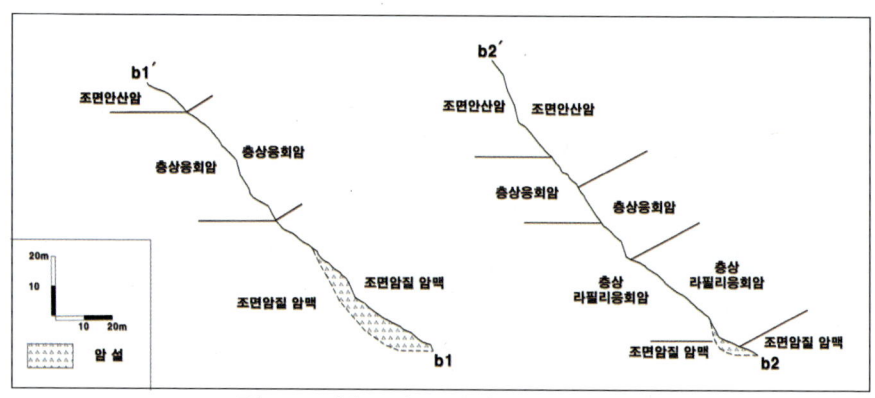

<그림 15> 애추 B의 종단면도와 기반암 분포

(그림 15)는 애추 B의 종단면도이다. 애추 B가 분포하는 골짜기는 크게 2개로 나눌 수 있는데 b1-b1′ 종단면은 남서쪽, b2-b2′ 종단면은 북동쪽에 위치한 골짜기이다. b1-b1′ 종단면의 사면경사는 47°, b2-b2′ 종단면은 53°로 b2-b2′ 종단면의 경사가 더 급하다.

기반암은 b1-b1′ 종단면은 하부에서부터 조면암질 암맥, 층상 응회암,

조면안산암 순으로 분포해 있다. b2-b2' 종단면은 단층선을 따라 기반암이 어긋나 있는데 하부에서부터 조면안산암, 조면암질 암맥, 층상 라필리응회암, 층상 응회암, 조면안산암 순으로 분포한다. 애추 B 역시 주로 응회암 계통의 기반암에서 암설이 공급되는 것으로 보인다.

3. 애추 C

애추 C는 어민숙소 북동쪽 자갈해안의 배후사면에 분포한다. 암설은 해발고도 14m까지 퇴적되어 있고 서도 남동해안의 애추 가운데 길이가 가장 짧으며, 장경이 가장 큰 암설은 cobble급 자갈이다. 이 암설이 입지하는 계곡은 단층선 없이 형성되어 애추 A와 B가 분포하는 계곡에 비해 좁고 얕고, 암설을 공급하는 집수역도 좁으며 분수계의 최고고도는 해발 83m이다. 식생은 전반적으로 빈약한 편이나 애추 A, B와 달리 어민숙소와 다소 떨어져 있어 인간의 개입은 적게 받았다. 다만 암설의 양이 애추 A, B에 비해 매우 적은 편이라 인간의 개입이 적음에도 불구하고 애추의 전형적인 형태는 찾아보기 어렵다.

애추 C 하부에서는 2개 지점에서 암설을 조사하였다. 하부의 1지점에는 7~8cm의 cobble 급이 많았으며, 1지점보다 3m 가량 상부에 위치한 2지점에는 4cm 이하의 pebble 급이 주를 이루었다.

<그림 16> 애추 C 사진
(a: 애추 C 전경, b: 암설 시료 채취)

(그림 17)은 애추 C의 종단면도이다. c-c′의 평균 경사각은 60°로 매우 급하지만 애추가 형성된 사면의 하단은 다소 완만하여 30° 정도이다. 기반암은 하부로부터 조면안산암, 층상 라필리응회암, 층상 응회암 순으로 분포한다. 암설은 주로 응회암 계통의 기반암에서 공급되었을 것으로 보이지만 암설의 양이 매우 적고 암설의 크기 또한 (그림 15)의 b 사진에서 볼 수 있듯 작은 것들이 대부분이다.

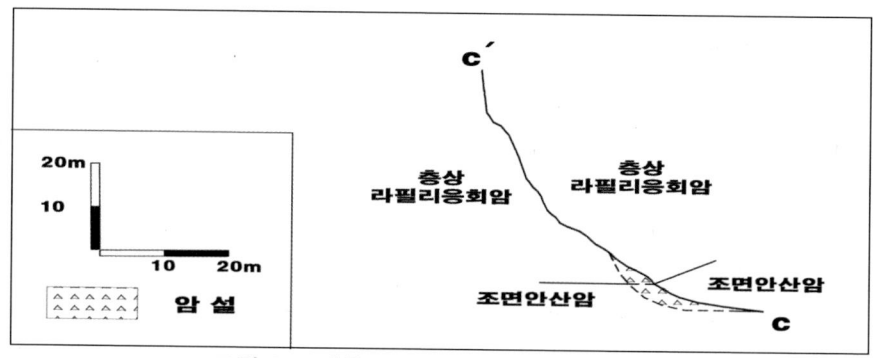

<그림 17> 애추 C의 종단면도와 기반암 분포

애추 A~C의 단면은 전반적으로 요형(凹形)보다는 직선형에 더 가깝다. 애추 지형은 현재진행형으로 발달하고 있을 경우 직선형, 요형(凹形)이면 화석 지형으로 분류하는 것이 일반적이다. 이에 따르면 독도 서도 어민숙소 일대의 애추는 지금도 발달 과정에 있을 가능성이 높다.

한편, 애추가 발달하는 요인은 동결 및 융해, 산사태, 유수 등이 있다. 이를 파악하기 위해서는 애추의 상단부부터 하단부까지 지점별로 암설을 조사할 필요가 있다. 다만 독도에서는 안전상의 문제로 인해 사면 상단부의 암설은 조사하지 못하였다. 이로 인해 독도 서도 어민숙소 일대의 애추가 발달하는 요인 중 어느 것의 비중이 더 높은지는 밝혀내지 못하였다.

Ⅴ. 독도 서도 어민숙소 일대 애추의 발달 원인과 앞으로의 전망

1. 애추 형성 지역의 지형 특성

독도의 해안은 대부분 외해에 노출되거나 또는 기반암이 풍화와 침식에 대한 저항력이 강한 조면안산암으로 되어 있다. 수직에 가까운 단애의 해식애로 된 해안은 암설의 낙하로 애추가 형성될 수 있는 환경이지만 동해 한 가운데에 위치한 독도의 특성 상 강력한 파랑에 의해 암설이 제거되어 바다로 휩쓸려가기 때문에 애추의 분포는 극히 제한된다. 서도 남동부 어민숙소 배후의 사면 발달과정은 파랑에 의해 하단부의 암석이 제거되고 이에 따라 경사가 더 급해져서 중력에 의해 상부가 붕괴되어 사면이 후퇴하는 독도의 해식애 절벽 해안과 차이가 있다.

동도와 사이에 좁고 얕은 해안에 위치하는 서도 남동부 어민숙소 일대 해안은 해수면 위에 노출된 조면안산암 두께가 대단히 얇고 이보다 위에 응회암이 두껍게 나타나며, 그 위에는 주상절리가 발달한 조면안산암이 분포한다. 그리고 이 사면에는 두 개 이상의 단층선이 통과하여 규모는 작지만 경사가 매우 급한 계곡이 형성되어 있다. 이와 같은 기반암의 특성으로 인해 이 해안은 마치 주머니와 같은 모양으로 된 내만의 형태를 취하고 있다.

독도의 여름철(6~8월) 강수량은 평균 약 600mm에 달하는데, 여름철 강수는 태풍 등의 영향으로 집중호우 위주로 내려 강도가 강하므로 지표를 흐르는 빗물에 의한 사면침식이 상당할 것으로 생각된다. 이 사면의 응회암으로 된 구역에서 타포니[16] 밀도가 낮은 것은 사면침식 속도가 상대적으로 빠른 것을 의미한다. 즉, 타포니가 미처 형성되기도 전에 사면이 침식되는 것이다.

독도를 구성하는 동도와 서도 주변은 수심이 얕아서 5~10m이지만, 이 두 섬 사이의 해역은 더욱 얕아서 대부분 수심이 2m 이하이며 특히 서도의

---

[16] 암석 표면에서 암석 입자가 떨어져 나가면서 형성된, 움푹 파인 구멍이 벌집처럼 모여 있는 풍화 구조. 독도에서는 주로 해수의 염분이 바람을 타고 침투하여 발달.

송곳바위와 반대편의 동도를 연결하는 최단거리 연결선은 수심이 더욱 얕다.
　서도와 동도 사이의 해저에는 다양한 입경의 원력[17]들이 퇴적되어 있는데, 먼바다에서 접근하는 파랑의 운반과 퇴적작용에 의해 형성된 것이다. 여기에 퇴적된 자갈들은 대부분 독도의 해안에서 해식애가 파랑에 의해 침식되어 후퇴하면서 공급된 것이다. 이들 가운데 대부분은 해면 아래로 운반되어 퇴적되지만, 해안에 퇴적되어 자갈해안을 형성한 구역도 있다. 자갈해안은 서도 동쪽 해안과 북쪽의 물골해안 서도 서쪽의 군함바위와 사이의 해안, 어민숙소 부근의 남동해안과 동도의 선착장 부근의 해안인데, 물골해안과 군함바위의 반대편 해안 외에는 서도와 동도 사이에 위치한다. 서도와 동도 사이는 수심이 2m 이하로 얕고, 먼바다에서 접근하는 파랑이 이 구역으로 진입하기 전에 쇄파가 되어 에너지를 상실한다. 이 구역에서 파랑은 해안에서 제거한 암설을 먼바다로 운반하지 않고 동도와 서도 사이에 퇴적시키는 것으로 생각된다.
　애추가 형성되는 데는 다양한 요인들이 작용한다. 그 중에서도 가장 중요한 요인은 사면에서 공급되는 양과 기저부에서 제거되는 양과의 균형이다. 독도와 같이 애추가 해안에 형성되는 경우 암설이 파랑에 의해 지속적으로 제거되어 바다로 휩쓸려간다면 애추가 형성되기 어렵다. 독도에서는 자갈해안이 형성된 지역 외에는 애추가 분포할 가능성이 없다. 이것은 해식애가 후퇴하기 때문에 해안으로 암설을 공급해도 파랑이 암설을 해저로 지속적으로 제거하기 때문이다.
　반면 서도 남동해안과 대안의 동도 선착장 사이는 헤드랜드 사이에 주머니 모양의 내만 지형을 형성하고 있어서 파랑의 침식작용과 퇴적작용이 어느 정도 균형을 이루고 있다고 볼 수 있다. 따라서 배후사면에서 해안으로 공급되는 암설량이 파랑에 의해 제거되는 양보다 많으므로 애추가 형성될 수 있다. 다만 애추 A의 경우 하단부에 원래 해식동이 있으므로 애추 B와 C보다 제거되는 암설량이 더 많았을 것이다.

---

[17] 각력과는 반대로 암석 파편의 모서리가 많이 닳아 암석이 전반적으로 원형을 띤 것.

2. 애추의 암설 공급에 기여하는 요인

사면에서 발생하는 매스무브먼트(mass movement)는 포행(creep), 흐름(flow), 슬라이드(slide), 들어올림(heave), 낙하(fall), 침하(subsidence) 등으로 분류된다(Huggett, 2002). 독도의 사면에서 일어나는 주요 작용은 낙하라 할 수 있다. 낙하 현상은 주로 45°이상의 급사면에서 발생하므로 서도 남동부 어민숙소 배후의 사면은 이러한 조건을 충족한다. 서도 남동해안은 층상 라필리응회암과 층상 응회암에서 토양낙하와 암석낙하가 함께 일어나고, 절리가 발달한 조면안산암과 조면암에서는 암석낙하가 우세한 것으로 생각된다. 서도 남동해안에 분포하는 애추의 암설 공급에 기여하는 요소를 기반암 분포(지질), 사면 경사, 토양층의 두께 분포, 식생 분포로 구분하여 살펴보았다.

1) 기반암 분포

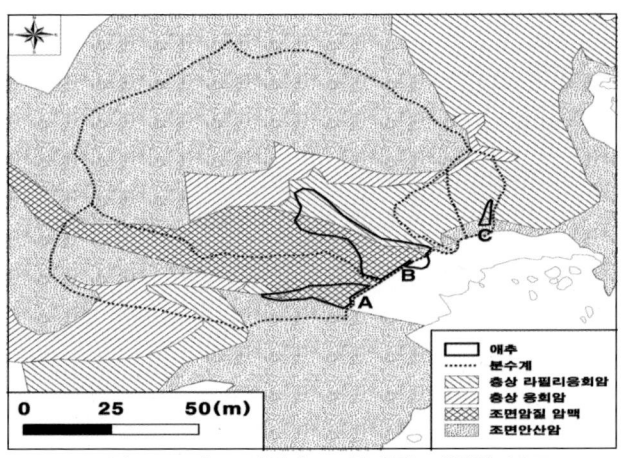

<그림 18> 서도 어민숙소 일대의 기반암 분포

(그림 18)은 서도 어민숙소 일대의 기반암 분포를 나타낸 것이다. 해수면 부근의 기반암은 조면안산암, 조면암질 암맥과 층상 라필리응회암이다. 그 중 상대적으로 파랑의 침식에 대한 저항력이 강한 조면안산암이 두껍게 분포하는 구역은 헤드랜드이면서 수직의 단애로 된 해식애를 이룬다. 조면안산암과 조면암은 응회암에 비해 상대적으로 단단한데, 전반적으로 독도

의 암석은 동해 한가운데에서 거친 풍화와 침식을 받아 육지부의 암석보다 무른 편이다(박찬 외 5인, 2008).

한편 단층선들이 통과하는 조면암질 암맥과 층상 라필리응회암 구역은 주머니 모양의 내만 경관을 이루고 있다. 조면암질 암맥은 기존 암석에 해당하는 층상 라필리응회암에 해면과 수직으로 난 틈으로 마그마가 관입18) 하여 형성된 것이다. 냉각된 응회암에 고온의 마그마가 관입하여 냉각되면서 눕혀 놓은 형태인 수평 주상절리가 암맥의 대부분을 차지한다. 이 암맥은 절리 밀도가 높고 암맥 양쪽이 응회암 계통의 암석이므로 침식에 약하여 파랑에 의해 활발하게 침식되면서 헤드랜드를 형성하지 못하였다. 그러나 주변의 응회암 계통의 암석들보다는 그래도 전면으로 다소 돌출되어 애추 A와 애추 B의 집수역 분수계를 이루고 있다.

해수면 부근의 조면안산암 위에는 층상 라필리응회암, 층상 응회암이 두껍게 퇴적되어 있다. 이 두 종류의 응회암은 화산재가 공기 중이나 수중에서 퇴적, 응고하여 생성된 암석으로 풍화와 침식에 대한 저항력이 약하다. 따라서 조면암질 암맥, 조면안산암보다는 침식이 활발히 진행되어 뒤로 후퇴한 모양새를 띠고 있다.

응회암보다 상부에는 분수계까지 조면안산암으로 되어 있다. 이 구역은 사면 경사가 상대적으로 완만하여, 기반암 위에 생성된 얇은 토양층에 식생이 비교적 번성하고 있다.

2) 사면 경사

서도를 포함하여 독도의 사면은 대부분 급경사로 이루어져 있다. 그 중 해안의 파식대와 섬 정상부 일부 구역은 30° 미만의 평지 혹은 완경사이지만, 나머지 사면은 대부분 30° 이상의 급경사이다(그림 18). 특히 해안의 해식애는 수직에 가깝다. 또한 단층선이 통과하며 층상 라필리응회암이 두껍게 분포하는 서도 어민숙소 일대의 협곡 사면은 경사가 50° 이상이다. 이는 사실상 절벽에 가까운 수준이다. 반면 분수계 정상부와 애추의 암설이 퇴적

---

18) 원래 존재하던 암석을 마그마가 뚫고 들어가는 것.

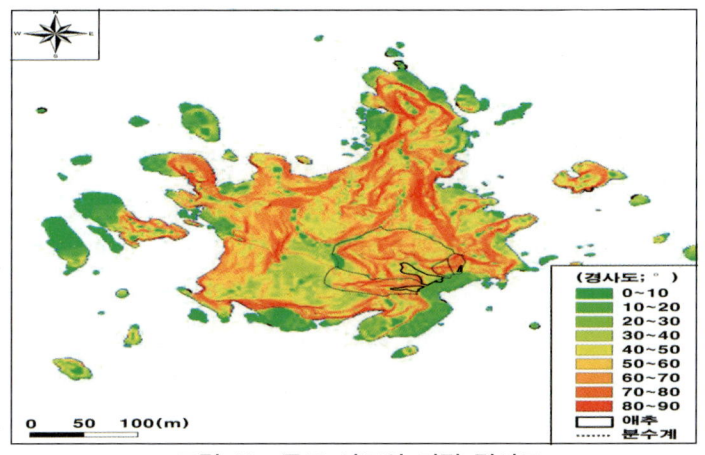

<그림 19> 독도 서도의 지면 경사도

된 하부는 사면경사가 상대적으로 완만하다. 애추는 기본적으로 낙하 운동에 의해 일어나기 때문에 경사가 급한 구역에서 암설이 활발하게 공급되고 있을 것이다. 서도 어민숙소 일대에서는 경사가 급한 구역에 주로 풍화, 침식에 약한 응회암 계통의 기반암이 분포하여 암설이 더욱 활발하게 공급되고 있는 것으로 보인다.

3) 토양 분포

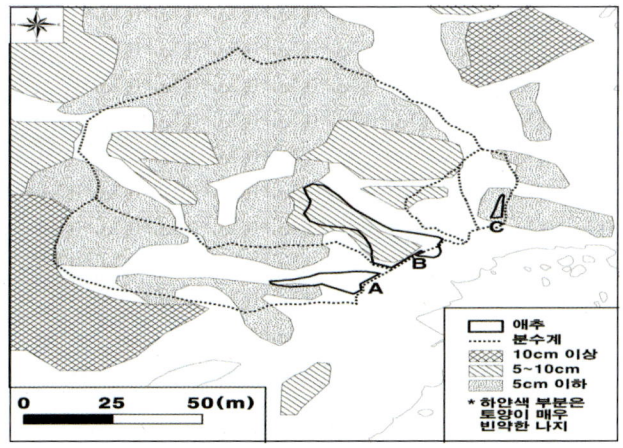

<그림 20> 서도 어민숙소 일대의 토양층 두께

(그림 20)는 서도 어민숙소 일대의 토양층 두께를 나타낸 것이다. 애추 A의 암설이 쌓여 있는 곳은 토양이 거의 없으나 애추 C의 암설이 쌓여있는 곳은 5cm 이하, 애추 B의 암설이 쌓여 있는 곳은 5~10cm 두께의 토양층이 분포한다. 현지 조사에서 직접 확인한 결과, 이와 같은 토양층의 두께는 애추의 암설 위에 피복된 토양의 두께를 의미하는 것은 아니다. 애추 A의 암설에는 토양이 약간 포함되어 있으며, 애추 B에는 토양이 다소 많이 포함되어 있다. 그리고 애추 C에는 토양층이 거의 없는 것으로 되어 있으나, 실제로는 pebble급 자갈들로 된 암설 사이사이에 토양이 약간 포함되어 있다.

서도 어민숙소 일대의 토양 분포와 식생 분포와 비교하면 식물들은 토양의 두께가 얇아도 서식할 수 있는 것을 알 수 있다. 특히 절리가 있는 응회암이나 조면암, 조면안산암에는 절리에 뿌리를 내리고 식생들이 자리잡는다. 식물은 토양이 빈약하고 단단한 암석이 있는 곳이라 하더라도 절리가 있다면 충분히 서식한다. 그러나 절리의 밀도가 너무 높거나 사면 경사가 급하여 지반안정성이 낮은 곳에는 식물이 안정적으로 자리잡기 어려워 식생이 빈약한 경우도 있다.

애추 A는 분수계 상부부터 하부까지 토양층이 빈약한 구역이 골고루 나타나는 반면 애추 B와 C는 주로 분수계 상부에 토양층이 빈약한 구역이 나타난다.

4) 식생 분포

(그림 21)은 서도 어민숙소 일대의 식생 분포를 나타낸 것이다. 애추 A는 암설이 쌓인 곳에는 일부 해국-갯제비쑥군락이 서식하고, 집수역 상부에는 돌피(개밀)군락이 분포한다. 애추 B는 암설이 쌓인 곳은 나지이며 집수역 상부에 돌피(개밀)군락, 해국-갯제비쑥군락, 갯제비쑥군락이 분포한다. 애추 C는 암설이 쌓인 곳은 나지이며 집수역 상부에 갯제비쑥군락, 개밀군락이 서식한다.

독도에서 식생 분포는 기반암 분포, 사면 경사와 토양 분포를 반영한다. 아울러 식생피복은 동결과 융해의 반복에 의한 기계적풍화작용과 염풍화의 영향을 완화하여 풍화작용을 제어한다(황상일 외 2인, 2009). 식생이 빈약한

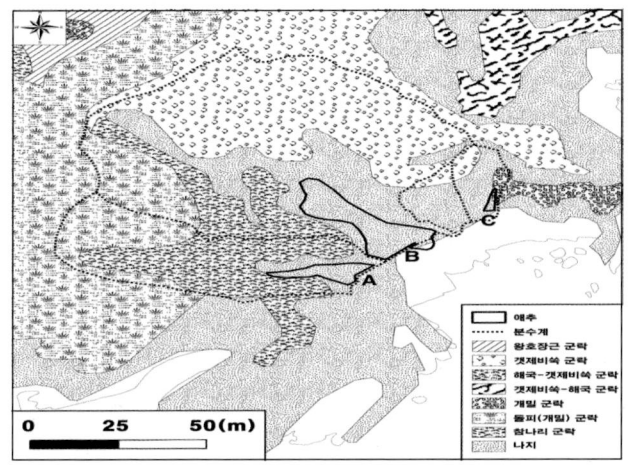
<그림 21> 서도 어민숙소 일대의 식생 분포

사면은 매스무브먼트 발생에 유리한 환경이 조성되는데, 서도 남동해안 애추들의 집수역은 식생으로 피복되지 않은 범위가 넓다.

사면 경사가 완만한 분수계 부근의 조면안산암 구역은 토양층이 5cm 이하이지만 식생이 분포한다. 그러나 응회암 구역은 사면 경사가 매우 급하므로 식생은 거의 없다. 토양이 피복되지 않고 노출된 응회암 단애에서는 기반암이 기계적 풍화작용을 심하게 받는데, 침식과 풍화에 대한 저항력이 약하고 절리밀도가 높은 경우에는 암설이 많이 나온다. 그리고 독도의 경우 섬 전체가 염분의 비말의 영향을 받는데, 조면안산암이나 조면암보다 응회암이 염풍화작용을 일으켜 타포니의 규모가 크고 밀도가 높다(황상일·박경근, 2007). 남동해안의 배후사면에서 식생이 빈약한 응회암 지역은 지속적으로 기계적 풍화작용과 염풍화작용을 받고 있으며, 장마 기간과 태풍이 오는 시기에 집중호우가 발생하면 지표류[19]에 의한 침식으로 이들 작용을 증폭시킬 것으로 생각된다.

서도 어민숙소 일대에 서식하는 식물들은 토양층 두께가 5cm 이하이면서 경사가 가파른 매우 척박한 환경에 적응하며 서식하고 있다. 따라서 토양층에만 뿌리를 내리게 되면 생존이 어려우므로 토양층 아래의 기반암 절

---

[19] 빗물이 하천으로 유입되기 전에 암반 등의 지표면 위를 흐르는 것.

리에도 뿌리를 내려야 뿌리를 단단히 고정하고 영양분과 수분을 흡수할 수 있다. 이 경우 식물 뿌리가 더 뻗어나가면 절리가 확대되면서 기반암 표면을 해체하여 암설을 생산할 수 있다. 실제로 현지 조사에서 애추 A, B의 식생이 없는 지표면에 식물 뿌리가 암설과 섞여 관찰되는데, 이것은 식물이 절리에 서식하면서 기계적으로 풍화를 촉진한 흔적으로 생각된다. 즉, 식물이 절리에 뿌리를 내리면서 절리가 확대되다가 암석이 부서지면서 식물과 암설이 함께 낙하한 것이다.

3) 서도 어민숙소 일대의 애추 지형 발달

최근 수년 동안 서도의 어민숙소가 증축되고 해안에 콘크리트 선착장이 조성되었다. 이로 인해 해안 부근의 애추 하단의 암설들이 상당히 많이 제거되면서 인위적인 지형 변형이 발생하였다.

이 지역의 애추가 형성된 시기에 대한 자료는 없으나 밀양 얼음골과 같이 한반도 육지부 내륙에 분포하는 애추의 형성 시기와 비교하여 생각할 수 있다. 한반도 내륙 지역의 애추는 일주적 동결 및 융해가 길었던 빙기에 절리 밀도가 높은 기반암의 단애에서 공급된 암설이 낙하하여 급사면이나 단애의 기저부에 퇴적된 것이다(전영권, 2005). 즉, 빙기에는 지금보다 겨울이 길었기 때문에 절리 사이에 침투한 물이 하루 사이에 얼었다 녹았다를 반복하는 현상이 활발했던 것이다. 그러므로 한반도 내륙 지역에 분포하는 애추는 후빙기에 일주적 동결 및 융해 현상이 둔화되어 암설 공급이 중단된 후빙기에는 더 이상 성장을 하지 않으므로 화석지형[20]으로 분류된다.

해면이 현재보다 약 140m 가량 아래에 있었던 마지막 빙기 동안 독도를 포함한 독도해산의 정상부 대부분은 육지화되었다. 그리하여 현재 해안선 부근은 높은 산지가 되어 이전의 그 전 간빙기에 형성된 거의 수직에 가까운 해식애가 높은 산 속의 단애로 변하여, 이곳으로부터 공급된 암설이 규모가 큰 애추를 형성하고 이러한 애추들이 횡방향으로 연결되어 있었을 것이다.

---

20) 과거에 발달한 지형이 현재까지 남아있는 지형.

그리고 마지막 빙기가 끝나고 해면이 급격하게 상승하여 현재 수준에 도달한 약 7,000년 전에는 독도 주변 해역의 수심은 현재보다 약간 더 깊었다. 이에 따라 에너지가 큰 파랑이 애추 하단의 암설을 제거하기 시작하였다. 그 후 해면이 안정된 가운데 파식대를 형성하면서 해식애가 후퇴하고, 먼 바다에 노출된 해안이나 헤드랜드에서 애추의 구성 물질들은 해저로 운반되었다. 이와 같은 과정을 통해 현재 독도의 대부분 해안에서 애추는 분포하지 않는다.

그러나 지금의 서도 어민숙소 일대의 해안은 내만 지형이었으므로 암설이 완전히 제거되지 않았을 가능성이 있다. 이와 같은 과정을 거쳐 남아있었던 빙기의 암설 위에 후빙기에 집수역 사면으로부터 공급된 암설이 피복되어 현재의 애추를 이루었다고 추정된다. 후빙기에 암설이 공급된 것은 비교적 최근에 조성된 탐방로 계단에 수년 동안 상당한 양의 암설이 쌓이는 것을 통해 알 수 있다.

독도에 태풍이 통과할 때와 같이 에너지가 큰 파랑이 접근하면 어민숙소 일대 애추의 하단부까지 영향을 미친다. 이와 같은 파랑은 자갈해안과 애추 하단부의 자갈을 바다 쪽으로 운반할 수 있다. 그러나 이런 파랑에 의해 해안의 자갈해안이 얼마나, 어떻게 침식이 되었는지에 대해서는 자료가 없다. 특히 서도 어민숙소 일대에는 콘크리트 구조물이 들어서면서 자갈해안의 원형을 훼손하여 알기가 더욱 어렵다.

다만 2007년에 태풍이 왔을 때 동도와 서도 사이의 해역에서는 북동쪽과 남서쪽에서 함께 접근하여 해협의 중간에 분포하는 수심 2m 이하인 지역에서 파랑이 충돌하는 모습이 관찰되었다(그림 21). 이와 같은 과정을 통해 동도와 서도 사이의 해역에 퇴적물이 공급되면, 이 해협의 수심은 지속적으로 얕아진다. 그리고 자갈해안에서 헤드랜드와 사면에서 애추를 통해 운반되는 자갈 공급과 파랑에 의한 침식이 균형을 이루면 자갈해안은 균형을 이루고, 파랑이 애추 하단부의 암설을 제거하는 작용이 둔화되면 규모가 점차 커질 수 있을 것이다.

<그림 22> 동도와 서도 사이에서 일어난 파랑의 충돌

　이와 같은 추정에 대해서는 두 가지 변수가 있다. 첫째, 어민숙소와 선착장을 보호하기 위해 주기적으로 애추의 암설을 인위적으로 제거하고 있다는 것이다. 현재와 같이 인간의 간섭이 지속되면 자갈해안의 규모가 축소되고 애추의 규모도 축소될 가능성이 있다. 둘째, 지구온난화에 의한 해면상승은 파랑으로 인한 침식을 활발하게 만들고, 자갈해안의 침식 역시 활성화되어 애추의 하단이 침식되어 애추의 규모를 축소시킬 것으로 생각된다.

Ⅵ. 결론 및 시사점

　독도에서 어민숙소가 있는 서도 남동해안의 배후사면과 자갈해안의 경계부에는 세 개의 애추가 형성되어 있다. 이들은 각각 해안으로부터 해발고도 29m, 40m, 14m까지 암설이 퇴적되어 있다. 이들 가운데 중앙에 위치한 애추의 규모가 가장 크다. 애추가 분포하는 구역에는 어민숙소와 콘크리트로 된 접안시설, 그리고 탐방로 계단이 설치되어 있어서 원형이 훼손되었으며 지속적으로 인간의 간섭을 받고 있다.

　이들 애추의 형성 과정을 살펴보면 어민숙소 일대에는 조면안산암으로 된 헤드랜드는 비교적 침식에 강해 원형을 유지하고 있는 반면, 응회암층이 두꺼운 배후사면은 침식에 약해 해식애가 깎여나가 계곡이 형성되었다. 이 계곡을 통해 애추의 암설이 해안으로 흘러내린다. 애추가 형성되는 데 가장 중요한 요인은 사면에서 공급되는 양과 기저부에서 제거되는 양과의 균형이다. 동도와 서도 사이의 해협은 대부분 수심이 2m 이하로 얕고, 먼바다에서 접근하는 파랑이 퇴적물을 이 해협에 퇴적시키므로 수심은 지속적으로 얕아진다. 그러므로 인간의 간섭이 없다면 자갈해안은 축소되지 않고 균형을 유지하며, 파랑이 애추로부터 암설을 제거하는 현상이 둔화된다면 애추는 점차 규모가 커질 것이다.

　계곡을 통해 애추로 암설을 공급하는데 영향을 미친 요인은 배후사면의 기반암 특성, 단층선의 밀도, 사면 경사, 식생 피복, 토양의 분포 특성 등이다. 어민숙소의 배후사면에는 적어도 두 개의 단층선이 통과하며 풍화에 약한 응회암층이 두껍게 분포하여 암석이 쉽게 부서진다. 그러므로 암설을 공급하는데 유리하다. 그리고 응회암층의 사면 경사가 급하여 토양층이 얇거나 기반암이 노출되어 식생이 번성하지 못하여 기계적 풍화작용과 염풍화작용이 비교적 활발하다는 점도 암설을 공급하는데 유리한 부분이다.

　해수면이 현재보다 140m 정도까지 하강하였던 마지막 빙기에 지금보다 규모가 컸던 독도에서는 당시 높은 산지였던 현재의 해안을 따라 이전 간빙기에 형성된 해식애가 산 속 깊은 단애로 변하였을 것이다. 이러한 단애로부터 암설이 공급되어 급경사면이나 단애의 하단부에 많은 애추가 형성되었을 것이다. 그리고 마지막 빙기 이후 후빙기에 해면이 상승하여 해면이 현재 수준으로 상승한 약 7,000년전부터는 애추를 이루고 있던 암설들이 바닷물에 잠겨 파랑에 의해 제거되었으므로 현재 독도 해안의 대부분에서 애추는 분포하지 않는다. 그러나 서도 어민숙소 일대에서는 앞서 설명한 바와 같은 지형적인 영향으로 빙기의 암설이 완전히 제거되지 않고 어느 정도 남아 있었으며, 그 위에 집수역 사면으로부터 공급된 암설이 더 쌓여 현재의 애추 경관을 이루었을 것으로 추정된다. 다만, 현재 애추의 형성 요인을 정확히 밝혀내는 것은 추후 과제로 남았다.

애추를 비롯한 매스무브먼트 현상은 기본적으로 산을 이루는 암석이 부서지고, 부서진 물질인 암설이 산 아래로 흘러내려 산의 크기를 줄어들게 만드는 작용이다. 독도 역시 하나의 산으로 본다면, 애추가 발달한 서도 어민숙소 일대는 서도의 크기를 줄어들게 만드는 현상이 일어나고 있는 것이다. 사실 독도는 서도 어민숙소 일대 뿐만 아니라 애추가 없는 다른 구역에서도 파식대가 확장되고 해식애가 후퇴하면서 섬의 크기가 줄어드는 작용이 일어나고 있다. 물론 이러한 작용들이 일어난다고 해서 당장 빠른 시일 내에 독도가 사라지지는 않을 것이다. 그러나 지구온난화가 지속된다면 눈에 보이는 애추의 규모는 줄어들 수 있을지라도, 전반적으로는 독도를 점차 잠식하여 독도의 크기가 줄어드는 현상을 가속화할 수 있다.

그리고 서도 어민숙소 주변의 애추는 인간이 만든 시설물에 의해 원형이 많이 훼손되어 있다. 이는 애추가 앞으로 어떻게 변화할지 예측하는 것을 어렵게 하고 있다. 이는 곧 애추 주변의 시설물에 대한 안전을 확보하는 것에도 적신호를 켜게 할 수 있다. 애추의 원형을 파악해야 애추의 특성과 앞으로의 변화를 예측하여, 애추 주변 시설물이 애추에 의해 피해를 입기 전에 선제적으로 예방할 수 있지만 지금의 상황에서는 이것이 어려운 실정이다. 서도 어민숙소 일대 애추에는 인간의 출입이 빈번한 것은 물론 어민숙소에 상주하는 인원이 있다는 것을 감안하면 시설물 안전 문제는 그 중요성을 간과할 수 없다.

독도의 자연환경을 보존하기 위해서는 인공 시설물을 최소화하는 것이 이상적이다. 그러나 독도는 역사학, 정치학적으로 큰 주목을 받으면서 섬의 규모에 비해 대규모의 인공 시설물이 들어서 있다. 서론에서 말한 바와 같이 독도는 역사학, 정치학 분야뿐만 아니라 자연과학 분야에서도 가치가 매우 큰 섬이다. 이러한 독도가 계속해서 인공 시설물로 인해 훼손되면 자연과학적인 가치가 떨어질 우려가 있다. 그러므로 궁극적으로는 독도의 역사학, 정치학적 문제가 해결되면서 독도의 자연과학적 가치를 지키는 방안을 강구할 필요가 있다.

참고문헌

강지현, 『독도해산의 사면침식으로 인한 지형변화와 독도사면안정성 분석』, 이화여자대학교 대학원 석사학위논문, 2008.
박선인, 『독도 서도응회암의 분출 및 퇴적작용』, 경상대학교 대학원 석사학위논문, 2021.
박재홍 외 9인, 「(8th) 독도 천연보호구역 모니터링」, 문화재청 외 2개 기관, 2020.
박찬 외 5인, 「독도 암석의 역학적 특성에 관한 연구」, 『터널과 지하공간』, 18(1), 2008, 69-79.
전영권, 「독도의 지형지(地形誌)」, 『한국지역지리학회지』, 11(1), 19-28, 2005.
황상일·박경근, 「독도 동도 서쪽 해안의 타포니 지형 발달」, 『한국지역지리학회지』, 13(4), 2007, 422-437.
황상일 외 2인, 「독도 서도 북서 해안의 Holocene 기후변화와 타포니지형발달」, 『한국지형학회지』, 16(1), 2009, 17-30.
황상일 외 2인, 「독도 서도 및 동도 남부 해안의 파식대 지형 발달」, 『한국지형학회』 2019.
황상일 외 2인, 「독도 서도 남동해안의 애추 지형발달」, 『한국지형학회지』, 29(1), 2022, 13-30.
Huggett, R. J., 2002, 『Fundamentals of Geomorphology』, Taylor & Francis Group.

제 2장

지역민의 커뮤니티 웰빙 만족도가 행복 수준, 지역 소속감, 삶의 만족에 미치는 영향

권 혁*

　울릉군은 현재 한국에서 가장 인구가 적은 기초단체이며, 특히 독도는 영토로서의 상징적, 군사 안보적, 환경적 가치를 지니고 있다. 독도는 한국의 독립과 주권의 상징이라는 점에서 그 의미가 있고, 독도의 지속가능한 이용에 관한 법률(약칭, 독도이용법)에서와 같이 국가가 독도의 보전 및 관리를 위해 필요한 정책을 개발하고 시행하고 있다는 점에서 해양생물자원, 해양광물자원 등 국가 경제 및 국민 생활에 유용한 자원을 지켜야 하는 중요한 곳이기도 하다. 또한, 한국의 저출산 고령화는 인구 문제의 원인으로부터 발생되었으며, 그간 울릉군의 인구 추이를 살펴보면 1966년 약 22,000명, 1975년 약 30,000명, 1985년 약 17,000명, 1995년 약 11,000명, 2000년 약 10,000명 2010년 약 10,700명, 2020년 약 9,000명, 2022년 8월 기준 약 9,000명으로 인구가 계속 감소하고 있기 때문에 이를 해결하기 위한 여러 방안과 노력이 필요한 실정이다. 이에 본 연구에서는 특히 급격한 인구감소와 고령화가 진행되고 있는 '울릉군'을 중심으로 지역민의 커뮤니티 웰빙 만족도가 행복 수준, 지역 소속감, 삶의 만족에 미치는 영향을 파악해 보고자 하였다.

* 중부대학교, 조교수, khjb0830@joongbu.ac.kr

본 연구를 위해 울릉군이 만 15세 이상 군민을 대상으로 2020년 08월 20일부터 09월 04일까지 생활의 양적 및 질적 수준을 파악하기 위해 진행한 설문조사 데이터 중 유의한 설문 541부를 확보하여 연구를 수행하였으며, SPSS 통계 프로그램을 활용하여 자료 분석을 실시하였다. 그 결과 첫째, 일자리만족도, 문화시설(독도), 사회안전은 행복 수준에 유의한 영향을 미치는 것으로 파악되었다. 행복 수준을 높이기 위해 개인의 건강과 미래 안정을 위해 어느 정도의 소득은 보장되어야 하며, 지역 터전의 사회 안전이 확보될 때 지역민의 행복도가 더욱 증진될 것으로 판단된다. 특히 울릉군은 60세 이상의 행복도가 가장 낮기 때문에 고령층을 위한 양질의 일자리가 창출되어야 할 것으로 보이며, 특히 1인 독거노인을 위한 선별적 고령층 일자리를 제공해야 할 것이다. 또한, 울릉군은 독도를 포함해 중요한 군사 안보적 가치를 지니고 있는 특성 때문에 사회 안전에 대한 보장이 확보될 때 행복감이 더욱 증진되는 것으로 나타나 지반 균열과 침하에 대한 준비, 안보 준비 태세 강화가 동시에 수반되어야 할 것으로 판단된다. 둘째, 공동체의식은 지역 소속감에 유의한 영향을 미치는 것으로 파악되었다. 이에 거주 지역에 대한 소속감을 높이고, 사회 통합을 위해선 연령대별로 공동체의식을 회복할 수 있는 프로그램 개발의 설계 및 운영이 요구된다. 셋째, 일자리만족도는 삶의 만족에 유의한 영향을 미치는 것으로 파악되었다. 이에 가구 소득 구간을 고려한 지자체의 공공 일자리 지원이 필요할 것으로 판단된다.

Ⅰ. 서론

국내총생산(Gross Domestic Product, GDP)은 한 나라의 발전 상황을 나타내는 지표로 가계, 기업, 정부 등 모든 경제 주체가 생산한 부가가치를 시장가격으로 평가하여 합산한 것으로 한 나라의 국가 정책 및 국민경제의 전체적 규모나 구조 변동 등을 파악할 때 활용되고 있다. 그러나 일-가정 생활이 조화롭게 균형을 유지하기 위한 일과 삶의 균형이라는 '워라벨'이 더욱 강조되면서 기존 GDP와 같은 경제 지표가 국민 삶의 질을 파악할 때 한계가 있다는 지적과 함께 행복, 삶의 만족, 지역 공동체 회복과 복원이라는 리빙랩이 강조되면서 웰빙 측정도 파악을 위해 OECD의 Better Life Index, 웰빙경제(Beyond GDP)를 측정도구로 활용해야 한다는 공감대가 학계와 국제기구를 중심으로 형성되고 있다(Ilić, Milić, & Aranđelović, 2010; Smith & Hoekstra, 2011).

특히 통합적 커뮤니티 웰빙은 지역민 삶의 질과 지역 공동체(사회) 발전을 위한 사회, 경제, 환경, 문화, 정치의 적절한 융합이라고 정의되며, 구체적으로 지역민 관점에서 커뮤니티 웰빙을 정의하면 특정 지역에 거주하면서 느끼는 소속감(애착), 지역 환경, 지자체에서 제공하는 서비스, 공공시설 등을 고려하여 거주 지역에 대한 만족도로 볼 수 있다. 이처럼 지역민이 지역을 살아갈 때 느끼는 개인적 만족도가 높아지고, 사회적, 경제적, 환경적, 문화적, 정치적, 물리적 등 여러 욕구가 충족될 때 커뮤니티 웰빙의 만족감이 향상된다고 하였다(이승종 외, 2013; Forjaz et al., 2011).

이처럼 커뮤니티 웰빙 만족도에 대한 중요성이 계속 강조되고 있는 시점에서 특정 지역에 대한 지역성과 지역민이 느끼는 지역에 대한 사회, 경제, 환경, 문화, 정치 등 다양한 욕구에 대한 파악과 더불어 지역민의 행복 수준, 삶의 만족, 지역 소속감 등이 어느 정도인가를 구체적으로 분석하기 위한 지자체의 노력이 요구된다. 장래 인구 통계에서 세계 인구는 2022년 약 80억 명에서 2070년 103억 명으로 증가할 것으로 예측되지만 한국의 인구는 2022년 약 5천2백만 명에서 2070년 3천8백만 명으로 대폭 감소할 것으로 전망하고 있기 때문이다. 이처럼 저출산 고령화 현상은 생산연령인구 감소로 이어지고 이는 국가경쟁력 하락으로 연결되기 때문에 이를 해결하기 위한 방안 마련이 시급하다(통계청, 2022).

이에 본 연구에서는 특히 급격한 인구감소와 고령화가 진행되고 있는 '울릉군'을 중심으로 지역민의 커뮤니티 웰빙 만족도가 행복 수준, 삶의 만족, 지역 소속감에 미치는 영향을 파악해 보고자 한다. 본 연구를 수행하고자 하는 대표적인 이유는 경상북도 울릉군이 한국의 최동단에 위치해 있고, 독도가 천연기념물로 지정된 섬이 속해 있는 중요한 지자체 중 하나이기 때문이다. 울릉군은 현재 한국에서 가장 인구가 적은 기초단체이며, 특히 독도는 영토로서의 상징적, 군사 안보적, 환경적 가치를 지니고 있다. 독도는 한국의 독립과 주권의 상징이라는 점에서 그 의미가 있고, 독도의 지속 가능한 이용에 관한 법률(약칭, 독도 이용법)에서와 같이 국가가 독도의 보전 및 관리를 위해 필요한 정책을 개발하고 시행하고 있다는 점에서 해양생물자원, 해양광물자원 등 국가 경제 및 국민 생활에 유용한 자원을 지켜야 하는 중요한 곳이기도 하다(국가법령정보센터, 2022).

한편 한국의 저출산 고령화는 인구 문제의 원인으로부터 발생되었고, 지역사회 특성을 분석할 때 인구 특성을 파악하는 것이 근본적으로 필요하다. 이에 그간 울릉군의 인구 추이를 살펴보면 1966년 약 22,000명. 1975년 약 30,000명, 1985년 약 17,000명, 1995년 약 11,000명, 2000년 약 10,000명 2010년 약 10,700명, 2020년 약 9,000명, 2022년 8월 기준 약 9,000명으로 인구가 계속 감소하고 있기 때문에 이를 해결하기 위한 여러 방안과 노력이 필요한 실정이다. 구체적으로 전출, 전입인구, 인구 증가율, 가구 특성별, 노인인구 실태 등 다양한 측면에서 인구통계학적 요인을 살펴보면 다음과 같다. 전출인구를 보면 1995년 1,657명, 2000년 1,292명, 2005년 1,156명, 2010년 2,241명, 2015년 1,740명, 2020년 1,762명, 2021년 1,486명이며, 전입인구는 1995년 1,415명, 2000년 1,083명, 2005년 1,504명, 2010년 2,494명, 2020년 1,647명, 2021년 1,394명으로 파악되었다. 또한, 인구증가율로 살펴보면 2012년 -0.44%, 2013년 -1.25%, 2014년 -2.50%, 2015년 -1.12%, 2016년 -1.29%, 2017년 -0.20%, 2018년 -1.11%, 2019년 -2.29%, 2020년 -5.70%, 2021년 -2.36%로 나타나 2012년 이후 계속 줄어들고 있는 것으로 나타난다. 또한, 출생아 수를 살펴보면 1997년 124명, 2000년 106명, 2005년 64명, 2010년 50명, 2015년 55명, 2020년 30명, 2021년 26명이 태어났고, 가구 특성별로 보면 1인 가구의 비율이 계속 증가하고 있는 것으로 나타났다(통계청, 2022).

<표 1> 1인구가구비율(울릉군・경상북도)

구 분	연도	1인가구비율(%)	1인가구(수)	일반가구(수)
울릉군	2000	20.9	766	3,669
경상북도		18.5	163,919	887,917
울릉군	2005	28.1	994	3,532

구 분	연도	1인가구비율(%)	1인가구(수)	일반가구(수)
경상북도		23.9	224,611	938,840
울릉군	2010	32.8	1,145	3,494
경상북도		28.8	289,704	1,005,349
울릉군	2015	39.3	1,583	4,031
경상북도		30.4	322,569	1,062,724
울릉군	2016	41.3	1,644	3,979
경상북도		31.3	336,547	1,076,581
울릉군	2017	40.3	1,641	4,072
경상북도		31.9	346,998	1,087,807
울릉군	2018	42.0	1,739	4,145
경상북도		32.3	353,702	1,094,534
울릉군	2019	40.9	1,661	4,061
경상북도		32.7	360,213	1,102,934
울릉군	2020	42.1	1,734	4,116
경상북도		34.4	388,791	1,131,819
울릉군	2021	44.7	1,850	4,135
경상북도		36.0	416,697	1,156,645

이에 지역민의 정주성을 함양하고, 외부에서 인구가 유입될 수 있도록 거주 환경 만족도를 높일 수 있는 노력이 요구된다. 다음으로 전체 일반가구에서 차지하는 독거노인의 비율이 12.6%로 나타났으며, 울릉군의 독거노인 가구 비율은 살펴보면 다음 〈표 2〉와 같다.

<표 2> 독거노인비율(울릉군)

연도	독거노인 가구비율(%)	65세 이상 1인가구비율(%)	전체 일반가구(수)
2000	7.2	266	3,669
2005	10.8	380	3,532
2010	12.9	449	3,494
2015	9.5	382	4,031
2016	10.0	397	3,979
2017	10.0	407	4,072

2018	10.7	444	4,145
2019	11.0	445	4,061
2020	12.3	507	4,116
2021	12.6	520	4,135

이처럼 울릉군은 저출산 고령화가 가장 빠르게 진행되고 있는 지자체임을 확인할 수 있다. 이에 본 연구에서는 다차원(CWB) 모형을 기반으로 한 5개 자본(경제자본, 문화자본, 자연 자본, 인프라 자본, 사회자본)을 지역민의 커뮤니티 웰빙 지표로 채택하여 연구를 수행하였다(이승종 외, 2014).

따라서 본 연구는 지역민의 커뮤니티 웰빙 만족도가 행복 수준, 삶의 만족, 지역 소속감에 어떤 영향을 미치는지 분석하여 울릉군 지역민의 정주성 함양을 위해 필요한 지자체의 사회, 경제, 환경, 문화 정책을 발굴하고 제언하는 데 그 목적이 있다.

Ⅱ. 이론적 배경 및 문헌연구

1. 커뮤니티 웰빙 만족도와 행복 수준, 삶의 만족

웰빙은 인간이 육체적, 정신적 건강의 조화를 통해 행복한 삶을 추구하는 열망, 삶의 유형, 문화 등을 포괄한 의식 및 구체적인 행동 방식을 가리키는 뜻으로 정의할 수 있다. 18세기 후반부터 19세기 전반에 걸친 영국의 산업혁명은 미국, 프랑스,. 독일, 일본, 한국의 산업화로 이어져 산업사회로 발전했고, 인간에게 물질적인 풍요를 가져다주었지만 부를 축적하기 위한 과도한 노력으로 인해 정신적 여유를 앗아간 면도 많고 있다. 산업이 발전하면 할수록 빈부 격차로 이어져 우울증 비율이 전 세계적으로 계속 증가하고 있으며, 이는 최근 주목받는 삶의 질, 워라벨, 행복, 웰빙 등에 대한 관심, 논의, 사회적 공감대로 이어지고 있는 것이다(Manderson, 2005).

한국의 경우 급격한 빈부 격차로 맞벌이 비율이 높은 편이며, 자세한 맞벌이 가구 비율은 아래 〈표 3〉과 같다. 현재 정부가 일·가정 양립 활성화에 기여할 수 있도록 남녀고용평등법을 순차적으로 개정 중에 있으나, 충분한 보육 서비스가 제공되지 않고, 현실적인 저출산 정책의 부재도 문제로 지적되고 있다(e-나라지표, 2022).

<표 3> 한국의 맞벌이 가구 비율

연도	유배우 가구 (단위: 천가구)	맞벌이 가구 (단위: 천가구)	비율(%)
2013	11,940	5,175	43.3
2014	12,049	5,331	44.2
2015	12,139	5,358	44.1
2016	12,190	5,545	45.5
2017	12,224	5,456	44.6
2018	12,245	5,675	46.3
2019	12,305	5,662	46.0
2020	12,332	5,593	45.4

다음으로 '행복'은 생활에서 충분한 만족과 기쁨을 느끼는 상태로 인간이 추구하는 최고의 가치, 인간이 살아가는 목표로 보지만, 학계에서는 좀 더 세부적으로 외부적 관찰이 아닌 개인이 느끼는 평가에 의거하여 행복도와 행복감을 측정하고 이를 '주관적 안녕감'으로 정의하였다(Diender, 1984).

유엔(UN)이 발표한 2022년 세계 행복 보고서에 의하면 한국의 행복도는 OECD 회원 국 중 36위로 최하위권으로 나타났으며, 전 세계 146개국 중 59인 것으로 파악되었다. 미래에 대한 불안, 더 나아지지 않을 거란 심리, 주택, 소득, 가계 부채, 일자리 등에 대한 사회 현안 문제 등이 반영된 결과로 해석할 수 있다. 행복 지표는 나라별 시민들에게 행복감을 조사하고, 1인당 국내 총생산(GDP)와 사회적 지원, 건강 기대수명, 삶의 선택 자유, 관용 등을 포함하여 합산한 결과로 자세한 순위는 아래 <표 4>와 같다(2021, World Happiness Report).

<표 4> 국가별 행복도 시민의식 조사

세계 행복지수 순위(146개국)			OECD 행복지수 순위(38개국)		
상위 10위	주요 국가	하위 10위			
1.핀란드	16.미국	137.잠비아	1.핀란드	14.독일	27.에스토니아
2.덴마크	26.대만	138.말라위	2.덴마크	15.캐나다	28.라트비아
3.아이슬란드	54.일본	139.탄자니아	3.아이슬란드	16.미국	29.칠레
4.스위스	59.한국	140.시에라리온	4.스위스	17.영국	30.멕시코
5.네덜란드	72.중국	141.레소토	5.네덜란드	18.체코	31.폴란드
6.룩셈부르크	–	142.보츠와나	6.룩셈부르크	19.벨기에	32.헝가리
7.스웨덴	–	143.르완다	7.스웨덴	20.프랑스	33.일본
8.노르웨이	–	144.짐바브웨	8.노르웨이	21.슬로베니아	34.포르투갈
9.이스라엘	–	145.레바논	9.이스라엘	22.코스타리카	35.그리스
10.뉴질랜드	–	146.아프가니스탄	10.뉴질랜드	23.스페인	36.한국
			11.오스트리아	24.이탈리아	37.콜롬비아
			12.호주	25.리투아니아	38.터키
			13.아일랜드	26.슬로바키아	

물질적인 풍요와 부는 시간은 시간이 지날수록 행복감을 떨어뜨리지만, 가족관계, 정서적 지지는 시간이 지날수록 행복감을 높인다는 연구에 목격(North&Cronkite, 2008) 되고 있기 때문에 행복 수준에 미치는 다른 요인이 존재하는지에 대한 연구가 필요하겠다.

그리고 삶의 만족은 현재 자신의 삶에 대해 어느 정도 만족하고 있는지에 대해 느끼는 것으로 개인이 경험하는 주관적인 생각을 뜻하며, 신체적 건강, 정신 상태, 사회생활에 대한 만족도 등을 포괄한 개념으로 정의하였다(Suh & Fujita, 1996).

다음으로 커뮤니티 웰빙 만족도가 행복 수준과 삶의 만족도에 어떤 영향을 미치는지에 대한 선행연구를 살펴보면 다음과 같다.

커뮤니티 웰빙은 주관적 인식을 측정하여 사회 및 경제의 영역, 환경 영역, 정치 및 관계 영역에서 살펴볼 수 있으며, 구체적으로 인적, 경제, 자연, 인프라, 문화, 사회 총 6개 자본을 측정하기 위해 다음과 같은 지표를 설정할 수 있다. 세부적으로 살펴보면 인적자본은 보건, 복지, 교육, 경제자본은 고용, 지방재정, 지역 경제, 자연 자본은 환경, 인프라 자본은 교통 시스템, ICT, 안전, 문화자본은 문화활동, 지역 문화공간, 지역 문화자산, 사회자본은 규범, 네트워크, 참여, 신뢰로 구분할 수 있는 것이다(이승종 외, 2013).

커뮤니티 웰빙 만족도가 행복 수준 및 삶의 만족도에 어떤 영향을 미치는지 선행연구를 살펴보면 다음과 같다. 첫째, 서울시 5개구에 거주하는 성인 대상 1,000명을 대상으로 설문조사를 실시하여 분석한 결과 인적자본(보건, 복지, 교육), 경제자본(고용, 지방재정, 지방경제)은 주관적 삶의 질(행복 수준 및 삶의 만족도)에 긍정적인 영향을 미치고 있으나 사회자본(시민 참여)과 문화자본(문화활동)은 주관적 삶의 질(행복 수준 및 삶의 만족도)에 유의미한 영향을 미치지 않은 것으로 파악되었다. 직접 효과를 통한 우선순위로 보면 인적자본이 가장 높은 유의성을 보였고, 다음으로 경제자본 순으로 파악되었다(서인석 외, 2015).

둘째, 커뮤니티 웰빙 특성에 대해 전 국민을 대상으로 지역 생활환경과 주관적 생활 만족도를 파악하기 위해 광역자치단체 간 차이를 비교해 본 결과 자연환경(골목과 거리의 청결도 등) 지표는 경남→충북→경북 순으로 나타났고, 인프라(대중교통, 도로 상태 등) 자본의 경우 서울→인천→경기 순으로 파악되었다. 특히 그중 교통 시스템은 인천이 가장 높고, ICT 지표의 경우 서울이 가장 높게 파악되었다. 이를 통해 각 지역 여건에 맞는 쾌적한 생활 환경 여건 조성 마련을 위한 노력이 요구되며, 서울을 포함한 수도권의 경우 매우 높은 수준의 인프라가 구축되어 있기 때문에 이를 벤치 마킹하여 각 자치단체에 적용 가능한 서비스를 적용 및 확산해야 할 것으로 판단된다(기영화&정서린, 2018).

정리하면 커뮤니티 웰빙 만족도와 행복 수준 및 삶의 만족과의 관련 연구에서 지역별로 차이가 있으나 대체적으로 행복 수준과 삶의 만족을 포함한 삶의 질에 유의한 영향을 미치는 것으로 확인되었다. 따라서 지역별로 커뮤니티 웰빙 특성을 파악한다면 지역민의 행복 수준과 삶의 만족을 더욱 높아질 것으로 판단된다.

2. 커뮤니티 웰빙과 지역 소속감

전통사회에서 '지역사회'란 개인 간, 집단 간 유대 형성 정도를 말하며, 감정적 관계가 깊을수록 강한 소속감을 지닌다고 하였다. 산업화, 정보화로 인해 경제, 사회, 문화, 정치가 발전하면서 지역사회에 대한 인식이 변화하기 시작하였고, 점진적으로 개인화되면서 '지역사회'를 특정 지역에 거주하는 구성원으로 정의한 바 있다(Tönnies,1999; Goudy, 1992). 그리고 소속감은 자신이 어떤 집단에 소속되어 있다고 느끼는 정도로 정의할 수 있으며, 지역 소속감은 현재 거주 지역에 대한 사람들에 대한 소속감을 뜻한다. 즉, 지역민의 지역 소속감 정도를 분석한다면, 특정 지역 사회가 얼마나 통합이 잘 이루어지고 있는지 측정 가능할 것이다.

현재 한국 국민들의 지역사회 소속감을 살펴보면 2013년 64.0%에서 2014년 62.5%로 2016년 56.9%로 감소 추세였으나, 2017년 이후 증가 추세이며, 2019년 64.4%로 지역에 대한 소속감이 계속 높아지고 있는 것으로 나타났다. 그러나 연령대별로 살펴보면 2020년에는 19~29세가 57.9%로 낮게 나타났으며, 30대~39세는 60.3%로 파악되어 60세 이상을 제외하고는 연령대별 차이가 크지 않고, 60세 이상 연령대의 지역사회 소속감은 72.9%로 다른 연령대에 비해 높은 편이다. 구체적인 지역사회 소속감에 대한 성별, 연령별 추이는 다음 〈표 5〉에서 보는 바와 같다(e-나라지표, 2022).

27개 기초 지방정부의 지역 소속감을 살펴보면 충남 태안군이 가장 높은 지방정부로 나타났고, 다음으로 충북 영동군→전북 임실군→경남 하동군 →충남 당진시로 나타났으며, 가장 소속감이 낮은 지역으로는 서울 동대문구→서울 마포구→경기 광명시→서울 구로구→서울 강남구로 파악되었다. 그리고 경북권의 경우 경북 안동시가 10위, 경북 영덕군이 7위로 파악되었다. 이처럼 가구 이동 건수가 높은 수도권보다 지방 소도시의 지역 소속감이 높은 것을 알 수 있다(기영화 외, 2019).

다음으로 청년의 지역사회 활동 참여율이 높을수록 지역사회 소속감을

<표 5> 한국의 지역사회 소속감 [단위:%]

구분		2013	2014	2015	2016	2017	2018	2019
전체		64.0	62.5	62.5	56.9	62.1	69.2	64.4
성별	남자	61.9	61.9	62.0	55.3	61.8	68.6	62.5
	여자	63.1	63.1	63.0	58.6	62.4	69.9	66.4
연령	19~29세	55.6	55.6	57.3	48.2	52.4	59.9	57.9
	30~29세	55.9	55.9	54.9	49.2	57.0	66.5	60.3
	40~49세	61.7	61.7	60.7	55.1	61.4	69.1	63.8
	50~59세	69.7	69.7	68.6	63.9	69.1	75.5	67.9
	60~69세	73.1	73.1	74.7	71.6	72.5	75.4	72.9

높이는 것으로 파악되었고, 지역사회 활동에 적극성이 높은 것으로 확인되었다. 이에 청년들이 지역사회에 자발적으로 참여할 수 있는 지자체의 다양한 청년 참여 활성화 프로그램 개발 및 환경 조성을 위한 노력이 요구된다(박정민 외, 2022).

그리고 27개 시군구 성인 약 2,700명을 대상으로 커뮤니티 웰빙 특성이 지역 소속감에 어떤 영향을 미치는지 살펴보면 인적자본과 인프라 자본은 지역 소속감에 긍정적인 영향을 미치고 있으나, 문화자본은 음의 유의한 영향을 미치고, 경제자본과 자연자본은 지역 소속감에 유의한 영향을 미치지 않는 것으로 분석되었다(기영화 외, 2019).

따라서 지자체는 커뮤니티 웰빙에 대해 지역민이 느끼는 만족도를 분석하여 지역 소속감을 높이고, 정주의식을 강화할 수 있는 요인을 분석해야 할 것이다. 이처럼 커뮤니티 웰빙에 대한 측정 시도는 지자체의 경쟁력을 강화하고, 다양한 정책을 수립하는데 기여할 것으로 판단된다.

3. 옹진군·울릉군 지역 사회 특성 비교

본 연구에서 울릉군과 비교하기 위해 선정한 행정구역은 인천광역시의 옹진군이다. 현재 2022년 08월 기준 총인구수는 20,620명으로 남자 인구가 11,733명, 여자 인구가 8,887명으로 나타났고, 섬으로만 이루어져 있는 등 울릉군과 유사한 특성을 지니고 있다. 현재 옹진군 지역민의 지역 거주 기간은 평균 29.4년으로 10년 미만인 경우가 29.5%로 가장 많고 뒤이어 60년 이상이 20%로 나타났다. 이에 정주 의사는 75%로 파악되었고, 현 거주지 선택 이유로 옛날부터 살던 곳이라서가 53.3%, 경제적 여건이 44.1%, 배우자나 부모를 따라서 39.1%로 나타났다. 다음으로 옹진군과 울릉군의 지역사회 특성을 비교 분석해 보면 첫째, 미취학 자녀 보육 방법 만족도를 비교해 보면 옹진군의 미취학 자녀의 주된 교육방식은 어린이집이 47.2%, 유치원 45.8%, 본인이나 배우자가 7%로 파악되었으며, 보육 방법에 대한 만족도가 41.9%로 나타났고, 울릉군은 보육 방법에 대한 만족도가 부모님이 매우 높고, 어린이집이 45.5%로 가장 낮았다. 다음으로 둘째, 옹진군의 경우 문화여가시설에 대해선 57.6%가 불만족하는 것으로 나타났고, 연령별로는 30~39세에서 문화여가시설 만족도가 가장 높게 파악되었지만, 울릉군의 문화시설 만족도는 보통 47.2%, 약간 만족 38.9% 순으로 나타났고, 불만족하는 주된 이유로 여가시설 부족이 49.5%, 여가 정보 및 프로그램 부족이 18.4% 순으로 파악되었다. 이에 다양한 문화 여가시설을 확충하고, 지역민의 의견을 수렴한 여가 정보 및 프로그램 신설 등이 필요함을 시사한다. 그리고 셋째, 주거환경에 대한 만족도는 옹진군의 경우 주택 만족도가 가장 높고, 주차장 이용→상하수도, 도로 등 기반 시설로 나타났지만 울릉군은 상하수도 등 기반 시설이 가장 높고 주택→주차장 이용 순으로 파악되었다. 특히 주차장 이용의 경우 불만족 응답은 연령별로 29세 이하가 67.4%로 높은 비율을 보이는 것으로 나타났다. 이에 주차장 이용 만족도를 증진할 수 있도록 보완이 요구된다. 넷째, 옹진군민은 교통수단에 대한 만족도가 여객선이 가장 높고 다음으로 시내, 마을버스로 파악되었으며, 울릉군은 시내, 마을버스가 5점 만점에 3.28점으로 가장 높게 나타나 대중교통 만족도가 보통 수준으로 파악되었다. 다섯째, 시민들이 느끼는 사회 안전은 옹진군의 경우 5점 만점에 3.56점으로 전년 대비 0.46점 낮아졌고, 정보 보안 3.78점, 화재 3.75점으로 높게 나타난 반면 자연재해 3.47점, 국가 안보 3.41점으로 타 항목 대비 상대적으로 낮게 나타났다. 그리고 울릉군민의 경우 29.9%가 안전하다고 느낀 반면, 14.1%가 불안을 느끼고 있는 것으로 나타난 가운데, 먹거리, 범죄 위험, 시설물에 대해서는 안전하다고 느끼는 반면, 신종감염병, 자연재해, 국가 안보 등에 대해서는 불안을 느끼고 있는 것으로 파악되었다. 이에 신종감염병, 자연재해, 국가 안보를 위한 철저한 대비책 마련이 요구됨을 시사한다(통계청 시민사회조사, 2022).

이처럼 군민생활의 양적, 질적 수준을 비교해 본 결과 영역별 각기 다른 결과가 나타났으며, 특히 울릉군의 지역개발과 복지정책 추진 시 군민의 교통 및 신종감염병, 자연재해, 국가 안보를 고려한 안전 정책 개발 및 시행이 필요함을 알 수 있었다.

Ⅲ. 연구설계

1. 연구모형

본 연구 모형은 앞서 선행연구를 바탕으로 커뮤니티 웰빙 만족도가 행복 수준, 지역 소속감, 삶의 만족도에 미치는 영향을 파악하고자 하였다. 특히 커뮤니티 웰빙 만족도는 일자리 만족도, 문화시설(독도), 사회안전, 공동체의식, 환경수준으로 구분하여 설정하였으며, 성별과 연령을 통제한 상태에서 행복 수준, 지역 소속감, 삶의 만족도에 어떤 영향을 미치는지 개별 영향력을 파악해 보고자 한다.

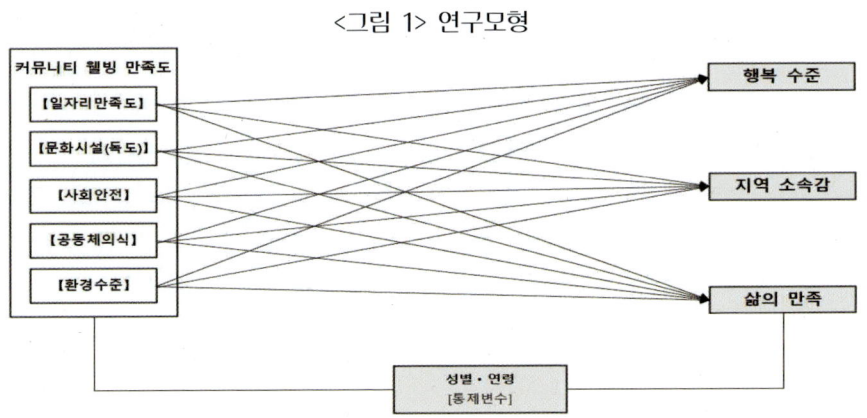

〈그림 1〉 연구모형

2. 연구가설

1) 커뮤니티 웰빙 만족도와 행복 수준

서울시 5개구에 거주하는 성인 대상 1,000명을 대상으로 설문조사를 실시하여 분석한 결과 인적자본(보건, 복지, 교육), 경제자본(고용, 지방재정, 지방경제)은 주관적 삶의 질(행복 수준)에 긍정적인 영향을 미치고 있으나 사회자본(시민참여)과 문화자본(문화활동)은 주관적 삶의 질(행복 수준)에 유의미한 영향을 미치지 않은 것으로 파악되었다. 직접 효과를 통한 우선순위로 보면 인적자본이 가장 높은 유의성을 보였고, 다음으로 경제자본 순으로 파악되었다(서인석 외, 2015). 이를 토대로 아래와 같은 연구 가설을 설계하였다.

H1 커뮤니티 웰빙 만족도는 행복 수준에 정(+)의 영향을 미칠 것이다.
H1-1 일자리만족도는 행복 수준에 정(+)의 영향을 미칠 것이다.
H1-2 문화시설(독도)은 행복 수준에 정(+)의 영향을 미칠 것이다.
H1-3 사회안전은 행복 수준에 정(+)의 영향을 미칠 것이다.
H1-4 공동체의식은 행복 수준에 정(+)의 영향을 미칠 것이다.
H1-5 환경수준은 행복 수준에 정(+)의 영향을 미칠 것이다.

2) 커뮤니티 웰빙 만족도와 지역 소속감

전통사회에서 '지역사회'란 개인 간, 집단 간 유대 형성 정도를 말하며, 감정적 관계가 깊을수록 강한 소속감을 지닌다고 하였다. 산업화, 정보화로 인해 경제, 사회, 문화, 정치가 발전하면서 지역사회에 대한 인식이 변화하기 시작하였고, 점진적으로 개인화되면서 '지역사회'를 특정 지역에 거주하는 구성원으로 정의한 바 있다(Tönnies,1999; Goudy, 1992). 그리고 소속감은 자신이 어떤 집단에 소속되어 있다고 느끼는 정도로 정의할 수 있으며, 지역 소속감은 현재 거주 지역에 대한 사람들에 대한 소속감을 뜻한다. 즉, 지역민의 지역 소속감 정도를 분석한다면, 특정 지역 사회가 얼마나 통합이 잘 이루어지고 있는지 측정 가능할 것이다. 이를 토대로 설계한 연구 가설은 다음과 같다.

H2 커뮤니티 웰빙 만족도는 지역 소속감에 정(+)의 영향을 미칠 것이다.
H2-1 일자리만족도는 지역 소속감에 정(+)의 영향을 미칠 것이다.
H2-2 문화시설(독도)은 지역 소속감에 정(+)의 영향을 미칠 것이다.
H2-3 사회안전은 지역 소속감에 정(+)의 영향을 미칠 것이다.
H2-4 공동체의식은 지역 소속감에 정(+)의 영향을 미칠 것이다.
H2-5 환경수준은 지역 소속감에 정(+)의 영향을 미칠 것이다.

3) 커뮤니티 웰빙 만족도와 삶의 만족

커뮤니티 웰빙 특성에 대해 전 국민을 대상으로 지역 생활환경과 주관적 생활 만족도를 파악하기 위해 광역자치단체 간 차이를 비교해 본 결과 자연환경(골목과 거리의 청결도 등) 지표는 경남→충북→경북 순으로 나타났고, 인프라(대중교통, 도로 상태 등) 자본의 경우 서울→인천→경기 순으로 파악되었다. 특히 그중 교통 시스템은 인천이 가장 높고, ICT 지표의 경우 서울이 가장 높게 파악되었다. 이를 통해 각 지역 여건에 맞는 쾌적한 생활 환경 여건 조성 마련을 위한 노력이 요구되며, 서울을 포함한 수도권의 경우 매우 높은 수준의 인프라가 구축되어 있기 때문에 이를 벤치 마킹하여 각 자치단체에 적용 가능한 서비스를 적용 및 확산해야 할 것으로 판단된다 (기영화&정서린, 2018). 따라서 다음과 같은 연구 가설을 설계하였다.

H3 커뮤니티 웰빙 만족도는 삶의 만족에 정(+)의 영향을 미칠 것이다.
H3-1 일자리만족도는 삶의 만족에 정(+)의 영향을 미칠 것이다.
H3-2 문화시설(독도)은 삶의 만족에 정(+)의 영향을 미칠 것이다.
H3-3 사회안전은 삶의 만족에 정(+)의 영향을 미칠 것이다.
H3-4 공동체의식은 삶의 만족에 정(+)의 영향을 미칠 것이다.
H3-5 환경수준은 삶의 만족에 정(+)의 영향을 미칠 것이다.

Ⅳ. 연구방법

1. 자료 수집 및 분석 방법

본 연구를 위해서 울릉군이 만 15세 이상 군민을 대상으로 2020년 08월 20일부터 09월 04일까지 군민생활의 양적 및 질적 수준을 파악하기 위해 진행한 설문조사 데이터를 가지고 유의한 설문 541부를 확보하여 연구를 수행하였으며, SPSS 통계 프로그램을 활용하여 자료 분석을 실시하였다.

2. 변수의 조작적 정의

본 연구의 측정변수는 커뮤니티 웰빙 만족도(일자리만족도, 문화시설(독도), 사회안전, 공동체의식, 환경수준), 행복 수준, 지역 소속감, 삶의 만족이며, 자세한 조작적 정의는 다음 〈표 6〉과 같다.

<표 6> 조작적 정의

변수군	변수	변수의 조작적 정의
일반적 특성	성별	남성, 여성
	연령	만 나이
	주택형태	단독주택, 아파트, 연립 및 다세대주택, 기타
	점유형태	자기집, 전세, 보증금 있는 월세, 보증금 없는 월세(사글세), 무상
	교육정도	초졸이하, 중졸, 고졸, 대졸, 대학원 석사 및 박사 졸
	경제활동 상태	취업상태, 비취업상태 등
커뮤니티 웰빙만족도	일자리만족도	현재 하고 있는 일(직장)에 대한 만족 정도
	문화시설(독도)	문화시설 만족 및 독도 발전 방향
	사회안전	각 분야별(범죄, 감염병, 정보보안 등) 안전 인식
	공동체의식	지역 사람들에 대해 평소 느낀 공동체 의식 정도
	환경수준	주위 환경에 대해 평소 느낀 점

행복 수준	건강상태, 성취감, 미래 안정성 등
지역 소속감	지역에 대해 느끼는 소속감 인식 등
삶의 만족	최근 자신의 삶의 만족, 지역의 생활 만족 등

V. 실증 분석 및 가설 검증

1. 표본의 인구통계학적 특성

다음 연구 표본의 인구통계학적 특성은 다음과 같다. 성별을 보면 남성 278명(51.4%), 여성 263명(49.6%)로 남성이 더 많은 응답률을 보였다. 연령별로 살펴보면 29세 이하 21명(3.9%), 30~39세 35명(6.4%), 40~49세 65명(12.0%), 50~59세 124명(23.0%), 60~69세 139명(25.7%), 70세 이상 157명(29.0%)로 나타나 70세 이상 응답자가 가장 높았다. 주택 형태별로 살펴보면 단독주택 378명(69.8%), 아파트 17명(3.2%), 연립/다세대 125명(23.1%), 기타 21명(3.9%)로 나타나 단독주택 거주자가 가장 많았다. 점유형태는 자기 집 328(60.6%), 전세 22명(4.0%), 보증금 있는 월세 42명(7.8%), 보증금 없는 월세 78명(14.4%), 무상 71명(13.2%)로 나타났다. 경제활동 상태는 일하였음 428명(79.2%), 구직활동 및 취업 준비 5명(0.9%), 재학 또는 진학 16명(2.9%), 육아 또는 가사 52명(9.6%), 쉬었음 39명(7.2%), 기타 1명(0.2%)로 파악되었다.

<표 7> 인구통계학적 특성

항목		빈도(N)	비율(%)
· 성별	· 남성	278	51.4
	· 여성	263	48.6
· 연령	29세 이하	21	3.9
	30−39세	35	6.4
	40−49세	65	12.0
	50−59세	124	23.0

	60-69세	139	25.7
	70세이상	157	29.0
주택형태	단독주택	378	69.8
	아파트	17	3.2
	연립/다세대	125	23.1
	기타	21	3.9
점유형태	자기집	328	60.6
	전세	22	4.0
	보증금 있는 월세	42	7.8
	보증금 없는 월세	78	14.4
	무상	71	13.2
경제활동 상태	일하였음	428	79.2
	구직활동	3	0.5
	취업준비	2	0.4
	재학 또는 진학	16	2.9
	육아 또는 가사	52	9.6
	쉬었음	39	7.2
	기타	1	0.2

1) 커뮤니티 웰빙 만족도

다음 연구 표본의 커뮤니티 웰빙 만족도 특성은 다음과 같다. 첫째, 일자리만족도는 불만족 43명(7.9%), 보통 306명(56.6%), 만족 192명(35.5%)로 일자리만족도에 대해 대체적으로 보통 이상의 만족감을 느끼는 것으로 나타났다. 둘째, 문화시설은 매우 불만족 20명(3.7%), 약간 불만족 22명(4.0%), 보통 255명(47.1%), 약간 만족 210명(38.9%), 매우 만족 34명(6.4%)로 파악되었고, 독도 발전 방향에 대해선 접안 시설 185명(34.3%), 편의시설 및 기념품점 25명(4.6%), 탐방로 확대 200명(37%), 체류시간 연장 122명(22.5%), 기타 9명(1.6%)로 나타났다. 이처럼 독도 문화 관광 코스 개발과 더불어 독도 방문객 안전 및 독도 방문객 증가를 위한 접안시설 보수가 필요한 것으로 해석된다. 셋째, 사회안전은 불안 133명(24.6%), 보통 307명(56.7%), 안전 101명(18.6%)로 나타났으며, 울릉군의 경우 강우, 강설로 인한 지반 균열과 침하

현상이 종종 발생되고 있고, 독도를 포함해 군사 안보적 가치를 지니고 있는 지역 특성 때문에 나타난 결과로 해석할 수 있다. 넷째, 공동체 의식(모임 참여 적극성 등)에 대해선 그렇다 187명(34.7%), 보통 137명(25.3%), 그렇지 않다 217명(40.1%)으로 파악되어 지역사회 참여 활성화를 위한 다양한 프로그램 개발이 요구된다. 다섯째, 환경수준(쓰레기 방치 등)은 그렇다 26명(4.8%), 보통 125명(23.2%), 그렇지 않다 390명(72.0%)로 파악되어 대체적으로 환경 관리가 잘 되고 있는 것으로 해석된다.

<표 8> 커뮤니티 웰빙 만족도 특성

변수		빈도(N)	비율(%)
・일자리만족도	・불만족	43	7.9
	・보통	306	56.6
	・만족	192	35.5
・문화시설	・매우 불만족	20	3.7
	・약간 불만족	22	4.0
	・보통	255	47.1
	・약간 만족	210	38.9
	・매우 만족	34	6.4
・독도 발전 방향	・접안 시설	185	34.3
	・편의시설 및 기념품점	25	4.6
	・탐방로 확대	200	37.0
	・체류시간 연장	122	22.5
	・기타	9	1.6
・사회안전 (국가안보 등)	・불안	133	24.6
	・보통	307	56.7
	・안전	101	18.6
・공동체의식 (모임 참여 적극성 등)	・그렇다	187	34.7
	・보통	137	25.3
	・그렇지않다	217	40.1
・환경수준 (쓰레기 방치 등)	・그렇다	26	4.8
	・보통	125	23.2
	・그렇지않다	390	72.0

2) 행복 수준

다음 연구 표본의 행복 수준 특성은 다음과 같다. 10점 만점 기준으로 생활수준(5.7점), 건강 상태(5.3점), 성취도(5.6점), 대인관계(5.9점), 미래 안정성(5.4)점으로 나타나 전년 대비 모든 행복 수준이 하락하였다. 연령별로는 29세 이하 생활수준(6.2점), 건강 상태(7.0점), 성취도(6.1점), 대인관계(6.5점), 미래 안정성(5.7점), 30-39세는 생활수준(5.9점), 건강 상태(6.0점), 성취도(6.0점), 대인관계(6.4점), 미래 안정성(5.8점), 40-49세는 생활수준(5.7점), 건강 상태(5.8점), 성취도(5.6점), 대인관계(5.9점), 미래 안정성(5.6점), 50-59세는 생활수준(5.6점), 건강 상태(5.4점), 성취도(5.6점), 대인관계(5.7점), 미래 안정성(5.4점), 60세 이상 생활수준(5.5점), 건강 상태(4.3점), 성취도(5.3점), 대인관계(5.6점), 미래 안정성(5.2점)으로 파악되었다. 다음으로 가구소득기준으로는 100만원 미만 생활수준(5.1점), 건강 상태(3.9점), 성취도(5.0점), 대인관

<표 9> 행복 수준(10점 만점)

항목		생활수준	건강상태	성취도	대인관계	미래안정성
· 2019		5.8	5.8	5.8	6.2	5.7
· 2020		5.7	5.3	5.6	5.9	5.4
· 연령	29세 이하	6.2	7.0	6.1	6.5	5.7
	30-39세	5.9	6.0	6.0	6.4	5.8
	40-49세	5.7	5.8	5.6	5.9	5.6
	50-59세	5.6	5.4	5.6	5.7	5.4
	60세 이상	5.5	4.3	5.3	5.6	5.2
가구소득수준	100만원 미만	5.1	3.9	5.0	5.4	4.9
	100-200만원 미만	5.5	5.3	5.7	6.0	5.3
	200-300만원 미만	5.6	5.2	5.4	5.8	5.4
	300-400만원 미만	5.9	5.6	5.7	6.0	5.6
	400-500만원 미만	5.8	5.5	5.7	5.7	5.7
	500만원 이상	6.3	6.5	6.1	6.4	6.0

계(5.4점), 미래 안정성(4.9점), 100-200만원 미만 생활수준(5.5점), 건강 상태(5.3점), 성취도(5.7점), 대인관계(6.0점), 미래 안정성(5.3점), 200-300만원 미만 생활수준(5.6점), 건강 상태(5.2점), 성취도(5.4점), 대인관계(5.8점), 미래 안정성(5.4점), 300-400만원 미만 생활수준(5.9점), 건강 상태(5.6점), 성취도(5.7점), 대인관계(6.0점), 미래 안정성(5.7점), 400-500만원 미만 생활수준(5.8점), 건강 상태(5.5점), 성취도(5.7점), 대인관계(5.7점), 미래 안정성(5.7점), 500만원 이상 생활수준(6.3점), 건강 상태(6.5점), 성취도(6.1점), 대인관계(6.4점), 미래 안정성(6.0점)으로 파악되었다.

3) 지역 소속감

다음 연구 표본의 지역 소속감 특성은 다음과 같다. 2020년 기준 '동네'에 대해 없다(41.9%), 있다(58.1%), '시군' 없다(48.3%), 있다(51.7%), '경북' 없다(60.1%), 있다(39.9%)로 파악되어 '동네'에 대한 소속감이 가장 높은 것으로 파악되었다. 이는 전년 대비 지역에 대한 소속감이 전체적으로 낮게 나타난 결과로, 지역 소속감을 높이기 위한 지자체의 다양한 노력이 요구된다. 연령별로 살펴보면 29세 이하 '동네'에 대해 없다(52.4%), 있다(47.6%), '시군' 없다(49.9%), 있다(50.1%), '경북' 없다(53.2%), 있다(48.8%), 30-39세 이하 '동네'에 대해 없다(63.4%), 있다(36.6%), '시군' 없다(51.3%), 있다(48.7%), '경북' 없다(63.5%), 있다(36.5%), 40-49세 이하 '동네'에 대해 없다(52.4%), 있다(47.6%), '시군' 없다(55.7%), 있다(44.3%), '경북' 없다(65.9%), 있다(34.1%), 50-59세 이하 '동네'에 대해 없다(38.2%), 있다(61.8%), '시군' 없다(47.6%), 있다(52.4%), '경북' 없다(62.3%), 있다(37.7%), 60세 이상 '동네'에 대해 없다(30.7%), 있다(69.3%), '시군' 없다(44.5%), 있다(55.5%), '경북' 없다(57.9%), 있다(42.1%)로 파악되었으며, 동네에 대한 소속감은 60세 이상이 가장 높고, 시군에 대해선 소속감은 60세 이상→50-59세→29세 이하로 나타났다. 또한 경북에 대한 소속감은 29세 이하에서 가장 높은 소속감을 높이는 것으로 파악된 바, 연령별 특성에 따라 정주성을 높이기 위한 노력을 시행해야 할 것이다.

<표 10> 지역에 대한 소속감

항목		동네		시군		경북	
		없다	있다	없다	있다	없다	있다
• 2019		27.2	72.8	26.7	73.3	44.6	55.4
• 2020		41.9	58.1	48.3	51.7	60.1	39.9
• 연령	29세 이하	52.4	47.6	49.9	50.1	53.2	48.8
	30-39세	63.4	36.6	51.3	48.7	63.5	36.5
	40-49세	52.4	47.6	55.7	44.3	65.9	34.1
	50-59세	38.2	61.8	47.6	52.4	62.3	37.7
	60세 이상	30.7	69.3	44.5	55.5	57.9	42.1
가구 소득 수준	100만원 미만	42.9	57.1	58.7	41.3	68.1	31.9
	100-200만원 미만	48.8	51.2	58.7	41.3	69.2	30.8
	200-300만원 미만	37.2	62.8	38.7	61.3	49.3	50.7
	300-400만원 미만	41.7	58.3	45.2	54.8	61.3	38.7
	400-500만원 미만	27.7	72.3	46.3	53.7	55.2	44.8
	500만원 이상	44.7	55.3	44.5	55.5	59.4	40.6

4) 삶의 만족

다음 연구 표본의 삶의 만족 특성은 다음과 같다. 10점 만점 기준으로 삶에 대한 만족도(6.1점)로 전년(6.3) 대비 만족도가 하락하였다. 연령별로는 29세 이하(6.6점), 30-39세(6.2점), 40-49세(6.4점), 50-59세(6.1점), 60세 이상(5.9점)으로 29세 이하에서 삶에 대한 만족도가 가장 높은 것으로 파악되었으며, 자세한 결과는 아래 표에서 확인할 수 있다.

<표 11> 삶의 만족(10점 만점)

항목	삶에 대한 만족도	지역에 대한 만족도
• 2019	6.3	-
• 2020	6.1	6.0

		29세 이하	6.6	6.4
・연령		30-39세	6.2	6.0
		40-49세	6.4	5.9
		50-59세	6.1	5.9
		60세 이상	5.9	5.9
가구소득수준		100만원 미만	5.7	5.7
		100-200만원 미만	6.1	6.0
		200-300만원 미만	6.0	6.0
		300-400만원 미만	6.2	5.9
		400-500만원 미만	6.3	6.2
		500만원 이상	6.9	6.1

2. 요인분석 및 신뢰성 분석

앞서 제시한 가설을 검증하고자 SPSS 22.0 통계 프로그램을 활용하여 먼저 요인 타당도와 신뢰성 분석을 진행하였으며, 다음 〈표 12〉와 같다. 먼저 요인 분석 결과 일자리만족도, 문화시설(독도), 사회안전, 공동체의식, 환경수준, 행복 수준, 지역 소속감, 삶의 만족 모두 타당도가 확보되어 적재되었고, 신뢰성에도 문제가 없는 것으로 분석되었다.

〈표 12〉 타당성 및 신뢰성 분석

항목	성분								신뢰도 cronbach's α	적재값 (%)
	1	2	3	4	5	6	7	8		
일자리 만족도	.613	.307	-.147	.115	.010	.050	-.303	.370	.961	27.563
	.762	.209	.004	-.021	.209	.154	.074	.397		
	.718	.383	-.149	.138	.220	-.018	-.087	.234		
	.781	.240	-.008	-.120	.147	.003	.267	.122		
	.790	.335	.038	-.089	.184	.181	.000	.151		

문화시설(독도)	.041	.502	−.106	.126	.066	.076	−.039	−.014	.675	40.059
	−.589	.363	.211	−.160	−.109	−.077	−.009	.131		
사회안전	.116	.173	.767	−.290	.169	−.262	−.107	.087	.873	50.479
	.173	−.052	.831	.077	.236	.074	.104	−.111		
	−.145	−.049	.703	−.047	.450	−.101	.223	.087		
	.079	.033	.623	−.200	.461	.148	−.062	.114		
	.243	.002	.691	.099	.129	.191	−.132	.155		
	.273	−.192	.664	.115	.108	.154	.082	.462		
	.148	−.013	.810	.093	.164	.169	.006	−.110		
	.105	−.017	.871	.098	.184	−.196	.044	−.136		
	.021	−.004	.799	.062	.011	−.237	.033	.062		
공동체의식	.301	−.085	.023	.804	.081	.227	−.027	−.013	.883	57.132
	.279	−.032	−.063	.846	.010	.058	.060	−.022		
	.300	.012	−.079	.855	−.080	−.107	.166	.109		
	.326	.026	−.139	.769	−.020	−.150	.164	−.073		
	.137	.197	.078	.625	−.064	−.017	.200	.469		
환경수준	.101	−.083	.293	.024	.704	.050	−.038	.399	.839	68.572
	.083	.000	.089	−.018	.876	.202	.195	−.045		
	.113	.007	−.002	−.157	.854	.206	−.049	−.063		
	.299	−.055	.171	−.211	.727	.276	.183	−.012		
	.151	−.062	−.111	−.158	.846	.268	.171	.146		
행복수준	−.002	.146	.157	.062	.043	.880	.167	.074	.920	73.325
	.114	.100	.097	−.010	−.094	.886	−.022	.055		
	−.017	.144	.198	.031	−.058	.876	.086	.028		
	.103	.226	.203	−.012	.008	.835	.228	.026		
	−.325	.173	.177	.046	.004	.659	.146	.458		
	.154	.264	.008	.017	−.015	.787	.291	−.126		
	−.155	.107	.133	.163	.024	.829	.226	.244		
지역소속감	.393	.451	−.025	.118	.167	.078	.620	−.056	.915	77.365
	.367	.434	−.029	.120	.091	.169	.704	.095		

문화시설(독도)	.041	.502	-.106	.126	.066	.076	-.039	-.014	.675	40.059
	-.589	.363	.211	-.160	-.109	-.077	-.009	.131		
	.393	.553	.004	.047	.061	-.064	.535	.178		
삶의 만족	.236	.211	.247	-.084	-.115	-.001	-.058	.797	.903	80.692
	.204	.072	.130	.217	.094	.030	-.241	.832		
	.091	.097	.148	-.087	-.014	-.053	-.257	.861		

KMO and Bartlett test of sphericity test	KMO	.524
	Chi-square	1908.351
	df(p)	780
	유의확률	.000

3. 상관관계 분석

각 변수들 간의 관계성을 파악해 보고자 Pearson 상관 분석을 실시하였으며, 그 결과는 <표 13>과 같다. 독립변수 중 일자리만족도, 공동체 의식은 모든 종속변수인 행복수준, 지역 소속감, 삶의 만족과 양의 유의한 상관관계를 보이고, 문화시설(독도)는 행복수준, 사회안전은 행복수준과 삶의 만족, 환경수준은 삶의 만족과 유의한 상관관계를 보이는 것으로 확인되었다.

<표 13> 변수의 상관관계 분석

구분	일자리 만족도	문화시설 (독도)	사회안전	공동체 의식	환경수준	행복수준	지역소속감	삶의만족
일자리 만족도	1	.390**	.177**	.120	-.032	.564**	.218**	.397**
문화시설 (독도)	.390**	1	-.021	.116	-.028	.362**	.190	.079
사회안전	.177**	-.021	1	.246**	-.044	.175**	-.082	.160**
공동체 의식	.120	.116	.246**	1	-.227**	.197**	.465**	.158**

환경수준	−.032	−.028	−.044	−.227**	1	.036	−.181**	.109*
행복수준	.564**	.362**	.175**	.197**	.036	1	.244**	.510**
지역소속감	.218**	.190	−.082	.465**	−.181**	.244**	1	.107*
삶의만족	.397**	.079	.160**	.158**	.109*	.510**	.107*	1

**. 상관계수는 0.01 수준(양쪽)에서,
*. 상관계수는 0.05 수준(양쪽)에서 유의

4. 연구가설 검증

1) 커뮤니티 웰빙 만족도와 행복 수준과의 관계

커뮤니티 웰빙 만족도가 행복 수준에 어떤 영향을 미치는지 분석한 결과 〈표 14〉에서 보는 바와 같이 유의 확률 .000으로 분석되어 가설 1은 채택되었다.

<표 14> 커뮤니티 웰빙 만족도가 행복 수준에 미치는 영향

모형		비표준화 계수		표준화 계수	t	유의확률	B에 대한 95.0% 신뢰구간		공선성 통계량	
		B	표준오차	베타			하한 값	상한 값	공차	VIF
1	(상수)	47.675	6.661		7.157	.000	34.233	61.117		
	성별	−1.761	3.699	−.074	−.476	.637	−9.226	5.705	.981	1.020
	연령	.174	1.475	.018	.118	.907	−2.803	3.150	.981	1.020
2	(상수)	−29.567	10.530		−2.808	.008	−50.833	−8.302		
	성별	1.655	2.378	.070	.696	.490	−3.147	6.457	.949	1.054
	연령	.350	.933	.037	.375	.710	−1.534	2.233	.980	1.020
	커뮤니티 웰빙 만족도	.783	.098	.793	8.003	.000	.586	.981	.965	1.036

−종속변수: 행복 수준

그리고 커뮤니티 웰빙 특성의 개별 요인 중 일자리만족도, 문화시설(독도), 사회안전은 행복 수준에 유의미한 영향을 주는 것으로 나타나 가설 1-1, 1-2, 1-3은 채택된 반면, 공동체의식(.513), 환경 수준(.487)은 유의성이 확인되지 않아 가설 1-4, 1-5는 기각되었다.

<표 15> 커뮤니티 웰빙 만족도 개별 특성이 행복 수준에 미치는 영향

모형		비표준화 계수		표준화 계수	t	유의 확률	B에 대한 95.0% 신뢰구간		공선성 통계량	
		B	표준 오차	베타			하한 값	상한 값	공차	VIF
1	(상수)	47.675	6.661		7.157	.000	34.233	61.117		
	성별	−1.761	3.699	−.074	−.476	.637	−9.226	5.705	.981	1.020
	연령	.174	1.475	.018	.118	.907	−2.803	3.150	.981	1.020
2	(상수)	−18.379	9.451		−1.945	.059	−37.527	.770		
	성별	1.299	2.108	.055	.617	.541	−2.971	5.570	.871	1.148
	연령	−.555	.821	−.058	−.677	.503	−2.218	1.107	.914	1.095
	A1	2.061	.357	.673	5.776	.000	1.338	2.784	.504	1.985
	A2	.835	.383	.201	2.183	.035	.060	1.610	.802	1.247
	A3	.328	.176	.163	1.864	.070	−.029	.684	.891	1.122
	A4	.196	.298	.068	.660	.513	−.407	.799	.643	1.555
	A5	.193	.275	.063	.702	.487	−.364	.750	.848	1.180

−종속변수: 행복 수준

A1:일자리만족도, A2:문화시설(독도), A3:사회안전, A4:공동체의식, A5:환경수준

2) 커뮤니티 웰빙 만족도와 지역 소속감의 관계

커뮤니티 웰빙 만족도가 지역 소속감에 어떤 영향을 미치는지 분석한 결과 <표 16>에서 보는 바와 같이 유의 확률 .000으로 분석되어 가설 2는 채택되었다.

<표 16> 커뮤니티 웰빙 만족도가 지역 소속감에 미치는 영향

모형		비표준화 계수		표준화 계수	t	유의 확률	B에 대한 95.0% 신뢰구간		공선성 통계량	
		B	표준오차	베타			하한 값	상한 값	공차	VIF
1	(상수)	8.393	1.203		6.979	.000	5.967	10.820		
	성별	-.932	.668	-.211	-1.396	.170	-2.280	.416	.981	1.020
	연령	.292	.266	.166	1.098	.278	-.245	.830	.981	1.020
2	(상수)	-2.922	2.354		-1.241	.222	-7.677	1.833		
	성별	-.432	.532	-.098	-.813	.421	-1.506	.642	.949	1.054
	연령	.318	.209	.180	1.526	.135	-.103	.739	.980	1.020
	커뮤니티 웰빙만족도	.115	.022	.624	5.244	.000	.071	.159	.965	1.036

-종속변수: 지역 소속감

그리고 커뮤니티 웰빙 특성의 개별 요인 중 공동체의식은 지역 소속감에 유의미한 영향을 주는 것으로 나타나 가설 2-4는 채택된 반면, 일자리만족도, 문화시설(독도), 사회안전, 환경수준은 유의성이 확인되지 않아 가설 2-1, 2-2, 2-3, 2-5는 기각되었다.

<표 17> 커뮤니티 웰빙 만족도 개별 특성이 지역 소속감에 미치는 영향

모형		비표준화 계수		표준화 계수	t	유의 확률	B에 대한 95.0% 신뢰구간		공선성 통계량	
		B	표준오차	베타			하한 값	상한 값	공차	VIF
1	(상수)	8.393	1.203		6.979	.000	5.967	10.820		
	성별	-.932	.668	-.211	-1.396	.170	-2.280	.416	.981	1.020
	연령	.292	.266	.166	1.098	.278	-.245	.830	.981	1.020
2	(상수)	-1.804	2.264		-.797	.431	-6.393	2.784		
	성별	-.324	.505	-.073	-.641	.526	-1.347	.700	.871	1.148
	연령	.271	.197	.154	1.380	.176	-.127	.670	.914	1.095

	B	표준오차	베타	t	유의확률	하한값	상한값	공차	VIF
A1	.107	.085	.188	1.255	.217	−.066	.281	.504	1.985
A2	.060	.092	.078	.655	.516	−.126	.246	.802	1.247
A3	.023	.042	.060	.536	.595	−.063	.108	.891	1.122
A4	.285	.071	.531	3.999	.000	.141	.430	.643	1.555
A5	.105	.066	.185	1.600	.118	−.028	.239	.848	1.180

-종속변수: 지역 소속감

A1:일자리만족도, A2:문화시설(독도), A3:사회안전, A4:공동체의식,
A5:환경수준

3) 커뮤니티 웰빙 만족도와 삶의 만족의 관계

커뮤니티 웰빙 만족도가 삶의 만족에 어떤 영향을 미치는지 분석한 결과 〈표 18〉에서 보는 바와 같이 유의 확률 .000으로 분석되어 가설 3은 채택되었다.

<표 18> 커뮤니티 웰빙 만족도가 삶의 만족에 미치는 영향

모형		비표준화 계수		표준화 계수	t	유의확률	B에 대한 95.0% 신뢰구간		공선성 통계량	
		B	표준오차	베타			하한값	상한값	공차	VIF
1	(상수)	25.063	2.837		8.834	.000	19.337	30.789		
	성별	−1.585	1.576	−.154	−1.006	.320	−4.765	1.595	.981	1.020
	연령	.558	.628	.136	.888	.379	−.710	1.826	.981	1.020
2	(상수)	1.673	5.972		.280	.781	−10.387	13.734		
	성별	−.551	1.348	−.053	−.409	.685	−3.274	2.172	.949	1.054
	연령	.611	.529	.149	1.156	.255	−.457	1.680	.980	1.020
	커뮤니티 웰빙 만족도	.237	.055	.555	4.273	.000	.125	.349	.965	1.036

-종속변수: 삶의 만족

그리고 커뮤니티 웰빙 특성의 개별 요인 중 일자리만족도는 삶의 만족에 유의미한 영향을 주는 것으로 나타나 가설 3-1은 채택된 반면, 문화시설

(독도), 사회안전, 공동체의식, 환경수준은 유의성이 확인되지 않아 가설 3-2, 3-3, 3-4, 2-5는 기각되었다.

<표 19> 커뮤니티 웰빙 만족도 개별 특성이 삶의 만족에 미치는 영향

모형		비표준화 계수		표준화 계수	t	유의 확률	B에 대한 95.0% 신뢰구간		공선성 통계량	
		B	표준 오차	베타			하한 값	상한 값	공차	VIF
1	(상수)	21.628	3.249		6.656	.000	15.071	28.185		
	성별	−1.476	1.805	−.126	−.818	.418	−5.118	2.166	.981	1.020
	연령	.246	.719	.053	.342	.734	−1.206	1.698	.981	1.020
2	(상수)	−5.305	6.141		−.864	.393	−17.747	7.138		
	성별	.321	1.369	.027	.234	.816	−2.454	3.095	.871	1.148
	연령	.010	.533	.002	.019	.985	−1.070	1.091	.914	1.095
	A1	.953	.232	.634	4.108	.000	.483	1.422	.504	1.985
	A2	.079	.249	.039	.318	.753	−.425	.583	.802	1.247
	A3	.079	.114	.080	.690	.494	−.153	.310	.891	1.122
	A4	.085	.193	.060	.440	.662	−.307	.477	.643	1.555
	A5	.232	.179	.154	1.299	.202	−.130	.594	.848	1.180

—종속변수: 삶의 만족

A1:일자리만족도, A2:문화시설(독도), A3:사회안전, A4:공동체의식, A5:환경수준

Ⅵ. 결론

1. 연구결과 요약 및 시사점

본 연구에서는 특히 급격한 인구감소와 고령화가 진행되고 있는 '울릉군'을 중심으로 지역민의 커뮤니티 웰빙 만족도가 행복 수준, 삶의 만족, 지역 소속감에 미치는 영향을 파악해 보고자 한다.

본 연구를 수행하고자 하는 대표적인 이유는 경상북도 울릉군이 한국의 최동단에 위치해 있고, 독도가 천연기념물로 지정된 섬이 속해 있는 중요한 지자체 중 하나이기 때문이다. 울릉군은 현재 한국에서 가장 인구가 적은 기초단체이며, 특히 독도는 영토로서의 상징적, 군사 안보적, 환경적 가치를 지니고 있다. 독도는 한국의 독립과 주권의 상징이라는 점에서 그 의미가 있고, 독도의 지속 가능한 이용에 관한 법률(약칭, 독도이용법)에서와 같이 국가가 독도의 보전 및 관리를 위해 필요한 정책을 개발하고 시행하고 있다는 점에서 해양생물자원, 해양광물자원 등 국가 경제 및 국민 생활에 유용한 자원을 지켜야 하는 중요한 곳이기도 하다(국가법령정보센터, 2022). 한편 한국의 저출산 고령화는 인구 문제의 원인으로부터 발생되었고, 지역사회 특성을 분석할 때 인구 특성을 파악하는 것이 근본적으로 필요하다. 이에 그간 울릉군의 인구 추이를 살펴보면 1966년 약 22,000명, 1975년 약 30,000명, 1985년 약 17,000명, 1995년 약 11,000명, 2000년 약 10,000명 2010년 약 10,700명, 2020년 약 9,000명, 2022년 8월 기준 약 9,000명으로 인구가 계속 감소하고 있기 때문에 이를 해결하기 위한 여러 방안과 노력이 필요한 실정이다.

본 연구의 결과 및 시사점은 다음과 같다.

첫째, "가설 1-1 : 일자리만족도는 행복 수준에 정(+)의 영향을 미칠 것이다.", "가설 1-2 : 문화시설(독도)은 행복 수준에 정(+)의 영향을 미칠 것이다.", "가설 1-3 : 사회안전은 행복 수준에 정(+)의 영향을 미칠 것이다."라는 가설은 채택되었다. 이는 경제자본이 주관적 삶의 질인 행복 수준에 긍정적인 영향을 미치고 있고, 사회자본인 시민참여가 주관적 삶의 질(행복 수준)에 유의미한 영향을 미치지 않은 것으로 파악한 서인석 외(2015)의 연구와 일치하는 결과로 행복 수준을 높이기 위해 개인의 건강과 미래 안정을 위해 어느 정도의 소득은 보장되어야 하며, 지역 터전의 사회 안전이 확보될 때 지역민의 행복도가 더욱 증진될 것으로 판단된다. 특히 울릉군은 60세 이상의 행복도가 가장 낮기 때문에 고령층을 위한 양질의 일자리가 창출되어야 할 것으로 보이며, 특히 1인 독거노인을 위한 선별적 고령층 일자리를 제공해야 할 것이다. 또한, 울릉군은 독도를 포함해 중요한 군사 안보적 가치를 지니고 있는 특성 때문에 사회 안전에 대한 보장이 확보될 때 행복감이 더욱 증진되는 것으로 나타나 지반 균열과 침하에 대한 준비, 안보 준비 태세 강화가 동시에 수반되어야 할 것으로 판단된다.

둘째, "가설 2-4 : 공동체의식은 지역 소속감에 정(+)의 영향을 미칠 것이다."라는 가설이 채택되었다. 산업화, 정보화로 인해 경제, 사회, 문화, 정치가 발전하면서 지역사회에 대한 인식이 변화하기 시작(Tönnies,1999; Goudy, 1992)해서 과거에 비해 지역공동체가 파괴된 것이 현실이다. 이에 거주 지역에 대한 소속감을 높이고, 사회 통합을 위해선 연령대별로 공동체의식을 회복할 수 있는 프로그램 개발의 설계 및 운영이 요구된다.

셋째, "가설 3-1 : 일자리만족도는 삶의 만족에 정(+)의 영향을 미칠 것이다."라는 가설이 채택되었고, "가설 3-2 : 일자리만족도는 삶의 만족에 정(+)의 영향을 미칠 것이다.", "가설 3-2 : 문화시설(독도)은 삶의 만족에 정(+)의 영향을 미칠 것이다.", "가설 3-3 : 사회안전은 삶의 만족에 정(+)의 영향을 미칠 것이다.", "가설 3-4 : 일자리만족도는 삶의 만족에 정(+)의 영향을 미칠 것이다.", "가설 3-5 : 환경수준은 삶의 만족에 정(+)의 영향을 미칠 것이다."라는 가설은 기각되었다. 본 결과는 지역 생활환경 중 자연환경, 인프라 구축이 생활 만족도에 유의한 영향을 준다는 기영화&정서린(2018)의 연구와 다른 결과이다. 현재 울릉군의 경우 환경 관리가 대체적으로 잘되고 있기 때문에 만족도가 어느 정도 높은 것으로 파악되었다. 또한, 물질적인 풍요와 부는 시간은 시간이 지날수록 행복감을 떨어뜨리지만, 가족관계, 정서적 지지는 시간이 지날수록 행복감을 높인다는 연구에 목격(North&Cronkite, 2008)되기도 하지만, 소득이 낮을수록 삶의 만족 지수가 하락하는 것으로 나타났다. 이에 가구 소득 구간을 고려한 지자체의 공공 일자리 지원이 필요할 것으로 판단된다.

참고문헌

기영화·정서린·현승숙, 2019, 「커뮤니티웰빙이 지역소속감에 미치는 영향」, 한국비교정부학보, 23(3): pp.203-224.
국가법령정보센터, 2022, 「독도의 지속가능한 이용에 관한 법률 제12147호」, 세종특별자치시: 법제처.
기영화·정서린, 2018, 「광역자치단체의 커뮤니티웰빙 연구」, 지방행정연구, 32(2): pp.183-210.
박정민·이휘영·최성숙·이유진, 2013, 「청년 주도 지역사회역량강화 전략이 그들의 사회적 관계망, 지역사회 소속감, 주관적 안녕에 미치는 영향」, 한국사회복지조사연구, 73: pp.65-94.
서인석·기영화·우창빈, 2015, 「지방정부 가치척도로서 주관적 삶의 질 증진과 커뮤니티웰빙 구성요소의 관계: Kee 커뮤니티웰빙 모형의 6자본요인을 적용하여」, 한국행정연구, 24(4): pp.29-66.
이승종·기영화·김윤지·김남숙, 2013, 「커뮤니티웰빙 지표에 대한 공무원과 전문가의 평가비교연구」, 한국행정학보, 47(2): pp.313-337.
통계청, 2022, 「장래인구 및 울릉군 인구」.
통계청, 2022, 「울릉군 시민사회조사」.
통계청, 2022, 「옹진군 시민사회조사」.
e-나라지표, 2022, 「맞벌이가구 비율」.
e-나라지표, 2022, 「지역사회 소속감」.

Diener, E., 1984, Subjective wel-being. Psychological Buletin, 95(3): pp.542-575.
Forjaz, M. J., Prieto-Flores, M.-E., Ayala, A., Rodriguez-Blazquez, C., Fernandez-Mayoralas, G., Rojo-Perez, F., & Martinez-Martin, P., 2011, Measurement properties of the Community Wellbeing Index in older adults. Quality of Life Research, 20(5): pp.733-743.
Goudy, W.J., 1990, Community Attachment in a Rural Region, Rural Sociology, 55(2): pp. 178-198.
Ilić, I., Milić, I., & Aranđelović, M. 2010, Assessing quality of life: Current approaches, Acta Medica Medianae, 49(4):pp52-60.
Lenore Manderson., 2005, Rethinking wellbeing, Acta Medica Medianae, Australian Public Intellectual Network.
Merriam,S.B.,Caffarella,R.S.,& Baumgartner,L., 2006, Learning in Adulthood: A

Comprehensive Guide, 3rd Edition. San Francisco,CA:Jossey-Bas.

North, R. J., Holahan, C. J., Mos, R. H., & Cronkite, R. C., 2008, Family suport, family income, and hapines: A 10-year perspective, Journal of Family Psychology, 2:pp.475-483.

Suh, E., Diener, E., & Fujita, F., 1996, Events and subjective well-being: Only recent events matter, Journal of Personality and Social Psychology, 70(5): pp.1091-1102.

Smits, J. & Hoekstra, R., 2011, Measuring Sustainable Development and Societal Progress: Overview and Conceptual Approach, Statistics Netherlands Better Life Index.

TÖnnies, F., 1999, Communities and Societies. [Gemeinschaft und Gesellschaft: Grundbeg -Riffeder Reinen Soziologie]. (Lim Jung-won), Beijing: Business Press(1987), pp.5-10.

World Happiness Report, 2021.

제 3장

『한국수산지』의 해도와 일본 해군 수로부의 해도
- 경상도 동해 연안지역을 중심으로 -

서경순

I. 서론

『한국수산지』는 1908년부터 1911년에 걸쳐서 편찬 간행된 문헌이다. 전체 4권으로 구성되었으며, 제1집은 한국[1])의 지리 및 수산에 관한 총론에 해당하며, 제2집~4집은 당시 한국의 행정구역에 따라 함경도, 강원도, 경상도, 전라도, 충청도, 경기도, 황해도, 평안도로 각각 구분하여, 각도별의 하층 항목에서 연안지역을 중심으로 조사 정리하였다. 그리고 각 권의 권두에 조선해수산조합을 비롯한 주요 정박지, 주요어장, 어전(어살), 어로 광경, 어시장(어물전), 등대, 등간, 괘등입표, 염전 등의 사진을 배치하여 간단한 설명을 덧붙였다. 이러한 구성은 한국의 주요 어장 및 수산업에 대한 정보를 보다 핵심적으로 보여준다. 또한 『한국수산지』 제1집을 간행한 시점에 부속 자료로 『한국연해수산물분포도』[2])라는 대형지도를 간행하였다. 이 지도에는 내

---

1) 20세기 초에는 한국과 조선을 병용하였다. 이글에서는 편의상 한국으로 통일한다.
2) 「한국연해수산물분포도」(1908년 12월)는 15장을 조합한 지도이다. 지도의 상단에 "① 한국 연안 지형·수심·底質 등은 일본 수로부가 간행한 朝鮮全沿岸圖에 근거, ② 우편·전신·전화선로는 1908년 통감부 통신관리국에서 간행한 통신선로에 근거, ③ 등대·세관 등 기타의 관공서는 각 관청이 간행한 보고서에 근거, ④ 水溫 등은 인천 관측소 소장

륙부에는 주요 도시명, 산의 등고선, 철도 등의 교통망과 우체국, 읍소재지 등의 다양한 기호가, 해안부에는 각 도별 연안에 항로, 수심 등과 일본어로 된 어획물의 명칭 등이 표기되어 있다. 이 1장의 대형 지도는 낯선 한국으로 출어하는 일본어부들에게 핵심정보를 제공하기 위한 것이다.

『한국수산지』의 제2권~제4권에도 수십 장의 해도가 삽입되어 있다. 해도 중에는 일련번호가 기록된 것이 다수 발견된다. 당시 해도는 해군 수로부에서 제작하였으므로 일련번호는 해군 해도의 고유번호라고 할 수 있다. 그런데 『한국수산지』에 삽입된 해도를 일본 해군의 해도와 비교해 보면 세부 내용에서 확연한 차이점이 드러난다. 『한국수산지』에 삽입된 해도는 해군 해도에서 보여주는 많은 정보가 삭제되어 빈 공백이 드러나 있기 때문이다. 군사적인 기밀에 해당하는 부분을 삭제한 것으로 생각된다. 『한국수산지』는 일반 어업자들을 대상으로 편찬하였다. 여기에 삽입된 해도가 당시 어업자들에게 어떤 역할을 하였는지 그 의문을 풀기 위해서는 수산적인 측면 외에도 군사적인 측면, 즉 양면에서 심층적인 조사가 필요하다.

이에 근대 일본의 해도 제작 배경과 해도의 역할에 대하여 살펴볼 필요성이 있다. 아울러 근대 해도의 발상지인 유럽의 해도 제작배경과 역할 그리고 유럽의 해도가 일본에 전래된 배경을 살펴보아야 한다.

그리고 일본 정부가 주도했던 한국수산조사의 결과물인 『한국수산지』를 통하여 당시 한국 연안에 출어한 일본 어부의 수산상황 및 이주어촌에 대하여 조사를 할 것이다.

이글에서는 『한국수산지』의 4권 가운데 제2집에서 경상도 동해지역으로 축소하여, 특히 해도가 삽입된 지역을 중심으로 살펴보고자 한다.

和田雄次의 보고서에 의거, ⑤ 수산물 분포도는 각 조사원 보고에 의하여 편성했다"는 사실을 밝혀두었다. 연안 주변에 수산물 명칭을 일본어(히라가나)로 기록한 것은 각 지역 수산물 생산지를 나타낸 것이다. 특히, 함경도 연안에 명태 성어지, 경상도 연안에 정어리(멸치) 성어지, 제주도 연안에 전복·해삼 성어지, 전라도의 서해 연안에 조기 성어지, 황해도 연안에 새우 성어지는 매우 굵고 진하게 기록하여 지도를 이용하는 사람이 한눈에 한국의 주요수산물 생산지를 파악할 수 있도록 하였다.(日本國立國會圖書館).

Ⅱ. 근대 해도의 성립

1. 근대 유럽의 해도

오늘날 우리들이 인식하고 있는 세계지도의 근간은 어디에서 시작되었을까? 2세기 그리스의 천문학자이자 지리학자였던 프톨레마이오스는 지도를 제작하면서 본초자오선 및 경위선 개념을 도입하여, 둥근 지구의 형태로 그리기 위해 원추투영도법을 시도하였다. 그러나 이 발상은 프톨레마이오스의 독창적인 것은 아니었다. 그가 활동하던 알렉산드리아[3])에는 당대 최고의 문헌과 최고 지식인들의 선구적인 사례들이 집약되어 있었던 점에서 이를 기반으로 부감적인 세계의 이미지를 창출할 수가 있었던 것이다.[4]) 프톨레마이오스는 지도방위를 북쪽을 위로 설정하였는데 오늘날의 세계지도는 이를 따르고 있다. 이러한 요소들에 의해 프톨레마이오스의 지도를 세계지도의 출발이라고 평가한다. 프톨레마이오스의 세계지도는 천년이 훨씬 넘도록 표준지도로 군림하였지만 운명은 순조롭지 않았다. 역사 속으로 사라졌다가 부활하기를 수차례나 거듭하면서 약 1400년 동안에 걸쳐 명맥을 이어왔다. 더욱이 15세기 말~16세기 초, 항해 탐험에 나선 초기의 항해가들은 프톨레마이오스의 세계지도를 맹신하는 바람에 항해에 큰 오류를 초래하였다.

대항해시대는 유럽의 중세를 마감하는 근대의 출발점이다. 대항해시대의 선두국가는 포르투갈이며, 발판을 마련한 인물은 포르투갈의 왕자 엔히크(엔리케)이다.

1416년 엔히크는 포르투갈의 서남 끝에 위치한 사그레스에서 왕자의 마을을 건설하고 항해술과 해도제작술을 가르치는 학교를 설립하는 한편, 조

---

3) 기원전 4세기 알렉산드로스 대왕의 이름을 붙여 조성한 계획도시이다. 알렉산드로스의 사후에 그의 계승자 중 프톨레마이오스가 이집트에 왕조를 창건하면서 알렉산드리아를 수도로 삼았다. 당시 알렉산드리아는 경제, 문화의 중심지로 매우 번창한 도시였다. 이곳에는 고대 세계 7대 불가사의 중 하나인 파로스 등대가 있었으며, 고대 최고 규모를 자랑하는 알렉산드리아 도서관이 있었다.
4) 미야자키 마사카츠 저, 이근우 역(2017), 『해도의 세계사』, 어문학사, 41~45쪽

<그림 1> 피사지도(현존하는 最古의 포르톨라노, 14세기)
※ 출처:『해도의세계사』(2017), 85쪽

선소, 천문관측소 등을 설립한 후에 해도 장인을 비롯한 당대의 최고 지식인들을 초빙하여 체계적인 항해 탐험사업을 착수하였다. 당시 유럽인들에게는 바다는 경외의 대상이었다. 그러나 엔히크는 과학적인 근거를 내세워 유럽인들의 세계관을 점차 바꾸어갔다. 40년 이상 항해 탐험사업에 매진한 결과 아프리카 서안의 해상 도로가 개척되었다. 이것은 엔히크의 강한 집념에서 이루어진 성과였다. 항로 개척과 동시에 해도가 제작되었다. 당시 해도는 나침반을 사용하는 포르톨라노라는 해도이며 실제 항해 탐험에 의하여 제작된 실무적인 근대 해도였다.[5]

엔히크왕자에 의해 아프리카 서안 항로가 개척된 후 포르투갈의 항해사 바로톨로메우 디아스는 최초 실제 항해에 나서 대서양과 인도양이 교차하는 지점인 희망봉을 발견하는 성과를 거두었다.[6] 희망봉 발견은 유럽인들에게 후추의 본고장인 인도로 갈 수 있다는 희망감을 안겨주는 동시에 유럽의 대항해시대의 신호탄이 되었다. 바스코 다 가마, 콜럼버스, 캐벗, 마젤란

---

[5] 앞의 책, 82~85쪽, 103~108쪽(포르톨라노 해도는 실제 항해에 의해 해안선, 항정선, 얕은 바다와 암초의 위치, 항만의 상황, 항구 간의 방향 등 항해 안전을 위하여 항해자가 항해 현장에서 완성한 실무해도이다. 휴대하기 편하도록 양피지 또는 독피지(송아지가죽)에 수작업으로 제작하였다).

[6] 앞의 책, 109~111쪽.

등 항해가들의 연이은 항해탐험으로 인도양, 대서양, 태평양의 바닷길이 점차 개척되었다. 그리고 해도 또한 세계지도의 면모를 갖추어 갔다.

초기의 항해가들은 16세기 초까지도 2세기에 제작된 프톨레마이오스의 세계지도를 표준지도로 삼았다. 이것은 대항해시대가 시작된 그 시점에도 유럽인의 세계관 속에는 바다에 대한 경외심이 지속적으로 자리 잡고 있었다는 것을 의미한다. 프톨레마이오스의 지도는 2세기에 그려진 만큼 당연히 많은 오류가 있다. 그런데도 불구하고 이 지도를 맹신한 콜럼버스는 1492년 서인도로 가는 지름길 개척에 나서 유럽의 서쪽 바다 즉 대서양으로 항해하여 미지의 대륙에 도달하였다. 콜럼버스는 이 대륙을 서인도라고 유럽세계에 전하였으며, 자신이 사망하는 날까지 서인도라고 굳게 믿었다.[7] 서인도는 지금의 남북아메리카대륙을 말한다. 당시 유럽인들은 지구상에 존재하는 대륙은 오직 3대륙(유럽, 아시아, 아프리카)에 제한되어 있었으므로 콜럼버스의 주장대로 아메리카대륙을 서인도로 인식하였고, 그곳의 원주민을 인디언이라고 불렀다.

마젤란 또한 콜럼버스와 마찬가지로 프톨레마이오스의 지도를 맹신한 항해가였다.[8] 그 결과 광활한 태평양의 존재를 유럽인들에게 알리게 되었다. 지구를 한 바퀴 돈 최초의 인물로 평가된 마젤란의 항해는 세계의 바다가 하나로 이어져 있음을 입증하는 결과를 낳았고, 또한 지구가 둥글다는 사실을 확실하게 인식시켰다.

목숨을 담보로 했던 초기 항해 탐험가들의 항해성과는 해도에 잘 반영되어있다. 대항해시대를 열었던 포르투갈과 그 뒤를 이은 스페인 양국은 항해가의 항해탐험 결과물인 해도를 극비로 엄중하게 다루어 항로를 독점하였다. 그러나 독점 항로는 영원하지 못했다. 항로 개척은 곧 해상무역과 연장선상에 있었으므로 바닷길 공유권 주장이 대두되기 시작하였다. 1609년 네덜란드의 법학자, 휴고 그로티우스[9]는 그의 저서 『자유해론』에서 "모든

---

[7] 앞의 책, 140~146쪽, 161~164쪽.
[8] 앞의 책, 206~208쪽.
[9] 네덜란드의 국제법학자. 법률가·행정관·외교관. 근대 자연법의 원리에 입각한 국제법의 기초를 체계화하였다. 국제법에 관한 그로티우스의 저서에는 『포획법론』(De jure praedae, 1604~1605 집필), 『자유해론』(Mare liberum, 1609), 『전쟁과 평화의 법』(De Jure Belli ac

국가는 해상무역을 위하여 국제 영역인 바다는 자유롭게 항해할 수 있다"는 항해권을 주장하는 한편 수로지를 비롯한 해도 공유를 주장하였다. 이 주장은 네덜란드 및 영국 등 신흥국가에서 큰 반향을 일으키면서 다양한 항로가 개척되었다. 그로티우스의 주장은 향후 국제해양법의 초석이 되었다.

더욱이 16세기 중반에 이르러서는 네덜란드의 안트베르펜 지방에 동판인쇄술을 보유한 대형인쇄소가 설립되어 다양한 해도가 다량 인쇄되어 항해가들이 손쉽게 해도를 입수할 수 있었다.10)

17세기 후반에는 과학의 발달로 측량도구 및 측량기술이 발전하면서 해도 또한 급속한 변화가 일어났다. 최초 과학적인 측량을 시도한 국가는 프랑스이다. 1666년 과학아카데미11)를 설립하고 첫 번째 프로젝트로 정한 것은 '정확한 지구둘레계산'이었다. 천문학자 장 피카르를 책임연구원으로 임명하였다. 피카르는 정확한 측정을 위하여 니스를 칠한 가늘고 긴 나무막대기12)를 이용하였으며, 더욱이 삼각측량을 시도하여 경도 1도의 수치를 110.46km라는 결론을 얻었다. 이 수치로 지구 반경을 계산하면 6,372km이며, 실제의 지구 반경인 6,375km와 매우 근사한 수치이다. 장 피카르를 계승한 인물은 카시니이다. 카시니는 제노바 출신인데 프랑스의 파리천문대장 직으로 초빙되어 와서 프랑스에 귀화하였다. 그는 아들과 함께 파리 자오선을 이용해서 측정한 결과, 지구가 타원체라는 사실을 밝혀냈다. 더욱이 카시니 일가는 4대에 걸쳐서 프랑스의 측량사업에 종사하여 1815년에 삼각측량 방식으로 세계 최초의 국가지형도(카시니 지도)를 완성하는 대단한 성과를 거두었다. 현재 사용하는 미터법은 1919년 국제수로회에서 프랑스의 미터

Pacis, 1625) 등이 있다. 1609년에 출판된 『자유해론』은 초판이 80페이지도 되지 않는 소책자였지만 당시 포르투갈이 인도 통상을 독점하면서 네덜란드의 참여를 적극 방해한 것에서 통상과 항해는 전 인류의 해양자유 원칙을 주장했던 유명한 문헌이다.
10) 앞의 책, 228~231쪽(1549년 프랑스인 크리스토프 플랜턴(1520~1589)이 네덜란드의 안트베르펜 지방에 이주하여 대형 인쇄소를 설립한 후 34년간 운영하였다. 당시 플랑드르 지방의 최대 인쇄소였다.
11) 17세기 프랑스 정치가 장 밥티스트 콜베르의 제안에 의해 루이 14세가 1666년 설립한 프랑스의 과학 연구 및 교육 기관으로 17~18세기 유럽의 과학 발전을 선도한 최초의 세계과학기관이다.
12) 나무는 특성상, 기후변화에 따라 길이 변화가 있던 점을 고려해서 나무에 니스 칠을 하여 길이 변화에 대처한 것으로 생각된다.

법을 채용한 것이다. 카시니 일가의 4대에 걸친 측량 업적을 세계가 인정한 결과라고 할 수 있다.13)

18세기 유럽 각국에서 수로부를 설치하였다. 최초 설치한 국가는 역시 프랑스(1720)이다. 이어서 덴마크(1784), 영국(1795), 스페인(1800) 등에서 설치하였다. 대부분 국가에서는 육군에 수로부를 두었는데 영국은 해군에 설치하였다. 섬나라라는 지정학적 특성을 고려하여 해군력 강화에 역점을 둔 것이다.

영국 해군 수로부는 수로부장을 별도로 채용하였고, 측량선을 구비하여 전문적 지식 및 기술을 겸비한 해군을 선발하여 실제 측량에 나섰다. 처음에는 열악한 측량 도구와 측량 기술의 부진 등으로 측량 오류를 번복하는 한편 해군의 사망 사고도 발생하였다. 그러나 수로부는 측량 사업을 멈추지 않고 반복 실시하여 측량오류를 거듭 수정하여 정밀한 측량 매뉴얼로서 측량법을 표준화하기에 이르렀다. 이러한 노력의 결과 영국 해군 수로부의 해도는 다른 국가의 해도와 차별화할 수 있었다. 19세기 중엽에는 아프리카, 인도, 아메리카대륙, 동아시아로 진출하여 측량을 실시한 후 해도를 제작해서 다량 발행하여 매우 저렴한 가격으로 판매 보급하였다. 정확도가 뛰어난 영국 해도는 당시 각국의 선원들에게 선풍적인 인기를 누리면서 세계적인 규모로 보급되었는데, 1862년에는 75,000매의 해도가 판매되었을 정도였다.14)

세계 각국의 현재 시간을 비교하면 각국마다 시차가 있다. 이것은 영국 그리니치 천문대를 지나는 자오선을 본초자오선으로 기준하여 시간을 정했기 때문이다. 1884년 10월 제1회 국제자오선회의가 개최되었다. 이날 참가국은 25개국인데 프랑스를 제외한 24개국에서 영국 그리니치 천문대를 지나는 자오선을 본초자오선으로 규정하는 데 찬성하여 이날부터 그리니치

---

13) 남영우(1999), 「日帝 參謀本部 間諜隊에 의한 兵要朝鮮地誌 및 韓國近代地圖의 작성과정」, 『문화역사지리』 4, 한국문화역사지리학회, 77쪽.; 정인철(2006), 「카시니 지도의 지도학적 특성과 의의」, 『대한지리학회지』 41-4, 375~378쪽; 앞의 책(『해도의 세계사』), 276~277쪽.
14) 앞의 책(『해도의 세계사』), 295~303쪽〈빅토리아 여왕(재위1837~1901)시대를 '팍스 브리타니카'라고 하며 모든 해상의 도로는 영국으로 통한다고 할 정도였다〉.

천문대를 지나는 본초자오선을 기준으로 세계 각국의 시간이 정해졌다. 이 결정에는 당시 항해 선박의 60~70% 이상이 영국에서 건조한 선박이었던 것이 크게 좌우한 것이 아닐까.15) 덧붙여서 영국 해도의 우수성 또한 그 영향력을 좌우했던 것은 아닐까?

본초자오선의 결정은 해도의 표준화를 가져왔다. 또한 19세기 유럽 각국의 해도 공유는 국제적인 무역 네트워크를 형성하는데 큰 원동력이 되었다.

그리고 19세기 유럽의 산업혁명은 인간의 생활 패턴을 완전히 바꾸었다. 산업 발달은 내륙의 변화만이 아니라 바다에서도 큰변화가 일어났다. 특히 종래 바람에만 의존하던 범선에서 연료를 사용하는 증기선으로 교체되어 갔다. 그러나 신식 증기선에는 한 가지 문제점이 동반되었는데 연료보급지의 확보가 필수적이었기 때문이다. 이 요구를 충족시키기 위하여 구미 각국에서는 앞을 다투어 무인도 및 무주지 선점 경쟁에 나섰다. 이 경쟁에서 구미 각국은 국제질서를 지켜야 했다. 당시 구미세계에서 통용되었던 국제법에 의하여 구미 열강국들은 약소국에 대한 선점 논지를 정당화시켰다.

당시 무주지란 국가의 주권이 미치지 않은 영토 또는 주권을 포기한 영토를 의미한다. 구미의 열강국은 문명국, 반문명국(반개국). 비문명국(미개국)이란 논리를 세워서 기독교를 믿는 구미를 문명국으로 설정한 후 비기독교 국가인 약소국은 주권이 미치지 않는 미개국 즉 무주지로 설정하였다. 그리고 비문명국에 대한 문명개화라는 미명하에 무력으로 점령하였다. 이 논리는 약소국의 식민지화에 정당성을 부여하는 방편이 되었다. 유럽 각국에서 실제 측량을 하여 제작한 해도에 제작 국가명과 간행 일자를 기록한 것은 차후 선점 주장의 근거로 작용할 수 있었다. 이와같이 근대의 해도는 구미 각국의 식민지 구축사업에 일익을 하였다.

2. 근대 일본의 해도

일본은 언제부터 근대적인 해도를 제작하였을까? 그 성립과정을 추적해 보도록 하자.

---

15) 앞의 책(『해도의 세계사』), 304~306쪽.

에도 말경, 일본 연안에 유럽 열강의 군함들이 빈번하게 출몰하였다. 1845년 나가사키 연안일대에서 영국 군함 사마랑호(サラマング號)가, 1849년에는 에도만과 시모다항에서 마리나호(マリナー號)가, 1855년에는 대마도 해협을 비롯한 규슈 지역 일대에서 사라센호(サラセン號) 등이 무단 측량을 실시하였다. 그러나 막부는 강력한 무력 앞에서 속수무책이었다.16) 구미 각국에서 남의 나라 연안에 출몰하여 실측한 후 해도를 제작하는 이유는 앞에서 살펴본 구미의 국제질서와 관계가 있다. 구미의 국제법은 1864년 중국에서 『만국공법(萬國公法)』이란 제목으로 번역되어 출판되었으며, 일본에서는 1868년에 일본어 번역서가 나왔다.17)

에도막부는 구미열강의 무단 실측에 대한 대비책으로 해군력 강화를 목적으로 우선 군함을 수입하고, 1855년 나가사키해군전습소(長崎海軍傳習所)

---

16) 小林 茂(2011), 外邦図 帝国日本のアジア地図, 中央公論新社, 30쪽
17) 조세현, 2018년 12월 4일자 21면 해양문화의 명장면〈42〉만국공법과 근대 동북아 해양분쟁.; 김용구(2008), 『만국공법』, 도서출판 소화, 57~68쪽, 93~124쪽(『만국공법』(1864)은 중국에 선교사로 갔던 마틴(W.A.P.Martin)이 중국주재 미국공사 벌링게임의 의뢰로 휘튼(H.Wheaton)의 저서 『국제법 원리』(1836)를 한역한 서적인데, 이 서적은 동아시아에 본격적으로 구미의 국제법을 소개한 최초의 서적이다. 『만국공법』은 중국에서 출간된 다음, 일본에 전해졌는데 후쿠자와 유키치의 『서양사정』과 함께 당시 베스트셀러가 되어 중국보다 일본사회에 큰 반향을 일으켰고 한편 메이지유신에도 큰 영향을 주었다. 일본에서 『만국공법』을 적용시킨 사례로는 사카모토 료마(坂本龍馬)의 이로하마루의 해양 분쟁사건을 들 수 있다. 1867년 4월 사카모토 료마는 오오즈번(大洲藩)에서 160톤급 증기선 이로하마루(伊呂波丸)를 빌려 무기와 탄약을 싣고 나가사키에서 오사카로 항해하던 중에 기슈번(紀州藩)의 887톤급 증기선 아카미스마루(明光丸)와 충돌하여 침몰하였다. 양측에서 이로하마루에 대한 손실 배상을 놓고 여러 차례 담판을 벌였지만 별 진척이 없었다. 그런데 료마가 아카미스마루의 항해일지를 입수하여 검토한 결과 충돌 당시에 아카미스마루에는 파수꾼이 없었다는 사실을 확인하였다. 료마는 항해 시에 파수꾼을 배치해야 하는 것이 국제법규인데 두지 않았으므로 『만국공법』 위반하였다는 것을 강력하게 주장하여 기슈번으로부터 배상금 8만3000냥을 지불받을 수 있었다. 『만국공법』이 한국에는 언제 전해졌는지 정확하지 않다. 그런데 한국(조선)은 만국공법을 알지 못하여 공법이 적용시킬 수 없다는 주장을 야기한 한 사례가 있다. 1875년 일본 군함 운요호가 중국으로 가는 해로를 측량한다는 명분으로 조선 연해에서 무단 측량하던 중 강화도에서 조선수군과의 교전이 발생하였다. 이 사건에 대하여 중국의 이홍장은 『만국공법』의 3해리 영해규정을 적용시키면 일본이 조선의 영토에 불법 침범한 것이므로 조선 수군이 선제 발포한 것에 대한 정당성을 주장하였다. 그러나 일본의 모리 아리노리(森有禮) 공사는 조선은 구미 측과의 조약을 체결한 바가 없기 때문에 『만국공법』을 적용시키면 안된다고 반론을 제기하였다. 조선의 종주국인 중국이 나서서 일본과 담판하였지만 결국은 1876년 강화도조약이 체결되었다.

<그림 2> 동양제국 항해도(동경국립박물관 소장, 17세기)

를 설립하였다. 그리고 해군 사관을 양성하기 위하여 네덜란드 교관을 초빙하여 유럽의 항해술, 조선학, 측량학, 선구학, 기관학, 포술(砲術) 등 근대 교육을 실시하는 한편 아키우라수선공장(飽浦修船工場), 나카사키제철소(長崎製鉄所)[18]를 병설하였다. 해군전습소의 제1기생 중에 야나기 나라요시(柳楢悅)[19] 및 오노 토모고로(小野友五郞)[20]는 근대 일본의 측량술, 항해술, 해도 제작술을 이끌었던 선구자들이다. 특히 야나기는 1870년 해군으로 출사하여 일본 연안 곳곳을 측량하는 등 근대 해도 제작에 선구적인 역할을 하였으며 현재 '일본 수로측량의 어버지'로 불린다.[21]

1868년 메이지정부의 핵심 수뇌부들은 봉건제도를 타파하고 구미의 선

---

18) 아키우라수선공장(飽浦修船工場)과 나카사키제철소(長崎製鉄所)는 나가사키조선소(長崎造船所)의 전신이다.
19) 柳楢悅(1832.10.8.~1891.1.15.), 수학자, 측량학자, 정치가 해군(海軍少将), 대일본수산회 간사장, 元老院議官, 貴族院議員 역임, 1853년 伊勢湾沿岸 측량, 1855년 나가사키해군전습소에 파견되어 항해술과 측량술을 습득, 1870년 해군에 출사, 영국 해군과 공동으로 해양측량 경험을 쌓았다. 당시 일본에서 해양측량의 제일인자로 측량체제를 정비, 통솔하여 일본 각지의 연안, 항만을 측량하고 해도를 작성하였다.
20) 小野友五郞(1817.12.1.~1898.10.29.), 수학자, 해군, 재무관료 역임, 1855년 에도막부의 명령으로 나가사키해군전습소에 들어가 16개월간 천측 및 측량술을 익혔다. 츠키치군함조련소(築地軍艦操練所)를 신설할 때 교수방(教授方)이 되었다, 1861년에는 군함행장으로 에도만을 측량하였고, 이어서 咸臨丸에 승선하여 태평양을 횡단하면서 경위도를 측정하였다, 1861년에는 咸臨丸 함장으로서 오가사와라 제도에서 측량임무를 완수하였다. 이것은 이후 오가사와라 제도의 일본 영유권에 큰 단서가 되었다.;
21) 矢吹哲一郎(2020), 「日本による近代海図刊行の歴史(明治5~18年)」, 『海洋情報部研究報告』, 第 58 号, 11~12쪽.

진제도를 신속하게 수용하여 혁신적인 개혁을 추진하였다. 즉 일본의 패러다임 전환기였다.

일본에서 근대적 측량법에 근거하여 지도제작을 시도한 것은 육지측량부의 지형도 및 수로부의 해도 그리고 민간지도 및 학습교재용 지도첩 등이 있다.[22] 내륙지도는 1869년에 민부성 호적지도과(戶籍地圖課)에서 지도제작을 시도하였으며, 1875년에는 내무성에서 유럽의 삼각측량법을 수용하였다. 그리고 1877년에는 일본 전역 지적도를 완성하였다[23].

근대 해도 제작은 1869년(明治 2) 군사개편에 의해 병부성(兵部省)[24]이 설치되어 나가사키해군전습소 1기생이었던 야나기 나라요시가 병부성의 어용계(御用掛)[25]로 임명되어 수로조사사업을 추진하면서 시작되었다. 당시 측량도구도 미비하였지만 측량기술 또한 부족했던 탓에 야나기는 1870년 일본 제일정묘함(第一丁卯艦)[26]에 직접 승선하여 영국 측량함 실비아호(HMS Sylvia)에 협력하여 일본 연안 측량사업을 착수하였다. 야나기는 실비아호의 지도와 도움으로 실제 측량에 종사하며 측량기술 및 해도 제작술을 익혔다.

1871년 병부성은 군사 개편을 하여 육군과 해군을 분리하였다. 같은 해 해군에 수로국(水路局)을 설치하고 야나기를 수로권두(水路權頭)로 임명하였다. 당시 야나기의 계급은 해군 소좌였다. 수로국의 주요 업무는 수로측량, 부표(浮標)와 입표(立標) 그리고 등대 설치 등인데 이외에 외방도(外邦圖)라는 외국 지도를 기밀(機密)로 제작하였다.[27] 일본 해군은 외방도를 제작하기 위하여 실제 측량에 나섰다. 우리나라와 관련된 예를 살펴보도록 하자.

---

22) 舩杉力修(2017), 「分縣地図の草分け『大日本管轄分地図』について(1)」, 『淞雲』 19, 4쪽.
23) 앞의 논문(남영우), 78쪽
24) 明治初期 軍令・軍政機関, 1869年 (明治2) 6省중 하나로 設置된 陸海軍의 군비 등을 관장
25) 明治시대에 宮内省 및 기타 관청의 명령을 받고 용무를 담당한 사람의 직책
26) 長州藩에서 영국 로이든社에 발주한 목조기선이다. 丁卯란 1867년을 의미하며, 第一丁卯와 第二丁卯가 동시에 건조되었다. 長州藩이 명치 3년(1870년)에 정묘함을 메이지 정부에 헌납하여 병부성 소관이 되었으며, 제일정묘는 「제일정묘함」으로 개명되어 명치 6년(1873년)까지 측량임무를 하였다.
27) 앞의 책(小林 茂), 33~34쪽.; (외방도 제작은 야나기 나라요시(柳楢悦)가 1870년 영국 해군 측량함, 실비아호(HMS Sylvia)와 협동하여 일본 연안 곳곳을 실제 측량하면서 익힌 측량술과 해도제작술의 경력의 결과라고 할 수 있다.

1875년 5월 일본 해군은 운양호(雲揚號)을 앞세워서 우리나라 연안에서 무단 측량을 감행하였다. 동해에서 남해를 거쳐 서해 순으로 약 4개월에 걸쳐서 불법 측량을 하였다. 그러던 9월 20일에 강화도 초지진 부근에서 급수를 구실로 조선 수군의 경고를 무시한 채 내륙을 향하여 마침내 조선수군과의 교전을 일으키고 돌아갔다. 그리고 1876년 2월 27일(음력 2월 3일) 조선 수군의 선제공격을 빌미로 삼아서 무력을 동반하여 한국과의 강화도조약을 강제 체결하였다. 강화도조약은 한국 최초의 근대조약이자 불평등조약이다. 더욱이 강화도조약이 체결된 이후에는 한국 연안에서 일본 군함의 측량 또한 합법화되어 일본 군함은 한국의 해역에서 자유자재로 측량을 하였다. 이것은 일본의 군사적 침략의 발판이 되었다.28)

　　『환영수로지(寰瀛水路誌)』는 일본 해군이 한국연안을 조사·측량한 결과물이다. 1894년에는 『환영수로지』 2판 2권(1886)에서 한국(조선)과 흑룡강 지역을 함께 다루었던 것을 『조선수로지』와 『흑룡연안수로지』로 각각 분리시켜 편찬 발행하였다.

　　『조선수로지』의 제1편은 영국 해군 수로부의 『지나수로지(支那水路誌)』에 의거한 것이지만, 나머지 편은 1877년에서 1889년까지 일본 해군이 실제 측량 조사한 자료를 바탕으로 한 것임을 밝혀두었다. 이 사실에서 일본해군은 강화도조약 체결이후 한국 연안을 끊임없이 측량해 왔던 사실을 알 수 있다.

　　『조선수로지』에서 필자의 시선을 끌었던 것은 '일한양어대조표(日韓兩語對照表)'이다. 이 표는 항해 관련 용어를 수록한 것인데 한자 아래에 한국어의 음가를 가타카나 즉 일본어로 기록해 두었다. 『조선수로지』의 독자층이 일본 해군인 점을 감안하면 일본 해군이 한국어 항해용어를 보다 신속하게 익히도록 첨부한 것이라고 할 수 있는데 이는 한국 연안을 신속하게 장악하기 위한 일본 해군의 적극적인 태도를 보여주는 일면이다.29)

　　일본 해군은 청일전쟁에서 승리한 이후에는 군함을 시시때때로 운행하

---

28) 한철호(2015), 「일본 수로국 아마기함[天城艦]의 울릉도 최초 측량과 독도인식」, 『동북아 역사논총』 50, 6~7쪽.
29) 이근우(2019), 「근대일본의 조선 바다에 대한 서지학」, 『바다』 24-3, 한국해양학회, 451~452쪽.; 水路部(1894), 『朝鮮水路誌』, 凡例 뒷면 3장 첨부.

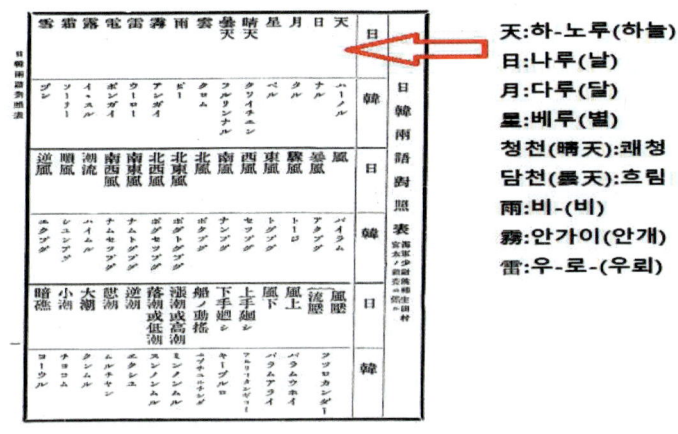

<그림 3> 일한양어대조표(日韓兩語對照表)
＊출처: 『朝鮮水路誌』, 1984.

면서 한국 어민들에게 위화감을 조성하는 한편 일본 어부들의 안전한 조업을 도우면서 한국 연안 지배권을 보다 확고히 하였다.

『조선수로지』는 일본 해군 군함의 안전 항해 및 정박 그리고 원활한 군수물자보급 등을 위하여 한국 바다에 대하여 통상적인 해상 기상, 조류, 항로, 암초 그리고 연안의 지형, 정박지, 등대, 항만시설 등 군사적인 측면에서 조사된 기록물이다.

그런데도 『조선수로지』에 수록된 여러 정보는 「한국연안조사보고서」와 함께 『한국수산지』 편찬에 적극적으로 반영되었다.

그리고 일본 해군은 실측 및 해양관측을 실시하여 해도를 제작하였다. 초기의 일본 해군 해도에는 원도(原圖)를 제작한 국가명과 제작 연도가 밝혀져 있다. 이것은 당시 일본 해군의 해도는 독자적으로 제작한 해도가 아니라 구미의 해도를 복제한 것을 의미한다. 즉 구미의 원도를 바탕으로 일본 해군이 재측량 한 후 원도의 내용을 수정 보완하여 일본 해군의 해도로 간행한 것이다. 그러나 이 해도는 원도의 내용을 완벽하게 일본식으로 수정할 수는 없었다. 원도에 기록된 영어(외국어) 지명 등의 명칭들은 대부분 한자로 변환 가능하였지만 한자로 변환할 수 없는 외국어 명칭들이 있었기 때문이다. 이것은 영어(외국어)의 음가를 그대로 가타카나로 표기해 두었다.

그런데 한국 연안인데 왜 영문 명칭이 기록되어 있을까? 이것은 당시 구미의 국제질서인 만국공법과 무관하지 않다. 앞에서 살펴보았듯이 구미 열강들은 문명이 뒤떨어진 나라를 먼저 점유한 국가가 그 소유권을 갖는다는 선점(先占) 논리를 설정해 두었다. 구미 각국에서 제작한 해도에는 측량국가, 측량일자, 간행일자를 기록하였다. 그리고 해도에 실측했던 선박명, 또는 선장명, 주요 인물명 등을 기록한 것이 있다. 이것은 해도를 제작할 때 잘 알지 못하는 암초, 수로 등의 명칭에 편의상 기록한 것이라고 유추할 수 있지만 구미의 국제질서인 만국공법의 선점 논리에 입각해서 의도적으로 기록해 두었을 가능성 또한 간과할 수 없다.

이에 따른 하나의 사례를 살펴보도록 하자. 명치21년(1888) 12월 일본 해군 수로부가 간행한 海圖 320号(朝鮮叢島南部)[30]에는 거문도 부근에 해밀턴항(ハミルトン港)과 사마랑암(サマラング岩)이란 일본어(가타카나)가 표기되어있다. 이 해도는 1845년 영국 해군 함정, 사마랑(Samarang)호가 제주도와 거문도의 일대를 무단 측량한 해도를 토대로 일본 해군이 다시 측량한 후 수정 보완한 것이다.[31] 해밀턴과 사마랑의 경우는 한자로 변환할 수 없었으므로 영어의 음가를 가타카나로 표기한 것이다. 해밀턴항은 현재, 거문도 여객터미널로 들어가는 진입로에 해당되는 곳에 기록되어 있으며, 사마랑암은 동도(거문도의 3島 중, 동쪽에 위치한 섬)의 북단에 위치한 간여라는 바위섬 부근에 기록되어 있다. 그리고 이 해도에서 흥미로운 점은 사마랑암이 거문도 외에 제주도에도 기록되어 있는 점이다. 제주도의 남서단에 위치한 발로도(バルロ-島)[32]라는 섬의 서쪽에 사마랑암이 기록되어 있다. 그런데 이 사마랑암은 카카오맵, 구글맵, 네이버맵 등에서 나타나지 않는다. 아마 바다 속에 존재하는 암초로 추정되며, 사마랑호가 실측하면서 항해 안전을 위하여 표기한 것으로 보인다.[33] 1845년 영국 함정 사마랑호가 한국의

---

30) http://chiri.es.tohoku.ac.jp/~gaihozu/ghz-dtl.php?fm=l&ghzno=KY011156(검색일:2019.02.10.) 海圖320号, 日本 海軍 水路部, 明治21年12月 發行.
31) 海圖320号(朝鮮叢島南部)는 '測量機関國:英海軍'이라고 명시되어있다.
32) 발로도는 지금의 가파도를 말한다.
33) 서경순·이근우(2019), 「『한국수산지』의 내용과 특징」, 『인문사회과학연구』 20-1, 부경대학교 인문사회과학연구소, 146~149쪽.

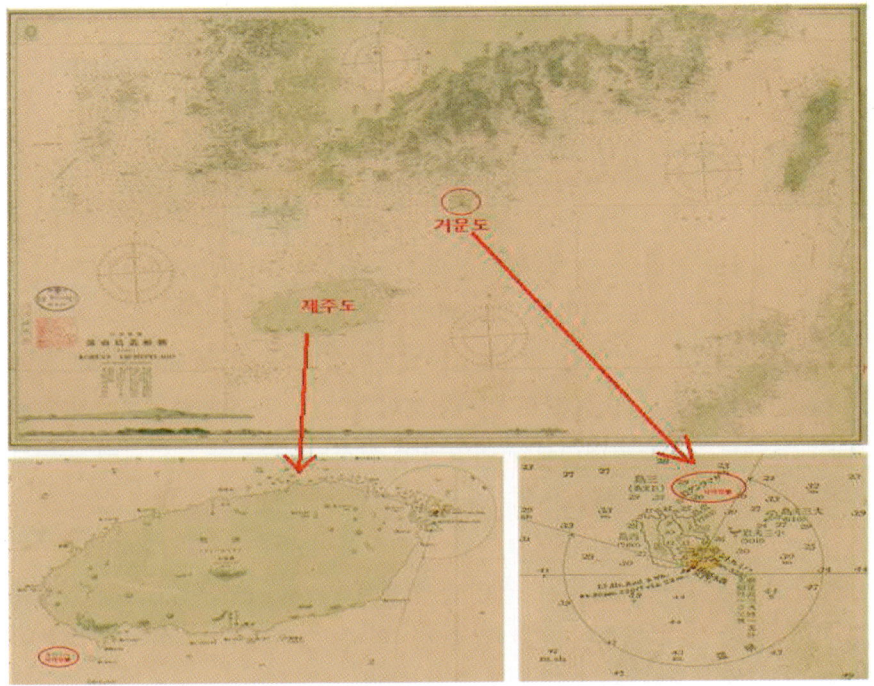

<그림 4> 海圖320호(朝鮮叢島南部)

남해 일대에서 무단 측량을 실시하고 돌아간 후 40년이 지나 1885년에 영국 해군이 거문도를 무단 점령하여 1887년에 철수한 사건이 있다. 점령 사유는 러시아 남하정책에 대한 방어책으로 거문도를 주둔지로 삼았다는 것이다. 영국 해군이 쉽게 거문도를 점령할 수 있었던 것은 사마랑호가 한국 연안을 무단 실측하고 간행했던 해도가 있었던 점을 들 수 있다. 그리고 또 하나는 1845년 사마랑호가 실측하고 간행했던 해도에 사마랑(사마랑암)과 당시 영국 해군성 차관, 해밀턴(해밀턴항)이 기록되어 있었던 점에서 당시 영국 해군이 선점 논리를 갖고 거문도를 점령하였던 것은 아닐까?

Ⅲ. 『한국수산지(韓國水産誌)』

1. 『한국수산지』의 편찬 배경

 1883년 한국과 일본 간의 조일통상장정이 체결되었다. 한국의 함경도·강원도·경상도·전라도 연해와 일본의 히젠(肥前)·치쿠젠(筑前)·이와미(石見)·나가토(長門)·이즈모(出雲)·쓰시마(對馬島) 연해에서 상호 통어를 합법화하였다. 이어서 1888년 인천해면잠준일본어선포어액한규제(仁川海面暫准日本漁船捕魚額限規則) 체결로 인천연해어업허가, 1889년 한일통어장정(韓日通漁章程) 체결로 영해 3해리 어업권이 인정되는 등 한국 연안에 출어한 일본 어부들은 점점 유리한 조건으로 어업활동을 할 수 있게 되었다.[34]

 그런데 당시 한국 어부들은 연안에 수산물이 매우 풍부하여 연안 조업으로도 소비 충당이 가능하여 굳이 먼 외해로 나가서 조업할 필요가 없었으므로 어선 및 어구 어법이 연안 맞춤형이었다. 그러므로 먼 외해로 출어할 수도 없는 형편이었다.

 그러나 일본의 경우는 한국과 상황이 달랐다. 메이지 정부가 수립된 후 구미의 만국박람회에 참가하면서 견학을 통하여 수산의 가치가 국가의 큰 재원이 된다는 사실을 인식하였다. 그리고 국가적인 차원에서 전국적인 수산진흥사업을 실시하여 어선 어구 어업의 발전을 가져왔으며, 더욱이 구미에서 들여온 선진 포경기술 및 잠수기, 편망기계, 통조림 기계 등은 수산업 발전을 한층 견인하였다.[35] 그런데 정작 일본 연안의 사정은 남획으로 인한

---

[34] 앞의 논문(서경순·이근우), 128~132쪽.; 서경순(2021), 『메이지시대의 수산진흥정책과 일본수산지(日本水産誌)의 편찬에 대한 연구』, 부경대학교대학원 박사학위논문, 200쪽.; 김문기(2017), 「海權과 漁權:韓淸通漁協定 논의와 어업분쟁」, 『大丘史學』 126, 대구사학회, 257~258쪽, 260~262쪽.; 장수호(2004), 「조선왕조말기 일본인에 허용한 입어와 어업합병」, 『수산연구』 21, 한국수산경영기술연구원, 56쪽, 58쪽, 박구병(1966), 『韓國水産業史』, 太和出版社, 269~270쪽.; 한임선(2009), 「개항이후 일본의 조선해 通漁논리와 어업침탈」, 부경대학교대학원 석사학위논문, 4~5쪽.; 요시다 케이이치 저, 박호원·김수희 역(2019), 『조선수산개발사』, 민속원, 23~24쪽.
[35] 서경순, 박사학위논문, 14~59쪽(1873년 오스트리아 빈 만국박람회(인공부화법 견학 및 편망기계 수입), 1876년 미합중국 필라델피아 만국박람회(연어 인공부화범과 통조림 제조에 관한 진공화 기술 습득), 1876년 프랑스 파리 만국박람회(통조림 기계 수입), 그리

실업 어부들로 넘쳐나고 있었다. 일본 정부는 이 문제점의 해결방안을 수산물의 보고인 한국 연해에서 찾고자 하였다. 한국연해출어장려시책을 마련하여 자국 어부의 한국 연해 출어를 본격화하였다. 이에 정부의 장려지원에 힘입은 일본 어부들은 선단을 조직하여 한국연해로 출어하기에 이르렀다.

결과적으로 한일 간의 장정(조약)은 일본어부들의 한국연해 어업권을 합법화한 것이며, 더 나아가 한국 바다가 식민지화가 진행되는 결과가 되었다.

한국 연안에 대한 일본정부의 끊임없는 관심은 자국의 실업어부 문제 해결에 국한된 것이었을까? 당시 러시아의 남하정책으로 국제정세가 매우 긴박하게 돌아갔던 점 또한 간과할 수 없다. 일본 정부는 자국의 영토보호를 위하여 한반도 바다를 장악해 둘 필요가 있었던 것이다. 이에 우회적인 방법으로 한국연해어업장려시책을 마련하여 자국의 어부들을 한국연안에 대거 출어시켜서 자연스럽게 한국연안을 확보해 나갔던 것은 아닐까?

일본정부는 한국 어장 확보를 위하여 한국연해어업장려시책을 펼치는 한편 근대학문을 익힌 농상무성의 수산전문가를 조선 연안에 파견하여 한국연안조사를 실시한 후 「한국연안조사보고서」 등을 간행하여 낯선 한국 연해에 출어하는 일본 어부와 수산업자에게 한국연안 정보지로 제공하였다.

일본에서 한국 연안을 공식적으로 조사한 최초의 결과물은 『조선통어사정(朝鮮通漁事情)』(關澤明淸·竹中邦香 공저, 1893)[36]이다. 수산국의 세키자와 아케키요를 비롯한 일행들에 의해 한국의 함경도·강원도·경상도·전라도·경기도·충청도 연안지역에 대한 수산일반과 당시 한국연해에 출어한 일본 어부들에 대한 조사가 이루어졌다. 이 서적의 총론에는 주목할 내용이

고 1880년 독일수산박람회 참가 이후 일본에서는 1880년 설치된 농상무성 산하에 수산업무 전담기관인 수산과(이후 수산국)를 설치하고 근대수산을 익힌 수산전문가를 채용하여 수산진흥사업을 실시하였으며, 1882년 일본 최초 수산단체 '대일본수산회'를 조직하였다. 이 수산단체는 독일의 수산단체를 모델로 하였다. 1883년에는 내국수산박람회를 개최하여 일본 전 지역의 출품을 통하여 어구 어법 제조법 양식법에 대한 대대적인 조사를 실시하는 한편 일본 전통 어법, 수산물제조법, 양식법 등에서 우수성을 발견하여 이를 보완하여 열악한 지역에 보급하는 등 전국의 수산진흥사업을 도모하였다. 1888년에는 일본 최초의 수산교육기관인 수산전습소를 설립(1889년 개소, 1897년 수산강습소)하여 근대학문을 익힌 수산 인재들을 양성하여 국내 수산진흥사업과 아울러 해외 수산물 수출극대화를 도모하였다.

36) 朝鮮通漁事情(1893), 關澤明淸·竹中邦香 공저

있다. 일본 어부들이 한국연해로 출어해서 조업하면 조류, 해저, 암초 유무 등 한국의 연안 지리 등을 저절로 숙지하게 되어 이를 군사상 이용하면 대단히 편리할 뿐만 아니라 (유사시) 해군으로 삼으면 먼 장래 도움이 되어 국가의 큰 이득이 있을 것이며, 또한 일본 해군의 해도가 오류가 많은 데 이 어부들을 물길 안내자로, 그리고 측량함이 명확한 해도를 작성하는 데도 활용할 수 있다고 기록해 둔 점이다.37) 세키자와는 당시 식산흥업을 주관하는 중앙관청인 농상무성 산하의 수산국 고위층 공무원이었다. 더욱이 그는 일본 정부가 공인한 최초의 수산기사 1호였던 점에서 세키자와의 기록은 당시 일본 정부가 적극적으로 추진하고 있는 한국연해출어장려시책의 이면에 군사적 논의가 있었던 점을 짐작하게 한다.

일본정부의 본격적인 한국연해출어시책에 의해 한국 연해에 출어한 일본어부들의 수가 대폭 증가하자 이들에 대한 감독통제가 요구되기 시작하였다. 일본정부는 1902년 4월 1일 「외국영해수산조합법(外國領海水産組合法)」을 공포하고 외국영해로 진출하는 어업자를 보호 지원한다는 구실로 각 부현 단위로 조선해통어조합(이후 조선해수산조합)을 조직하여 강제 가입시켜서 감독통제의 수단으로 삼았다.

그리고 1905년 3월 1일에는 『원양어업장려법』을 개정 공포하여 한국연해출어장려지원은 물론이고 한국 내에 일본인 이주지 확장사업을 실시 하였다. 정부의 이주지확장사업에 따라 임무를 수행한 곳은 조선해수산조합이다. 이곳에 파견된 수산기사들이 앞장서서 한국의 어장과 토지를 매입하여 한국 연안지역 곳곳에서 일본인 이주어촌이 확대되어 갔다.

이에 앞서 러일전쟁 당시 일본정부는 일본군 보급품 운송을 빌미로 황해도와 평안도의 연안에서 일본어부의 어업을 합법화시키면서 한국의 전 연안이 일본 어부들의 활동 무대가 되었다. 이렇게 한국의 바다는 1910년 한국병합 전에 이미 일본의 식민지화가 되었다.

1905년 러일전쟁에서 승리한 일본은 한국과 을사늑약을 체결하여 한국의 외교권을 장악한 후 통감부를 설치하고 대대적인 한국 조사를 실시하였

---

37) 이근우(2012), 「明治時代 일본의 朝鮮 바다 조사」, 『수산경영론집』, 43-3, 한국수산경영학회, 2쪽

다. 수산조사는 1908년 『한국수산지』 편찬사업으로 대대적으로 실시하였는데 이것은 당시 일본 정부가 수산분야를 얼마나 중요하게 인식하고 있었는지를 보여준다.38)

2. 『한국수산지』의 편찬 목적

『한국수산지』 제1집의 서두에는 소네 아라스케(曾禰荒助)39)와 이완용의 글씨와 인영이 있다. 이것은 『한국수산지』의 편찬사업은 한일 양국의 국책사업이라는 것을 의미하지만, 1905년 을사늑약 체결, 1907년 정미7조약이 체결되어 한국의 주권을 일본정부가 이미 장악하고 있었으므로 이완용을 내세운 것은 형식상의 절차였다.40) 『한국수산지』의 제1집의 서문을 통하여 편찬 목적을 살펴보도록 하자.41)

(1) 조중응(趙重應)42)의 서문

"수산(水産)이란 물에서 산출되는 것인데(중략) 우리나라는 삼면이 바다를 면하고 있고 육지 안에도 산에 물이 많으며, 해산물의 이익이 다른 나라에 뒤지지 않는다(중략) 이를 개발하고 권장한다면 크게는 전국의 큰 재원이 될 것이고 작게는 한 사람의 생업을 유지하는 방도가 될 수 있다. 농상공부가 수산국을 설치하였으니, 수산국이 힘써야 할 바가 바로 여기에 있다. 이에 통감부 및 조선해수산조합과 더불어 서로 협력하여 각 道의 수산조사법을 시행하고 편집하여 조사지를 만들고 출판하여 간행하였다. <u>수산업에 있어서 경영의 지침이 되고 지도하는 기준이 될 것이다.</u> 실력이 부족한 농부(農部)가 이 책을 보면 전국의 재원의 이익과 국민에게 생업을 줄 수 있는

---

38) 앞의 논문(서경순·이근우), 127~130쪽.; 서경순 박사학위논문, 2021, 6~7쪽.
39) 당시 초대 통감 伊藤博文, 부통감 曾禰荒助(そね あらすけ)이었다. 1909년 伊藤博文을 이어 曾禰荒助가 2대 통감이 되었다. 『한국수산지』에 날인된 인장에는 曾祢荒助라고 되어 있는데 祢은 禰의 新字体이다(야후재팬, 『ウィキペディア (Wikipedia)』).
40) 앞의 논문(서경순·이근우) 129~132쪽.; 서경순 박사학위논문, 204~205쪽, 224~228쪽.
41) 농상공부 수산국, 이근우 외 2명 역(2010), 『한국수산지』 1-1, 새미, 13~18쪽.
42) 趙重應(1860~1919), 조선 말 외무아문 참의, 법부 형사국장 등을 지냈고. 대한제국 때는 법부대신, 농상공부대신을 역임, 중추원 고문, 2006년 친일반민족행위 106인 명단에 포함되어 있다.

복이 밝혀져 있다(중략) 널리 나라를 부강하게 하고 국민을 복되게 하려는 뜻을 함께 가진 사람들에게 알리고자 한다.

1908년 12월 종1품 훈1등 농상공부 대신 조중응

(2) 기우치 쥬시로(木內重四郎)43)의 서문

(중략) 한국의 해안선은 6천 해리에 이르며 무수한 섬들이 잔잔한 파도 사이에 별처럼 흩어져 있으며, 물고기가 풍부하고 조개와 해조가 풍요로워 다 쓸 수가 없을 정도이다(중략) 어업과 제염의 이익을 다 거두어들이지 못하였고 어로 기술도 아직 발달하지 못하여 (중략) 수산국 직원으로 하여금 두루 13도의 연안 도서 및 하천에 대하여 수산에 관한 실상을 조사하게 하여 이사청 및 수산조합 소속 기술원과 협력하여 직접 보고 발로 확인한 지 1년여 만에 수집한 재료의 개요를 채록하고, 이름 붙이기를 『한국수산지』라고 하였다. 바라건대 한일 어민들에게 도움이 되었으면 한다(이하 생략).

1908년 12월 통감부 참여관 농상공부 차관 기우치 쥬시로

(3) 정진홍(鄭鎭弘)44)의 서문

(중략) 수산과장 이하라 분이치가 이 일의 책임을 맡아 열심히 처리하였다. 거의 1년 동안 조사 실적을 수집하고 요원들을 독려하여 이 책을 편집하였다. 지리, 어류, 어구, 어기, 어법, 양식, 판매, 저장 등을 망라하여 실으니 부족함이 없는 듯하다(중략) 이 책을 통하여 양국 어민이 화목하게 어업을 영위하여 어업의 이익이 발전할 것을 기원하는 바이다.

1908년 12월 농상공부 수산국장 정진홍

---

43) 木內 重四郎(1866~1925), 1888년 東京帝國 大学法科大学 政治学科를 특별우대생으로 졸업한 후 법제국참사관 試補`농상무성 상공국장`한국통감부 농상공무총장`조선총독부 농상공부 장관 등을 역임했다. 1911年 귀족원의원, 1916年 京都(교토)府知事에 취임하였다.

44) 鄭鎭弘(1855~1926), 1895년 을미사변에 연루되어 일본에 망명하였다가 1905년 통감부가 설치되자 통감부에 촉탁되었다. 1907년 농수산부 농무국장, 1910년 조선총독부 중추원 부찬의, 1921년 중추원 참의에 임명되었다. 2007년 대한민국 '친일반민족행위진상규명위원회'의 친일반민족행위 195인의 명단에 있다(중추원 46명 중 1인).

(4) 이하라 분이치(庵原文一)의 서문(本書의 由來)

일본국 해안선의 총길이는 약 8,000해리이며 그 수산액이 무릇 1억원(圓)을 웃돈다. 한국 해안선의 총길이는 약 6,000해리인데 수산액은 600~700만원에 불과하다. 즉 비슷한 거리의 해안선을 가지고 있는데도 그 산출액을 비교하면 후자는 전자의 10%도 미치지 못하는 상황이다(중략) 사업이 부진한 까닭은 여러 가지가 있겠지만, 주로 개발·이용 방법을 알지 못하기 때문이다. 또한 행정상의 보호와 장려를 소홀히 한 것도 원인이라고 할 것이다. 그렇다면 아직 알지 못하는 것을 드러내고 얻을 수 있는 이익을 보여서 권유하고 장려하는 것은 국가의 이익을 꾀하고 국민의 행복을 도모할 수 있는 좋은 방법이 될 것이다(중략) 이 분야를 권유·장려할 필요가 생겨서 이를 본부에 제의하고 통감부 및 탁지부와 교섭하였더니 다행히도 허락해 주셨다. 명치40년(1907)에는 통감부가 소속 기술자의 여비를 다소 지불해주었고 또한 융희2~3년(1908~1909)에는 본부 임시수산조사비로 많은 경비를 지급해 주기에 이르렀다. 이에 조사항목 및 순서를 갖추어 전국 연해 및 하천 조사에 착수할 기회를 얻었다. 조사방법은 전국을 14구로 하고 각 구역마다 담당 조사원을 두었다. 특히 하천어업 및 염업조사원 몇 명을 두어 조사하도록 하였고 편집원을 고용하여 이를 편찬하게 하였다(중략) 자세한 것도 있고 성근 것도 있으며 잘된 것과 그렇지 않은 것도 섞여 있어서, 그 내용이 결코 완전하다고 할 수 없다. 그러나 시정 당국자와 어업에 뜻이 있는 자들에게 참고자료로 제공하여 다소의 도움을 줄 수 있는 내용이 없다고는 할 수 없다. 이것이 본서를 간행하는 목적이므로 어업 장려를 위한 하나의 단서가 될 수 있을 것으로 믿는다(이하 생략).

1908년 12월 통감부 기사 농상공부 기사 농상공부 수산국
수산과장 이하라 분이치

앞에서 제시한 농상공부 중역들의 4개의 서문 내용을 종합해 보자. 당시 한국 연안에 수산물이 매우 풍부하지만 생산 소득이 너무 낮아서 수산진흥사업을 실시하여 국가의 재원을 마련하자는 것이다. 이에 일본의 어구·어법, 수산물 제법 등을 전수하는 등 일본 정부가 적극적으로 나서서 협력한

다는 사실을 밝혀두었다. 그리고 수산진흥사업에서 가장 바탕이 되는 어부 및 수산관계자들에게 수산지침서로 제공하기 위하여 『한국수산지』를 편찬한다는 주목적을 밝혀두었다.

농상공부 대신, 조중응은 『한국수산지』는 수산업 경영의 지침 및 지도하는 기준으로 삼아서 수산 개발하여 국민의 이익과 부국을 기대하였으며 농상공부 차관, 기우치 쥬시로와 수산국장 정진홍은 『한국수산지』가 한일 양국 어민의 어업 이익과 함께 도움이 되길 바란다고 하였다. 그리고 수산과장 이하라 분이치의 경우에는 『한국수산지』는 국가 이익과 국민의 행복을 도모할 수 있는 것이라고 하였는데 국가와 국민이 한국 측인지 일본 측인지 양국 모두를 말하는지 명확한 구분이 없다. 더욱이 시정 당국자와 어업에 뜻이 있는 사람에게 『한국수산지』를 참고자료로 제공하여 어업 장려하겠다고 언급하였다.45) 그런데 『한국수산지』는 전체 일본어로만 기록되어 있다. 이점을 어떻게 이해해야 할까? 이하라는 『한국수산지』 편찬사업을 착수할 때 이미 독자층을 일본인에 국한시킨 것이며, 한국인은 배제된 것으로 해석된다. 더욱이 『한국수산지』의 편찬담당자 23명 중 한국인 1인을 제외하고 모두 일본인으로 구성한 점 또한 이 사실에 부합된다. 『한국수산지』는 일본 어부들의 한국 연해 출어 장려 및 일본 수산업자의 한국 수산물 유통 및 경제활동을 촉발시키기 위하여 한국 각 연안지역의 구체적인 수산정보 요구에 부응하여 편찬된 것이다.

3. 『한국수산지』의 구성 및 편찬조사자

『한국수산지』는 총 4권으로 구성되었다. 제1집은 한국수산의 총론이며, 제2집~제4집은 한국의 행정구역에 따라서 함경도를 시작으로 동해에서 남해 그리고 서해의 평안도를 마지막으로 각도별에 대한 개황과 연안 지역의 수산 상황을 면밀하게 조사하여 정리하였다. 기술 형식은 조사지역의 연혁, 지세, 경계, 교통, 물산 등을 먼저 정리한 다음 수산 상황을 정리하였다. 또한 조사지역 내에 일본인이 근거할 경우는, 일본인의 출신지, 선단명, 어획

---

45) 앞의 논문(서경순·이근우), 131~132쪽.; 서경순 박사학위논문, 226~228쪽.

어종 및 물량, 어획물의 유통 경제 등에 관하여 매우 구체적으로 면밀하게 기록하였다. 이 정보는 한국 이주를 희망하는 일본 어부에게는 매우 유익한 정보였다. 『한국수산지』의 구성은 다음과 같다.46)

<표 1> 『한국수산지』 구성

순서	구 성	편찬기관	발행일자
제1집	제1편 지리, 제2편 수산일반	통감부 농상공부	융희 2년(1908년) 12월 25일
제2집	제1장 함경도, 제2장 강원도, 제3장 경상도		융희 4년(1910년) 5월 5일
제3집	제4장 전라도, 제5장 충청도	조선 총독부 농상공부	명치 43년(1910년) 10월 30일
제4집	제6장 경기도, 제7장 황해도, 제8장 평안도		명치 44년(1911년) 5월 15일

〈표 1〉에서 『한국수산지』 제1집~제2집은 편찬기관을 통감부 농상공부로, 발행일자에 한국 연호를 사용하였는데, 제3집~제4집에는 편찬기관을 조선총독부 농상공부로 발행일자에 일본의 연호를 사용하였다. 이것은 1910년 8월 29일 한일병합과 관계가 있다.

『한국수산지』의 각 권의 조사 내용은 매우 방대하다. 편찬조사자들이 일본인이라는 점을 감안해 볼 때 낯선 한국 지리와 언어 또한 미숙했던 점에서 매우 신속하게 조사 편찬되었다. 이것은 이미 농상무성 수산국에서 여러 차례 한국 연해에 파견했던 수산전문가에 의해 조사 간행된 다양한 「한국연안조사보고서」와 일본 해군이 간행한 『조선수로지』 등의 많은 자료가 축적되어 있었던 점과 아울러 을사늑약이 체결된 후 각 군(郡)의 보고서 등의 자료 또한 활용할 수 있었던 점에서 가능하였다. 또 하나는 『한국수산지』 편찬에 많은 인력을 동원하여 업무의 분업화가 이루어진 점을 들 수 있다. 『한국수산지』 편찬조사자 23명의 직책과 업무를 살펴보도록 하자.47)

---

46) 앞의 논문(서경순·이근우), 132~134쪽, 156쪽.; 서경순, 박사학위논문, 6~7쪽.;
47) 앞의 책(이근우 외 역), 17~18쪽.; 이근우(2011), 「『韓國水産誌』의 編纂과 그 目的에 대하여」, 『동북아문화연구』 27, 105~106쪽, 111~112쪽.; 서경순 박사학위논문, 222~223쪽.

<표 2> 『한국수산지』 편찬조사자 (1908~1911)

학력	구분	성명	조사 구역	직책
수산전습(강습)소 교사		塚本道遠	염업조사 감사	농상공부 염무과장, 염무기사
		岡田信利	낙동강	농상공부 사무촉탁
수산전습소	1기	庵原文一	조사·편집총괄 책임	농상공부수산과장 『한국수산지』 총괄
		中西楠吉	강원	통감부 기수
	3기	佐藤周次郎	함북 및 부속도서	
	4기	下村省三	경기	통감부 기수
	5기	遠山龜三郎	편집 보조·전남 동남/경남서부	농상공부 기수
	6기	池內猪三郎	편집 보조 및 평북	臺南縣 촉탁, 통감부 기수, 농상공부 기수
	7기	吉崎建太郎	편집 보조·제주도	권업모범장 기수, 수산조사소 기수, 통감부기수, 농상공부 주사(기수)
	8기	大野潮	충남	통감부 기수
		林駒生48)	경남 동부/경북	통감부 기사
	9기	高妻政治	충남	조선해수산조합 기수
		大坪興一	함남	조선해수산조합 기수
수산강습소	30년49)	正林英雄	강원·황해50)	30년(1897) 수산전습소 교원양성과 졸업, 長崎縣 기수, 조선해수산조합 기수
	31년	松生猪三男	황해	31년(1898) 제조과 졸업, 조선해수산조합 기수
	31년	木村廣三郎	경남 중앙	31년(1898) 어로과 졸업, 34년(1901) 원양어업과 졸업, 통감부 기수
	32년	樋口律太郎	평남, 황해 서북	32년(1899) 어로과 졸업, 조선해수산조합 기수
		大庭弘雅	전북 전남 서북	32년(1899) 어로과 졸업, 통감부 기수
	32년	富樫恒51)	전남 서남	32년(1899) 제조과 졸업, 조선해수산조합 기수
농상공부		平井義人	영업조사	농상공부 기수
		熊田幹之郎	편집주임	농상공부 편집 사무 촉탁
		堀部良七	한강	농상공부 주사
		嚴台永	한강	농상공부 서기관

〈표2〉에 제시한 대로 『한국수산지』의 편찬조사자는 모두 23명이다. 이 중 유일한 한국인, 엄태영(농상공부 서기관)을 제외하면 모두 일본인이며, 통감부 및 조선해수산조합에 소속된 수산기사(기수)들로 일본 정부의 공무원들이다, 또한 이들 대부분은 일본 최초의 수산전문교육기관인 수산전습소(이후 수산강습소) 출신으로서 국가의 수출진흥사업과 연계된 수산교육을 철저하게 받았던 사람들이다. 더욱이 쓰가모토 도엔(塚本道遠)과 오가타 노부토시(岡田信利)는 이 교육기관의 교사들로 일찍이 근대학문을 익혔던 지식인이다.

쓰가모토 도엔(塚本道遠)은 염전기사로 농상공부의 염무과장과 염업시험장의 장장(場長)을 겸임하고 있었다.

염업시험장은 『한국수산지』의 편찬사업이 실시되기 1년 전, 1907년에 소금사업개량사업을 추진하면서 한국의 연안 2곳에 설치한 시험염전을 말한다. 동남해 연안지역인 용호동에는 전오식 시험염전을, 서해 연안 지역인 인천군 주안면에는 천일염 시험염전을 각각 설치하였다. 천일염은 종래 한국에는 없었던 것으로 주안면 염전은 한국 최초의 근대식 천일염 시험염전이다.52) 염전시험 결과, 천일

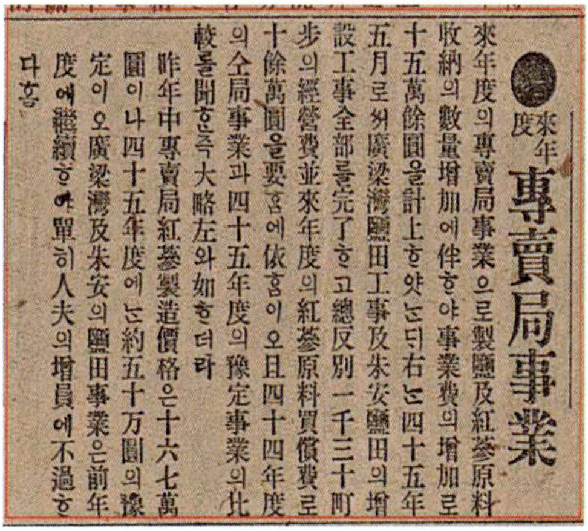
來年度 專賣局事業

來年度의專賣局事業으로製鹽及紅蔘原料收納의數量增加에伴ᄒᆞ야事業費의增加로十五萬餘圓을計上ᄒᆞ얏ᄂᆞᆫ디右ᄂᆞᆫ四十五年五月로써廣梁灣鹽田工事及朱安鹽田의增設工事全部를完了ᄒᆞ고總反別一千三十町步의經營費並來年度의紅蔘原料買價費로十餘萬圓을要ᄒᆞᆷ에依ᄒᆞᆷ이오且四十四年度의全局事業과四十五年度의豫定事業의比較ᄅᆞᆯ開ᄒᆞᆫ즉大略左와如ᄒᆞ더라

昨年中專賣局紅蔘製造價格은十六七萬圓이나四十五年度에ᄂᆞᆫ約五十万圓의豫定이오廣梁灣及朱安의鹽田事業은前年度에繼續ᄒᆞ야單히人夫의增員에不過ᄒᆞ다ᄒᆞᆷ

<그림 5> 每日申報 1912년 3월 20일자 2면3단

48) 조선해통어조합이 설립되었을 때 원산지부의 이사였으며(봉급 50엔), 조선해수산조합에서는 명예 부조장(1910 현재)을 맡았다.

49) 明治 30년(1897)을 말한다. 1897년 수산전습소를 폐소하고 이를 계승한 수산강습소를 설립하여 수산전습소의 재학생들을 모두 수산강습소로 이적하였다.

50) 正林英雄이 황해도(북서부 제외) 및 부속도서를 조사한 것은 松生猪三男이 조사 중에 사망하자 그의 업무를 인계받아서 임무를 완수한 것으로 보인다.

51) 조선해수산조합본부에서 사업과의 사무촉탁이었다.

염 염전이 전오식 염전에 비하여 경제면에서 월등하게 뛰어나자 주안면 천일염 시험염전의 규모를 보다 확장시켰다. 주안면 염전의 생산량은 당시 전국 생산량의 절반 이상을 차지할 정도였으며 한때 소금산지 대명사라고 할 만큼 유명한 소금특산지로 거듭났다. 1912년에는 주안면 소금에 전매제도를 도입하여 관영화 추진을 발표하였다〈그림 5〉.

소금은 예로부터 화폐 기능을 할 정도로 부가가치가 매우 높은 물산으로 국가산업의 한 분야를 차지하였다. 『한국수산지』의 편찬 총괄을 맡은 이하라 분이치가 한국연안 지역을 14구역으로 나누어 각 구역별 조사를 실시하면서 염업조사를 구역별에 포함시키지 않고 별도 조사를 실시한 점에서도 당시 수산진흥사업에서 염업이 차지하는 비중이 매우 컸던 점을 짐작하게 한다.

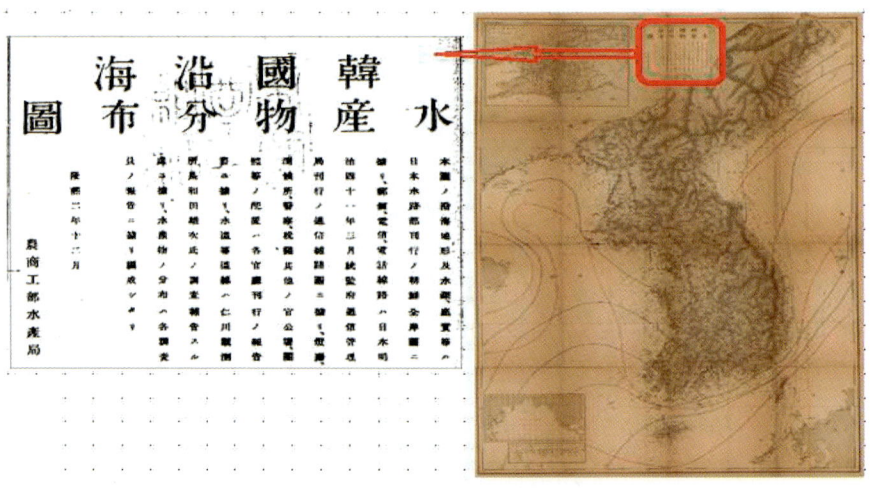

〈그림 6〉 韓國沿海水産物分布圖
※ 출처:https://dl.ndl.go.jp/info:ndljp/pid/802152(일본국회도서관)
http://nrifs.fra.affrc.go.jp/book/D_archives/2012DA103/jpegver.html
(검색일:2020. 09. 20.)

농상공부 수산국에서는 『한국수산지』 제1집을 간행할 때 부속지도로

---

52) 『한국수산지』 제1집의 첨부 사진의 설명.; 1908년에 동남해에 있던 용호동의 시험염전은 용호출장소로, 인천군 주안면의 서해 염전은 주안출장소가 되었다.

「한국연해수산물분포도(韓國沿海水産物分布圖)」라는 대형지도를 간행하였다. 이 지도에는 다음의 설명이 있다〈그림 6〉.53)

"이 지도의 연해 지형 및 수심, 저질(底質) 등은 일본 수로부 간행의 조선전안도(朝鮮全岸圖)를 근거로, 우편·전신·전화선로는 일본 명치 41년(1908년) 3월 통감부 통신관리국의 통신선로도를 근거로, 등대·측후소(測候所), 경찰, 세관 등 기타의 관공서, 단체 등의 배치는 각 관청 간행의 보고서를 근거로, 水溫 溫線은 인천 관측소 소장 和田雄次의 조사 보고한 것을 근거로, 수산물 분포도는 각 조사원 보고에 근거하여 작성했다"

융희2년(1908년) 12월
농상공부 수산국

위의 설명에 따르면 「한국연해수산물분포도」는 일본 해군 수로부에서 제작한 해도를 그대로 가져온 것이다. 지도 제목이 「한국연해수산물분포도」인 만큼 지도의 각 연안에는 물고기를 비롯한 수많은 수산물 명칭들이 기록되어 있다. 또한 항로와 방위, 저질과 수심을 나타낸 숫자가 표시되어 있다. 이러한 정보는 한국 연안 어업에 낯선 일본 어부들이 한국의 어업 상황을 쉽게 이해할 수 있도록 많은 도움을 준다. 더욱이 함경도 연안에는 명태, 경북 연안에는 정어리(멸치), 제주도 연안에는 전복·해삼, 전라도 연안에는 조기, 황해도 연안에는 새우 등의 각 수산물에 성어지를 굵고 진한 글씨로 표기하였다. 이것은 한국의 주요 수산물, 즉 지역의 특산물을 강조한 것이다.54)

그리고 「한국연해수산물분포도」에는 해안부의 정보 외에도 내륙부에 國界, 道界, 철도를 나타낸 여러 선과 각 지역에 등고선을 비롯한 다양한 기호들이 빽빽하게 표시되어 있다. 그리고 다양한 기호의 설명은 지도 아래쪽에 범례를 통하여 밝혀두었다.

그리고 범례 바로 위에는 부가적인 지도〈그림 7〉를 배치하였다. 이 지도

---

53) 農商工部水產國(1908),「韓水國水產誌 .韓國沿海水產物分布圖」
54) 앞의 논문(서경순·이근우), 132~133쪽.

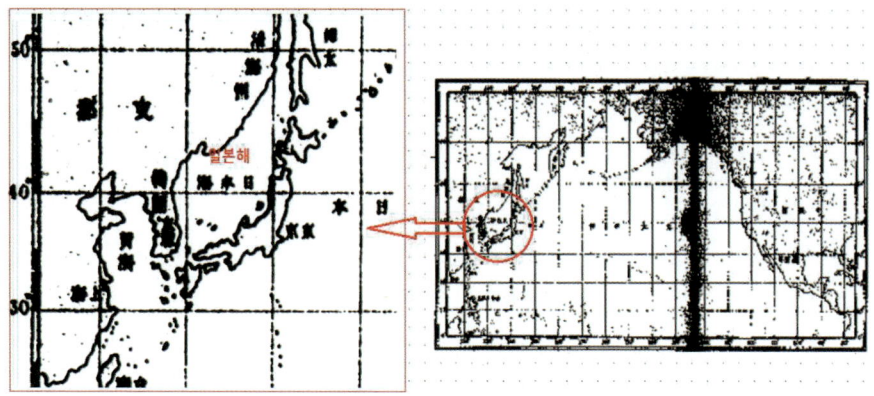

<그림 7> 「한국연해수산물분포도」의 부속지도

에는 태평양을 중심으로 오른쪽에 미합중국 대륙을, 왼쪽에 한국 중국 대만 일본 등의 대륙이 그려져 있다. 지도 전체에 보이는 격자 모양은 위선과 경선을 나타낸 것으로 언뜻 보기에 17세기 유럽에서 성행한 메르카토르 도법에 의해 제작된 해도의 견본으로 보인다. 그런데 이 지도에서 간과할 수 없는 사실은 한국과 일본 사이의 바다, 즉 동해에 일본해라는 한자를 표기해 둔 점이다. 이 지도는 한국연해의 수산물분포도에 대한 정보와는 직접적인 관계가 없다. 굳이 이 지도를 배치한 것은 일본해를 강조하기 위한 수산국의 의도가 아닐까?

「한국연해수산물분포도」는 한국 내 근린생활 및 어업에 대한 정보가 1장의 지도에 축약되어 있다. 당시 한국에 출어한 일본어부 및 거류 일본인에게 유익한 정보 역할을 제대로 하였을 것이다.

Ⅳ. 경상도 동해 연안지역

경상도의 해안선은 동해안에서 남해안까지 이어져있다. 이글에서는『한국수산지』제2집에 기록된 경상도의 동해 연안지역으로 축소시켜서 살펴보고자 한다.

경상도의 동해안에서 만입(灣入)된 곳은 경상북도의 영일만과 경상남도의 울산만 2곳이 대표적이다. 영일만은 북동쪽에서 남서쪽으로 만입되었으며, 입구는 넓어도 굴곡이 적어서 북쪽에서 동쪽에 이르는 풍랑을 막기에 많이 부족하다. 그러나 울산만은 남동쪽에서 북서쪽으로 만입되어 있고, 굴절된 곳이 많아서 풍랑을 막기에 적합하고 수심 또한 깊어서 큰 선박이 정박할 수 있다. 작은 선박을 정박할 수 있는 양항(良港)으로는 축산포(영해군), 강구(영덕군), 도항, 여남, 호포(흥해군), 구룡포, 모포, 감포, 전하포, 일산진, 방어진, 장생포, 세죽포, 서생, 대변, 용호 등 여러 곳이 있다.55)

그리고 1909년 현재 경상도에 거류하는 일본인은 약 43,300명이며 이중 부산 및 마산지역을 제외한 연안 지역 일본인 거류자는 약 7,000명이다. 〈표 3〉은 경상도 동해지역의 일본인 거류자의 근거지와 호수(인구)를 나타낸 것이다.56)

<표 3> 경상도 동해지역의 일본인 거류자(1909년 현재)

도별	지명	호수	인구	관할이사청
경상북도	영해군	12	25	부산
	영덕군 진천	31	77	
	청하군	15	25	
	흥해군	29	108	
	영일군 포항	30	105	
	그 외 영일군	65	251	
	경주	73	205	대구
경상남도	울산군 전하·일산·울기	19	24	부산
	울산군 방어진	50	130	
	울산군 장승포	23	65	
	울산군 내해·세죽포	35	224	
	기장군	10	18	
	동래군 용호·용당	11	37	

『한국수산지』제2집의 권두에는 제1집과 마찬가지로 여러 사진이 첨부

---

55) 農商工部水産局(1910)『韓國水産誌』第2輯, 415~416쪽.
56) 農商工部水産局(1910),『韓國水産誌』第2輯,, 426~437쪽

되어 있다. 사진을 촬영한 곳은 대부분 조사구역에서 다소 떨어진 언덕 또는 조선해수산조합본부의 순라선(巡邏船)의 선상이다. 이것은 조사과정에서 지역민과의 마찰을 피하기 위해서였다.57) 사진 대부분이 어업과 관계가 있지만 정박지·항만·등대 등 군사적인 정보에 해당되는 것도 다수 있다. 첨부된 사진에는 모두 간략한 설명이 있는데 그중에 조선해수산조합본부(朝鮮海水産組合本部)가 땅을 매입하여 일본인이 이주한 곳 또는 일본인을 이주시킬 계획이라는 기록을 통하여 당시 일본 정부가 추진하였던 한국 내 일본인 이식지 확장 건설에서 앞장선 단체가 조선해수산조합이란 사실이 확인된다. 이 조합의 전신은 조선해통어조합이며, 이후 본부를 부산에 설치하고 수산기사들을 파견하여 통감부의 지시를 따르게 하였다. 주요업무는 어선 어구개량을 비롯하여 조합원의 보호 단속, 조난 구제, 조합원의 행정서류와 통신 등을 대행하였으며, 조합원 분쟁에 대한 중재 역할과 조합원 공동이익 증진에 힘썼다. 그리고 일본인 근거지에 감독 1명을 선출하여 이주 어민들의 어획물을 비롯한 일체에 대한 감독 지휘권을 주어 공동판매·구입 등 공동 운영방식을 취하도록 지도하였다.

그리고 앞에서 언급한 일본인 이주어촌 건설에 조선해수산조합본부의 수산기사들이 앞장서서 한국의 어장과 토지를 매입하였지만 이것은 일본 정부가 직접적으로 나서지 않고 조선해수산조합의 명의를 차용하여 매입하는 방식이라고 할 수 있다. 즉 일본인 이주어촌 건설정책은 한국 식민지화의 연장선에서 실시된 정책이었다.58) 『한국수산지』 제2집에 첨부된 동해안 지역의 사진을 열거하면 다음과 같다.59)

---

57) 『한국수산지』의 편친 총괄책임자 이하라 분이치의 서문에는 황해도 조사책임자였던, 마츠오(松生猪三男)가 현지 조사 중에 목숨을 잃은 사실이 밝혀져 있다.
58) 앞의 논문(서경순·이근우), 143~145쪽; 서경순 박사학위논문, 206~208쪽.; 한국민족문화대백과사전(검색일:2022. 09. 24)
;http://encykorea.aks.ac.kr/Contents/SearchNavi?keyword=%EC%A1%B0%EC%84%A0%ED%95%B4%EC%88%98%EC%82%B0%EC%A1%B0%ED%95%A9&ridx=0&tot=11211(검색일:2022.09.24.)
59) 『韓國水産誌』 第2輯, 권두 사진 1~24쪽.

<표 4> 『한국수산지』 제2집 권두사진(발췌)

사진 장소	구분 60)	사진 설명
북한 청진항	1	청진:융희2년(1908)에 개방된 북한의 주요항으로 일본인 거의 거주, 독진:청진 남서쪽 경성만 항구. 큰 배는 대기 어렵지만 상선이 상시 폭주
경성만 내 독진		
울릉도 저도에서 독도61)를 바라보며		울릉도:동해62)에 떠있는 외딴섬, 배를 댈만한 적지 없음, 오징어어업 융성. 저동:울릉도 동안 자갈해안, 일본인 근거지 있음 도동항:울릉도 남동안의 유일한 정박지, 행정소재지가 있는 곳, 일본인 집단지 있음. 남양동:울릉도 서안 자갈해안, 러시아인들이 수목을 반출해 간 장소
울릉도 東岸 저동(苧洞)	2	
울릉도 南東岸 도동(道洞)의 설경	3	
울릉도 도동항 서쪽 풍경 오징어 성어기의 도동항	4	
울릉도 西岸 남양동 [コウリケン]	5	
울릉도 北岸 추산 [ソコサン]		
장기군 구룡포(九龍浦)	8~9	삼치어장, 해조류
장기군 모포(牟浦)	10	미에현 어부:정어리 지예망 어업 창고
미포(尾浦)	11	시마네현 어업근거지 :지예망
경북 東岸 울기 등대	12	위치:울산 만구 북동쪽, 첫 점화:명치 39년(1906년) 3월
방어진	13~15	삼치어장 가가와, 오카야마, 후쿠오카현의 공동 근거지
장생포(長生浦)	16	세관감시소 있음. 동양포경주식회사(고래 해체장). 위치:장생포 맞은편, 일본어부 근거지(잠수기선) 담성상회(통조림제조소)/일본인회(일본인 거주자)
울산만 內 및 울산어시장		
세죽포	19	위치:울산군 대현면 도미, 가자미, 가오리 어장/일본 어부 10호(69명)
서생강	20	위치:울산군 온산면 일본어부의 지예망 창고
대변만	21	선두포(船頭浦)라고도 함(기장군). 삼치어장. 후쿠오카 어부의 근거지, 미에현 어민 이주.
부산수산주식회사 어시장	23~24	위치:부산 남빈정 1907년 부산수산회사(1889) 계승

〈표 4〉에 제시한 한국 동해의 주요 어장, 등대, 어시장은 일본 어부들의 어업과 관계가 있다.

당시 동해 연안에서 산출된 수산물은 고래[63] 상어[64] 정어리[65] 청어 도미[66] 고등어 삼치[67] 갈치 가자미 방어 붕장어 오징어 해삼 전복[68] 미역 우뭇가사리 등 그 종류가 매우 많다. 해조류 중 미역은 예나 지금이나 우리나라 사람들이 선호하는 해조류 중 으뜸인 반면에 일본에서는 한천의 원료가 되는 우뭇가사리가 훨씬 인기가 높았다. 그래서 우뭇가사리는 당시 고가로 경제 가치가 매우 높은 해조류이자 주요 수출품 중 하나였다. 방어진은 동해에서 미역과 우뭇가사리의 유명한 산지이다. 이곳에 제주 해녀와 일본인 해녀들이 무리를 지어 와서 미역과 우뭇가사리를 채취해 가는 바람에 방어진 원주민들과 심한 분쟁이 발생하자 마침내 정부가 중재에 나서 외부인 해녀들에게는 입어료를 부가시킨 사례가 있다.[69] 경상도 동해지역의 일본인의 어업과 일본인 이주어촌에 대하여 살펴보도록 하자.

---

60) 『韓國水産誌』第2輯,에 첨부된 사진의 쪽수를 나타낸 것이다.
61) 원문에는 竹島로 표기되어 있다.
62) 원문에는 日本海로 표기되어 있다.
63) 고래어업은 일본어업자들의 독점어업이었다. 연안지역에 설립한 고래해체장에서 고래를 부위별로 나눈 후 염장하여 전량 일본으로 반출하였다.
64) 상어어업은 일본어업자들의 독점어업이었다. 일본어부들은 처음에 지느러미만 채취하였지만, 한국인들이 상어살을 식용한다는 사실을 알고 한국 시장에 유통시켰다. 이후 어묵재료로 하카다로 운송하였다.
65) 한국에서는 멸치·정어리·눈통멸 등을 명확하게 구분하지만 일본은 이를 모두 정어리(いわし)로 통칭한다. 정어리는 근대 수산진흥사업에서 주요한 유용수산물 중 하나로 정어리통조림, 정어리유, 정어리 퇴비 등 부가가치가 높은 어종이었다.
66) 일본 통어의 출발이 된 어종이다. 우리나라의 관혼상제에 조기 명태 등을 사용하듯이 일본은 신사에서 도미를 사용하며, 특히 농번기에 도미가 인기가 높았다.
67) 우리나라는 종래 삼치를 亡魚라고 하여 어획하지 않았다. 삼치어업은 한국 연해에 출어한 일본 어부들의 신흥어업이었다.
68) 전복이나 해삼 등은 한국에서는 오로지 나잠어업으로 채취한 반면에 일본 어업자들은 잠수기 어업으로 많은 양을 싹쓸이하였다.
69) 앞의 책(요시다 케이이치 저, 박호원·김수희 역), 274~275쪽, 278~289쪽..

1. 일본인 어업[70]

(1) 고래의 종류는 긴수염고래, 흑등고래, 북방긴수염고래 등이 있다. 어획한 고래는 동양포경주식회사의 고래해체장에서 부위별로 나누어서 염장[71]한 후에 전량 일본으로 수송하였다.

(2) 청어와 고등어는 영일만, 울산만, 부산만이 주요 어장이며, 염장해서 주로 시장에 운송하였다.

(3) 삼치는 일본에서 매년 몰려드는 어선이 수백 척에 달할 정도로 삼치어업은 번성하였다.

일본인들의 근거지는 축산포과 강구, 여남, 구룡포, 모포, 감포, 방어진, 대변 등이다

(4) 넙치와 가자미는 동해안에서는 10월~12월이 성어기이다. 일본 어부들은 수조망, 타뢰망, 외줄낚시로 어획하며, 겨울에는 활주선(活舟船)을 이용하여 어획물을 산채로 일본으로 수송하였다.

(5) 방어는 일본어부들은 외줄낚시, 삼치유망과 지예망 등으로 혼획하였으며, 활주선을 이용하여 산채로 일본으로 수송하였다.

(6) 붕장어는 영일만 서쪽 어장에서 거의 일본어부들이 어획하였다.

(7) 상어·복어·오징어의 어장은 영일만에서 일본 어부들은 외줄낚시, 연승, 수조망으로 어획하였다.

(8) 기타 미역, 우뭇가사리 등의 해조류를 채취하여 일본으로 수송하였다.

2. 일본인 이주어촌.

경상북도 동해 연안지역[72]

(1) 축산(丑山)은 영해군의 대표적인 양항이다. 큰 배가 정박할 수 있는 곳이며 일본 잠수기업자 및 삼치유망선의 근거지가 있으며, 일본 정어리 지예망업자의 창고가 있다.

---

70) 『韓國水産誌』第2輯, 449~455쪽.
71) 『한국수산지』 1집의 기록에는 당시 고래 1마리를 염장하는데 평균 소금사용량은 약 5,000근(3000kg) 정도인데 여름철에는 평균 약 1만근 정도가 들었다고 한다.
72) 『韓國水産誌』第2輯, 455~493쪽.

(2) 여남포(汝南浦)는 영해군의 남단에 위치하며 영일만에 면한다. 수심이 깊어서 큰배를 정박하기 좋아 상선, 어선의 기항지로, 영일만에서 가장 좋은 피항지이다. 이곳은 야마구치현(山口縣) 수산조합에서 두호포(斗湖浦)와 함께 일본인 근거 지역으로 계획한 곳이며 3000평의 땅을 구입하여 이주 계획 중에 있다.

(3) 포항은 영일군에 속한다. 거류 일본인이 95호, 357명이다. 이 지역에 어업자는 오카야마현에서 건너온 5호에 불과하다. 일본 각 부현의 수산조합에서 일본어부들을 이주시킬 계획으로 정해 둔 땅이 많다.

이외에 일본 어부의 근거지가 있는 곳은 후동(厚洞) 눌태(訥台) 모포(牟浦) 양포(良浦) 감포(甘浦) 고라(古羅) 하서리(下西里) 관성(觀星) 등이 있다.

경상남도 동해 연안 지역73)

(1) 일산진(日山津)에는 시마네현(島根縣) 후쿠오카현(福岡縣), 미에현(三重縣)에서 온 어부들이 통어하고 있으며, 정주자는 2호 22명이다.

(2) 방어진에는 삼치어업의 성어기가 되면 오카야마현과 가가와현에서 몰려오는 어선이 300척(어부 약 1,500명)이며, 삼치 유망, 정어리 지예망, 청어·방어·우럭·볼락 호망 등으로 어획한다.

(3) 장생포는 장승포 또는 구정동이라고도 한다. 이곳에 거류 일본인은 31호 199명인데 어업 종사자는 10호이다. 거류일본인회, 심상 고등소학교, 부산세관감시소, 순사주재소, 우편소 등이 있고 정기선이 기항하였다. 그리고 동양포경주식회사의 고래해체장이 있으며, 고래 포획기가 되면 포경선과 운반선이 활발하게 운행한다.

(4) 내해(內海)라는 곳은 용잠동의 일부인데 일본인 20호가 있다. 이들은 어업과 통조림사업에 종사한다. 통조림의 주원료는 전복이며, 효고현에서 온 모리모토(森本)라는 사람이 운영하였다.

(5) 세죽포(細竹浦)에 일본인 정주자는 10호 69명이다. 이곳에는 조선해수산조합의 소유지가 있으며, 한일포경회사의 소유지도 있다. 세죽포의 건

---

73) 『韓國水産誌』 第2輯, 493~528쪽.

너편에 있는 목도(目島)라는 섬은 일본 어부들 사이에서는 세죽포보다 더욱 잘 알려진 곳이다.
　(6) 강구포(江口浦)는 일본 어부들 사이에서 가미노타이고(上の太閤)이라고 부른다.
　(7) 대변(大邊)에는 조선해수산조합의 소유지에 후쿠오카 어부 12호가 이곳에 이주해 있다.
　(8) 용호동은 제염에 종사하는 일본인이 정주해 있다. 앞에서 살펴보았듯이 용호시험염전이 있는 곳이다.
　(9) 용당에는 야마구치현 수산조합에서 이주시킨 자가 16호 53명이 근거하며, 이들은 도미와 붕장어 등을 어획한다.

　이외에도 달포(達浦)·이진(梨津)·월내·송정 지역에 일본 어부들의 근거지가 있으며 통어자들도 많다.
　앞에서 열거한 대로『한국수산지』제2집을 통하여 1909년 현재 경상도 동해 연안지역의 일본 어부들의 근거지와 수산 상황을 살펴보았다. 그리고 일본인들의 근거지 중에는 조선해수산조합의 소유지가 있는 것 또한 확인하였다. 당시 한국 내 일본인 이주어촌은 자유이주어촌과 보조이주어촌으로 구분된다. 자유이주어촌은 말 그대로 통어하던 일본 어부가 개인적으로 구축한 근거지이다. 그리고 보조이주어촌은 일본 정부가 1905년 원양어업장려법을 공포하여 한국 내에 일본인 이주어촌 확장정책을 추진하면서 건설되었다. 따라서 이주자에게는 정부 지원이 있었던 것에서 조합의 선정기준에 합당한 자를 이주자로 선정하였다. 첫째 한국 어업에 경험이 있는 자, 둘째 각지 어민을 섞어 이주시킬 것, 셋째 가족 전부를 이주시킬 것 등 3가지에 부합해야했다.[74] 이 가운데 가족 전부를 이주해야한다는 것에서 당시 일본 정부의 이주지 건설 확장정책에 한국 내 일본인 정주 인구 증가를 목적으로 한 사실을 알 수 있다. 그리고 한국연해에 출어했던 어부들 또한 통어어업에서 이주어업을 선호하면서 일가족이 근거하는 수가 점차 늘어났는데 이유는 무엇보다 수산단체 즉 정부의 장려지원과 신변 보호가 있었던 점

---

74) 앞의 책(요시다 케이이치 저, 박호원·김수희 역), 358~367쪽.

을 들 수 있다. 그리고 통어어업의 경우 왕복 경비도 많이 들지만 시간이 많이 소요되어 때에 따라서 성어기를 놓칠 수도 있다. 더욱이 바다를 오가면서 풍랑 등의 사고로 재산을 통째로 날려버릴 수 있는 리스크를 항시 감수해야했기 때문이다. 그러나 이런 이유보다 결정적으로 이주어업을 선택해야 했던 것이 있었다. 1908년 한국어업법이 발포되어 어업권 허가를 한국거주자에 제한하였기 때문에 일본 어부들은 어쩔 수 없이 통어어업에서 이주어업으로 전환할 수밖에 없었던 것이다.[75]

이상과 같이 『한국수산지』 제2집의 권두에 첨부된 사진을 통하여 당시 일본인들이 한국 연안에 어떤 관심을 가지고 있었는지, 어떤 곳을 중요한 곳으로 인식하고 있었는지, 각 연안 지역의 수산 상황과 먼저 진출한 일본 어부들은 어떤 성과를 올리고 있는지를 살펴보았다.

사진은 근대적인 정보전달 수단에서 등장하였지만 처음부터 사진 자료가 적극적으로 활용된 것은 아니었다. 그런데도 『한국수산지』에 첨부된 많은 사진 자료들은 한국 연해 출어를 희망하는 일본어부들에게 매우 효과적인 정보 수단이 되었을 것이다.[76]

그럼 이제 마지막 장에서 『한국수산지』에 첨부된 해도를 살펴볼 차례이다.

V. 『한국수산지』의 해도

『한국수산지』 제2집~제4집에는 많은 해도가 첨부되어 있다. 각 해도는 제목에서 어떤 지역을 나타낸 것인지 알 수 있다. 해도의 내륙부에는 주변 지역의 경계를 나타낸 선, 산의 등고선, 교통 도로망 등이 그려져 있으며, 해안부에는 연안 주변의 수심, 저질 등을 나타낸 영문자와 숫자 그리고 항로, 등대, 섬(암초), 간석지 등이 그려져 있다. 이것은 한국 연해에 출어한 일본 어부들의 근거지에 대한 내륙부 정보와 안전한 조업을 위한 해안부의 정보를 1장의 해도에 나타낸 것이다. 그런데 이 해도 가운데 일본 해군 해도의

---

75) 여박동(2002),『일제의 조선어업지배와 이주어촌 형성』, 도서출판 보고사, 225쪽.
76) 앞의 논문(서경순·이근우), 145쪽

일련번호가 기록된 것이 다수 발견된다. 즉 『한국수산지』에 첨부된 해도는 해군의 해도를 차용한 것이다.

그런데 『한국수산지』에 첨부된 해도는 한눈에 해군의 해도와는 많은 차이를 보여준다. 일본 해군의 해도에 기록된 빽빽한 숫자와 영문 그리고 기호 등이 많이 삭제되어 빈 공백이 드러나 있기 때문이다.[77]

『한국수산지』제2집에 첨부된 해도는 모두 19개이며 이 중에 경상도 동해 연안 지역에 삽입된 해도는 죽변만·축산포·영일만·울산만 등 4개이다. 영일만을 제외한 3개의 해도에 '해도 312에 근거(海圖 312號=據ル)'라고 표기되어 있다. 이 기록은 일본 해군의 해도를 근거로 한 것을 의미한다. 그러나 작성 주체와 간행 연도에 대한 설명이 없이 '해도(海圖)'라고만 기록하여 어떤 해도인지를 밝히지 않았다. 『한국수산지』제2집의 참고문헌에도 '해도'라고 기록되어 있다. 『한국수산지』제2집에 기록된 해도가 삽입된 곳의 조사내용은 다음과 같다.

1. 경상도 동해 연안지역 해도

1) 죽변만(竹邊灣)[78]: 海圖 312호

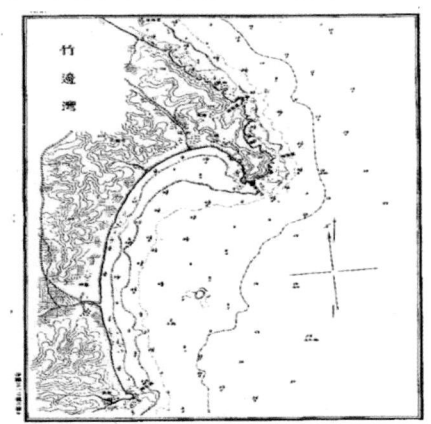

죽변만은 울진군에 속한다.[79] 죽변만은 울릉도와 최단거리에 있는 항구이다.
울릉도로 가는 많은 항해 선박이 이곳에서 기항한다.
수산물은 정어리, 삼치, 방어, 대구, 고등어, 전어, 도미, 문어, 게 등이며 일본 잠수기선의 중요 근거지였다.
이곳은 시마네현에서 어업근거지로 삼은 곳으로 곧 어민 이주를 계획하고 있다.

<그림 8> 죽변만(竹邊灣): 海圖 312號

---

77) 앞의 논문(서경순·이근우), 146쪽.
78) 『韓國水産誌』第2輯, 『300~301쪽 사이 삽입(죽변만(竹邊灣): 海圖 312號가 기입되어있다)
79) 한국수산지 2집을 편찬 조사를 하였던 1909년에는 울진군은 강원도에 속해 있었다.

2) 축산포(丑山浦) : 海圖 312호[80]

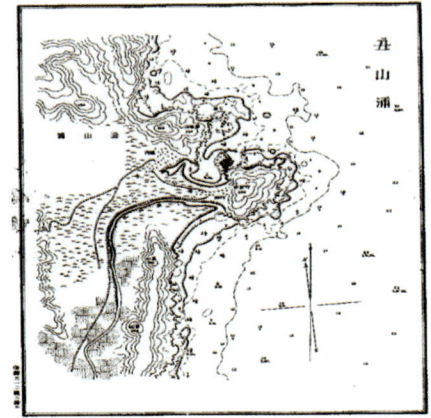

축산포는 경상북도 영해군의 대표적인 양항이며, 큰 선박을 댈 수 있다.
어업은 청어 자망, 대구 자망, 수조망, 고등어 유망, 지예망, 삼치 외줄낚시, 해조류 채취를 하며 어획물을 염장하여 대부분 포항 또는 부산에 수송한다.
일찍이 일본 잠수기업자와 삼치유망선의 근거지가 형성되어 있으며, 최근(1909년)에는 정어리 지예망업자의 창고가 있다.

<그림 9> 축산포(丑山浦): 海圖 312號

3) 영일만(迎日灣)[81]

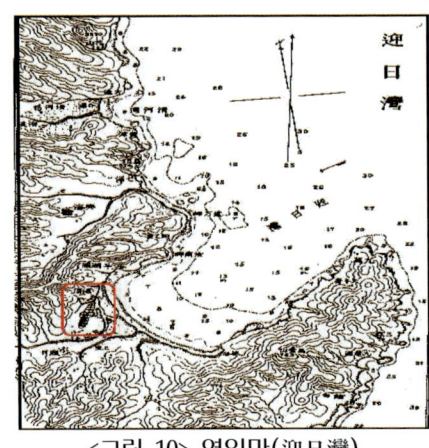

영일만은 경상북도 흥해군 달만갑(達萬岬)과 마주하고 있는 큰 만이다.[82]
이곳은 수심이 깊어서 거선을 수용할 수 있다.
동해안의 유명한 주요 항만이지만 풍랑을 피하기에는 적당하지 않다.
네모 박스로 표시한 곳이 포항이다.

<그림 10> 영일만(迎日灣)

① 포항

영일만의 북서쪽에 위치하며 유명한 요항(要港)이다. 이곳에는 거류 일

---

80) 丑山浦 : 해도 312호에 의거 458~459쪽 사이 삽입
81) 영일만 : 480쪽과 481쪽 사이 삽입
82) 현재 영일만은 경상북도 포항시 북구 흥해읍 달만곶과 남구 호미곶면 호미곶의 사이에 있는 만이다

본인이 많으며, 일본의 각 부현 수산조합에서 어민들을 이주시키기 위하여 선정해 둔 곳이 많다.

이곳에는 오카야마현에서 출어한 일본어부의 근거지가 있다. 청어, 복어, 장어, 상어 등을 잡는다. 그리고 염전이 있어서 매년 2만석 이상 생산하였다.

② 여남포

영일만에서 가장 좋은 피항지이다. 만입이 있으며, 수심 또한 깊어서 상선, 어선이 기항할 수 있다. 그리고 어획물 집산지로 어획물은 염장하여 흥해 포항 경주 등의 시장으로 운송한다. 이곳은 야마구치현 수산조합에서 토지를 구입한 곳이 있어 현재 어민 이주를 계획하고 있다.

4) 울산항부근(蔚山港 附近): 海圖 312호[83]

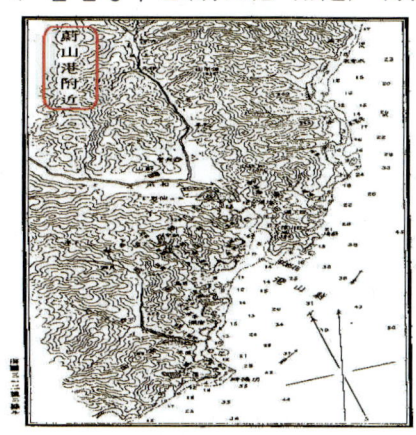

울산항은 울산만의 양항이다.
울산만에는 미포, 전하포, 일산진, 방어진, 염포, 장생포 세죽포 등의 항구가 있다. 방어진은 울산항의 대표적인 항구이며, 가가와현과 오카야마현 후쿠오카현에서 온 일본 어부 14호(47명)가 근거하고 있다. 후쿠오카의 경우는 수산조합에서 운영하는 이주단체이다.
그리고 울산항의 장생포(장승포, 구정동이라고도 부름)에는 고래해체장이 있다

<그림 11> 울산항부근(蔚山港 附近)
: 海圖 312號

이와 같이 『한국수산지』 제2집에 삽입된 4장의 해도를 살펴보았다. 이 해도 중 영일만을 제외하고 3장 해도에는 해도 312호에 근거했다는 기록이 있지만 해도 312호를 찾지 못하였다. 다만 '해도번호 312호'가 기록된 목록표[84]가 있어서 제시하고자 한다. 다음의 〈그림 12〉와 〈그림 13〉에는 '해도번

---

83) 『韓國水産誌』 第2輯, 494~495 사이 해도 삽입(海圖 312號=據ル)

호 312'라고 명시되어있다. 그런데 이 '해도번호 312'가 여러 곳에서 발견된다. 해도의 제목에서 알 수 있듯이 실측한 장소가 각기 다르다. 어떤 이유인지는 잘 모르겠지만 이 해도들은 하나같이 『한국수산지』 제2집에 기록된 해도 312호와는 관련이 없는 지역이다. 이점에서 당시 편찬조사자의 오기일 가능성 또는 연도별로 해군 해도의 일련번호가 있었을 가능성 또한 없지 않다.

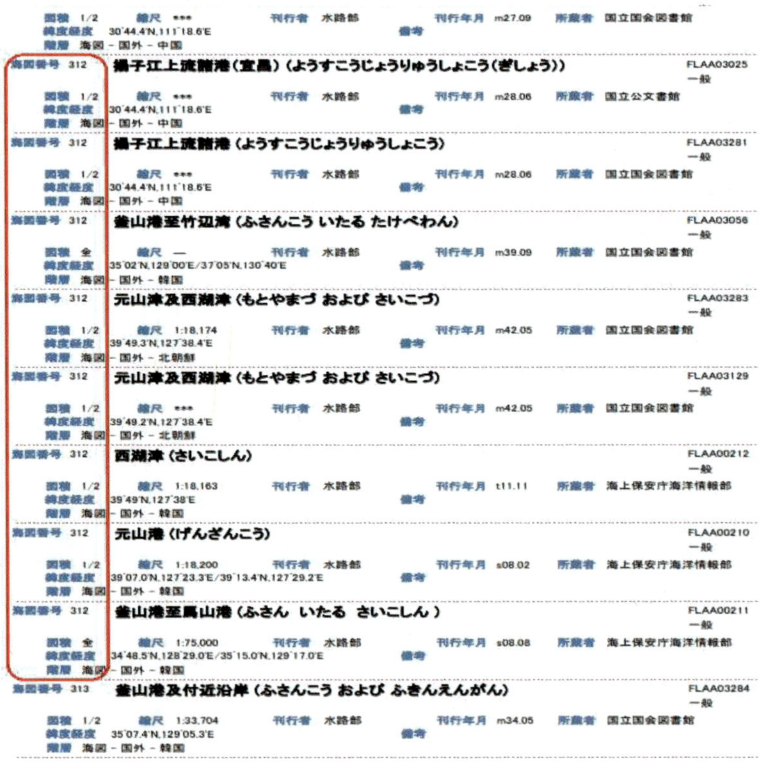

図積 1/2 縮尺 *** 刊行者 水路部 刊行年月 m27.09 所蔵者 国立国会図書館
緯度経度 30°44.4'N,111°18.6'E 備考
階層 海図 - 国外 - 中国

海図番号 312 揚子江上流諸港(宜昌)(ようすこうじょうりゅうしょこう(ぎしょう)) FLAA03025 一般
図積 1/2 縮尺 *** 刊行者 水路部 刊行年月 m28.06 所蔵者 国立公文書館
緯度経度 30°44.4'N,111°18.6'E 備考
階層 海図 - 国外 - 中国

海図番号 312 揚子江上流諸港(ようすこうじょうりゅうしょこう) FLAA03281 一般
図積 1/2 縮尺 *** 刊行者 水路部 刊行年月 m28.06 所蔵者 国立国会図書館
緯度経度 30°44.4'N,111°18.6'E 備考
階層 海図 - 国外 - 中国

海図番号 312 釜山港至竹辺湾(ふさんこう いたる たけべわん) FLAA03056 一般
図積 全 縮尺 — 刊行者 水路部 刊行年月 m39.09 所蔵者 国立国会図書館
緯度経度 35°02'N,129°00'E/37°05'N,130°40'E 備考
階層 海図 - 国外 - 韓国

海図番号 312 元山津及西湖津(もとやまづ および さいこづ) FLAA03283 一般
図積 1/2 縮尺 1:18,174 刊行者 水路部 刊行年月 m42.05 所蔵者 国立国会図書館
緯度経度 39°49.3'N,127°38.4'E 備考
階層 海図 - 国外 - 北朝鮮

海図番号 312 元山津及西湖津(もとやまづ および さいこづ) FLAA03129 一般
図積 1/2 縮尺 *** 刊行者 水路部 刊行年月 m42.05 所蔵者 国立国会図書館
緯度経度 39°49.2'N,127°38.4'E 備考
階層 海図 - 国外 - 北朝鮮

海図番号 312 西湖津(さいこしん) FLAA00212 一般
図積 1/2 縮尺 1:18,163 刊行者 水路部 刊行年月 t11.11 所蔵者 海上保安庁海洋情報部
緯度経度 39°49'N,127°38'E 備考
階層 海図 - 国外 - 韓国

海図番号 312 元山港(げんざんこう) FLAA00210 一般
図積 1/2 縮尺 1:18,200 刊行者 水路部 刊行年月 s08.02 所蔵者 海上保安庁海洋情報部
緯度経度 39°07.0'N,127°23.3'E/39°13.4'N,127°29.2'E 備考
階層 海図 - 国外 - 韓国

海図番号 312 釜山港至馬山港(ふさん いたる さいこしん) FLAA00211 一般
図積 全 縮尺 1:75,000 刊行者 水路部 刊行年月 s08.08 所蔵者 海上保安庁海洋情報部
緯度経度 34°48.5'N,128°29.0'E/35°15.0'N,129°17.0'E 備考
階層 海図 - 国外 - 韓国

海図番号 313 釜山港及付近沿岸(ふさんこう および ふきんえんがん) FLAA03284 一般
図積 1/2 縮尺 1:33,704 刊行者 水路部 刊行年月 m34.05 所蔵者 国立国会図書館
緯度経度 35°07.4'N,129°05.3'E 備考
階層 海図 - 国外 - 韓国

<그림 12> 해도번호 312

84) https://www1.kaiho.mlit.go.jp/KIKAKU/kokai/kaizuArchive/possess/pdf/kaizu_ippankaizu.pdf (검색일: 2020.09.29.), 일본 해상보안청 해양정보부에서 소장하고 있는 목록표(明治 初期~昭和 20년 말)인에, 본문의 〈그림 12〉는 旧版海図-一般海図에 〈그림13〉은 旧版海図-軍機海図의 목록표에 있다.

<그림 13> 해도번호 312

2. 근대 일본 해군의 해도

1) 조선전안(朝鮮全岸)

해도 312호를 대신하여 해도 301호[85]를 살펴보도록 하자.

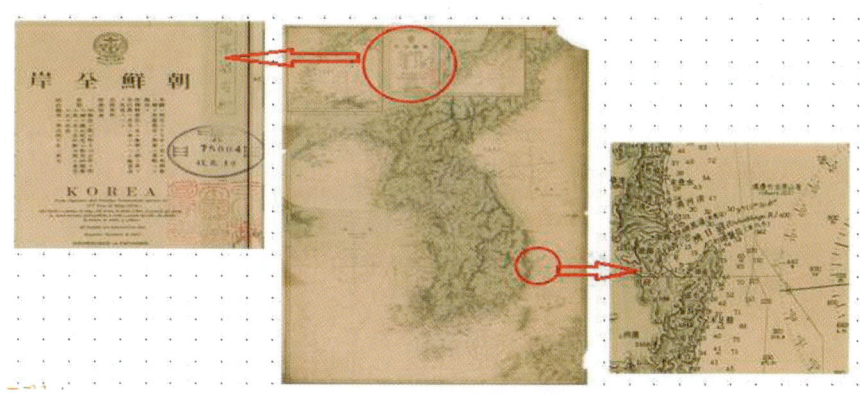

<그림 14> 朝鮮全岸(해도 301호)

해도 301호의 상단 중앙에는 '조선전안(朝鮮全岸)'이라는 해도 명칭과 바로 아래에 해도에 대한 설명이 있다. 그리고 타원형의 스탬프에는 위에

---
85) 일본 해군 수로부에서 명치 37년(1904)까지 측량하여 명치 39년(1906) 3월 발행하였다.

75004, 아래에 41.6.10이라는 숫자가 찍혀있다. 위의 숫자는 일련번호, 아래의 숫자는 발행일자로 생각된다. 41은 명치 41년(1908년) 즉 1908년에 간행하면서 날인한 것으로 보인다. 조선전안의 설명은 다음과 같다.

　　본 해도(301호)는 명치 37년(1904)에 이르러 우리(해군)의 측량에 의거하여, 영국 러시아의 최근의 측량을 참고해서 편성한다. 다만, 조선 동안은 아직 확측(確測) 중에 있으므로 명칭과 위치가 다소 차이가 있을 것이니, 항해자는 아무쪼록 주의해야 한다(중략)"[86]

　　해도 301호와 앞에서 살펴보았던『한국수산지』에 삽입된 4개의 해도 중에 영일만 해도〈그림 10〉와 비교해 보면 두 해도의 해안부에서는 큰 차이점이 없다. 해군의 해도에는 보편적으로 조석(潮汐)·수심·저질(底質)·항로 등을 나타낸 기호, 숫자, 다양한 선 등의 군사적 정보가 매우 명확하게 그려져 있지만 해도 301호의 경우는 일본 해군에서 실측 중에 있었던 점에서 동해안의 정보가 다소 미흡한 양상을 보인다. 그리고 두 해도의 내륙부를 비교하면〈그림 10〉의 경우가 오히려 더욱 상세하다. 산의 등고선이 매우 복잡하게 그려져 있으며 곳곳에 지명이 기록되어있다. 특히 포항의 경우는 주거지역을 마치 옥수수 형태로 반듯하게 그려 구획 정리가 잘 된 도시라는 것을 암묵적으로 보여주고 있다. 당시 포항에는 일본인들이 많이 거주하였으며, 또한 포항 주변의 연안지역에 일본 어부의 근거지가 형성되어 있었다.

2) 군산항부근도(群山港及附近)

　　『한국수산지』에 첨부된 해도〈군산항부근(群山港附近)〉과 일본 해군의 해도〈군산항 및 부근(群山港及附近)〉을 비교해 보도록 하자.

---

86) 일본 해군 수로부에서 명치 37년(1904)까지 측량하여 명치 39년(1906) 3월 발행한 해도 301호 조선전도에 대한 설명이다.

<그림 15> 群山港附近(『한국수산지』 3집)

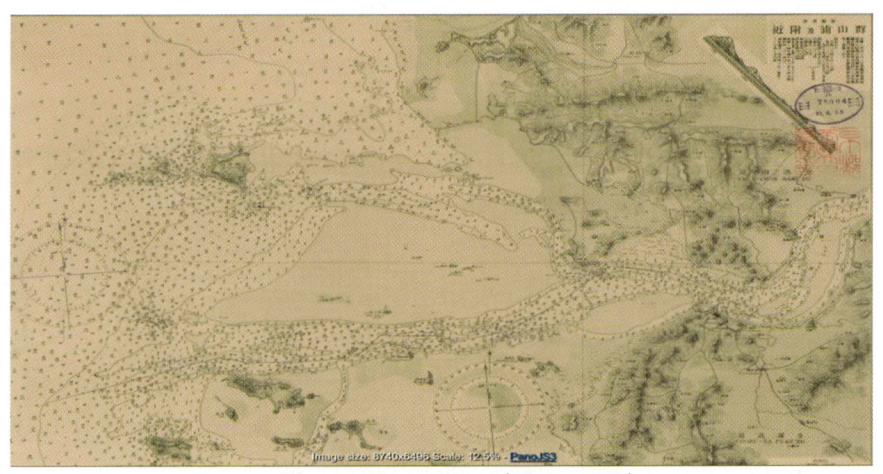

<그림 16> 群山港及附近(해도 333호)

〈그림 15〉는 『한국수산지』 제3집에 삽입된 해도이며, 이 해도에는 '해도 333호에 근거(海圖 333號=據ル)'라는 표기가 있다.87) 〈그림 16〉은 일본 해군의 해도 333호88)이다. 두 해도의 제목에서도 『한국수산지』의 해도는 해군의 해도 333호를 차용한 것을 알 수 있다. 두 해도를 비교해 보면 윤곽선에

---

87) 農商工部水產國(1910), 『韓國水產誌』 第3輯, 506~507쪽 사이 삽입
88) http://chiri.es.tohoku.ac.jp/~gaihozu/ghz-list.php?lang=ja-JP&search=&pl2=201&p=6 (검색일:2019.02.10.)

서는 별 차이가 없지만 한눈에 극명한 차이점을 보여준다. 우선, 일본 해군의 해도 333호는 상단 우측에 해도의 제목, 해도의 설명 그리고 타원형의 스탬프가 찍혀있다. 이 형식은 앞에서 살펴본 해도 301호와 같다. 둘째는 해도 333호는 연안부에 영어의 알파벳과 숫자들이 빽빽하게 기록되어 있으며 나침반이 2곳에 배치되어 있다. 그러나 『한국수산지』에 삽입된 해도에는 해도 333호에 보이는 빽빽한 알파벳과 숫자가 대부분 삭제되어 연안부에 빈 공백이 확연하게 드러나 있으며, 나침반도 배치하지 않았다. 셋째는 내륙부의 경우에서는 『한국수산지』에 삽입된 해도가 해도 333호에 비하여 등고선, 도로, 주거지역에 대한 정보가 오히려 더 상세하게 그려져 있다. 주거지역의 경우는 일반 주거지역은 검은 바둑알 모양으로 표시되어 있지만 군산 조계지역은 네모반듯하게 구획된 도시 모습으로 그려 차별화하였다. 이와 같이 『한국수산지』에 삽입된 해도는 일본 해군 해도의 군사적 정보에 해당하는 것을 대부분 삭제하였다. 그러나 이미 상세하게 조사 측량한 해군의 해도 내용을 굳이 생략하고, 해안선, 갯벌, 항로 등을 제외하고는 거의 공백 상태로 만들어 버린 이유는 새로운 의문점으로 남는다. 이 점은 앞으로 밝혀야 할 부분이다.

Ⅵ. 결론

근대는 바다에서 시작되었다. 농업 중심에서 해양 중심으로 경제가 이동한 시기이다. 근대 유럽은 대항해시대를 맞이하면서 미지의 바다에 대한 항해 탐험이 시작되었다. 그리고 실제 측량이 이루어지면서 항해에 필요한 실용적인 근대 해도가 제작되었다. 동양에서 근대 해도 제작을 시도한 국가는 일본이다. 1871년 일본 해군 수로부에 외방도(외국지도)라는 해도 제작 부서를 설치하였다. 그러나 측량 도구 미비와 기술력 부족으로 일본은 독자적인 실측 및 해도를 제작할 수 없는 형편이었기 때문에 일본 해군의 초기 해도는 유럽 각국에서 손쉽게 입수한 해도를 바탕으로 일본 해군이 재측량을 실시하여 수정 보완하는 단계, 즉 유럽의 해도를 복제하는 수준이었다. 이렇

제 3장 『한국수산지』의 해도와 일본 해군 수로부의 해도   123

게 제작 간행한 해도에는 원도(原圖)의 제작 국가명, 제작 일자 등이 밝혀져 있다.『한국수산지』에 삽입된 일본 해군의 해도 또한 대부분 유럽의 해도를 바탕으로 일본 해군이 다시 실측하여 수정 보완한 것이다.

이글에서는『한국수산지』제2집의 기록을 통하여 경상도 동해 연안 지역을 중심으로 살펴보았다. 동해 연안지역에는 해도가 삽입된 곳은 4곳(죽변만, 축산포, 영일만, 울산항부근)이며 해도가 삽입된 연안 주변으로 일본 어부들의 근거지 즉 이주어촌이 형성되어 있다. 특히 손꼽을 수 있는 곳은 영일만 일대이며 포항의 경우는 일본인이 많이 정주하였던 대도시였다. 현재 '포항구룡포 근대문화역사거리'에는 적산가옥, 일본인 신사 터 등 당시 일본인들의 생활 모습이 남아있어서 내국인은 물론이고 외국인 특히 일본 여행객들의 끊임없는 발길이 이어지고 있다. 포항은 일제강점기에 오카야마를 비롯한 각 부현의 수산단체에서 지원을 받고 이주해 온 일본인이 많았던 지역 중 한곳이다. 『한국수산지』제2집의 기록에서는 "(1909년 현재) 포항에는 일본인 거주자가 95호(357명)이며, 어업종사는 겨우 5호이고 나머지는 모두 상업에 종사한다. 어업자는 오카야마현(岡山縣)의 이주민이며, 부근에는 일본 각 현의 수산조합에서 일본인의 이주지역 목적으로 선정해 놓은 토지가 많다"[89]고 밝혀져 있다. 당시 포항은 일본 정부가 주목했던 도시라는 것을 짐작하게 한다. 더욱이 이러한 구체적인 내용을『한국수산지』에 기록한 것은 당시 이 책의 독자층이 한국 연해로 출어하는 일본인 어부와 수산업자들이었던 점에서 일본을 떠나 낯선 이국 땅 한국에 이주를 희망하는 사람들에게 영일만 일대에는 이미 정착한 일본인들이 잘 조성된 근거지에서 안전한 생활을 영위하고 있다는 사실을 보여줌으로써 보다 많은 이주희망자를 기대한 편찬조사자의 의도를 엿볼 수 있다.

그리고『한국수산지』에 삽입된 해도를 일본 해군의 해도와 비교해 보았다. 해군의 해도는 기밀이 요구되는 군사용인 반면에『한국수산지』에 첨부된 해도는 일본 어민에게 필요한 정박지 등대 항만 암초 수심 저질 등 선박의 안전한 항로와 어획 정보와 한국 내 거류하는 일본인에게 생활의 편리함

---

89)『韓國水産誌』第2輯, 477쪽(『韓國水産誌』第2輯의 발행일자가 1910년 5월인 점에서 포항의 인구조사는 1908년에서 1909년에 이루어진 것으로 추정된다)

을 제공하였다. 덧붙이면 『한국수산지』 권두에 삽입된 조선해수산조합, 일본어부들의 어획 장면, 일본 어부들의 어시장 등의 사진 또한 일본 어업자들에게 필수적인 정보 역할을 하였다.

이렇게 일본 정부가 자국의 어부들을 한국연해출어를 본격화한 것은 앞에서 살펴보았듯이 일본의 전 연안에 남획으로 인한 실업어부 증가, 그리고 러시아 남하정책에 따른 첨예한 국제정세 등 이러한 복합적인 문제의 해결방안이었다. 그러나 한국연해출어시책의 이면에서 한국연해로 출어한 일본어부들이 자연적으로 한국의 지리를 숙지하게 되므로 해도를 작성할 때 또는 바닷길 안내자로 이용할 수 있으며, 유사시에는 해병으로 동원시킬 계획 등은 간과할 수 없다.

『한국수산지』는 일본 정부가 한국의 연안을 식민지하는 과정에서 성립된 것으로 당시의 역사 정치 경제 사회 문화 등 다방면에서 매우 많은 시사점을 담고 있는 문헌이다. 그리고 한편에서는 한국 최초로 근대적인 동식물 분류법에 따라 수산물을 분류한 점, 해상의 기온·수온 등의 기상 및 조류(潮流) 등에 대한 근대적이고 과학적인 통계자료를 제공하고 있는 점, 더욱이 근대적 정보를 전하는 사진과 해도를 삽입한 점 등에서 한국 최초의 근대수산지로 매우 중요한 역사적 가치가 있는 자료라는 점은 부인할 수 없는 사실이다.

앞으로 이 글이 근대 경상도 동해 연안지역 연구에 조금이나마 도움이 되길 바라며 더 나아가 한일학계 연구자들이 근대 한일수산사를 연구하는 데 보다 넓은 통찰력을 갖고 조망해 나갈 수 있기를 기대해 본다.

참고문헌

〈자료〉
水路部(1894), 『朝鮮水路誌』
農商工部水産局(1908), 「韓水國水産誌, 韓國沿海水産物分布圖」
農商工部水産局(1908), 『韓國水産誌』 第1輯
農商工部水産局(1910), 『韓國水産誌』 第2輯
農商工部水産局(1910), 『韓國水産誌』 第3輯

〈단행본〉
關澤明淸・竹中邦香 공저(1893), 『朝鮮通漁事情』, 團團社書店
박구병(1966), 『韓國水産業史』, 太和出版社
小林 茂(2011), 『外邦図 帝国日本のアジア地図』, 中央公論新社
여박동(2002), 『일제의 조선어업지배와 이주어촌 형성』, 도서출판 보고사
김용구(2008), 『만국공법』, 도서출판 소화,
농상공부 수산국, 이근우 외 2명 역(2010), 『한국수산지』 1-1, 새미
미야자키 마사카즈 저, 이근우 역(2017), 『해도의 세계사』, 어문학사
요시다 케이이치 저, 박호원・김수희 역(2019), 『조선수산개발사』, 민속원

〈연구논문〉
남영우(1999), 「日帝 參謀本部 間諜隊에 의한 兵要朝鮮地誌 및 韓國近代地圖의 작성과정」, 『문화역사지리』 4, 한국문화역사지리학회.
장수호(2004), 「조선왕조말기 일본인에 허용한 입어와 어업합병」, 『수산연구』 21, 한국수산경영기술연구원.
정인철(2006), 「카시니 지도의 지도학적 특성과 의의」, 『대한지리학회지』 41-4, 대한지리학회.
한철호(2015), 「일본 수로국 아마기함〔天城艦〕의 울릉도 최초 측량과 독도인식」, 『동북아 역사논총』 50호.
김문기(2017), 「海權과 漁權:韓淸通漁協定 논의와 어업분쟁」, 『大丘史學』 126, 대구사학회.
舩杉力修(2017), 「分縣地圖の草分け『大日本管轄分地図』について(1)」, 『淞雲』 19, 島根大学附属図書館報.
이근우(2011), 「『韓國水産誌』의 編纂과 그 目的에 대하여」, 『동북아문화연구』 27집, 동북아시아문화학회.

이근우(2012), 「明治時代 일본의 朝鮮 바다 조사」, 『수산경영론집』, 43-3, 한국수산경영학회.
이근우(2019), 「근대일본의 조선 바다에 대한 서지학」, 『바다』 24-3, 한국해양학회.
서경순·이근우(2019), 「『한국수산지』의 내용과 특징」, 『인문사회과학연구』 20-1, 부경대학교 인문사회과학연구소.
矢吹哲一郎(2020), 「日本による近代海図刊行の歷史(明治5~18年)」, 『海洋情報部研究報告』, 第 58 号.
한임선(2009), 『개항이후 일본의 조선해 通漁논리와 어업침탈』, 『경대학교대학원 석사학위논문.
서경순(2021), 『메이지시대의 수산진흥정책과 일본수산지(日本水産誌)의 편찬에 대한 연구』, 부경대학교대학원 박사학위논문.

조세현(국제신문 2018년 12월 4일자 21면) 「해양문화의 명장면〈42〉 만국공법과 근대 동북아 해양분쟁」 국제신문사.
每日申報 1912년 3월 20일자 2면 3단

〈관련 사이트〉

http://chiri.es.tohoku.ac.jp/~gaihozu/ghz-list.php?lang=ja-JP&search=&pl2=201&p=6 (검색일:2019.02.10.)

http://chiri.es.tohoku.ac.jp/~gaihozu/ghz-dtl.php?fm=l&ghzno=KY011156(검색일:2019.02.10.)

https://www1.kaiho.mlit.go.jp/KIKAKU/kokai/kaizuArchive/possess/pdf/kaizu_ippan kaizu.pdf(검색일: 2020.09.29.)

https://dl.ndl.go.jp/info:ndljp/pid/802152(검색일:2020.09.20.)

http://nrifs.fra.affrc.go.jp/book/D_archives/2012DA103/jpegver.html(검색일:2020.09.20.)

http://encykorea.aks.ac.kr/Contents/SearchNavi?keyword=%EC%A1%B0%EC%84%A0%ED%95%B4%EC%88%98%EC%82%B0%EC%A1%B0%ED%95%A9&ridx=0&tot=11211(검색일:2022.09.24)

제 4장

일본의 영토정책이 가지는 지정학적 함의

서인원

I. 서문

　영토정책의 정치적 함의에서 국가의 지리학적 특성과 밀접한 관계를 가지고 있고, 특히 국가간의 국경문제와도 밀접한 관계를 가지고 있다. 일본은 해양을 둘러싸여 있기 때문에 국경 문제에 너무 의식하게 되고 최근에 어업과 에너지 자원을 둘러싼 영토문제가 집중되고 있어 중국, 한국, 대만 그리고 러시아와의 국경문제에 집중하고 있다. 이러한 지정학적 특성은 정책의사결정과 연관이 있으며, 정치에 있어서 지리적인 면이 크게 반영되기도 한다.
　영토문제에 관한 주요 국제관계이론을 분쟁 대상인 영토가 어떤 특질을 가지고 있는가, 지리적 접근성, 영토문제를 가지고 있는 국가가 처해진 국제정치 상황, 영토문제를 가지고 있는 국가의 정치체제와 국내정치 상황이 말하는 요인을 분류하고, 각각의 요인이 영토분쟁의 행방에 어떤 영향을 미치는가를 분석하여 그 시사점을 도출한다.
　일본 정치의 우경화에 의해 일본 영토정책이 변화되었고, 그 변화가 동북아 국제관계에 갈등을 심화시키고 있는 일본 영토정책을 분석한다. 먼저 일본 정치가 우경화된 배경과 원인을 분석하고, 그 우경화에 의해 일본 영토정책의 변화에 대해 분석한다. 그리고 쿠릴열도, 독도, 센카쿠제도에 대한 사례연구를 하면서 일본 영토정책 변화가 동북아국가의 영토정책에 미친 영향에 대해 분석한다.

　남쿠릴열도 문제의 발단은 미국의 전후 질서 구축에 따른 동북아지역의 영토획정이라는 구도가 있었고 러일간 양국관계에 대한 미국의 의도가 반영된 것이었다. 그리고 일본이 러시아와의 관계개선을 통한 영토협상의 돌파구를 모색할 때마다 미국이 일본에 대한 견제와 관계강화로 러시아에 대한 경계를 유지해왔다. 따라서 미일동맹의 정책과 러일간 영토협상은 대미관계와의 상호 유기적인 관계를 규명할 필요가 있고 군사적, 지정학적 가치에 대해 분석할 필요가 있다.

　센카쿠제도 관련 중국의 해양정책에서 중국의 개혁 개방의 전환과 법제정비, 해양에서의 영향확대와 권익주장의 강화, 해양발전전략과 해양강국의 제시 등에 대해 분석하고, 중국 해경국과 일본 해상보안청의 해양권익유지와 해상법 집행에 대한 비교를 한다. 중일 해양정책 비교와 센카쿠제도를 둘러싼 해양권익 보호 전략에 대한 분석으로 일본 센카쿠제도 국유화 이후의 중일양국의 해양정책의 변화와 동아시아지역의 안보 현황에 대한 분석을 한다.

　독도에 대한 연구는 지리학적, 국제법적, 역사학적 연구가 잘 되어 있지만 다른 시각에서 지정학적 연구를 통해 주변국간의 평화적 상생 관계, 에너지안보, 해양 자원 등에 대한 이슈와 정책에 대응하면서 변화되는 국제질서에 맞는 독도 영유권 공고화를 위한 정책 제언과 그 현상을 분석하고자 한다.

　동북아국가는 권위주의 국가, 제국주의 권위가 집중되어 있고 현재 신냉전시대가 지속하고 있어 지정학적 특수 관계가 있기 때문에 일본 영토정책과 주변국간의 관계에 대한 분석이 필요하다. 또한 동아시아의 지정학적 관계와 영토정책을 분석하여 한국의 독도 영유권 강화를 위한 정책 제언과 국제사회의 연대를 강구해 나갈 수 있는 연구로 그 차별성을 두겠다.

Ⅱ. 영토정책의 지정학적 이해

크리스토프(Kristof)에 의하면 지정학은 "공간 관계 속에서의 정치현상에 대한 연구"이며[1] 코헨(Cohen)에 의하면 "국제정치적 힘과 지리적 상황간의 관계에 대한 연구"이다. 그리고 오설리반(P. O'Sullivan)에 의하면 지정학은 "국제 정치 주체들 간의 관계에 있어서 지리를 연구하는 학문"이다.[2] 결국 크리스토프는 정치 현상에 주목하고 있으며 코헨과 오설리반은 국제정치와 국제관계에 관심을 두면서 정의내리고 있다.

파링던(Faringdon)은 지정학을 "국가의 정치적 특징 국가의 역사 및 제도 그리고 특히 다른 국가와의 관계에서 지리적 영향력을 연구하는 것"으로 규정하고 있으며[3] 파커(Parker)는 "국가간 관계 및 정치 형태의 상관관계를 공간적으로 연구하는 학문"으로 정의하고 있다.[4] 미국의 지리학자인 피필드(Fifield)에 의하면 지정학이란 "외교정책의 관점에서 국가를 지리적으로 연구하는 것"이다.[5]

프레스콧(Prescott)[6]에 의하면 경계선/국경선(boundary)이라는 용어는 정치적 실체 사이를 선에 의해 분할하기 위해 사용된다. 경계/국경(border)은 경계선과 인접하는 지역, 즉 경계선의 존재에 의해 사회와 경관이 변경되는 지역을 말한다. 인접하는 국가에 대해서 고찰할 때에는 국경선의 모든 2가지 국경이 하나의 경계지대/국경지대(borderland)로 보고 있다. 이것은 두개의 국가사이의 월경 상호작용을 생각할 때 특히 유효하다.

국경선은 안보와의 관계는 침략을 막는 능력 이상으로 복잡한 것이다.

---

[1] Ladis. K. D. Kristof, 1960, "T*he Origin and Evolution of Geopolitics*," Journal of Conflict Resolution, No.4, pp.632-645.
[2] P. O'Sullivan, 1986, *Geopolitics*, London: Croom Helm, p.2.
[3] Hugh Fringdon, 1989, *Strategic Geography: Nato, the Warsaw Pact, and the Superpowers*, London: Routledge, p.14.
[4] Geoffrey Parker, 1994 "*Political geography and geopolitics," in A. J. R. Groom and Margot Light, eds*, Contemporary International Relations: A Guide to Theory, London: Pinter Publishers Ltd., p.170.
[5] Russell H. Fifield and G. Etzel Pearcy, 1994, *Geopolitics in Principle and Practice*, Boston: Ginn and Company, p.4.
[6] J.R.V. Prescott, 1987, *Political Frontiers and Boundaries*, London: Unwin Hyman.

국가정체성은 영토에 대한 주권을 가진 국가의 존재, 혹은 그 국가의 존재에 의거한 영역적 정체성이다. 결국 국경선은 국민과 국가를 획정하고 그 결과는 국민국가를 정의한다. 동시에 국경선은 국가정책의 도구, 정부권력의 표현과 수단, 그리고 국가정체성의 상징이다.[7] 안보 문제를 초래하는 국경선의 역할은 국가정체성의 성질과 정부 서비스에 대한 시민의 기대로 확대되어 간다.

정체성은 경계선의 정의와 기능에 관한 논의 중에서 경계선이 내셔널리즘의 지정학에 있어 중요한 역할을 조정하고 있다고 보았다. 국민은 국경선의 설정을 요구하고, 원하고 있고 국경선은 국가의 정당성과 권력을 제공하는 것이다.

지정학이란 외교와 전략 관계, 자원에 대한 지리와 경제 관계 그리고 생활 방식과 환경으로 인한 외교 태도에 대한 해석을 지리적 각도에서 분석해 놓은 것이며 이런 지정학적 중심이 되는 공간을 국제관계에서 환경, 무대, 이해관계 등으로 인식될 수 있다고 하였다.[8] 이들은 국제정치학 연구에서의 환경적 요인은 정책결정과정 참여하는 사람들의 인식을 통해 국가 외교정책의 태도와 결정에 영향을 미치고, 또한 환경적 요인이 정책결정의 조직적 결과에 중요하게 상관된다고 주장한다.[9]

정치는 지리와 역사의 기반 위에 존재하고 역사는 지리에 의해 결정될 수 있다. 지정학이란 국가가 지니는 세계관으로서 지정학적 공간과 위치가 지니는 가치를 정확하게 평가하여 국가의 외교정책 방향을 설정하고 정치현상을 분석하는데 매우 중요한 도구이다. 국가는 일정한 공간을 기반으로 형성되며 이러한 공간의 특성이나 인식이 정치행위를 위한 기본적 틀로서 영향을 미치는 것이다. 즉, 지정학은 팽창주의, 세력균형, 권력정치와 관련된 현실주의적 외교정책의 지침을 마련하는데 근간이 되는 것이다.[10]

---

7) Malcolm Anderson, 1996, *Frontiers: Territory and State Formation in the Modern World*, Oxford: Polity
8) Raymond Aron, 1967, trans by Richard Howard and Annette Baker Fox, *Peace and War: A theory of International Relations*, New York: Frederick A. Praeger, Inc, Publisher, p.182.
9) Harold and Margaret Sprout, 1964, *Environmental Factors in the Study of International Politics*, (London: Prentice-Hall International, Inc., p.64.
10) Ladis K. D. Kristof, 1960, *The Originsand Evolution of Geopolitics*, The Journal of

지정학의 유용성은 다음과 같다. 첫째, 지정학은 국가이익과 국력을 추구하는 현실주의적 관점11)을 중심으로 한 국가안보12)와 깊게 연관되어 있다. 현실주의자들은 권력(power)의 관점에서 국가이익을 국제 정의의 본질로 파악하고, 국가전략은 이러한 국가이익을 중심으로 한 국가목표를 달성하기 위해 형성된다고 본다.13) 국가를 끊임없이 팽창하고 성장하려 하는 유기체로 본다면 각 국가 간에 국가전략이 중첩되는 공간이 생기게 되고 지정학적 요소는 국가전략의 수립과 국가목표에 있어 중요한 요소로 작용하게 된다. 지정학은 국가가 가지는 안보문제에 대한 기본적 인식을 설명해 줄 수 있으며, 정치적 행위의 수단이 될 수도 있다. 지정학은 다양한 공간적 규모에서 연구되어지며, 그 결과물은 국가전략에 선택적으로 활용된다. 지정학은 국제정치의 중요한 도구로 대외정책을 결정하는데 있어서 가장 효과적인 전략을 수립할 수 있는 분석적 방법 내지는 공식적 체계가 될 수 있다.14)

둘째, 지정학은 국제관계의 구조의 형성과 변화에서 설명할 수 있다. 국제정치 구조는 그 구조가 유지되는 한, 과정과 행위에 있어 유사성을 만들어 내는데15) 그 구조의 형성 원인과 과정을 지정학이 설명할 수 있는 것이다. 국제관계는 월츠(Kenneth N. Waltz)가 주장한 바와 같이 구조적 현실주의 이론을 바탕으로 한 세력 균형적 관점에서 바라볼 수 있다.16) 그러나 지정학은 세력균형을 이루는 구조의 결과가 중심이 아닌 그러한 구조를 형성하게 만든 근원과 구조의 변화요인에 대한 구체적인 설명을 제공해 줄 수

Conflict Resolution, Vol.4, No.1, pp.19-20.
11) Peter J. Taylor, 1989, *Political Geography: World-economy Nation-state and Locality*, New York: John Wiley & Sons. Inc.
12) Hans J. Morgenthau, 1993, *Politics among Nations: The Struggle For Power And Peace*, Brief edition. New York: McGraw-Hill Co.199, p.4.
13) Alexander B. Murphy, 2004, *Is there a politics to geopolitics*, Progress in Human Geography 28,5, p.621.
14) Nicholas Spykman, 1944, *The Geography of peace*, New york: Harcourt, Brace, p.7.
15) Kenneth N. Waltz, 1979, *Theory of International Politics*, New York: McGraw Hill, p.87, p.125.
16) Hans J. Morgenthau, 1993, *Politics among Nations: The Struggle For Power And Peace*, Brief edition. New York: McGraw-Hill Co.,199, pp.192-193.

있다.17) 세력균형의 구조를 형성하는 근원(origin)과 변화요인을 지정학적 대립에 의해 설명한다면 국제관계의 구조는 해양세력과 대륙세력의 충돌로서 시작이 되며, 이들 주체들이 중요시 하는 지역이나 공간을 차지하거나 상대방이 점령하는 것을 막기 위하여 행동하는 것으로 변화는 설명될 수 있는 것이다. 따라서 국가전략에 기초가 되는 지정학적 요소들은 기존에 존재하고 있는 힘의 관계를 변화시키기도 하고 강화시키기도 한다. 즉 지정학을 통해 국제관계의 행위주체인 국가 간의 동맹, 간섭, 세력권 형성, 전쟁 등 국제관계 현상들을 분석할 수 있다는 의미이다.

셋째, 지정학은 국가 대외정책의 핵심 요소인 영토에 관한 지리적 현실성을 바탕으로 하고 있다. 국가정책의 근간이 되는 국가이익은 국가가 처한 당면 현실에 따라 변하기도 한다. 국내외 정세변화에 따라 국가이익의 구체적인 내용이 달라질 수도 있고, 국익변화에 따라 국가목표 또한 변할 수 있다.

그러나 국가의 정책을 추진하는 데에 국가의 형태는 국가의 공간 즉, 영토적 요소로18) 항상 고려되며, 변화하지 않는 요소이다. 미국의 지정학자 스파이크맨(Spykman)은 대외정책을 추진함에 있어 국가의 영토적 토대인 영토의 크기, 천연자원, 위치, 지형, 및 기후 등은 한 국가의 국내외 정책 결정에서 가장 기본적인 요소가 되고 있음을 강조하고 있다.19) 사실 모든 국가의 국내외 정책은 국가 공간이 펼쳐진 지리적 위치와 상황으로부터 자유로울 수 없다. 따라서 지정학은 국가의 대외정책에 있어 가장 기본적인 요소가 된다고 할 수 있다. 한 국가의 공간은 위치, 규모, 지형, 기후, 자원 등 지리적 요소를 포함하고 있을 뿐만 아니라 위치가 지니고 있는 다양한 전략적 가치와 이익을 포함하고 있다. 다원화된 국제정치 주체들의 주된 관심은 그들의 안보 및 국가 이익에 있기 때문이며 이러한 이익은 무엇보다도 문화, 역사 공동체인 국가 영토의 보존에서부터 시작된다고 볼 수 있다. 지정

---

17) Daniel Deudney, 1997, *Geopolitics and Change New Thinking in International Relations Theory*, Colorado: West view Press, p.92.
18) Barry Buzan, 1991, *States and Fear: An Agenda for International Security Studies in the Post-Cold War Era*, 2nd., N.Y: Harvester Wheatsheaf, pp.65-96.
19) Nicholas Spykman, 1942, *America's Strategy in World Politics*, New York : Harcourt Brace, p.41.

학의 근원인 영토의 보존과 확보가 기본이 되지 않는다면 정치, 경제적 요소들을 포함한 국가들 간의 관계변화를 분석할 수 없을 것이다.

　스파이크맨의 주변지역 이론의 관점에서 보면 주변지역 우위론에 따라 긍정적으로 인식될 수 있을 것이다. 해양세력과 대륙세력이 충돌되는 동북아지역은 림랜드에 포함된다. 소련체제의 붕괴와 동시에 맥킨더(Halford John Mackinder)가 강조했던 '하트랜드(Heartland)'에 대한 중요성은 상실되었지만 스파이크맨이 강조했던 '림랜드(Rimland)'의 중요성은 새롭게 부각되고 있다. 동북아지역에서 미국, 러시아, 중국, 일본이 지역 헤게모니 장악에 동참하고 있는 것이다.

　안보적인 측면에서의 지정학적 특성으로 한반도는 지리적으로 중국, 러시아, 일본에 둘러싸여 있으며 여기에 범세계적인 세력으로서 아시아에서의 전략적 균형자로서의 미국이 개입되어 있는 지정학적 위치에 자리 잡고 있다. 따라서 이들 4대강 대국의 전략적 역학관계는 한반도에서의 평화체제 및 신뢰구축 한반도 통일 한반도 안보 등에 지대한 영향을 미칠 수밖에 없다. 또한 한반도 주변의 4대 강대국들은 중국과 러시아가 사회주의체제 및 이념을 경험하였고 미국과 일본은 자유주의, 민주주의 체제와 시장경제체제 및 이념을 경험한 것에서 알 수 있듯이 상호간에 상이한 체제와 시장경제체제와 이념, 그에 따른 실질적인 정치지배 구조경험의 차이에서 비롯되는 상대방에 대한이해의 부족으로 대립과 갈등이 표출될 수밖에 없는 구조적 문제점이 내재되어 있다고 할 수 있다. 이와 더불어 한반도 주변 강대국들 사이에는 과거 역사적인 측면에서의 원한(animosity)과 영유권을 둘러싼 영토분쟁 가능성이 내제되어 있는 등 자국의 국가이익과 관련한 문제가 대두될 시에는 언제든지 대립하거나 갈등 또는 충돌할 가능성도 상존해 있는 것이 현실적인 측면에서의 문제점이라고 할 수 있다.

　영토 관련 에너지 문제는 국가의 산업발전과 경제성장을 지속하기 위하여 중요한 전략적 가치이다. 안정적인 에너지 자원 확보는 국제적인 경쟁을 심화시키고 국가간 심각한 분쟁을 초래하기도 한다. 이제 에너지 자원의 확보를 둘러싼 경쟁은 21세기 국제정치의 기본적 특징으로 인식되고 있다.[20]

---

20) 마이클 T. 클레어, 2008, 『21세기 국제자원쟁탈전』, 한국해양전략연구소

Ⅲ. 일본 영토정책의 지정학적 전략

2013년 2월 아베총리는 국회 시정방침 연설에서 전략적 외교, 보편적 가치를 중시하는 외교, 국익을 지키고 주장하는 외교를 기본으로 상처받은 일본 외교를 다시 세우고 세계에서 확고한 위치를 명확히 하겠다며 외교방침을 표명했다.21) 아베정권은 미일동맹을 바탕으로 센카쿠제도와 남중국해의 영유권을 놓고 강경해지는 중국에 대해 미국을 비롯한 민주주의 가치관을 공유하는 관계국과 연계해서 대응하면서 중국 견제 외교를 펼치고 있다.

2013년 4월 제1회 '영토·주권을 둘러싼 내외발신에 관한 유식자 간담회'에서 아베총리는 일본의 영토와 주권에 대한 도전이 계속되는 현재, 일본 영토를 단호하게 지켜나갈 것을 결의했다. 일본의 영토·주권을 둘러싼 정세에 관해서 관계국의 주장과 국제적인 인식을 바탕으로 보다 효과적인 내외발신을 추진해나가는 동시에 학술적인 조사와 연구의 과제 그리고 대외발신·국내계발을 위한 대책을 검토하고 정책보고서를 작성하는 것이 주된 목적이다.22) 대체로 일본이 안고 있는 도서문제 중, 쿠릴열도 문제를 제외하고 센카쿠제도와 독도문제에 대한 의론을 집중하기로 했다. 이렇게 아베총리가 센카쿠제도 문제에 대한 강경한 입장을 취하는 것은 중국이 센카쿠제도에 대한 분쟁지역으로 만드는 것을 사전에 차단하고 실효적 지배를 강화하여 중국의 군사적 시위와 도발에 대해 강력하게 대응하겠다는 입장이다. 반면 아베정부는 한국 영토인 독도에 대해서 국제분쟁 지역화하려는 시도를 하고 있다. 그리고 러시아와의 쿠릴열도 문제에 대해서는 경제협력과 함께 유화적 입장을 보이고 있다. 냉전 후 러시아가 이미 일본과의 사이에서 해결해야 할 영토문제가 있음을 인정했기 때문이고, 중국과의 협력관계에 있는 러시아를 자극할 필요가 없다는 판단에서 나온 결과이다.

2013년 4월 26일 일본은 2013~2017년도의 해양 정책의 지침이 되는 '해양기본계획'을 각의 결정했다. 지금까지 광업법 등 개별법에 대응해 온 배타

---

21) 川村範行, 2014.2,「尖閣諸島領有権問題と日中関係の構造的変化に関する考察」『名古屋外国語大学外国語学部紀要第46号』, p.42.
22) 領土·主権をめぐる内外発信に関す有識者懇談会報告書 ―戦略的発信の強化に向けて
(http://www.cas.go.jp/jp/houdou/pdf/130702houkokusyo.pdf, 검색일: 2022년 6월 1일)

적경제수역(EEZ) 관리에 대한 새로운 포괄적 법을 정비한다고 명기했다.[23] 그리고 센카쿠제도 주변 해역에서 잇따른 중국 공선의 영해 침입에 대한 광역적인 상시 감시 태세와 자위대와 해상보안청의 연계를 강화할 방침도 세웠다.

동해 해역을 중심으로 확인된 표층형의 차세대 에너지 자원인 메탄 하이드레이트와 해저 희토류에 대해서 향후 3년간 집중적으로 매장량을 조사하고 2030년도를 목표로 메탄 하이드레이트의 상업화 실현을 위한 기술 정비를 한다는 것도 포함시켰다. 또한 해양자원 개발을 추진하기 위해 일본 최동단의 미나미도리시마와 최남단의 오키노도리시마를 수송과 보급의 거점으로 정비하였다.

일본은 세계 6위라는 배타적경제수역을 가진 해양국가로 해양기본법, 우주기본법, 지리공간 정보활용 추진기본법을 연계 추진하는 것으로 일본 근해의 지형을 미터 단위로 정확히 파악하고 정확한 위치정보를 바탕으로 대륙붕과 심해에 잠들어 있는 에너지와 희토류 등 자원의 발굴, 수산자원의 확보를 위해 노력하고 있다.[24] 그리고 국경이도가 일본의 영역, 배타적경제수역의 보전, 국방상 중요한 역할을 하기 때문에 항만, 공항의 충분한 정비에 의한 안전, 치안의 확보, 지역사회의 유지를 위한 고용 확보에 대한 지원을 강화하고 있다.

해양산업진흥 분야에서 새로운 해양 이용자의 등장으로 해역이용 및 관리 시스템을 만들 필요가 있고 유엔해양법협약이 제정된 1994년 당시와 비교하면 해양기술과 해양산업이 급속하게 발전하고 있기 때문에 이에 대한 대비책을 세우고 있다. 그리고 안보 측면에서 일본의 권익에 손해되는 사태가 배타적경제수역 내에서 발생하고 있어 이에 대응할 법적 시스템이 없고 중국 가스전개발, 산호밀어 약정에 위반된 조사활동에 대한 법적 시스템 구축이 필요하기 때문에 배타적경제수역 권익보호 신법안을 제정하고 있다.

2013년 12월 국무회의에서 결정된 '신방위대강'에 남서지역의 방위태세 강화, 방위력 장비를 우선한다고 명기하고 남서제도 방위를 추진하였다. 이

---

23) 『산케이 신문』, 2013.4.26., 「EEZ 포괄법을 정비, 정부가 해양기본 계획 각의결정」
24) 자민당 총합정책집, 「2016 J 파일」, p.19.

와 동시에 '국가 안보 전략'과 '중기 방위력정비계획'과 함께 육상, 해상 및 항공 자위대의 통합 운영, 기동력 강화, 경계 감시 능력 강화, 이도 방위 능력 강화 등의 내용이 포함되었다.25)

일본 해양에 관한 기본방침은 영해에서 평화와 안정을 유지하고 국민의 생명·신체·재산의 안전 확보 및 어업, 해양개발 등 해양권익 확보, 나아가 국민의 안심 확보 등 국익을 장기적이고 안정적으로 확보하기 위해 해양과 관련된 정보 수집·분석·공유체제를 구축하고 일본의 억지력·대처력을 강화시키는 것이다. 또한 2016년 제정 '해상보안체제 강화에 관한 방침'에 따라 해상보안체제를 착실히 강화하고, 예측 불가 사태의 방지 및 분쟁 방지를 도모하기 위해 해양법 집행능력을 강화하고 있다. 특히 일본 방위성은 남서제도를 포함한 도서지역에 자위대 배치를 통해 섬지역의 방위태세 및 체제의 내실화·강화를 도모하고 있고 해상보안청은 센카쿠제도 영해경비체제를 긴급하게 정비하고 있다.26)

오키노도리시마에 대해서도 해양법에 의해 인위적 파괴를 방지하기 위한 행위규제를 하고 섬의 기반을 이루는 산호초를 보전하고 2019년도를 목표로 관측·감시시설을 갱신하는 관리를 강화하고 있다. 또한 해안보전시설의 유지·정비에 따른 침식 방지 조치를 추진하고 기타 이도의 해안보전구역에 대해서도 국토 보전 관점에서 저조선과 일체적으로 침식 대책 및 보전을 추진하고 있다.

2017년 '유인국경이도지역의 보전 및 특정유인국경이도지역에 연계한 지역사회의 유지에 관한 기본방침'에 의해 유인국경이도지역이 갖는 영해 보전에 관한 활동 거점으로서의 기능을 유지하는 동시에 특정 유인국경이도지역에서는 2027년까지 정상적으로 전입자수가 전출자수를 웃도는 상태를 실현하기 위한 보전 및 지역사회 유지 시책을 추진하고 있다.

주요시책에는 행정기관 및 시설 설치, 국유화, 항만 정비, 외국선박에 의한 불법입국 등의 위법행위 방지가 있다. 그리고 특정유인국경이도지역에

---

25) 江藤名保子, 2019.8,「日中関係の再考-競合を前提とした協調戦略の展開」『フィナンシャル・レビュー 通巻第138号』, 財務省 財務総合政策研究所, p.120.
26) 海洋基本計画-內閣府 https://www.cao.go.jp/index.html

관한 시책은 국내 일반 여객정기항로 사업에 관한 운임의 저렴화, 국내 정기항공 운송사업에 관한 운임의 저렴화, 현지생활 또는 사업 활동에 필요한 물자비용 부담 경감, 고용기회 확대, 안정적인 어업경영의 확보 등이 있다.27)

특정유인국경이도지역의 주요 내용은 국경에 가까운 유인도를 '특정 국경이도'로 지정하여 여기에 자위대와 해상보안청을 설치하고 관광객 유치를 통한 이도 진흥책을 마련하고 있다. 특정국경이도 후보지는 쓰시마를 비롯해 독도 인근 시마네현 오키(隱岐)제도, 센카쿠제도 인근 오키나와현 요나구니지마(與那國島), 러시아와 가까운 홋카이도 인근 레분토(禮文島) 등이다. 특정국경낙도로 지정된 섬은 자위대 시설 주변 토지로 매입하고, 항만과 공항 등을 정비해 자위대가 사용할 수 있도록 하는 방안도 추진키로 했다. 이런 법안으로 일본 자위대의 활동 범위를 넓히면서 미군협력을 받는 동시에 국제법적 근거자료를 만들어 일본 영토 분쟁화 방지 및 국제사법재판소 제소를 위한 유리한 환경을 조성해 나가고 있다. 오키제도에 항만, 공항 등을 정비해 자위대가 사용할 수 있게 되면 독도 근해 어업, 한미군사훈련, 해양과학조사에 대해 직접적인 감시체제를 구축할 수 있어 한일간 영토분쟁이 심각해 질 것이다. 그래서 한일간 새로운 어업협정 협상을 통해 배타적경제수역의 경계선을 확정하여 양국간의 분쟁 요소를 없애야 한다.

일본은 센카쿠제도가 분쟁지역화 되는 것을 방지하기 위해 중국의 군사적 시위와 도발을 강력하게 대응하고 있으며 배타적경제수역 권익 보호 관련 해양법 집행 능력을 강화하고 있다. 그러나 중일양국은 동중국해에서 전략적 호혜관계를 유지해야 한다고 강조하고 있지만 센카쿠제도와 관련 영토문제는 별도의 문제로 여기면서 해양권익 보호 및 유지 관련 법제와 정책을 강화하고 있다. 2018년 5월 제3기 해양기본계획에는 기존 1, 2기 해양기본계획과는 달리 도서지역 방위 등 해양안전보장을 중시하는 결정들이 제시되었다.28) 일본 국익확보를 위해 해양안보를 중시해야 한다는 제3기 해양

---

27) 『首相官邸』「政策会議」 '海洋の年次報告について'
http://www.kantei.go.jp/jp/singi/kaiyou/annual/annualreport.html
28) 현대송 외, 2018, 『2018 유엔해양법협약 국제동향연구』, 한국해양수산개발원, p.326.

기본계획이 시행되면서 향후 동아시아지역에서의 해양 분쟁이 발생할 수 있는 가능성은 높아졌다.

　2015년 4월 미일외무·국방각료회의(2+2)에서 국제협력활동의 일환으로 3개국, 다국간 안보와 방위 협력을 강화시키기 위해29) 미일안보협력지침(가이드라인)을 3번째로 재개정하였다. 동중국해, 센카쿠제도를 포함한 남서제도 방면과 서태평양방면의 방위·경비체제 강화로 해상교통로 확보, 전략해역·해양권익방위능력 확보하기 위해30) 일본 자위대 활동이 대미협력에 멈추지 않고 활동 범위가 확대되어 미국의 세계전략에 포함되었다는 지적도 있다. 특히 개별적 자위대 활동에서 미군은 자위대를 지원하고 있으며, 무력공격 사태법에 의한 일본이 무력행사를 한다는 내용이 포함되어 있다. 중국선박의 영해침입이 계속되는 센카쿠제도의 남서제도 방위를 위한 미일합동의 연합 대응도 처음으로 삽입되었다. 적국의 소수 병력이 일본 이도(離島)에 침입·공격하는 것에 대해 자위대를 투입하면서 특수작전 부대의 공격 등 부정규형 공격을 주체적으로 방어한다고 명기하고 있다. 게다가 미군은 자위대 작전을 지원하기 위한 작전을 수행할 때 자위대의 후방에 있는 것은 아니고 자위대와 함께 작전을 수행한다는 것을 설명하고 있다. 그래서 자위대와 미군이 실질적인 공동훈련과 긴밀한 정보를 공유할 수 있게 되었고, 중국의 분쟁 행위도 제재할 수 있게 되었다.

　미일안보협력지침은 동중국해와 남중국해에서의 분쟁에 대한 염두를 두고 있으며 평화적 분쟁해결, 세계 해양의 자유에 저해되지 않는 적법한 이용의 중요성을 강조하고 있다. 일본은 안보 관련 위협, 무력행사, 대규모의 매립을 포함한 현상변경을 시도하는 모든 일방적인 행동에도 강하게 반대하고 있다. 또한 중국군에 대항하여 미일군이 공동작전을 전개하거나 미군의 전쟁에 일본이 자동적으로 참가하는 자동 참전이라는 사태가 되고 있다. 이 지침으로 일본은 집단적 자위권을 행사할 수 있게 되었고 한반도유사시 일본이 행사할 수 있는 활동범위가 커졌고 일본의 한국방위에 대한 방위능력이 향상된다고 할 수 있다. 일본이 집단적 자위권을 행사하면서 탄도

---

29) 谷内正太郎, 2013, 『日本の安全保障と防衛政策』ウェッジ, p.70.
30) 谷内正太郎, 2013, 위의 책, p.91.

미사일발사 경계, 일본인 유송에 있어 미군함대 방호, 광범위한 해공역에서의 미군 탄약 제공을 포함한 후방지원, 자위대 기뢰 제거 등의 행동이 가능하게 되었다.31)

센카쿠제도에서 행하지는 일본의 유일 경제활동은 의미가 크고 영토와 영해, 배타적경제수역에 대한 주권을 주장하는 유효한 수단이 경제활동이라는 사고가 존재한다. 쿠릴열도를 지배하는 러시아가 최근 수산가공공장 건설 등 섬의 개발에 적극적으로 진행하고 있고 실효지배의 기정사실화를 진행하는 것을 보면 경제활동의 중요성은 크다.32) 경제활동 지속성은 유엔해양법협약에서 인정하고 영해기선에서 200해리의 배타적경제수역을 설정하고 거기서 주권적 권리와 관할권을 계속 주장할 때 중요한 요소가 된다.

Ⅳ. 남쿠릴열도와 동아시아지역의 지정학적 현상

쿠릴열도문제는 19세기 이후 일러간 다수의 관련조약이 체결되었고 적어도 법적으로 이 문제는 조약해석의 문제로서 처리하는 것이 가능할 수 있었지만, 최후의 관련조약인 일소공동선언이 체결되고 나서 60년 이상 경과했기 때문에 현재 정치적 협상과정에서 단순한 조약해석에 의한 해결은 불가능하게 되었다. 러일양국은 평화조약 체결 후 2도 반환을 명시한 일소공동선언이 영토문제 해결의 실마리를 가진 법적 문서로서 강조했다. 그러나 러시아의 실효적 지배를 더욱 강화하고 있고, 일본은 최소한 남쿠릴열도의 자국 귀속권 인정을 요구하기 때문에 양국의 영토분쟁 해결은 더욱 어려워지고 있다.

메드베데프 정권 때 러일관계가 정체된 이유는 러시아의 쿠릴열도 개발을 들 수 있다. 러시아는 석유 가격 급등 에 의해 재정이 증가하고 체첸 문제가 일단락되면서 쿠릴열도 개발을 적극적으로 추진하였다. 2006년 8월 9일 '연방목적계획: 사할린주 소속 쿠릴열도의 사회경제적 발전(2007~2015)'

---

31) 木宮正史, 2015, 『朝鮮半島と東アジア』岩波書店, p.197.
32) 佐々木貴文, 2021, 『東シナ海-漁民たちの国境紛争』, 角川新書, p.223.

을 보면 예산 540억 엔을 들여 교통망 설치, 연료에너지산업 발전, 어업산업 발전, 사회적 인프라 정비, 통신망 정비, 도로망 정비 사업을 추진하였다.[33] 이러한 쿠릴열도 개발을 배경으로 2010년 7월 5일 블라디보스토크를 방문한 메드베데프 대통령은 러시아와 아태지역 국가 간의 경제협력을 새로운 수준으로 끌어올리고 연말까지 이 지역에서 러시아의 영향력을 강화하기 위한 프로그램을 마련할 것임을 공표했다. 2010년 11월 1일 메드베데프 대통령의 남쿠릴열도 방문 이후 러시아의 쿠릴열도 개발은 가속화되고 있다. 2011년 2월 11일 라브로프 외상은 러일 외상회담 후 기자회견에서 남쿠릴열도 개발에 대한 중국과 한국 등 제3국의 투자를 환영한다는 성명을 내면서 일본을 견제했다.

이러한 가운데 남쿠릴열도는 러시아화가 진행되고 있으며 하보마이 5,281명, 이투루프 3,608명, 쿠나시르 7,364명, 시코탄 1,038명 등 17,291명의 러시아인이 살고 있다.[34] 스탈린 시대에 모든 일본인이 강제로 송환되었기 때문이지만 분쟁지역으로 반세기 이상 일본국민이 거주하지 않는 영토의 반환 요구는 성공할 가능성이 극히 희박하다.

구소련시대 남쿠릴열도의 생활은 가난하고 사회자본정비도 낙후되어 있었다. 그러나 러시아정부는 2007년부터 쿠릴열도와 남쿠릴열도를 대상으로 사회·경제발전계획에 착수한 이래 공항, 항만, 도로 등의 사회자본정비가 본격화했다. 군부대도 구소련시대부터 주류하고 있고 방위성에 의하면 이투루프와 쿠나시르에는 러시아군 2개연대가 되는 제18기관총·포병사단이 주류하고 있고, 전차, 장갑차, 대공미사일 등이 배치되어 있다. 단 1991년에 9,500명이 있던 병력수는 1997년에는 3,500명으로 삭감되었다.

러시아의 강경 자세의 배경에는 일본이 외교·방위면에서 미일동맹을 강화해 나가고 있는 것에 대한 강한 불만을 가지고 있다. 특히 동북아 근린제국이 일본 안보관련법에 대해 우려하면서 동북아 지역에서의 미국의 군사주둔과 군사적 영향력의 증가에 대해 경계감을 나타내고 있다. 그 중 러시아가 가장 우려하는 것은 미국이 일본과 진행하는 미사일 방위(MD)이다.[35]

---

33) 도고 가즈히코(東鄉和彦), 2011,『세계 빈사의 쿠릴열도교섭』, 이와나미서점, p.55
34) 외무성, 북방영토 데이터 https://www.mofa.go.jp/mofaj/erp/rss/hoppo/page1w_000024.html

냉전시대와 마찬가지로 탈냉전의 지정학적 환경의 변화에도 불구하고, 미국은 남쿠릴열도 영토문제를 정치적으로 활용하고 있다. 미국은 공식적으로 러일 영토분쟁을 당사자 문제로 간주하고 조속한 해결을 지지하고 있으나, 내면적으로는 미일안보체제의 강화를 통해 러시아를 자극하면서 영토협상을 집요하게 방해하고 있다.

러시아가 쿠나시르, 이투루프의 반환을 강하게 거부한 배경에는 러시아 군사전략에 밀접하게 연결되어 있다. 러시아는 냉전시대 탄도미사일 탑재 원자력 잠수함(SSBN)을 오호츠크해에 배치했다. 그리고 SSBN의 전개해역으로 수상함정, 공격형 잠수함 및 항공기로 견고하게 오호츠크해를 성역화하는 것에 의해 핵전략상 제2격 능력을 확보하고 있다.

SSBN의 기지는 캄챠카반도의 페트로파블롭스크에 있고 SSBN이 오호츠크해와 태평양을 출입하는 루트는 쿠나시르와 이투루프 사이의 쿠나시르 수도가 최적하다. 수심이 최대 약 480m로 깊고 유빙도달해역의 남단에 위치하기 때문에 유빙의 영향을 적게 받는 루트이기 때문이다. 러시아에 있어 최중요 해상교통로를 형성하는 전략지를 방치할 수가 없다.

특히 군사적인 가치 측면에서 남쿠릴열도 가운데 1956년 일소공동선언에서 일본에 인도하기로 한 하보마이와 시코탄보다 남쿠릴열도 전체면적의 93% 가까이 되는 이투루프와 쿠나시르가 훨씬 군사 전략적 중요성이 있다.36) 또한 남쿠릴열도는 러시아 극동함대의 전략적 요충지로서 남쿠릴열도 사이의 이투루프와 쿠나시르 해역은 오호츠크해에서 태평양으로 진출하는 부동 해협으로 동북아지역의 군사 활동을 위해 전략적 의미를 지닌다.

러시아는 남쿠릴열도에 약 3,500명의 병사를 분산배치하고 있지만 이후 이것을 쿠나시르와 이투루프에 집약하는 계획으로 장비의 쇄신을 행할 방침을 나타냈다. 2012년 러시아 전투기에 대해 긴급발진을 한 회수는 180회로 전년의 175회보다 약간 증가했다. 동해의 영해에 따라 센카쿠제도에서 쿠릴열도까지 진출을 한 케이스랑, 홋카이도를 동쪽으로 돌아 오가사와라

---

35) 아사히신문, 2015. 9. 23, 안보법에 러시아 경계감
36) Kimie Hara and Geoffrey Jukes, 2009, "Can the Southern Kuriles be demilitarized?", *Northern Territories, Asian-Pacific Regional Conflicts and the Aland Experience: Untying the Kurillian Knot*, London: Routledge, p.70.

제도 근처까지 접근한 케이스도 있다. 일본정부가 1980년 '북방영토의 날'이라고 제정한 2월 7일에는 러시아 공군의 Su-27전투기 4기가 긴급 발진했다. 러시아 영해침범은 구소련시대를 포함해서 34회째이다. 러시아는 쿠릴열도를 군사요새화하면서 소련체제 붕괴 이후 약체화된 극동지역의 군사력을 강화할 뿐만 아니라, 영토문제의 협상 과정에서 일본의 요구를 무력화하고 있다.

러시아가 남쿠릴열도의 일괄반환에 응하지 못하는 또 다른 이유는 국가의 통합성의 유지, 군사전략 상의 이유 이외에도, 동시베리아 및 극동지역의 해양자원 및 에너지자원의 확보와 개발과도 밀접하게 연관된다. 러시아는 2018년 기준으로 세계 3위의 원유생산국, 세계 2위의 천연가스 생산국으로 세계 에너지 시장에서 큰 비중을 차지하고 있다. 러시아는 전 세계 원유 매장량의 6.1% 및 생산량의 12.1%를 점유하였으며, 천연가스는 전 세계 매장량의 19.8% 및 생산량의 17.3%를 점유하고 있다. 2018년 러시아의 원유 매장량은 1,062억 배럴(145억 톤)로 베네수엘라, 사우디아라비아, 캐나다, 이란, 이라크 다음의 세계 6위 규모이며, 생산에서는 미국, 사우디아라비아 다음으로 많은 일일평균 1,144만 배럴을 생산하는 세계 주요 에너지 생산국이다. 천연가스 매장량은 38.9조 m^3로 세계 1위, 생산량은 6,695억 m^3로 미국(8,318억 m^3)에 이어 세계 2위를 기록하고 있다.[37]

러시아는 주로 유럽에 석유와 가스를 공급하였으나 최근에는 동북아시아 지역에 대한 석유, 가스 공급량을 늘리고 있으며, 북극해 등에 다수의 미개발 유전, 가스전을 보유하고 있어 향후 생산이 증대될 것으로 전망된다.

러시아의 석탄 매장량은 전 세계의 15.2%이며, 생산량은 전 세계의 5.6%에 달하고, 석탄 매장량은 1,603억 톤으로 미국에 이어 세계 2위, 생산량은 2억 202만 톤으로 중국, 미국, 호주, 인도, 인도네시아에 이어 세계 6위 규모이다.

남쿠릴열도의 육지 면적은 룩셈부르크의 두 배가 조금 못 되는 5,036㎢이지만, 수역은 약 20만 ㎢에 달한다. 석유, 가스, 티타늄 등 자원 잠재력은 400~500억 달러이며, 수산자원 잠재력은 매년 15~20억 달러로 추산된다. 실

---

[37] 한국수출입은행 해외경제연구소, 2019.11, 「러시아연방」, 『국가신용도 평가리포트』, p.8.

제로 러시아 천연자연·환경성에 의하면 쿠릴열도 주변 자원가치는 2조 5,000억 달러에 달한다고 추계된다. 지난 2012년 쿠릴열도 부근에서 레늄, 게르마늄, 인듐, 하프늄 등 막대한 매장량의 희토류가 발견되어 중국 희토류 독점을 견제하기 위해 희토류 개발에 나설 전망이다.38)

러시아의 일본에의 에너지 수출은 우크라이나 전쟁 후 EU와 중국과의 수출 의존이 경감되고 러시아 경제정책을 아시아태평양지역으로 이행하는 전략에 의해 확대되었다. 이런 지리·경제적 전환과 같이 시베리아와 극동지역개발을 위해 러시아정부는 향후 일본의 기술과 자본투자를 필요하게 된다. 러시아령 동부에는 윤택하고 미개발의 석유가스의 광상이 복수 존재한다. 이것은 일본에 가깝고 북극해 항로 사용이 가능하게 되면 일본은 안정한 에너지 공급을 확보하고 연료 비용을 삭감할 수 있다.

북극해 항로는 유럽-아시아간의 해양무역 거리를 단축하고 수에즈운하와 마락카해협을 통과하는 해상교통로(SLOC)를 통항하는 것보다 안전하기 때문에 2000년부터 주목을 받았다. 이 항로의 존재에 의해 러시아는 고가치 에너지 자원의 존재가 확인되는 북극권과 극동의 전략적 의의는 증대했다. 북극권을 출항해서 오호츠크해를 통과하는 외국선(외국해군함대)의 항해와 쿠릴열도 근처의 항로를 지배하는 것은 중국을 염두를 두고 있는 러시아정부의 새로운 군사전략목표가 되었다.

쿠릴열도에서의 군사연습과 배치하는 군사력의 근대화 등 러시아가 극동에서 군사 프레젠스를 재강화하는 최대의 이유는 중국에 의한 북극해 항로의 사용 증가와 북극해 진출이다. 결국 러시아 정부의 움직임은 오호츠크해를 중심으로 하는 해양영역에서 중국정부에 대한 영향력을 강화하는 것이다.

일본은 2011년 3월 후쿠시마 원자력 발전소의 사고로 석유와 천연가스 확보를 위해 사할린 지역과 극동 러시아 지역에서의 천연가스 도입에 노력하고 있다. 그러나 일본 정부는 영토분쟁을 통한 자원 확보를 조장하면서 동북아지역에서의 영토분쟁의 중심에 있다. 남쿠릴열도 문제에 대한 일본 영토정책의 우경화로 고양된 국민의 분노와 좌절감이 민족주의로 부활하고 있다.

---

38) 철강금속신문, 2020.8.26., 러, 희토류개발 확대 中 독점 견제

일본정부는 미일동맹을 강화하면서 극동지역에서의 방위체제를 강화하고 일본은 러시아가 불법점령하고 있는 남쿠릴열도에서의 러시아의 군사력 증강이 일본의 주권을 침해하는 조치이기 때문에 이런 계획들을 반대하고 있다.

2020년 7월 러시아대국을 부활을 지향하는 푸틴대통령은 러시아헌법을 수정했다. 남쿠릴열도 반환거부 자세를 분명히 밝히고 구소련의 붕괴로 잃었던 대국의 위신을 부활시키는 사명감으로 75%를 넘는 압도적인 다수의 찬성을 얻었다. 수정 헌법은 국경획정 작업을 제외한 영토할양교섭의 금지를 호소하고 있다. 수정 헌법에 기재된 영토할양 금지 조항을 근거로 러일 정상회담에서 2도 반환조차 못하게 되었고 일본의 남쿠릴열도 반환 요구가 곤란하게 되었다.

2018년 아베 신조 총리와 푸틴 대통령 간의 러일 정상회담 이후 일본 총리는 러시아와의 평화협정 체결 협상을 고려해 남쿠릴열도에 대해 '일본 고유의 영토'라는 표현을 자제해왔다. 그러나 기시다 총리는 2022년 3월 7일 참의원 예산위원회에 남쿠릴열도에 대해 '일본 고유 영토'라는 표현을 다시 쓰기 시작했다.[39]

러시아는 쿠릴열도에 기관총-포병 부대를 주둔시키는 것은 물론 방공시스템 S-300V4와 해안경비미사일시스템 '발'과 '바스티온' 등도 배치했다. 이 투루프에는 다목적 전투기 수호이(Su)-35를 배치했으며, 다른 섬 마투아에는 군용수송기 이착륙을 위한 비행장도 건설했다.

러시아 외무부는 2022년 4월 21일 일본의 대러 제재 동참에 대한 보복으로 일본과의 평화조약 체결 협상을 중단한다고 발표했다. 동시에 일본과 추진해온 남쿠릴열도 내 공동경제활동도 중단한다고 선언했다.[40]

---

39) 연합뉴스, 2022.3.13., 우크라침공 러시아·일본, 남쿠릴열도 영유권 신경전
40) 서울신문, 2022.4.25., 러, 일 보란 듯 쿠릴열도 투자해 전면 개발

V. 센카쿠(댜오위다오)제도와 동아시아지역의 지정학적 현상

동북아국가 중에서도 특히 긴 해안선과 좁은 해역을 끼고 있는 중국에게 동중국해와 남중국해에 존재하는 도서의 역할은 자국민의 자원 접근뿐 아니라, 냉전 이후 전개된 미국 중심 세력과의 균형을 유지하기 위한 전략적 거점으로 중요하다.

중국 대륙 해안선이 약 18,000km에 달하고 도서 해안은 약 14,000km에 달하며[41], 500평방미터 이상의 섬이 6,500개에 이르고, 이들 대부분의 섬이 근해에 분포하고 있다는 중국 측 주장을 고려한다면, 일러간 쿠릴열도의 분쟁을 제외하고는 대부분의 동북아 해역질서의 갈등과 협력 요소가 중국과 연계되어 있다고 볼 수 있다. 예컨대, 황해와 동중국해 북부(한국의 남해)에서 중국어선의 불법 조업, 해양과학조사, 해양과학기지를 둘러싼 분쟁 등은 언제든지 한중간 외교 갈등으로 부각될 수 있는 사안이다. 또한 영유권을 둘러싼 중일간 센카쿠제도 문제 등은 직접적이든 간접적이든 한국의 해양이익과 밀접하게 관련되어 있다. 이외에 동중국해자원개발 갈등과 남중국해 영유권 및 관할권 분쟁 역시 자원 및 해상교통로 확보 그리고 방위를 포함한 안보적 측면에서 중요한 요소로 작용한다.

동중국해 가스전 개발에 대해 2008년 중일간 2개의 정치 합의가 있어 그 중 중일간의 동중국해에서의 공동개발에 대한 양해는 경계 미획정 수역의 북부에 등거리중간선을 걸치는 형태로 공동개발수역이 설정되어 있다. 중국은 자연연장에 기반으로 오키나와 트로프까지 자국 대륙붕으로 주장하고, 일본은 등거리중간선에 의한 경계획정을 주장하고 있지만 본 합의에서는 양자의 주장을 공동개발수역의 경계선으로 채용하지 않고 상기와 같이 수역설정이 되어 있다. 이 수역설정은 일중중간선을 걸치는 형태로 설정되어 있는 것을 중시하고 싶은 일본과 대부분 공동개발수역이 중간선으로 설정되어 있는 것을 중시하고 싶은 중국과의 타협의 산물로 정치적인 이유에 의한 것으로 여겨진다.[42]

---

41) Jeanette Greenfield, 1992, *China and the Law of the Sea*, Clarendon Press, pp.21-49
42) 坂元茂樹, 2018, 『日本の海洋政策と海洋法』, 信山社, p.401

면책조항 첨부라도 등거리중간선을 걸치는 공동개발수역이 설정되는 것은 장래 경계획정에서 일본측에는 큰 의미가 있다고 한다. 하지만 춘샤오 석유가스전 개발에 대한 양해는 등거리중간선의 중국측에 위치한 춘샤오 가스전으로 중국법에 근거한 개발에 일본 기업이 참가하는 취지를 규정하지만 이것은 공동개발에는 해당하지 않는다고 한다.

2012년 일본의 센카쿠제도 국유화 이후 중국은 '댜오위다오 및 그 부속 도서의 영해기선에 관한 정부성명'을 발표하고 센카쿠제도 해역에 정상적인 권익유지 순시 법령 집행을 견지하고 있고 2013년 11월 동중국해에 '방공식별권(ADIZ)'를 설정하고 있어 중일관계가 더욱 악화되고 있다.

중국해경국은 해양강국을 지향하는 시진핑 지도부의 정책으로 2013년 발족하여 해상유권집법(維權執法, 권익유지·법집행) 임무를 하고 있다. 중국해경국 신설의 목적은 중국 국력의 신장과 함께 해양권익의 확보와 유지에 있다고 볼 수 있다.

2013년 7월 시진핑주석은 당중앙정치국의 집단학습으로 해양강국의 건설이 중화민족의 위대한 부흥을 실현하는 거라 강조하고 국방 현대화와 군대 현대화를 제시하였다. 그리고 평화 발전의 길을 견지하고 정당한 권익은 결코 포기하지 않고 국가의 핵심적 이익을 희생시킬 수 없다고 언급하고 있다.[43] 평화적 분쟁 해결과 평화적 안정을 유지하기 위한 노력은 평화적, 안보적, 경제적 이익의 조화와 보호, 통합적인 국가역량의 강화에서 나온다. 또한 분쟁지역의 공동개발이라는 원칙을 고수하고 상호 우호협력을 촉진하고 공동의 이익을 확대하는 것이라 강조하였다.

그러나 중국은 9단선이라는 독자적 경계선을 남중국해에 설치하고 있다. 이 경계선 내측에 있는 남사제도의 암초 7개를 매립하고 있으며, 인공섬을 급속도로 조성하고 있다. 남중국해는 원유와 천연가스의 해저자원이 풍부하고 중요한 해상교통로에 해당한다. 중국은 인공 섬을 영토라고 주장하고 실효적 지배를 강화하고 있고, 군사전용도 가능한 시설의 건설을 통해 남중국해의 제해권, 제공권을 확보하려고 하고 있다.

---

43) 人民日報, 2013.7.31, 「習近平: 進一步關心海洋認識海洋經略海洋推動海洋強國建設不斷取得新成就」

중국은 매립 목적을 해상 구난활동, 방재, 해양연구, 기상관측 등으로 해명해 왔다. 그런데 2015년 5월 싱가포르에서 열린 영국 국제전략연구소 개최 아시아안보회의에서 중국은 군사·방위상 필요에 의해 중국의 국제적인 책임을 다하기 위해 매립한다고 언급했다. 중국은 암초 매립 목적이 군사적 이용에 있다고 처음으로 인정했다.

중국의 국방백서에서도 남중국해의 영유권문제를 염두에 두고 해상에서의 군사충돌의 가능성을 처음으로 다루었다. 전통적으로 육군을 중시해 온 중국이지만 해양진출을 강화하는 방침으로 전환하는 동시에 남중국해의 암초 매립을 강행할 가능성이 높다.

중국군은 중국본토에서 태평양에의 진출을 단계적으로 실행하고 있고, 그 제1단계는 남서제도에서 필리핀에 이르는 제1열도선 내에서의 작전능력을 확보하고, 제2단계는 오가사와라제도에서 괌, 인도네시아를 묶는 제2열도선까지 진출하는 것이라고 한다. 이 제1·제2열도선의 개념은 원래 냉전초기 미국 애치슨국무장관에 의한 방공라인인 애치슨라인이다. 그래서 중국군에서는 제1·제2열도선은 미군이 만든 것이라 하고 중국군의 태평양에 진출하는 것을 저지하는 봉쇄 라인이라 한다.

중국은 역외국가가 남중국해 문제에 지속적으로 개입하고 있다고 비판하면서 아태지역에서의 군사동맹 강화를 거론하고, 중국과의 해양 권익 수호를 위한 분쟁이 발생할 가능성이 있다고 미국을 압박했다. 그리고 일본의 집단적 자위권 행사 용인에 우려를 표하면서 이로 인해 아시아 국가에 중대한 우려를 야기할 수 있다고 지적하고 있다.

미국은 중일 양국의 센카쿠제도 분쟁에서 2004년 3월 미국 국무부 부대변인 어렐리(Adam Ereli)도 센카쿠제도는 일본정부의 행정 지역으로 미일안전보장조약의 방어대상임을 재확인하였다. 그리고 2017년 미국의 틸러슨 장관도 중일 간 영유권 분쟁을 벌이는 센카쿠제도는 1960년 미일안전보장조약 5조의 적용 범위 내에 있다는 것을 재확인시켰다.[44] 미일안전보장조약 5조는 미국의 일본에 대한 방위의무를 정한 것으로 일본 영토에서 일본군이나 주일 미군에 대한 무력 공격이 있을 경우, 미국과 일본이 공동으로 대

---

44) 『뉴시스』, 2017.2.7

처한다는 내용을 포함하고 있다.

　미일 양국은 미일안전보장협의위원회에서 중국의 군사력 증강에 대해 일본과 중국의 영토 분쟁지역인 센카쿠제도의 경비 강화를 위해 P8 초계기, 무인정찰기 글로벌호크, F35B를 일본에 배치한다는 데도 합의했다.

　2014년 3월 미국방부는 4년마다의 국방계획검토(QDR: Quadrennial Defense Review)을 발표하고 중국의 해양진출과 A2/AD 전략에 대항하기 위해 리밸런스의 구체적인 대책을 언급하였다. 이 계획에서 현재 50%정도인 미국 해군의 함선의 태평양배치를 2020년까지 60%까지 올리고, 일본에서의 미군의 주둔을 강화한다고 한다. 그리고 최신예 연해역전투함(LCS)와 고속수송선을 지역에 전개하고, 괌에서의 해공군·해병대의 전개를 증강하고, 폭격기와 정보수집·경계감시·정찰(ISR)의 장비를 증강하면서 호주 다윈에 해병대를 전개한다는 내용이 포함되어 있다.

　2017년 11월 미국과 일본은 지정학적으로 중국의 해양진출을 막고 동중국해에서 인도양에 이르는 영향권 확대에 대한 미일 국익과 해상교통로를 확보하기 위해서 '인도-태평양 전략 구상(Indo-Pacific Initiative)'을 추진하고 있다.45) 이 전략은 미국의 안보이익을 인도-태평양까지 확대시키며 이 지역에서의 해상권을 장악할 수 있는 계기를 만들었다.

　일본 정부는 중국에 의한 공격을 상정하여 방위능력을 유지하고 자위대와 미군 기지를 지키기 위해 순항 미사일이나 전투기를 요격하는 육상자위대의 신형 방공시스템 '03식 중거리 지대공 유도탄(중SAM)' 개량형을 오키나와 본섬에 2021년 3월까지 배치를 완료했다. 일본은 센카쿠제도 영토분쟁에서 중국의 해양 진출 억제를 명분으로 규슈(九州) 남부에서 대만 동쪽까지 뻗어있는 남서제도에 자위대 주둔지를 개설하고, 무기와 병력을 배치하고 있다.46)

　일본과 유럽과의 아시아 안보 관련 방위협력에서 2010년 6월 NATO, 2011년 10월 프랑스, 2013년 7월 영국과의 정보보호협정을 체결하고 2016년

---

45) 강선주, 2018.12, "지경학(Geoeconomics)으로서의 미국의 인도-태평양 구상", 『IFANS 주요국제문제분석』, p.3.
46) 『産経新聞』, 2020.1. 6.

부터 육해공자위대가 일본 국내, 주변해역에서 공동훈련을 실시하였다. 2017년 '방위장비품 및 기술이전에 관한 협정'이 서명되어 일독간 방위사업 교류를 강화하고 있다.47) 주변국의 안보환경이 나빠지고 있어 자유, 법치주의, 인권, 민주주의 등의 가치관을 공유하고 항해의 자유 등의 이해를 같이 유럽국가와 관계 강화하는 것은 미일동맹을 보완하는 의미가 있다. 이런 일본의 안보정책은 센카쿠제도를 둘러싼 중국에의 경계감을 강화하고 동중국해, 남중국해 등의 해양진출을 견제하기 위해서이다. 또한 일본의 자주 방위력을 향상시키는 위해 미일동맹 강화하는 안보외교를 전개하고 있으며 유럽과의 아시아 안보 관련 방위 협력을 강화하고 있다.

2020년 11월 전국인민대표대회에서 제시된 중국해경법 초안에서 중국은 해경국의 활동의 근거가 되는 동법안에서 유엔해양법조약의 이념과 다른 강경한 규정을 넣었다. 예를 들면 외국 함정과 공선이 말하는 주권면제 선박에의 강제조치(실력행사)를 가능하게 하는 문구를 넣고 영역주권이 미치지 않는 영해 외에 관할해역이라는 독자개념을 넣어 거기서 외국선박의 통항을 제한, 금지하는 것을 가능하게 했다.48) 게다가 중국의 국내법이 미치지 않는 중화인민공화국의 관할해역(제3조)에서 외국선박이 정선 명령 등에 따르지 않는 경우, 무기 사용도 가능하게 했다(중국해경법 제21조, 제22조).

중국정부는 첨병역할을 하는 어선을 이용한 활동을 하고 있으며 센카쿠제도 주변 동중국해에서는 어선을 이용한 첩보활동을 하고 있다. 이런 배들은 중국판 GPS 북두와 연유 공급을 받아 공산당 지시 아래 행동하는 해상민병이다.

중국 근해와 대륙붕 지역의 석유매장량은 250억 톤, 천연가스 매장량은 14조㎥에 달하는 것으로 추정된다. 그리고 남중국해 북부 해저에는 185억 톤의 석유와 맞먹는 메탄수화물 생산 잠재력이 있는 것으로 조사되었다.49) 동중국해 센카쿠제도 주변도 복건성과 절강성의 어업자에게 이용 가치

---

47) 『読売新聞』, 2019.11.6., 「日独防衛協力アジアに寄与」
48) 佐々木貴文, 2021, 『東シナ海-漁民たちの国境紛争』, 角川新書, pp.188-189.
49) 이정환 외, 2010, 『해양정책미래』, 블루&노트, pp.208-209

가 높다. 1그램 10만원, 아름다운 원목인 1그램 200만원이 되는 고가의 적산호와 핑크색 산호도 생산된다. 다수의 산호 어선이 중국 각지에서 센카쿠제도에 와서 무수의 산호망을 해저에 설치했다.

　동중국해 중일중간선 부근에서 2018년 9월부터 중국의 6기 거대한 굴착대가 설치되어 일본정부의 항의를 무시한 일방적인 석유가스전 개발이 진행되고 있다. 이 석유가스전은 지정학적 매력이 있다. 현재 이 석유가스전 시설을 대상으로 미일의 초계기가 매일 경계활동을 하고, 대만해군, 대만해경순시서도 정기편을 보내고 있다. 이러한 현황은 석유가스전이 중국의 동중국해 지배를 과시하는 상징 혹은 신영토로써 기능하고 있고 각국이 이러한 기성사실 축척에 경계감을 나타내고 있다.[50]

　중일중간선에서의 석유가스전 문제는 중일, 미중, 중대의 동아시아에서 문제가 되고 경제권익, 동중국해 지배권 분쟁이라는 영역주권 문제가 된다. 중국해군이 제1열도선의 남서제도 부분을 넘어 동중국해에서 서태평양에 접근하면 오키나와본토에서 북측은 미군과 자위대에 위한 경비체제가 있어 용이하지 않는다.

　2020년 4월 미야코해협에서 5회째 항공모함대 항해가 확인되었고 2021년 4월 6회째 항공모함 '요령'과 중국 최대미사일구축함 등 6척이 동중국해에서 태평양을 빠져나가 오키노토리시마 서방 공해에서 함재기 이착륙함 훈련을 실시했다. 2020년 12월 20일 최신예 항공모함 산동을 축으로 편성된 함대가 대련을 출항하여 센카쿠제도 북서를 통과했다. 그리고 대만해협에 들어와서 동중국해에서 남중국해로 빠져나가 모함인 해남도에 도착한 것도 확인되었다.

Ⅵ. 독도와 동아시아지역의 지정학적 현상

　독도가 한일간 주목된 것은 2005년 3월에 시마네현 의회에서 다케시마의 날 조례를 가결시킨 이후고, 자민당은 이전부터 한국의 불법점거를 호소

---

50) *Ibid.*, p.198.

하고 외무성에 의연한 태도로 임하도록 요구했다. 예를 들면 1996년 2월 자민당 총무회에서 한국이 다케시마에 항만시설을 건설하고 있는 일에 대해 항만시설 건설을 반대하지 않고 일본이 다케시마를 고유의 영토라고 주장하는 정부의 미온적인 대응을 비판하였다.

'다케시마의 날' 기념행사는 어디까지나 지방 정부의 행사에 불과한 것이 2013년에 아베 총리의 지시에 따라 해양 정책·영토 문제 담당 내각부 정무관이 참석함으로써 '다케시마의 날' 기념행사가 사실 상의 정부행사 수준으로 격상되었고, 2014년에는 내각부 정무관이 참석했다. 시마네현의 주최 식전에 정부대표의 내각부 정무관이 출석하게 된 것은 강한 일본의 복귀와 역사수정주의, 그리고 일본의 보통국가화로 일본이 우경화되면서 지방정부의 행사를 중앙정부의 행사로 승격시켰고, 일본내 내셔널리즘을 고양시키기 위해서이다.

시마네현 주민은 한일 양국의 배타적경제수역내 어업의 불이익을 해소하기 위하여 일본정부에 독도를 관리하는 전문기관의 설치와 영토권 확립을 촉구해 왔으나 일본 정부가 한국과의 관계를 고려하여 소극적으로 대응하자 불만이 커져왔다. 아베정권은 이런 국내 불만과 갈등의 요인을 해소시키기 위해 다케시마의 날 기념행사를 정부 차원으로 격상시켜 우경화 작업을 하고 있다.

시마네현 내에서의 독도문제에 대한 인지도는 낮았으나, 현조례의 제정 이후로 외무성은 다케시마는 일본 고유의 영토로 한국이 불법점거하고 있다고 문구를 전면에 내놓고 있으며 외무성의 홈페이지에서 한국의 주장도 없어졌다. 조례 계기로 일본정부의 외교방침이 크게 변화하게 되었다. 그리고 조사연구도 비약적으로 전진되었고, 다케시마문제연구회에서 다케시마문제 계몽 책자인 '다케시마문제 100문 100답'을 출판하게 되어, 다케시마에 대한 국민의 인지도는 더욱 높아지게 되었다. 시마네현의 다케시마의 날 제정으로 인해서 영토문제를 다시 생각하는 계기가 되었고, 교과서에 대해서 큰 여파와 효과를 남겼다.

동북아시아 지정학적 및 역학적 동기는 독도문제에 직접 영향을 미친다. 한일양국은 미국의 동맹국으로 미국의 아시아지역에서의 리배런스를 지원하고 있다. 북한의 핵미사일개발과 중국의 대두가 공통의 현안이다. 최근 집단적 자위권행사의 용인, 자위대의 남서지역의 방위강화가 보여준 것처럼 일본 안보에서의 역할 확대는 한국의 안보상 직접적인 위협이다. 일본은 해양능력을 강화하는 제1의 이유는 동중국해의 해양 권익을 지키는 것이지만 한국에서는 일본의 능력과 지리적으로 근접한 독도문제 및 독도 근처 해상교통로(SLOC)의 관련성은 부정할 수 없다.

또한 동해 심해저에 메탄수화물(가스하이드레이트)이 부존하고 있는 것으로 확인되었다. 동해 울릉분지 포항기점 동북방 135km, 울릉도 남방 약 100km 해상의 수심 2,072m 해저에서 국내 최초로 자연 상태의 가스하이드레이트 실물 채취에 성공하였다.51) 독도 주변 및 동해 울릉분지 중심 국내 가스소비량 30년분, 약 6억 톤이 분포되어 있다. 이와 관련해서 일본은 자국의 경제적, 전략적 이익을 추구하면서 배타적경제수역을 주장하고 있어 한국과의 대립과 갈등을 심화시키고 있다.

1982년 유엔해양법협약에서 12해리, 영해 24해리, 전관수역 200해리, 배타적경제수역이 채택됨에 따라 독도를 실효적으로 지배하고 있는 한국은 12해리 영해와 24해리 전관수역을 확보할 수 있게 되었다. 그러나 일본은 1994년 유엔해양법협약을 채택하고 1996년 이후 일방적으로 기존의 어업질서를 파기하고 조업 중이던 한국 어선을 나포했다. 일본은 독도 수역에서의 분쟁화를 일으켜 국제사회에 주목을 시키면서 한국에 대한 새로운 어업협정 체결을 유도하였다.

1996년 배타적경제수역 경계 획정 문제를 둘러싼 한일교섭이 시작되었고 한국은 울릉도와 오키제도 사이의 중간선까지 배타적경제수역을 주장하고, 일본은 독도와 울릉도 사이의 중간선까지 배타적경제수역을 주장하며 평행선을 달렸다. 2000년에 중단한 협상은 2006년에 재개되었지만 한국이 기존의 입장을 변경해 독도를 배타적경제수역 기점으로 하면서 교섭은 타결의 실마리를 찾지 못했다.

1980년대부터 대화퇴(大和堆) 어장, 홋카이도 해역에서 빈번하게 발생된 한일 간 어업 문제는 외교 문제로 빈번하게 등장하게 되었고, 일본 국내 어

---

51) 하윤호, 2007, 「가스하이드레이트 발견의 의미와 향후 개발계획」, 『석유협회보』 261호

민들의 불만이 컸던 것이 신한일어업협정의 직접적인 배경이 되었다. 일본은 국내 정치권의 압력에 의해 신한일어업협정 체결에 적극적으로 협상에 임하게 되었다.

신한일어업협정(1998)에 설정된 동해 중간수역에서는 독도영유권 문제로 그 경계가 획정되지 못하고, 한일 양국의 배타적 경제수역이 중첩된 형태를 하고 있으나, 한일 양국 어느 국가도 이 수역에서 어업에 관한 주권적 권리를 행사하지 못하며, 자국의 배타적 경제수역으로서도 간주되지 않는다. 또한 동해 중간수역과 제주도 남부 중간수역을 규정하고 있는 조문의 분석을 통해 실질적인 면에서 동해 중간수역이 공동관리수역이라고 하는 제주도 남부 수역과 거의 차이가 없음을 보았다. 이 수역에서는 양국 정부 대표로 구성된 한일어업공동위원회에서의 합의를 기초로 한일 양국이 각자 해양생물자원의 보존과 관리를 위한 조치를 내릴 수 있다.52)

특히 동해 중간수역은 독도에 인접하고 있지만, 한국은 어떠한 우월적 지위도 보장받지 못하고, 일본과 동일한 지위를 갖고 있다. 독도가 양국 간 어업협정을 통하여 양국 어민이 자유롭게 조업할 수 있는 중간수역에 위치하고 있어도 독도의 영유권에는 아무런 영향을 미치지 않는다고 한국정부의 입장이다.53) 신한일어업협정 제15조는 "이 협정의 어떠한 규정도 어업에 관한 사항 외의 국제법적 문제에 관한 체약 당사국의 입장을 해하는 것으로 감주되어서는 아니 된다"라고 규정하고 있다. 독도의 영유권 문제가 이 협정의 대상이 아니며 기존의 입장에 영향을 주지 않는다는 원칙을 재확인하였고 독도에 대한 한국의 실효적 지배를 인정하면서 일본도 영유권에 대한 주장을 유지하는 현실을 재확인하였다.

---

52) 제12조 4항: 위원회는 다음 사항에 관하여 협의하고 협의결과를 양 체약국에 권고한다. 양 체약국은 위원회의 권고를 존중한다.
   가. 제3조에 규정하는 조업에 대한 구체적인 조건에 관한 사항
   나. 조업질서유지에 관한 사항
   다. 해양생물자원의 실태에 관한 사항
   라. 양국간 어업분야에서의 협력에 관한 사항
   마. 제9조 제1항에서 정하는 수역에서의 해양생물자원의 보존·관리에 관한 사항
   바. 기타 이 협정의 실시와 관련된 사항
53) 정민정, 2020.09.21,「한반도 주변 경계미획정 수역에 대한 국제법적 쟁점과 대응과제」, 『입법·정책 보고서 Vol. 57』, 국회입법조사처, p.15.

동해 중간수역은 공동 관리적 성격이 배제된 양국의 조업구역 내지 어로구역의 성격이 강하기 때문에 독도가 그러한 수역의 포함되어도 독도 영유권에는 문제가 없다는 입장이다. 관계국들이 경계획정을 유보하고 어업협정을 체결한 경우, 그러한 수역들은 법적 효과에 따라 회색 잠정조치수역(gray zone), 백색 잠정조치수역(white zone) 등으로 나눌 수 있다. 회색 잠정조치수역(gray zone)에 관한 협정으로 1988년 노르웨이와 소련사이의 바렌츠해 잠정어업협정, 1977년 덴마크와 스웨덴 사이의 카테가트해협 어업협정, 1985년 베네수엘라와 트리니다드 토바고 사이의 어업협정 등이 유명하다. 백색 잠정조치수역(white zone)에 관한 협정은 스웨덴이 1978년 발틱해에서 어업관할권을 확장하면서 인접국들과 체결한 일련의 협정들이 있다.54)

신한일어업협정은 한국 입장에서 권익을 최대한 확보할 수 있도록 하기 위해 독도를 암석이 아닌 섬으로 인정하여 독도기점 12해리를 영해로 확보해야 하는데, 울릉도 기점과 일본의 오키제도 기점으로 직선기선으로 해서 독도 주변을 공동관리수역으로 정하였다. 이것은 독도를 영토로 하는 독도기점의 1977년 한국정부가 채택한 12해리와 1996년 국제법이 정하는 12해리 영해와 200해리 배타적 경제수역으로 확보되어야 했던 주권을 훼손한 것이다. 하지만 신한일어업협정이 잠정적인 조치라서 언제든지 파기할 수 있고, 또한 공동관리 수역이라고 말하지만 엄밀히 말하면 한일 양국의 위원회에서 합의한 내용에 한해서 공동으로 합의하고 규제하는 것이지 엄격하게 말하면 공동관리수역이 아니다. 결국 독도기점 12해리와 200해리 배타적 경제수역을 일본으로부터 인정받지 않았다는 점에서 독도의 영토주권을 다소 훼손한 부분이 있다고 볼 수 있다. 이러한 점은 국제법적 지위보다는 일본이 정치적으로 악용하여 더 많은 문제를 야기할 수 있다는 점이 우려되는 부분이다.

한일대륙붕남부협정에서는 체결 시는 자연연장론도 유력하고 한국의 주장인 자연연장과 일본 주장인 등거리중간선55)의 중복하는 수역을 공동개

---

54) R. R. Churchill, 1993, "Fisheries Issues in Maritime Boundary Delimitation", *Marine Policy*, Vol.17-1, pp.45-50

발수역으로 한 것은 일정의 타당성이 있다. 그러나 그 후 해양법 발전에 의해 자연연장에 의한 권원 주장은 국제 판례의 영향에서 벗어난다. 1978년 발효한 이 협정은 유효기한(발효 후 50년)이 도래하는데 자연연장을 채용한 이 협정의 갱신, 종료에 대해서 일본정부는 수역설정에 관해서도 신중하게 검토하고 있다.

국제사법재판소가 1969년 2월 20일 발표한 북해 대륙붕 사건의 판결을 접한 후 극적으로 변화하였다. 국제사법재판소는 대륙붕 경계 획정 시 등거리 방식이 반드시 적용되지 않아도 되며, 형평의 원칙에 따라 합의로 획정하되, 육지영토의 자연 연장인 대륙붕의 가능한 넓은 구역이 해당 국가에 배분되어야 한다고 판결하였다. 이 판결에 따라 등거리선 방식에 더 이상 얽매일 필요가 없다고 판단한 한국은 지질학적 요인을 고려하여 중간선 밖 일본측 해역의 해저에 제7광구를 설정하였다. 한국은 이 구역이 지질학적으로 한반도의 자연 연장이며, 이 연장은 오키나와 해구에까지 미친다고 판단하였다.

2028년 한일대륙붕남부협정이 완료되면 신한일어업협정을 개정할 필요가 있다. 독도가 해양법상 섬으로서의 지위를 살린 배타적 경제수역을 체결하고, 필요에 따라 부속서나 어업협정을 체결하는 방안이다. 신한일어업협정에서 배타적경제수역 경계획정이나 독도의 영유권에 영향을 미치는 요소들을 제거하여 새로운 한일어업협정과 유엔해양법협약 제74조 3항에 규정된 것과 같이 배타적 경제수역에 관한 잠정약정을 각각 체결하는 방안이다.

한국 정부는 배타적경제수역 기점을 1997년 7월말 종래의 "울릉도 기점"56)을 폐기하고, 2006년 6월 12일 도쿄 배타적경제수역 경계획정 본회담에서의 "독도 기점"으로 교정한 것을 고수하고, 한일어업협정 해석 및 운영에 반드시 관철해야한다.

영유권문제와 관련하여 실효적 지배(effective control)는 국제 판례에서 중요한 위치를 차지하고 있다. 실효적 지배는 어느 국가가 문제의 영토에

---

55) 등거리중간선 원칙이란, 경계를 정할 때 바로 이 중간선을 기준으로 해야 한다는 것이다. 국제 해양법에서는 해양경계를 정할 때 이를 원칙으로 활용하며, 1950년대 처음 등장해 해양법협약 등을 통해 관습법화 됐다.
56) 서울신문, 1997.9.11., 日의 독도주변 공동관리수역의 배경, "독도 한국영유권 훼손 전략"

대해 평화적(peaceful)으로, 실제적(actual)으로, 계속적(continuous)으로, 그리고 충분(sufficient)하게 국가의 주권을 행사·표시(display or exercise)했느냐 하는 것이다.[57] 팔마스섬(Palmas) 사건 판정에서 막스 휴버(Max Huber) 중재관은 "영토주권 내지 국가기능의 계속적이고 평화로운 표시는 권원(title)과 다름없다"고 했다.[58] 실효적 지배의 증거로 제시되는 것은 국가의 입법·행정·사법기관의 행위, 승인·묵인 등 일반적 외교관계 등을 비롯하여, 1998년 에리트레아-예멘 판례(Eritrea-Yemen Arbitration)에서 "섬 주변수역에서의 행위에 대한 허가, 어선나포, 해난구조, 순찰행위, 해양환경보호행위, 개인의 어로행위, 섬의 군사초소 설치, 섬과 주변에서 일어난 재판관할권 행사 등들"도 고려되고 있다.[59]

이와 관련해서 독도영유권문제에 있어서도 한국은 독도를 평화적으로 실제적으로 계속적으로, 충분하게 영유권을 행사를 해왔고 국제 판례에 맞는 실효적 지배의 증거력을 가지고 있으며 독도는 국제법적으로 역사적으로 지리적으로도 한국의 고유 영토이다. 그러므로 향후 2028년 한일대륙붕남부협정이 완료되거나 신한일어업협정을 개정할 때, 독도를 해양법상 섬으로서의 지위를 살린 배타적경제수역을 체결하고 독도 기점으로 배타적경제수역을 설정해야 한다.

Ⅶ. 결론: 한국 독도 영유권 강화에 주는 함의

일본이 영토분쟁을 적극화하는 데에는 실질적인 영유권 분쟁 외에도 또 다른 효과를 의도하고 있다고 보인다. 첫째는 영토문제의 부각은 역사문제

---

57) M.M. Whiteman, 1963, *Digest of International Law, Vol. 2*, Washington, D.C.: Department of State Publication, pp. 1032~1034; Surya P. Sharma, 1997, *Territorial Acquisition, Disputes and International Law*, Hague: Martinus Nijhoff Publishers, Malcom N. Shaw, 1991, *International Law, 3rd ed.*, Cambridge: Grotius Publications, pp.291~294.
58) L.Henkin et al., 1993, *International Law; cases and materials, 3rd ed*, St. Paul Minn.: West Publishing Co., p.310.
59) 박기갑, 2000. 12, 「도서영유권분쟁관련 국제판례에서 나타난 실효적 지배 내지 점유 개념과 독도영유권문제」, 『국제법학회논총』 제45권 제2호, pp.112-113.

를 국가간 이슈로 전환시키는 효과가 있다. 일본에게 영토문제는 주변국과의 역사인식을 둘러싼 갈등을 국가간 대립으로 전환시킬 수 있는 재료이다. 역사문제를 둘러싼 국가간 갈등은 일본사회 내의 대립과 갈등을 유발할 수 있지만, 영토분쟁화는 일본정체성 논란으로 이끌어 일본사회를 단결시키는 효과를 낳았다. 둘째, 동북아 국가간의 영토 문제 갈등으로 내부의 민족주의적 정서, 보수주의적 경향을 동원하여 국내의 우경화의 현안들을 해결하려는 국내 정치용으로 활용할 수 있다. 이런 정치적 행위는 독도 및 센카쿠제도 분쟁화를 통해 자위대의 군대화 및 집단적 자위권 행사를 할 수 있는 정당성을 확보하기 위해서이다.

러시아 쿠릴열도문제는 19세기 이후 일러간 다수의 관련조약이 체결되었고 적어도 법적으로 이 문제는 조약해석의 문제로서 처리하는 것이 가능할 수 있었지만, 최후의 관련 조약인 일소공동선언(1956)이 체결되고 나서 66년 이상 경과했기 때문에 그 후의 정치적 협상과정에 의해 현재에서는 단순한 조약해석에 의한 해결은 불가능하게 되었다. 이런 과정을 보면 독도, 센카쿠제도 문제도 조약을 맺어도 효과가 없을 것이고, 정치적 분쟁이 가속될 뿐이다.

일본의 애매모호한 2도 반환, 2도 반환 후 교섭을 통한 2도 반환, 3도 반환, 4도 반환 등의 정책들은 러일양국이 영토문제를 협상하는 데에 러시아에게 혼란을 주었고, 러시아는 이를 이용해서 자국영토의 영유권 강화를 해 나가고 있다. 그리고 러시아와 일본의 민족주의 고양으로 인한 우경화는 양국간의 영토문제를 해결하는 것을 힘들게 하고 있다.

중일 양국은 아시아태평양 해역에서의 위기관리 및 신뢰구축을 위해 중일해공연락메커니즘을 운용하면서 경쟁보다 협력을 하는 화합모드로 전환시키고 있지만 정경관계 개선과는 달리 센카쿠제도에서의 영유권 주장은 별개의 문제로 취급하고 있다. 센카쿠제도에서 중일간 군사 마찰이 지속적으로 발생하고 있으며 이와 관련된 법적 근거를 강화하고 있어 실제적인 무력 충돌의 기회가 증가되거나 중일간 군비경쟁 양상이 나타내고 있다.

중국의 부상과 일본의 센카쿠제도 국유화로 센카쿠제도를 둘러싼 영토분쟁이 가속화되고 일본의 자위권 행사와 중국과의 무력 충돌이 계속 이어지는 경우, 일본은 독도문제를 국제적으로 분쟁화를 시도하는 군사적 행동이 나올 가능성이 높아지고 있다.

특히 현재 동북아 해역에서 배타적경제수역의 경계가 확정되지 않은 상태에서 일본은 인근해역의 관할권을 확보하는 법안을 만들고 있어 앞으로 한국과의 직접적인 분쟁요소가 될 수 있다는 것을 알 수 있다. 이에 한국은 국제사회의 연대와 한미동맹 강화를 하고 일본과의 우호관계를 유지하면서 해양주권을 수호해 나가야 한다.

동아시아지역에서 해양경계 설정 및 도서영유권을 둘러싸고 국가간 갈등이 증가하고 있다. 센카쿠제도 영유권 분쟁은 지역적 패권경쟁과 해상운송로의 안정성 확보와 함께 해저 에너지 자원 개발이라는 요인이 되고 동해에서는 해양자원 권리 확보, 해양 영향력 확대라는 요인이 있고 쿠릴열도는 군사적 전략지의 중요성, 천연자원 매장량 관련 해양자원 권리 확보 등이 있다. 에너지 자원의 확보를 둘러싸고 환동해 지역에서 갈등을 증가시키는 요인은 에너지의 수요-공급 시장의 특성, 역사와 민족주의 정서, 영토 및 해양경계 갈등, 강력한 민족주의적 성향, 갈등 해결 매커니즘의 결여가 있다.

오늘날 해적, 어업, 선박의 안전, 수색구난(SAR), 인도지원·재해구원(HADR), 환경보호, 자원보전이라는 국가를 초월하는 해양문제는 다국간제도에서 취급해야하고 공통관심사에서의 협력 필요성이 있기 때문에 지역안보구조의 제도화와 지역 국가간의 국제관계에 기여할 수 있다.

UN환경계획(UNEP) 북서태평양지역해행동계획(NOWPAP)은 해양 및 해안 환경보호, 관리 개발을 담당하는 다국간 기관으로 동북아지역에서 유일하게 중국, 일본, 한국, 러시아가 참가하고 있다. 이 기관은 1993년 러시아가 방사선폐기물을 동해에 투기한 것에 대해 일본, 한국, 러시아 시민단체에 의해 설립되었고 해양과학데이터 교환, 정기적인 전문가회의, 지역의 과학적 커뮤니티에 부가가치를 제공하고 있다. 해양 분야에서 연락, 조정의 개선을 유지하는 유용한 국가적 중심지 역할을 하고 있어 동아시아지역 국가들은 이런 기구를 잘 활용해야 한다.

또한 2012년 설치된 ASEAN확대해양포럼(EAMF)은 유엔해양법협약 원칙 준수와 남중국해행동규범 준수에 대한 문제들을 취급하고 있어 이런 사례들을 활용하여 동아시아 지역의 해양문제 해결에 협력해야 한다.

　일본의 영토정책은 단순히 법적·역사적 기원에서 출발하는 것이 아니라 정치적, 경제적, 군사적, 여론의 이해관계가 혼재된 현실적인 국가간 핵심쟁점이기 때문에 동아시아 지역의 영토 문제는 해결하기 어렵다. 그리고 일본의 영토분쟁, 역사왜곡, 민족주의 문제는 양자간 영토분쟁에서 끝나지 않고 다자관계에 영향을 미치고 있기 때문에 동아시아 국가간 갈등과 안보의 불확실성을 증폭시키고 있다. 일본은 왜곡된 법적·역사적 주장과 민족주의 고양대신 타협과 양보라는 외교정책을 유지하면서 평화적 협상과 대화를 전제로 동북아 국가들의 신뢰구축과 선린 우호협력관계 증진에 노력해야 동북아 지역 내의 영토문제는 해결될 수 있을 것이다.

참고문헌

박기갑, 2000.12,「도서영유권분쟁관련 국제판례에서 나타난 실효적 지배 내지 점유 개념과 독도영유권문제」,『국제법학회논총』제45권 제2호.
서인원, 2019.06,「일본 군사력 증강 관련 법체제 정비에 대한 고찰」,『한일군사문화연구 제27호』, 한일군사문화학회.
_____, 2020.10,「센카쿠제도 관련 중일양국의 해양정책 변화와 동아시아 안보의 현황에 대한 고찰」,『한일군사문화연구 제30호』, 한일군사문화학회.
_____, 2020.12,「남쿠릴열도 영토분쟁 해결의 비현실성과 정치적 분쟁화에 대한 고찰」,『독도논총 제11권 제1·2호』(통권 제12호), 독도조사연구학회.
정민정, 2020.09.21,「한반도 주변 경계미획정 수역에 대한 국제법적 쟁점과 대응과제」,『입법·정책 보고서 Vol. 57』, 국회입법조사처.
정인섭, 2006,「1952년 평화선 선언과 해양법의 발전」,『서울국제법연구 13』, 1~28쪽.
池内敏, 2016,『竹島-もうひとつの日韓関係史』, 中公新書.
_____, 2012,『竹島問題とは何か』, 名古屋大学出版会.
植木千可子・本田美樹, 2012,『北東アジアの永い平和』, 勁草書房.
落合忠士, 1992,『北方領土問題-その歴史的事実・法理・政治的背景』, 文化書房博文社.
岡田和裕, 2012,『ロシアから見た北方領土』, 光人社NF文庫.
川上健三, 1953,『竹島の領有』, 外務省條約局.
_____, 1966,『竹島の歴史地理学的研究』, 古今書院.
木宮正史, 2015,『朝鮮半島と東アジア』, 岩波書店.
木村汎, 1989,『北方領土-軌跡と返還への助走』, 時事通信社.
芹田健太郎, 2010,『日本の領土』, 中央公論新社.
丹波 實, 2012.02,『日露外交秘話』, 中央公論新社.
東郷和彦・保阪正康, 2012,『日本の領土問題―北方四島, 竹島, 尖閣諸島』, 角川書店.
内藤正中 金柄烈, 2007,『史的検証 竹島・独島』, 岩波書店.
中内康夫外, 2013,『日本の領土問題と海洋戦略』, 朝陽会.
孫崎享, 2012,『日本の国境問題』, ちくま新書.
和田春樹, 2012,『領土問題をどう解決するか―対立から対話へ』, 平凡社.
茅原郁生・美根慶樹, 2012,『21世紀の中国軍事外交篇軍事大国化する中国の現状と戦略』, 朝日新聞出版.

川村範行, 2014.02,「尖閣諸島領有権問題と日中関係の構造的変化に関する考察」,『名古屋外国語大学外国語学部紀要第46号』.

竹田純一, 2013.04,「中国の海洋政策-海洋強国目標への軌跡と今後」,『島嶼ジャーナル 第2巻2号』, 島嶼資料センター.

         , 2019.03,「中国海警局(武警海警総隊)と海上保安庁-海洋権益維持と海上法執行をめぐる若干の比較」,『島嶼ジャーナル 第8巻2号』, 島嶼資料センター.

段烽軍, 2012,「中国の海洋開発戦略-経済社会の持続可能性を求めて」,『外交 vol. 13』.

中内康夫外, 2013,『日本の領土問題と海洋戦略』, 朝陽会.

西原正, 2013,『混迷の日米中韓緊迫の尖閣, 南シナ海』, 朝雲新聞社.

日本 防衛省, 2018~2021年,『防衛白書』.

コリン・グレイ, ジェフリー・スローン, 2009,『戦略と地政学1 進化する地政学 陸, 海, 空 そして宇宙へ』, 五月書房.

コ-ロン・フリント著, 2014,『現代地政学』, 原書房.

ロバート・D・カプラン, 2014,『地政学の逆襲』, 朝日新聞出版.

제 5장

빅데이터 기반 텍스트 네트워크 분석을 활용한 '문무대왕(文武大王)' 관련 핵심 이슈 및 정책 개선과제 도출

서호준

Ⅰ. 서론

7세기 후반 신라(新羅)에 의해 이루어진 삼국통일(三國統一)의 성격을 두고서 조선(朝鮮) 후기 이래로 적지 않은 논쟁이 있어 왔다. 장원섭(2018)이 정리한 바와 같이 신라의 삼국통일을 바라보는 시각은 크게 신라 삼국통일론, 백제통합전쟁론, 남북국시대론 등으로 구분될 수 있지만, 어느 견해를 취한다 할지라도 신라의 삼국통일에 우리 역사에서는 찾아보기 어려운 극적(劇的) 요소가 자리하고 있다는 사실만은 부인하기 어렵다. 그것은 삼국 간 각축(角逐)이 가열되던 7세기 중반 상대적 열세를 면치 못했던 신라가 당(唐)과의 연합을 통해 고구려(高句麗), 백제(百濟)를 연이어 패퇴시키고 우리나라 역사상 초유의 삼한일통(三韓一統)이라는 민족적 전기(轉機)를 마련했다는 역사적 사실로부터 기인된다 할 수 있다.[1] 설령 신라의 삼국통일

---
1) 사실 신라는 진흥왕(眞興王) 대 관산성(管山城) 전투에서의 승리를 통해 한강 유역 점령을 결정지었을 뿐만 아니라 고구려의 내지(內地)라 할 수 있는 함경도 일대까지 진출했기 때문에, 신라를 상대적 약세로 평가하기 곤란하다는 의견도 있을 수 있을 것이다. 그러나 이와 같은 신라의 전과(戰果)와 공세적 입지는 7세기 백제 무왕(武王) 대 이르러 급격히 위축되었으며, 의자왕(義慈王) 즉위 초에 전개된 백제의 대야성(大耶城) 공략으

에 부정적인 견해에 의할지라도 신라의 삼국통일이 한민족 형성과 고유문화의 터전 마련을 위한 중대한 전환점이었다는 것에는 상당한 공감대가 형성된 것으로 이해할 수 있다.

흔히 삼국통일의 주역(主役)으로 태종무열왕(太宗武烈王) 김춘추(金春秋)와 김유신(金庾信), 두 명의 인물이 꼽히고 있으며, 박진철(2017)에 의하면 신라 시대 역사적 인물에 대해 대학생들이 갖는 인지도 역시 무열왕 김춘추와 김유신이 압도적인 것으로 나타났다. 이에 반해 무열왕의 장남이자 김유신의 생질(甥姪)로 삼국통일을 실질적으로 완수(完遂)했던 문무왕(文武王)은 그 인지도가 의외로 미미한 편이며, '문무왕'이나 '문무왕 대(代)'를 다룬 학술 저변(底邊) 역시 결코 넓은 편으로는 보기 어려운 상황이다.

이와 같은 학술적 환경에도 불구하고, 역사적 사실에 입각(立脚)해 볼 때 문무왕이 갖는 역사적 위상과 매력은 결코 무시할만한 수준이 아니다. 문무왕은 문무(文武)라는 왕명(王名)에서도 알 수 있듯이 문무를 겸비한 신라 중대(中代)의 명군(名君)으로 백제 부흥 운동을 진압(鎭壓)하고, 백강구(白江口) 전투에서 왜(倭)를 격파하여 왜의 한반도 개입을 영구히 차단했을 뿐만 아니라 나당전쟁(羅唐戰爭)에서의 승리를 통해 삼국통일의 대업(大業)을 달성한 장본인이라고 할 수 있다. 또한, 삼국유사(三國遺事)에 따르면 사망한 후에는 동해 수중릉(水中陵)에 안장(安葬)되어 신라를 지키는 호국대룡(護國大龍)의 전설을 탄생시키기도 했던 것이다.

문무왕에 대한 호국대룡의 전설은 '동해'를 공간적인 무대로 하고 있다는 측면에서 특기할 만하다. 우리나라가 새로운 성장의 동력을 얻기 위한 지리상 방정식은 바로 '동해'에서 찾을 수밖에 없는데, 본격적인 동해안 시대의 개막을 준비하는 상징(象徵)으로서 '문무왕'은 충분한 자격과 극적인 요소를 잘 갖추고 있는 셈이다.

본 연구는 위와 같이 상당한 사적(史蹟)과 전설을 보유하고 있는 문무왕에 대해 그 학술 저변을 확대하고, 동해안 시대를 여는 역사적·정신적 표상(表象)으로서 문무왕이 갖는 가치를 재조명할 필요가 있다는 인식에 따라 최

로 신라의 군사적 위상은 더욱 약화되었던 것이다. 신라의 이와 같은 위기의식이 당과의 연합을 촉진하는 연결고리가 되었다.

근 5년간 문무왕 연구경향을 일별하는 한편, 일반인과 언론 등이 문무왕을 바라보는 '사회적 인식'을 파악하고자 한다. 이를 통해 학술과 사회적 인식 간의 공통점과 차이점을 비교분석함으로써, 양자 간 간극(間隙)을 메울 수 있는 정책적 시사점을 도출하고자 한다. 즉 문무왕에 대한 학술과 사회적 인식이 함께 발전해나갈 수 있는 공진화(Coevolution)를 모색하고자 하는 것이다.

본 연구는 단순히 현황 파악이나 학술적 담론(談論)에만 그치지 않고 실질적이고 구체적인 정책개선방안 마련을 목적으로 하고 있으며, 이는 동시에 정책학(政策學), 역사학(歷史學) 등이 '동해안 시대 정신적 지주로서 문무왕'을 공유함으로써 가능할 수 있는 융합적(融合的)·학제적(學制的) 연구의 시발점이 될 것으로 기대된다.

또한, 본 연구는 4차 산업혁명(The Fourth Industrial Revolution) 또는 빅데이터(Big-data) 등과 가장 학술적 거리가 먼 것으로 알려진 역사학 분야에 최신의 빅데이터 기반 텍스트 분석기법을 접목(接目)시킴으로써, 방법론적 혁신(革新)과 인식의 전환(轉換)을 도모하고자 한다. 사실 빅데이터 기반 텍스트 분석접근법은 조선 시대사나 근현대사 등 한국사의 일부 시대사를 중심으로 시도된 사례가 최근 증가하고 있지만, 문무왕과 같이 고대사 영역에서 시도된 사례는 매우 희소하다는 측면에서는 본 연구의 시도 자체에 적지 않은 의미가 있는 것으로 볼 수 있다. 특히 본 연구에서 주요 분석기법으로 활용할 텍스트 네트워크 분석(Text Network Analysis)은 대표적 비정형 데이터(Informal Data)인 문자(Text)에 특화되어 있어 이공학 분야는 물론 인문, 사회, 예체능 분야에 이르기까지 광범위한 활용도를 보이고 있는 점을 고려하여 본 연구에서 이를 적용하고자 한다.

인문학(人文學) 분야의 경우 다른 학문 분과영역에 비해 연구자 개인의 통찰력(洞察力)과 직관(直觀)이 매우 중시된다고 볼 수 있겠는데, 이는 인문학이 가지는 학문적 특성(特性)과 연관되어 있음은 두말할 나위가 없을 것이다. 그러나 빅데이터 등 최신 기술의 발전상은 인문학을 더 이상 비과학적인 수준에 머물게 할 수 없는 환경을 조성하고 있는 것이 사실이며 이는 본 연구에서 빅데이터 기반 분석기법을 활용하게 된 동력이 되었다.

또한, 본 연구는 단순히 현황 파악이나 학술적 담론 차원을 넘어 실질적인 정책대안의 제시를 종국적인 목적으로 하고 있다. 이는 연구자 일개인(一個人)에 의해 이루어지는 것보다 문무왕과 관련된 정책대안을 둘러싼 각 분야 전문가들의 집단지성(Collective Intelligence)에 근거를 둔다면 그 타당성과 신뢰성을 크게 높일 수 있을 것으로 판단되었다. 본 연구에서는 이를 위해 인간의 의사결정방식에 근거를 둔 계층화(Analytic Hierarchy Process, AHP) 분석을 통해 정책대안을 도출하고 우선순위를 설정하고자 한다.

본 연구는 이후, 같은 순서에 따라 진행될 것이다. 제1장의 서론 부분으로 위에서 살펴본 바와 같이 연구목적과 필요성이 제기될 것이며, 연구 방법 및 연구 범위에 대한 개략적 내용이 기술되었다.

제2장은 본 연구의 이론적 배경(Theoretical Background)에 해당된다. 우선 제1절에서 본 연구의 분석대상인 문무왕의 생애(生涯)를 연대기적(Chronic)으로 다룰 예정인데, 문무왕의 가계(家系)로부터 백제와 고구려 멸망, 나당전쟁과 삼국통일의 완수, 삼국통일의 후속조치, 사망과 유조(遺詔), 호국대룡의 전설 등이 주요 고찰대상이다. 제2절에서는 본 연구의 핵심 분석기법인 텍스트 네트워크 분석에 관해 상세히 다루고자 하는데, 텍스트 네트워크 분석의 개념에 관해 살펴보고, 텍스트 마이닝(Text Mining) 절차와 사회 네트워크 분석(Social Network Analysis)으로 구성되는 방법론적 특징과 함께 주요 분석지표들에 관해 기술할 예정이다. 제3절에서는 본 연구의 분석대상 및 분석기법과 관련된 선행연구를 검토하고자 하는데, 먼저 문무왕과 관련된 선행연구들을 검토하는 한편, 인문학 영역에서 텍스트 네트워크 분석을 적용한 주요 연구사례들을 분석하고자 한다.

제3장은 연구설계 부분으로 본 연구에서 적용하게 될 연구 방법과 범위를 확정하여 본 연구의 분석모형을 정립하고자 한다.

제4장은 실증분석 부분으로 제1절에서 문무왕 연구경향에 대해 준거기준별(Criteria) 기술적 분석결과를 제시하고, 제2절에서는 최근 5년간 문무왕 관련 학술 논문 및 네이버(NAVER), 구글(Google), 다음(daum) 등 국내 포털사이트 대상 SNS(Social Network Service) 데이터로부터 빈도 및 중심성 기준 상위 50개 키워드를 선별하여 각 키워드가 네트워크 내에서 갖고 있는 파워와 중심성 등을 실증한다. 또한, 효율적인 논지 전개를 위해 추출된 키

워드들을 4개 그룹으로 유형화하여 핵심 아젠다(Agenda)를 도출함으로써, 학술과 사회적 이슈 간의 공통점과 차이점을 비교한다. 제3절에서는 제2절에서 실증된 키워드 군집화 결과를 토대로 문무왕 관련 정책 활성화를 위한 정책대안 군을 구축한 다음, 전문가 집중 인터뷰를 통해 AHP 기반 각 대안들의 우선순위를 도출한다.

제5장에서는 실증분석결과를 종합·요약하고, 종합적인 토의를 진행하여 본 연구의 정책적 시사점과 구체적인 정책개선 방향을 제시하고자 한다. 또한, 본 연구가 가지는 이론적·실무적 공헌과 한계를 밝힘으로써, 후속 연구를 위한 방향성을 제시하기로 한다.

Ⅱ. 이론적 배경

1. 문무왕 생애 개관

문무왕은 서기 661년 왕위에 올랐는데, 이름을 법민(法敏)이라 하였으며, 무열왕의 맏아들로 어머니 문명왕후(文明王后) 김씨는 소판(蘇判) 김서현(金舒玄)의 막내딸이자 김유신의 여동생이었다.[2] 여기서 눈여겨볼 내용은 문무왕의 부계(父系)와 모계(母系)의 출자(出自)이다.

무열왕 김춘추는 국인(國人)에 의해 폐위된 진지왕(眞智王)의 손자라는 혈통적 약점으로 인해 당시까지 왕위계승권을 독점하던 성골(聖骨)이 아니었다. 선덕여왕(善德女王) 재위 말에 일어난 비담(毗曇)과 염종(廉宗)의 난을 진압한 공적으로 신라 조정의 실권을 장악하였지만, 왕위에 오르는 과정은 결코 순탄치 않았다. 진덕여왕(眞德女王)의 사후, 여러 신하는 알천(閼川)을 왕으로 추대하고자 하였으나, 알천은 이를 사양하고, 무열왕을 추천했던 것이다.[3] 만약 알천이 사양하지 않았더라면 신라는 왕위계승을 둘러싼 내

---

2) 諱法敏, 太宗王之元子. 母金氏文明王后, 蘇判舒玄之季女, 庾信之妹也.(三國史記 卷第六 新羅本紀 第六 文武王 元年)

3) 及眞德薨, 羣臣請閼川伊湌攝政, 閼川固讓曰, "臣老矣, 無德行可稱. 今之德望崇重, 莫若春

전에 휩싸일 가능성이 매우 컸기 때문에, 비록 무열왕의 왕위계승이 확정되었다 하더라고, 이 시기 함부로 군사를 움직일 수 없었던 신라는 백제의 공세에 제대로 대응하지 못했다(서영교, 2019). 그러나 무열왕은 당시 신라의 군권을 장악한 김유신 세력과 연대(連帶)함으로써, 성공적인 왕위계승은 물론, 백제를 멸망시켜 삼한일통의 전기를 마련할 수 있었다.

문무왕의 외조부(外祖父)인 김서현은 금관가야(金官伽倻)의 마지막 임금인 구형왕(仇衡王)의 손자였는데, 김서현의 아버지 김무력(金武力)은 관산성 전투에서 백제 성왕(聖王)을 죽이는 혁혁한 군공(軍功)을 세워 가야 김씨를 신라의 신흥귀족세력으로 발돋움시켰다(신형식, 1997). 그러나 김무력의 아들 김서현은 아직까지 가야 김씨 가문의 위상이 신라 왕실에 의해 용납(容納)될 정도가 아니라는 인식에 따라 진흥왕의 동생인 숙흘종(肅訖宗)의 딸 만명(萬明)과 야합(野合)이라는 비상수단을 써서 혼인하였고, 결국 김유신을 낳았던 것이다. 김유신은 7세기 대백제전에서 신라를 여러 차례 존망(存亡)의 갈림길에서 구해낸 신라의 군신(軍神)이었는데, 여동생 문희(文姬), 즉 문명왕후가 김춘추와 혼인하면서 김유신은 신라 정계의 최대 실력자인 김춘추의 정치적 동반자가 될 수 있었다.4)

문무왕의 부계인 진지왕계와 모계인 금관가야계의 결합은 당시 신라 정계에서 새로운 구심점(求心點)이 탄생되는 계기가 되었으며, 무열왕 김춘추는 진골(眞骨)이라는 혈통적 한계에도 불구하고, 김유신으로 대표되는 군사적 배경을 발판으로 신라의 제29대 왕에 오를 수 있었던 것이다.

秋公, 實可謂濟世英傑矣." (三國史記 卷第五 新羅本紀 第五 太宗 武烈王 元年 三月)
4) 사실 김춘추와 문희의 혼인도 순탄치 않았음이 『삼국유사(三國遺事)』에 잘 나타나 있다. 初 文姬之姉寶姬 夢登西岳捨溺瀰 滿京城 旦與妹說夢 文姬聞之謂曰 我買此夢 姉曰 與何物乎 曰 鬻錦裙可乎 姉曰 諾 妹開襟受之 姉曰 疇昔之夢 傳付於汝 妹以錦裙酬之 後旬日 庾信與春秋公 正月午忌日[見上射琴匣事 乃謂致遠之說] 蹴鞠于庾信宅前[羅人謂蹴鞠爲弄珠之戱] 故踏春秋之裙 裂其襟紐 曰 請入吾家縫之 公從之 庾信命阿海奉針 海曰 豈以細事輕近貴公子乎 固辭[古本云 因病不進] 乃命阿之 公知庾信之意 遂幸之 自後數數來往 庾信知其有娠 乃嘖之曰 爾不告父母 而有娠何也 乃宣言於國中 欲焚其妹 一日俟善德王遊幸南山 積薪於庭中 焚火烟起 王望之問何烟 左右奏曰 殆庾信之焚妹也 王問其故 曰 爲其妹無夫有娠 王曰 是誰所爲 時公呢侍左在前 顔色大變 王曰 是汝所爲也 速往救之 公受命馳馬 傳宣沮之 自後現行婚禮變. 王曰 "是汝所爲也速徃救之." 公受命馳馬傳宣沮之, 自後現行婚禮. (三國遺事 卷 第一 紀異第一 太宗春秋公)

김춘추와 문희라는 개인과 개인의 결합 차원을 넘어 두 가문의 결합으로 탄생한 문무왕은 외모가 특출나고 영민하였다.[5] 문무왕은 왕위에 오르기 전부터 대당외교(對唐外交)와 대백제전에 적극적으로 참여하였는데, 무열왕의 뒤를 이어 650년(진덕여왕 4년)에 당나라에 사신으로 파견되었으며, 660년에는 백제 정벌전에 태자로서 참전하여 당나라 장수 소정방(蘇定方)을 덕물도(德物島)에서 영접(迎接)하였다. 사비성(泗沘城) 함락 후에는 백제 태자 부여융(夫餘隆)을 말 아래 꿇어앉게 하고 그 얼굴에 침을 뱉으며 꾸짖기도 하였다.[6] 이러한 문무왕의 일갈(一喝)은 시정잡배(市井雜輩)와 같은 행동의 발로(發露)가 아니라 20여 년에 걸친 의자왕(義慈王)-무열왕 가문 간 원한에 종지부(終止符)를 찍는 장면이었던 것이다.

661년 무열왕의 사후 왕위에 오른 문무왕은 백제정벌을 마무리하는 데 진력(盡力)했다. 옹산성(甕山城), 우술성(雨述城), 내사지성(內斯只城), 거열성(居列城), 거물성(居勿城), 사평성(沙坪城), 덕안성(德安城) 등에 웅거(雄據)한 백제의 잔적을 격파하는 한편, 복신(福信)과 도침(道琛)이 도모한 백제부흥운동을 진압하였다. 당과 연합작전을 펼쳐 백강구 전투에서 왜에 궤멸적(潰滅的)인 타격을 입히기도 하였다.[7] 또한, 당나라의 고구려 정벌전을 지원하여 당나라에 군량을 제공하고 사천(虵川)전투에서 고구려군을 크게 격파하였다.[8]

668년 고구려의 멸망 이후, 신라와 당은 본격적인 대립국면에 들어섰다. 문무왕은 670년(문무왕 10년)에 요동(遼東)을 선제공격하여 이겼다.[9] 사실 신라는 백제의 구령(舊領)에 대한 관할권을 두고 당과 지속적으로 갈등해왔는데, 고구려 멸망을 계기로 당이 삼한 지역에 대한 직접 통치 의지를 노골

---

5) 法敏姿表英特, 聰明多智略.(三國史記 卷第六 新羅本紀 第六 文武王 元年)
6) 法敏跪隆於馬前, 唾面罵曰, "向者, 汝父枉殺我妹, 埋之獄中. 使我二十年間, 痛心疾首, 今日汝命在吾手中." 隆伏地無言.(三國史記 卷第五 新羅本紀 第五 武烈王 七年)
7) 仁師·仁願及羅王金法敏, 帥陸軍進, 劉仁軌及別帥杜爽·扶餘隆, 帥水軍及粮舩, 自熊津江往白江, 以會陸軍, 同趍周留城. 遇倭人白江口, 四戰皆克, 焚其舟四百艘, 煙炎灼天, 海水爲丹.(三國史記 卷第二十八 百濟本紀 第六 義慈王 二十二年)
8) 文穎等遇高句麗兵於虵川之原, 對戰大敗之(三國史記 卷第六 新羅本紀 第六 文武王 八年)
9) 夏四月四日, 對戰, 我兵大克之. 斬獲不可勝計. 唐兵繼至, 我兵退保白城.(三國史記 卷第六 新羅本紀 第六 文武王 十年)

화(露骨化)함에 따라 신라와 당의 일전(一戰)은 불가피한 수순(手順)이었는데, 나당전쟁(羅唐戰爭)은 실제로 상당히 치열하게 전개되었다. 당시 당은 아시아 지역의 패권국가(覇權國家)로 그 군사력은 신라가 미칠 수준이 아니었다. 그럼에도 불구하고, 주요 전장이 서해를 사이에 둔 한반도였다는 사실과 문무왕이 상당한 시간에 걸쳐 기병(騎兵) 육성에 박차(博叉)를 가해왔다는 것은 신라에 유리한 요소로 작용하였다. 소규모 접전이 계속되던 중 672년(문무왕 12년) 석문전투(石門戰鬪)는 신라와 당 두 나라가 정면승부를 벌인 일대 회전(會戰)이었는데(서영교, 2006), 신라는 이 전투에서 패하고 말았다.[10] 이에 신라 조정은 크게 당황하였으나, 이후 일진일퇴(一進一退)의 공방전(攻防戰)이 계속되는 가운데 점차 전황(戰況)은 신라에 유리한 방향으로 전개되었다. 675년(문무왕 15년) 매소성(買肖城) 전투에서 승기를 잡은 신라는 기벌포(伎伐浦)에서 설인귀(薛仁貴)의 당 수군을 격파함으로써,[11] 나당전쟁은 신라의 승리로 결정지어졌다.

위에서 살펴본 바와 같이 문무왕이 세운 군사적 업적(業績)은 아버지 무열왕을 훨씬 뛰어넘는 것이었다. 무열왕이 백제 왕성을 함락시켜 의자왕과 태자 융을 당하(堂下)에 꿇린 것은 사실이었지만, 문무왕은 이후 훨씬 더 오랜 기간에 걸쳐 백제의 잔적을 소탕(掃蕩)하여 발본색원(拔本塞源)하였다. 대고구려정벌전에 참전하여 북쪽의 당을 상대하기에 급급한 고구려의 배후(背後)를 효과적으로 공략하였으며, 백촌강에서는 3백여 척에 달하는 왜의 대선단(大船團)을 격멸하였을 뿐만 아니라 십 년 가까이 당과 항쟁(抗爭)하여 끝내 삼국통일을 완성했던 것이다.

문무왕은 위와 같은 전과만으로 그 유례(類例)를 찾아보기 어려울 정도의 명군이라 할 수 있지만, 이는 어디까지나 문무(文武)에서 "무(武)"에 한정된 것이라 할 수 있다. 문무왕은 사실 삼국통일에 따라 확대된 영역을 어떻게 하면 효율적으로 통치할 수 있을까 하는 문제에 관해서도 적지 않은 업적을 쌓았는데, 이는 주로 문(文)과 관련된 것이라 할 수 있다.

---

10) 高保等退, 追至石門戰之, 我兵敗績, 大阿湌曉川·沙湌義文·山世·阿湌能申·豆善·一吉湌安那含·良臣等死之.(三國史記 卷第七 新羅本紀 第七 文武王 十二年)

11) 冬十一月, 沙湌施得領舡兵, 與薛仁貴戰於所夫里州伎伐浦, 敗績. 又進大小二十二戰, 克之, 斬首四千餘級.(三國史記 卷第七 新羅本紀 第七 文武王 十六年)

673년(문무왕 13년)에 지방 행정통제와 관리감찰을 위해 외사정(外司正)을 설치하였으며,12) 677년(문무왕 17년)에는 급여제도 개편을 총괄하는 사록관(司錄館)을 설치하여 나당전쟁 승리에 대한 논공행상(論功行賞)을 시행하였다. 후일 통일신라 시대 지방통치제도의 근간을 이루는 9주 5소경도 문무왕 대부터 구축되기 시작하였는데13), 678년(문무왕 18년)에는 북원소경(北原小京)을, 680년(문무왕 20년)에는 금관소경(金官小京)을 설치했던 것이다.14)15) 또한, 678년(문무왕 18년)에 율령격식(律令格式)을 제정·집행하는 관청인 좌·우이방부(理方府)를 확대하였다.16) 이밖에도 문무왕은 무기를 녹여 농기구를 만들었고, 세금과 요역을 줄여 백성들이 넉넉한 삶을 누리게 하였는데,17) 전덕재(2006)는 문무왕의 이러한 노력으로 인해 문무왕대 말기와 신문왕대 초기 신라의 농민 경제와 촌락 사회가 안정화 단계에 들어선 것으로 평가한 바 있다.

문무왕의 불교(佛敎) 정책은 매우 현실적이면서 호국적이었다. 문무왕 자신이 불교에 귀의(歸依)한 군주였지만, 삼국통일전쟁기 사찰에 재물과 토지를 시주하는 것을 금하였다.18) 이는 전쟁으로 경제가 피폐해진 상황에서 세(稅)와 역(役)을 담당하는 계층이 감소하는 것을 우려한 조치로서, 불교를 신봉(信奉)하는 군주임에도 불구하고, 현실적인 국가경제상황을 고려한 정책이라고 할 수 있다. 또한, 문무왕은 불교를 통해 삼국통일로 새롭게 편입된 영토의 주민들을 회유하고자 노력하였다. 문무왕은 유언으로 경흥(憬興)을 국사로 삼을 것으로 부탁하였는데,19) 경흥이 백제 유민인 점을 살핀다면 백제인들과의 사상적 융화도 고려한 선택이었다고 할 수 있을 것이다. 나아

---

12) 始置外司正. 州二人郡一人.(三國史記 卷第七 新羅本紀 第七 文武王 十三年)
13) 9주 5소경 체제의 구축이 완료되는 것은 문무왕의 아들인 신문왕(神文王)대이다.
14) 置北原小京, 以大阿湌吳起守之.(三國史記 卷第七 新羅本紀 第七 文武王 十八年)
15) 加耶郡置金官小京.(三國史記 卷第七 新羅本紀 第七 文武王 二十年)
16) 加左右理方府卿各一負.(三國史記 卷第七 新羅本紀 第七 文武王 十八年)
17) 鑄兵戈爲農器, 驅黎元於仁壽. 薄賦省徭, 家給人足, 民間安堵, 域內無虞.(三國史記 卷第七 新羅本紀 第七 文武王 二十一年)
18) 禁人擅以財貨·田地施佛寺.(三國史記 卷第六 新羅本紀 第六 文武王 四年)
19) 神文王代大德憬興姓水氏, 熊川州人也. 年十八出家遊及三藏望重一時, 開耀元年文武王將昇遐顧命於神王曰,"憬興法師可爲國師, 不忘朕命." 神文即位曲爲國老住三郎寺.(三國遺事 卷 第五 感通第七 憬興遇聖)

가 문무왕은 원효(元曉)와 의상(義相)을 중심으로 아미타(阿彌陀) 신앙을 포교케 함으로써, 국가적 화합을 추구했던 것이다.

　문무왕의 최후와 관련된 전설이 바로 호국대룡의 전설이다. 문무왕은 681년(문무왕 21년) 7월에 승하하면서 유조를 남겼는데, 자신을 장사지내는 방식으로 화장(火葬)을 선택하였으며,20) 삼국사기에는 기록되지 않았지만, 용(龍)이 되어 신라를 수호하겠다는 유언이 삼국유사에 실려있다.21)22) 문무왕의 유해는 화장된 후, 장골(藏骨)되어 동해에 묻혔는데, 그곳이 바로 경북 월성군 양북면 월성사 부근 해변에 자리 잡고 있는 대왕암(大王岩)이라고 한다. 그런데 실제 문무왕의 유해가 대왕암에 묻혔는지 여부가 불분명할 뿐만 아니라 장골이 아닌 산골(散骨)로 흩뿌려졌을 가능성도 배제할 수 없다고 한다. 최민희(2018)에 의하면 1950년대까지 문무왕의 능(陵)은 현재 원성왕릉(元聖王陵)으로 인식되는 괘릉(掛陵)에 비정(比定)되다가, 1960년대 신라삼산오악조사단이 동해구(東海口)의 대왕암을 문무왕 수중릉(水中陵)으로 재발견했던 것이다. 대왕암에 문무왕의 장골이 매장되어 있는지 여부에 상관없이 동해 대왕암은 문무왕의 호국(護國) 의지가 집약(集約)되어 있는 상징적인 장소임에 틀림없다고 할 수 있다.

　문무왕은 사후에도 삼국통일의 위업(偉業)을 달성한 인물로 신라 왕실과 후세 신라인들에 의해 오랫동안 추숭(追崇)되었다. 오묘제(五廟制)23)를 수용한 신라 중대 이후, 문무왕은 아버지 무열왕과 함께 세세불훼지종(世世不毀之宗)으로서의 위상을 지녔다(김나경, 2020). 즉 혜공왕(惠恭王) 대에 이르면 문무왕은 제사를 주관하는 왕의 5대 직계 조상에서 제외되는 시점이 되었지만, 불훼지종으로서 지속적으로 제사의 대상이 되었을 뿐만 아니라

---

20) 依西國之式, 以火燒葬.(三國史記 卷第七 新羅本紀 第七 文武王 二十一年)
21) 大王御國二十一年以永隆二年辛巳崩, 遺詔葬於東海中大巖上. 王平時常謂智義法師曰, "朕身後願爲護國大龍, 崇奉佛法守護邦家." 法師曰 "龍爲畜報何." 王曰 "我猒世間榮華久矣, 若麤報爲畜則雅合朕懷矣."(三國遺事 卷 第二　紀異第二. 文武王法敏)
22) 지의법사(智義法師)는 문무왕이 용으로 환생하기를 원한다는 유언을 못마땅하게 생각했다.
23) 중국의 묘제에서 제후(諸侯)는 오묘제에 따르는데, 오묘는 태조묘(太祖廟)를 중심으로 직계 4대조를 받드는 것을 원칙으로 하지만, 신라의 오묘제는 점차 이와는 다른 독자적인 묘제로 발전되어 갔다.

왕통(王統)이 내물왕계(奈勿王系)로 바뀌는 원성왕(元聖王) 대에 이르러서도 문무왕은 여전히 불훼지종으로서 모셔졌으며, 신라 하대(下代)에 이르기까지 문무왕에 대한 추숭은 꾸준히 이루어졌던 것이다.

요컨대 문무왕은 "삼국 쟁패(爭霸)"라는 격동(激動)의 시대를 가로질러 삼한을 통일시킨 영걸(英傑)이자 기린아(麒麟兒)로 오랜 기간 추숭받아왔으며, 새로운 동해안 시대의 개막을 상징하기에 충분한 인물이었다.

2. 빅데이터 기반 텍스트 네트워크 분석

빅데이터가 모든 학문 분야에서 본격적으로 주목받기 시작한 것은 무엇보다도 클라우스 슈밥(Schwab)이 2016년 다보스 포럼에서 "4차 산업혁명"의 도래(到來)를 화두로 던지면서부터라고 할 수 있다. 4차 산업혁명(The Fourth Revolution)이 과연 무엇을 의미하는가에 관해 통일된 정의가 존재하는 것으로 보기는 어렵지만, 주창자인 슈밥은 '유전자, 나노, 컴퓨팅 등 모든 기술이 융합(融合)하여 물리학(物理學), 디지털, 생물학(生物學) 분야가 상호 교류하여 파괴적 혁신을 일으키는 혁명'으로 보았는데, 이러한 개념정의에 '융합', '디지털', '혁신' 등의 키워드가 포함되어 있음을 확인할 수 있다. 4차 산업혁명에서 '4차'라는 차수는 그 이전에 출현했던 세 차례 산업혁명이 선재(先在)하였음을 의미한다. 알려진 바와 같이 1차 산업혁명은 18세기 후반 영국에서 태동된 기계발명과 기술혁신이 인류사회의 산업구조를 획기적으로 변화시킨 것을 의미하여, 2차 산업혁명은 19~20세기 초반, 전기(電氣)를 기반으로 생산의 대량화가 초래된 것을 의미하는 것으로 볼 수 있다. 3차 산업혁명은 컴퓨터와 인터넷을 통해 지식공유에 기반을 둔 일련의 변혁을 지칭하는 것으로 볼 수 있다.[24]

이재원(2016)에 의하면 4차 산업혁명을 주도할 기술로 사물인터넷, 로봇공학, 3D프린팅, 빅데이터, 인공지능 등이 꼽히고 있으며, 이 중 빅데이터 기

---

[24] 3차 산업혁명과 4차 산업혁명 간에 차이가 존재하는지 여부에 관해 다소간의 논쟁이 있지만, 3차 산업혁명은 정보를 온라인(단방향) 공간에만 축적했던 것에 비해 4차 산업혁명은 사물인터넷에 기반하여 인간대인간, 인간대사물, 사물대사물 간 연결성을 극대화하는 초연결성, 초지능화, 융합화를 특성으로 하고 있다.

술은 인간행동이나 설비동작과 같은 패턴 분석분야를 중심으로 그 활용도가 크게 증가하고 있다. 빅데이터는 다른 4차 산업혁명 관련 기술의 원천정보를 제공한다는 측면에서 더욱 중요하다고 할 수 있다.

최근 몇 년에 걸쳐 "빅데이터"라는 단어가 너무 자주 언급되어온 탓에 거의 관용어구(慣用語句)가 된 듯한 느낌마저 받게 되지만, 빅데이터를 학문적으로 제대로 정의한 사례를 찾는 것은 생각만큼 쉽지 않다. 또한, 빅데이터라고 하면 커다란 덩어리가 연상되는 탓에 막연히 양이 방대한 데이터로 오인(誤認)되기도 쉬운 것 같다. 그런데 사실 빅데이터는 이처럼 양적인 폭증을 특질로 하고 있는 것도 엄연한 사실이다. Marr(2017)에 의하면 지구상의 인류는 2020년대 초에 이르면 매초마다 1.7메가바이트에 달하는 새로운 데이터를 생산할 것으로 예측되고 있기 때문이다.

"빅데이터"라는 단어는 이코노미스트지(The Economist)에 데이터의 폭우(Deluge)를 다룬 보고서가 게재되면서 사용이 본격화되었는데, 이후 빅데이터를 정의하기 위한 노력이 활발히 이루어졌으나, 백가쟁명(百家爭鳴)식 접근이 오히려 빅데이터에 대한 개념정의에 혼란을 주는 듯한 경향도 보이고 있다. 다만, 국내에서는 국가정보화전략위원회(2012)가 국가 차원의 빅데이터 마스터플랜을 구축하였는데, 이에 따르면 빅데이터를 '데이터 형식이 다양하고, 생성속도가 매우 빨라 새로운 관리·분석이 필요한 대용량 데이터'로 정의하였다. 위와 같은 빅데이터 정의는 빅데이터의 특성을 비교적 잘 나타낸 것이라 할 수 있다. 현재 국내외적으로 인정되는 빅데이터의 특성은 바로 3V, 즉 양(Volume)이 많고, 속도(Velocity)가 빠르며, 형태(Variety)가 다양하다는 것에 함축(含蓄)되어 있기 때문이다. 최근에는 이와 같은 3V에 더해 가치(Value)와 정확성(Veracity)까지 추가된 "5V"를 빅데이터의 특성으로 파악하고 있는데, 이는 데이터의 홍수(洪水) 속에서 가치 있고 정확한 데이터의 중요성을 자각한 결과로 생각된다.

위에서 살펴본 빅데이터의 속성을 고려할 때 빅데이터와 "역사"간에 무슨 접점이 존재하겠느냐는 의문이 있을 수 있을 것이다. 그러나 조금 더 깊이 생각해보면 역사학은 근본적으로 사료(史料)라는 방대한 데이터를 다루기 때문에, 근본적으로 데이터과학으로서의 성격이 강할 수밖에 없다. 즉 역사학은 부지불식(不知不識) 간에 빅데이터와 가장 밀접한 관련을 맺는 학문 영역으로 볼 수 있다는 것이다. 그런데 역사학의 본질을 실증적인 사료비판을 통해 역사적 사실에 다가서고, 역사적 사건 간의 법칙성 도출보다는 역사가에 의한 독자적 역사해석에 있다고 본다면 역사학과 빅데이터 간의 관계는 원점에서부터 재검토될 수밖에 없게 된다. 만일 빅데이터가 숫자를 중심으로 한 계량적·통계적 접근만을 의미하는 것이라면 빅데이터적인 접근은 역사적 사실을 단순화 내지 획일화함으로써 역사가 갖는 특유의 주관성을 외면할 가능성을 내포하고 있는 것으로 볼 수밖에 없다.

그런데 이와 같은 우려(憂慮)는 연구자에 따라서는 기우(杞憂)에 불과할 수 있다. 정보의 바다로 일컬어지는 인터넷 활용 기술이 눈부시게 발전함에 따라 과거와는 비교도 할 수 없을 만큼 문헌자료(文獻資料)에 대한 접근 가능성이 향상되고 있기에 역사학을 비롯한 각 학문분야에서의 논저(論著)들도 폭발적으로 증가하고 있는데, 그에 비례하여 이러한 논저들의 연구경향을 검토하고, 그 특징을 분석하는 것 자체가 도저히 일개인의 입장에서는 감당하기 어려운 작업이 되어가고 있는 것도 분명한 사실로 판단된다. 이와 같은 문제점을 해결할 솔루션이 바로 "빅데이터"라고 할 수 있는데, 빅데이터를 포함한 계량적·통계적 기법을 철저히 분석도구로서만 활용한다는 제약조건(制約條件)만 잘 지켜진다면 역사연구에 있어서도 상당한 효능(效能)을 가져다줄 수 있을 것으로 생각된다. 특히 기존에는 엄두도 내지 못했던 비정형(Informal)·반정형(Semi-Informal) 데이터에 대한 접근이 용이해지면서 빅데이터의 가치는 크게 증대되고 있는데, 대표적인 비정형·반정형 데이터가 바로 문자(Text)이다.

본 연구에서 핵심 분석기법으로 활용하게 될 텍스트 네트워크 분석 (Text Network Analysis)은 이러한 텍스트 분석에 특화되어 있는 접근법으로 최근 들어 각 학문 분야에서 그 활용도가 크게 증가하고 있다. 텍스트 네트워크 분석[25]은 텍스트 마이닝과 사회 네트워크 분석이 결합된 2단계 분석기법으로 최근 언어학(言語學) 분야를 중심으로 인문학 분야에서의 활용도 급증하고 있다.

---

25) 논자에 따라서는 네트워크 텍스트 분석, 언어 네트워크 분석 등으로도 불리고 있다.

텍스트 마이닝(Text Mining)은 데이터 마이닝의 일종으로 빅데이터의 주요 속성(5V) 중 하나인 '형태의 다양성(Variety)'에 장점을 갖고 있다. 즉 종래 분석기법들이 숫자나 척도 중심의 정형(Formal) 데이터를 주로 활용해 왔다면 텍스트 마이닝 기법은 대표적 비정형·반정형 데이터인 문자를 대상으로 자연어 처리 기술(Natural Language Processing)을 통해 유의미한 정보를 정제·추출하게 되며(김지숙, 2012), 텍스트 네트워크 분석에서는 내용분석(Content Analysis)을 담당한다.

사회 네트워크 분석(Social Network Analysis)[26]은 기본적으로 분석대상이 되는 네트워크의 개체(個體)를 구성하고 있는 개인이나 집단 상호 간의 구조와 상대적 강도 등을 연결관계에 기초하여 그 영향력의 크기를 산출하는 방법이라고 할 수 있다(박치성·정지원, 2013). 사회 네트워크 분석에서 기본적인 분석단위는 노드(Node)인데, 이러한 노드와 노드 간의 연결관계에 대한 구조적인 분석을 통해 정량적인 정보를 도출하는 것이 사회 네트워크 분석의 방법론적 핵심이라 할 수 있다. 본 연구에서 대상으로 삼게 될 논문의 제목(Title), 초록(Abstract), SNS 데이터 등으로부터 추출되는 키워드(Keyword)가 노드에 해당된다.

본 연구의 사회 네트워크 분석에서는 이러한 키워드 상호 간의 연결관계를 구조적인 관점에서 분석하여 정량정보를 산출하기 위해 비교적 다양한 차원의 계량지표(計量指標)를 적용하고자 한다. 계량지표들은 밀도(Density), 중심성(Centrality), 중심도(Centralization)와 같은 해당 네트워크의 기본적인 특질과 관련된 지표들과 군집분석, 에고(Ego) 분석, 응집성 분석과 같은 해당 네트워크의 특정 영역이나 특수한 속성을 위주로 계량 정보를 도출하는 지표들로 나누어 볼 수 있다. 네트워크의 기본적인 특질과 관련된 지표인 밀도는 해당 네트워크 내에 얼마나 많은 연결이 있는지를 수치로 나타내는 지표이며, 중심성은 해당 네트워크 내에서 특정 키워드가 상대적으로 얼마나 중요한 위상을 지니고 있는지를 나타내는 지표로서, 중심성에는 연결정도 중심성(Degree Centrality), 근접정도 중심성(Closeness Centrality)[27], 매개정도 중심성(Betweenness Centrality)[28] 등이 대표적인 지표로 활

---

[26] 논자에 따라 소셜 네트워크 분석, 사회 연결망 분석 등으로도 불리고 있다.

용되고 있다.

위와 같은 중심성 지표 중에서 가장 대표적인 동시에 높은 활용도를 보이고 있는 지표가 바로 연결정도 중심성이다. 연결정도 중심성은 분석대상 키워드에 얼마나 많은 키워드들이 연결되어 있는지를 계량화한 것으로 연결정도 중심성을 산출하는 계산식은 다음 식 (1)과 같이 나타낼 수 있다.

$$C_D(i) = \sum_{j=1}^{n} a_{ij} \text{ -----------------} \quad 식 (1)$$

식 (1)은 노드 i의 연결정도 중심성은 노드 i와 노드 j 간의 연결이 있으면 $a_{ij} = 1$이며, 노드 i와 노드 j 간의 연결이 없으면 $a_{ij} = 0$라는 것을 의미하고 있다.

중심도는 네트워크 중심도를 의미하는데, 분석대상 네트워크가 소수의 노드에 집중되는 정도를 나타내는 것으로 네트워크 중심화를 의미한다 (Provan & Milward, 1995). 소수의 키워드를 중심으로 집중적 연결 없이 다극화(多極化)되는 경향이 있다면 해당 네트워크의 중심도는 낮은 것으로 볼 수 있으며, 방사형(放射形)의 네트워크가 구축되어 특정 노드들로 많은 노드들이 결속(結束)되어 있다면 해당 네트워크의 중심도는 높은 것으로 판단할 수 있다.

네트워크의 중심도는 위에서 살펴본 중심성 지표에 대응하여 존재한다. 다음 식(2)는 본 연구에서 활용한 연결정도 중심성 지표에 대응한 연결정도 중심도 지수(Degree Centralization Index, DCI)의 계산식을 나타낸 것이다.

$$DCI = \frac{\sum_{i=1}^{n}[C_D(p^*) - C_D(p_i)]}{n-2} \text{ --------------} \quad 식 (2)$$

---

27) 이는 어느 한 키워드와 다른 키워드 간의 거리를 측정하는 것이다.
28) 이는 어느 한 키워드가 키워드들이 가장 밀집되어 있는 위치로 가장 짧은 경로를 통해 이동할 수 있는 경우 그 키워드의 매개성이 높다는 것으로 경로가 짧으면 짧을수록 매개정도 중심성이 높아지는 것으로 해석된다.

여기서 n은 네트워크에 존재하는 전체 노드의 개수를 나타내며, $C_D(p_i)$는 네트워크 위의 한 노드 p_i의 연결정도 중심성이며, $C_D(p^*)$는 연결망 위에서 가장 연결정도 중심성이 높은 노드에서의 연결정도 중심성을 나타낸다.

다음으로 살펴볼 측정 지표는 일종의 네트워크 군집(群集) 분석인 CONCOR(CONvergence of iterated CORrelations)분석이다. 텍스트 네트워크 분석을 실증할 경우 추출되는 키워드는 통상 수천 개에서 수만 개에 이르며, 분석대상 키워드로 선별되는 것만 해도 30~100개인 경우가 대부분이다. 이처럼 많은 수의 키워드들에 대해 개별적으로 함의를 도출하고자 시도하는 것은 논의의 초점이 분산될 우려가 있을 뿐만 아니라 그 자체로 매우 비능률적(非能率的)인 접근이라고 할 수 있다. 따라서 분석대상 키워드들을 몇 개의 유사(類似)·동질적(同質的)인 그룹으로 유형화(類型化)시키는 절차가 필수적이라 할 수 있다.

CONCOR분석은 노드 A의 다른 모든 노드들에 대한 관계가 노드 B와 구조적으로 같다고 할 수 있을 때 노드 A와 B 사이에 인정되는 구조적 등위성(Structural Equivalence) 개념에 기초하고 있다(Lorrain & White, 1971). 구조적 등위성을 측정하는 방법에는 유클리드(Euclid) 거리, 상관계수, 매칭기법 등이 존재하고 있으나, 일반적으로 동시 출현 매트릭스를 바탕으로 한 피어슨 상관관계(Pearson Correlation) 계수를 구조적 등위성의 판별기준으로 삼고 있다. CONCOR분석에서 활용되는 상관관계 계수를 도출하는 계산식은 다음 식 (3)과 같다.

$$\frac{n \sum xy - \sum x \sum y}{\sqrt{[n \sum x^2 - (\sum x)^2][n \sum y^2 - (\sum y)^2]}} \text{------식 (3)}$$

CONCOR분석은 데이터 마이닝 절차에서 이루어지는 토픽(Topic) 모델링 기법에 비해 사회 네트워크 분석절차에서 이루어지는 만큼 보다 엄선(嚴選)된 데이터를 분석 대상으로 진행됨에 따라 우수한 실증결과를 도출할 가능성이 더 높다고 볼 수 있다.

3. 선행연구 검토

본 연구는 빅데이터 기반 텍스트 네트워크 분석을 통해 문무대왕(文武大王) 관련 핵심 이슈 도출을 목적으로 하고 있다. 따라서, 본 연구는 분석대상인 "문무왕"과 분석방법인 "텍스트 네트워크 분석"을 선행연구에 대한 분석범위로 설정하여 진행할 필요가 한다.

먼저 분석대상인 문무왕과 관련해서 본 연구는 텍스트 네트워크 분석 적용을 통한 학술 이슈 도출을 위해 한국학술지인용색인(Korea Citation Index, KCI)으로부터 문무왕 관련 학술 논문을 추출하여 텍스트 데이터를 구축하였는데, 본 연구는 이 중에서 문무왕과 관련된 선행연구 검토를 위해 피인용횟수가 많은 11개 논문을 선별하였다.[29] 또한, 본 연구의 "문무왕"과 "동해"를 잇는 정책대안 발굴을 종국적(終局的)인 목적으로 하고 있으므로 이와 관련된 선행연구도 검토하기로 한다.

문무왕 연구와 관련하여 최근 5개년 기간 동안 가장 많은 피인용횟수를 나타낸 연구는 전덕재(2017)였다. 전덕재(2017)는 신라 동궁(東宮)의 변화와 임해전(臨海殿)의 성격을 고찰하였는데, 752년(경덕왕(景德王) 11년) 이전까지 동궁은 정궁(正宮)의 동쪽에 위치한 이궁(離宮)의 하나로 인식되다가 경덕왕이 태자제도의 안정적 운영을 위해 동궁 기구를 확대함에 따라 태자의 공간으로 보장받게 되었으나, 신라말에 이르기까지 국왕이 연회(宴會)를 개최한 임해전이 포괄되는 등 복합적 성격이 완전히 불식되지 않았다고 보았다.

박남수(2018)는 탐라국(耽羅國)의 동아시아 교섭(交涉)과 신라와의 관계를 규명하였는데, 탐라는 662년(문무왕 2년) 백제의 속국으로서 신라에 내항(來降) 의사를 밝혔으며, 679년(문무왕 19년)에는 신라가 사신을 보내 탐라를 경략(經略)하였다. 693년 이후로 탐라는 외교권을 박탈당한 것으로 보이며, 탐라의 특산품들이 통일신라의 융성한 대외 교역품으로 자리매김했던 것을 확인하였다.

전덕재(2018)는 『삼국사기』 기록을 통해 신라 왕경(王京)의 실상(實相)을 파악하고자 하였는데, 신라인들은 지방의 주군촌(州郡村)과 대비하여 지배

---

[29] 피인용횟수는 해당 논문이 다른 논문에 의해 인용된 빈도를 나타내는 것으로 해당 논문의 질적 수준을 간접적으로 가늠할 수 있는 정량적 지표라고 볼 수 있다.

자집단이 거주하는 6부 지역을 왕경이라 불렀으며, 왕경에는 왕족들이 거처하거나 국왕이 잠시 머물 수 있는 내성(內省) 관할의 이궁들과 특정 업무를 관장하는 관사(官司)들이 존재했다. 또한, 통일 전·후는 물론 하대에 있어서도 왕도(王都)의 치안(治安)과 방위(防衛)를 담당하기 위해 주둔했던 군단(軍團)에 큰 차이가 있었다.

채미하(2017)는 신라의 책봉의례(冊封儀禮)와 그 기능에 관해 분석하였는데, 책봉과 관련된 각종 의례는 신라의 정치와 불가분(不可分)의 관계에 있었다. 책봉의 주체국은 당뿐만 아니라 신라에도 해당되었는데, 문무왕은 안승(安勝)을 보덕국왕(報德國王)으로 책봉하였으며, 애장왕(哀莊王)은 탐라의 조공(朝貢)을 받았다. 애장왕은 친당(親唐) 외교 일변도(一邊倒)에서 벗어나고자 대일본외교를 강화하였으며, 그 과정에서 당의 책봉사신단을 홀대하기도 하였다.

이정민·미조구치 아키노리(2019)는 신라 사천왕사(四天王寺)의 건립과정을 재고(再考)하였는데, 사천왕사의 건립은 문무왕 재위 초에 비로소 확정되었던 것으로 보이며, 선축기단 유구는 금당 건립 시 쓰일 것을 전제로 판단되고, 670년(문무왕 10년)의 조창(祖創)과 670~672년 사이의 개창(改創)을 거쳐 679년(문무왕 19년)에 낙성(洛城)되었음을 재고찰하였다.

신은이(2018)는 보덕국 탄생과 그 의미를 고찰하였는데, 안승이 금마저(金馬渚)로 안치되고, 신라의 백제 고지(故地) 지배가 공고해진 674년(문무왕 14년)에 다시 안승을 보덕왕으로 책봉하였다. 이후, 나당전쟁이 종료된 시점부터 신라의 보덕국 지배가 노골화되었으며, 결국 683년에는 안승을 왕경으로 불러들여 김씨 성을 사여(賜與)함으로써, 보덕국 해체를 기정사실화한 사실을 되짚었다.

장창은(2020)은 삼국시대 "난민(難民)"의 발생 배경과 동향을 분석하였는데, 난민에 대한 유형화를 모색하면서 "정치 난민"의 경우 고구려에서 백제·신라로 이주한 경우가 많았으며, "경제 난민"의 경우 백제에서 신라·고구려로 이주한 경우가 많았던 것으로 분석하였다. 이밖에 "외교 난민"은 신라가 많았으며, "전쟁 난민"은 다른 난민 사례에 비해 발생빈도와 규모 면에서 압도적이었는데, 국가의 멸망한 고구려와 백제의 난민 규모가 특히 컸던 것으로 분석했다.

　김창겸(2017)은 문무왕의 해양의식(海洋意識)을 다루었는데, 문무왕이 당과 연합을 통해 일구어낸 백강전투 등 여러 해전(海戰)에서의 승리가 삼국통일의 디딤돌이 되었던 것과 문무왕의 호국정신이 해양 및 불교와의 밀접한 연관성 하에 사후에도 동해 대룡으로 왜의 침입을 막겠다는 유언으로 승화되었던 것 등에 관해 살펴보았다.

　정병준(2018)은 문무왕 유조에 보이는 율령격식 개정령을 분석하였는데, 문무왕과 비슷한 용례로 수문제(隋文帝)의 유조를 들 수 있었으며, 문무왕과 수 문제의 유조는 법제의 직접적인 개정 차원이 아니라 원론적인 차원에서 율령격식의 개선을 당부한 것으로 이해하였다. 다만, 문무왕 유조의 율령격식 개정령은 당시 현실을 매우 구체적이고 명확하게 반영하고 있어 중대 신라에도 개정을 전제할 만큼의 율령이 존재했던 것으로 추정하였다.

　정병준(2017)은 669년(문무왕 9년) 사서(赦書)에 보이는 오역(五逆)의 계보(系譜)를 검토하였는데, 수대(隋代)에 십악(十惡)이 성립되면서 사서의 형식이 ①십악 이하의 모든 죄명을 사면하는 것, ②사죄(死罪) 이하를 일괄 사면(赦免)하면서 십악은 "상사소불면(常赦所不免)"을 적용하는 것, ③사죄 이하를 사면하면서 상사소불면과 함께 다른 제외 죄명을 병기(併記)하는 것 등 세 가지로 정립되었다고 보았다. 정병준(2017)은 문무왕 9년의 사서를 ①의 계열에 해당되는 것으로 파악하였다.

　김나경(2020)은 신라의 오묘제 수용의 의미를 고찰하였는데, 『삼국사기』에서 전하는 신라의 종묘제(宗廟制)는 시조묘제사(始祖廟祭祀), 신궁제사(神宮祭祀), 오묘제의 세 가지 종류가 있으며, 이 중 오묘제는 문무왕 대 유교적(儒敎的) 관념이 본격적으로 신라에 영향을 미치는 가운데 수용되었음을 확인하였다. 신라 중대 왕들은 태조 대왕과 직계 4대조로 오묘를 구성하였으나, 혜공왕 대에 이르러 태종 무열왕과 문무대왕의 공덕(功德)을 인정하여 "세세불훼지종"으로 삼았음을 밝혔다.

　상기에서 살펴본 11편의 문무왕 관련 논문들은 비교적 다양한 차원에서 문무왕대 정치·사회·문화의 단면(斷面)을 구현하고자 노력했던 것으로 생각된다. 기존의 정치사 중심의 접근패턴에서 벗어나 "동궁"이라는 장소와 태자제도의 관련성에 주목하는 한편, 문무왕 대 율령의 형식, 책봉의례를 매개로 탐라 등 주변국과의 교호(交互), 보덕국의 의미, 사천왕사의 건립과정, 오묘제 수용의 성격 등 다차원적인 주제를 다루었다. 위와 같은 연구경향은 문무왕 연구가 넓지 않은 저변에도 불구하고, 연구의 다양성을 위해 지속적인 노력을 전개하고 있는 것으로 볼 수 있지만, 문무왕 연구 저변 확충을 위해서는 정부 차원의 정책적 지원을 바탕으로 일반인·언론의 집중적인 관심과 조명이 필요하다는 것을 시사(示唆)하고 있는 것으로도 볼 수 있다.

문무왕 대를 다룬 선행연구들의 성과에도 불구하고, "문무왕"과 "동해"를 이어 동해안 시대 상징으로 자리매김시키기 위한 연구노력은 상대적으로 미흡하다고 할 수 있는데, 최근 5개년 내에는 이와 같은 정책대안을 제시하는 차원의 연구접근은 제대로 이루어지지 않았던 것으로 볼 수 있다. 본 연구에서는 이러한 연구상황을 감안하여 문무왕 재조명과 관련된 정책대안을 제시한 바 있는 김윤배·윤성진(2017), 이창식(2014), 안상경(2013)에 대해서도 검토하고자 한다.

김윤배·윤성진(2017)은 경주 동해안권의 해양과학자원과 문화자원 간의 융합을 통해 문무대왕에 대한 재조명 및 경주지역 해양교육관광 활성화 방안을 제시하였는데, 특히 경주 동해안에서 자주 발생하는 용승(湧昇)현상을 자연과학자원으로 삼아 문무대왕의 승천(昇天)이라는 기존의 역사문화자원과 결합시킨다면 상당한 시너지 효과를 창출(創出)할 수 있을 것으로 보았다.

이창식(2014)은 문무 해중릉의 장소성과 서사(敍事)의 가치성을 고려하여 신라유산창조콘텐츠연구원의 설립, 경주-신라 역사문화자원의 팩션형 스토리텔링 사업 추진, 기존 추모제 등의 문무대왕축제로 통합·관리, 감은사-대왕암에 대한 테마파크 조성, 킬러콘텐츠(killer contents)[30] 제작에 대한 선택과 집중, 경주 양북면 문화유산 복원을 통한 지역발전의 공동선(共同善) 추구 등을 정책제안으로 제시하였다.

안상경(2013)은 문무왕 유·무형자원이 가지는 문화원형적 가치에 주목(注目)하여 문무왕 테마파크의 조성 환경과 공간 내용을 구성하였는데, 중국의 대당부용원(大唐芙蓉園)을 벤치마킹하여 감은사지(感恩寺址) 뒤편 야

---

30) 특정 미디어가 폭발적으로 보급되는 계기가 된 콘텐츠를 의미한다.

산, 문무왕릉 서편 야산 등을 후보지로 호국성지(護國聖地) 컨셉의 영상콘텐츠, 무속콘텐츠, 축제콘텐츠 등 다양한 실행 프로그램을 제시하였다.

앞서 검토한 문무왕 관련 정책대안들은 모두 아이디어 차원에서 제시된 것으로 그 참신성(斬新性)이나 타당성(妥當性), 충실성(充實性) 등이 상당히 양호하다고 할 수 있다.31) 그러나 이러한 정책대안들이 아직까지 제대로 실행되지 못하고 있는 것은 각각의 정책대안이 과학적(科學的)·객관적(客觀的) 근거를 갖추지 못한 일개인의 아이디어 차원에서 접근된 것이 가장 큰 이유가 아닌가 한다. 본 연구에서는 기존 정책대안의 한계를 극복하기 위해 빅데이터 기반 텍스트 네트워크 분석을 통해 문무왕 관련 아젠다를 도출하고, AHP 등 집단지성에 근거하여 정책적 우선순위를 설정하고자 하는 것이다.

본 연구의 핵심 분석기법인 텍스트 네트워크 분석을 역사학 분야에 적용시킨 선행연구들을 검토하고자 한다. 사실 문무왕 대는 한국 고대사(韓國古代史) 시기인 만큼 선행연구 검토를 위한 시간적 범위를 고대사 에 한정시키고자 하였으나, 아직까지 고대사 영역에 빅데이터 기반 텍스트 분석이 제대로 수행된 사례를 찾기 어렵다는 차원에서 그 시간 범위를 전체 한국사(韓國史)로 확대하였다.

전체 한국사 분야에서도 텍스트 네트워크 분석을 적용한 사례는 상당히 희소한 편으로 허수, 이상국 등 소수의 연구자들에 의해 활용되었을 뿐이었다. 허수는 주로 근현대사 분야를 대상으로 텍스트 네트워크 분석을 수행하였으며, 구체적으로는 19세기 말부터 1942년까지 전산화된 잡지(雜誌)를 분석대상으로 어휘 연결망분석을 통해 "제국(帝國)"의 의미를 탐색하였다(허수, 2014). 또한, 네트워크 분석을 통해 1980년대 "민중(民衆)"이라는 단어의 논의 맥락(脈絡)을 찾고자 하였으며(허수, 2016), 20세기 초 한국의 "문명(文明)"과 "문화(文化)"에 관한 논의가 서로 어떤 관계에 있었는가 하는 주제를 규명하였다(허수, 2018a). 나아가 언어 네트워크 분석을 통해 내재적 발전론(內在的 發展論)의 의미구조를 중심으로 고교 한국사 교과서에 나타난 역사 인식을 파악하고자 하였다(허수, 2018b).

---

31) 본 연구에서는 기존에 제시된 정책대안들을 바탕으로 본 연구의 분석결과와의 매칭(Matching)을 통해 정책개선과제 풀을 구성하고자 한다.

이상국은 주로 조선시대사를 중심으로 텍스트 네트워크 분석을 수행하였는데, 구체적으로는 한국사 "빅데이터"기반 "디지털 역사학"의 구현을 위한 연구방법론을 모색하면서 텍스트 데이터를 구축하고 네트워크 시각화 및 주요 역사적 인물들 간의 권력 관계를 추정하였다(이상국, 2016). 또한, 족보(族譜)에 대한 네트워크 분석을 시도하여 13~15세기 기간 동안 정치 변동에 의해 귀족 가문의 결혼 전략이 어떻게 변화되었는지에 관해 분석하였으며(Lee & Lee, 2017), 서거정(徐居正)을 중심으로 조선시대 역사적 인물들 간의 정치적 관계를 시각적으로 구현하고자 하는 학제적 연구에 참여하기도 하였다(하효지 외, 2019).

이밖에 서호준(2021)은 해방(解放) 이후, 2019년까지 약 75년간 한국 고대사 연구경향을 텍스트 네트워크 분석을 통해 규명하고자 하였는데, 7개 시기(해방 이후~1950년, 1960년대, 1970년대, 1980년대, 1990년대, 2000년대, 2010년대)별 중심 키워드를 선별하고, 군집분석을 수행하였다.

허수와 이상국의 연구에 관해 최근 들어 비판이 제기되고 있음이 확인된다. 허수(2016)가 분석대상으로 삼은 "민중"과 관련된 논의의 맥락을 파악하는 것이 무슨 의미가 있으며, 그 변화되는 양상을 통해 역사변화의 메커니즘이 무엇인지에 대한 설득력 있는 논의가 부족한 것은 물론, 유사한 연구패턴이 지속된다는 분석결과에 따라 거꾸로 연구 영역과 논의 방식을 제한한다는 것이다(이상동·박충식, 2020).

이상국에 대해서도 족보를 분석대상으로 삼은 것 자체가 데이터베이스화할 수 있는 주제에 매몰된 것은 아닌가 하는 우려와 함께 전통적 역사연구 방법론에 비해 어떠한 새로운 함의(含意)를 찾았는가에 관해 회의적인 시각이 제기될 수 있다는 것이다(이상동·박충식, 2020).

위와 같은 비판에 대해 권윤경(2018)의 반박은 빅데이터 기반 텍스트 네트워크 분석의 필요성을 다시 한번 일깨워 주는 것이라 할 수 있다. 즉 왜 디지털 연구가 이전 연구와 완전히 다른 무언가를 보여줘야 하는가, 또는 디지털 기술은 결정적 해답을 주는 것이 아니라 다음 연구를 위한 징검다리라고 본 에델슈타인의 입장은 본 연구의 논지와 결코 다르지 않은 것이라 할 수 있을 것이다.

Ⅲ. 연구설계

1. 연구 방법 및 범위

본 연구는 빅데이터 기반 텍스트 네트워크 분석을 적용하여 문무대왕과 관련된 일반인, 언론 등의 SNS 및 학술 논문으로부터 핵심 이슈를 도출하여 문무왕에 대한 학술적 저변을 확대하고 동해안 시대 정신적·역사적 표상으로 문무왕의 위상을 재도약시키고자 하는 것을 주된 연구목적으로 하고 있다.

먼저 본 연구의 핵심 분석기법인 빅데이터 기반 텍스트 네트워크 분석에 관해서는 이미 제2장에서 그 이론적 배경에 관해 소개한 바 있다. 본 장에서는 구체적으로 이러한 텍스트 네트워크 분석을 본 연구의 실증분석에 어떻게 접목시킬 것인가에 관해 논의하기로 한다.

본 연구의 실증절차는 크게 3개 중심축(軸)을 통해 전개되었다. 그 첫 번째는 문무왕 관련 연구동향분석을 위해 기존과 같은 정량적 분석에 근거를 둔 준거기준(Criteria)별 분석이다. 이는 기존의 연구경향 분석방법과 계량사학(計量史學)적 방법론을 활용하여 문무왕 연구의 준거기준들, 즉 저자, 논문 게재연도, 주제분야(키워드), 게재학회지 등에 대한 정량정보를 도출하는 것으로 통계적 접근을 할 경우 추론통계(Inferential Statistics)에 앞서 활용되는 일종의 기술통계분석(Descriptive Statistic Analysis)을 실시하는 것이라 할 수 있다.

그 두 번째는 빅데이터 기반 텍스트 네트워크 분석의 적용한 실증절차이다. 본 연구는 SNS 등 일반일인들의 문무왕에 대한 인식과 문무왕에 대한 학술적 인식을 상호비교하고자 하는 것을 핵심적인 분석범위로 삼고 있으므로 본 연구에서는 우선 일반인, 언론 등에 나타난 "문무왕"인식과 관련된 키워드 추출절차를 진행하였다. 앞서 고찰한 바와 같이 텍스트 네트워크 분석은 텍스트 마이닝 절차와 사회 네트워크 분석 절차가 결합되어 있으며, 텍스트 마이닝을 위해서는 먼저 텍스트 데이터를 구축하여야 한다. 본 연구에서는 SNS데이터 구축을 위해 2017년 8월부터 2022년 7월까지 만 5년을 대상으로 국내 대표 포털사이트인 네이버(Naver), 구글(Google), 다음(Daum)

으로부터 인터넷 SNS 자료를 크롤링(Crawling)하여 엑셀 데이터로 저장하였는데, 네이버의 경우 블로그, 뉴스, 카페, 지식IN, 학술정보, 웹문서 등을 대상으로 하였고, 구글의 경우 뉴스, 구글페이스북, 웹문서 등을 대상으로 하였다. 다음의 경우 블로그, 뉴스, 카페, 웹문서 등을 대상으로 하였다. 데이터 수집을 위한 검색키워드는 "문무왕"으로 설정하였다. 또한, 본 연구는 학술 이슈 데이터 구축을 위해 한국학술지인용색인(KCI)에서 검색어 "문무왕"으로 검색되는 2017년 8월부터 2022년 7월까지 게재(揭載) 학술논문 90편에 대해 "문무왕"과의 관련성 및 국문 초록의 존재 여부 등을 기준으로 선별작업을 거쳐 최종 79편의 학술 논문을 확정하였다.

본 연구의 세 번째 실증절차는 바로 AHP 분석이다. 본 연구는 문무왕 연구 활성화 및 관련 정책 개선을 종국적인 목적으로 하고 있는데, AHP는 문무왕 및 관련 정책 전문가들을 대상으로 본 연구에서 선별한 정책 개선과제들에 대해 우선순위를 설정하기 위한 것이라 할 수 있다. AHP는 1970년대 토마스 사티(Saaty)에 의해 처음 제안된 기법으로 인간의 의사결정 구조를 참작(參酌)하여 고안(考案)된 기법으로 크게 계층적(Hierarchy) 구조 설정, 상대적 중요도(Weight) 설정, 논리적 일관성 유지(Logical Consistency)의 3단계 절차로 구성된다.

일반적인 AHP 계층적 구조의 설정은 맨 위에 목적(Goal)을 두고 그 아래에 판단 기준(Criteria)을, 가장 아래 단에 대안(Alternatives)을 두는 형태를 띤다. 상대적 중요도의 설정은 인간이 복합한 의사결정 환경 속에서 상대적 중요도를 결정하는 방식을 응용하여 모든 요소를 한꺼번에 비교하지 않고, 각 요소를 일대일로 쌍대비교하는 것을 의미한다. 논리적 일관성은 각 대안의 선택에 일관성이 유지되도록 하는 것으로 실증과정에서 도출되는 비일관성지수(Inconsistency Index)를 통해 선택의 논리적 일관성 유지 여부를 판별하고 있다. 본 연구에서는 ①계층 구조의 설정 → ②쌍대비교 행렬의 작성 → ③고유벡터(Eigen Vector) 계산 → ④일관성 검토 → ⑤종합중요도 도출의 5단계 절차를 거쳐 실증된다.

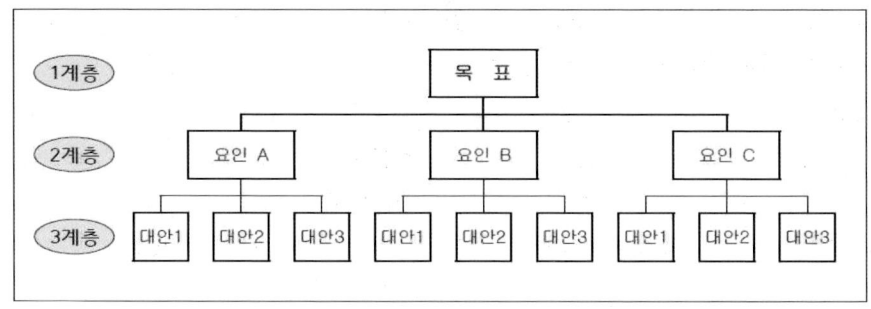

<그림 1> AHP의 계층 구조

본 연구에서는 계층화 구조 설정을 위한 판단 기준으로 "경제성(經濟性)"과 "정책성(政策性)"을 선정하고자 한다. 이는 공공분야에서 일반적으로 활용되는 판단 기준이 기획재정부 훈령(訓令)인 "예비타당성조사 운용지침" 상 정책성과 경제성인 점을 고려한 것이다. 또한, 본 연구가 문무왕 연구의 활성화 및 동해안 시대 문무왕 위상 제고를 위한 정책대안 마련에 중점을 두고 있다는 차원에서 "정책성"을 판단 기준으로 삼을 필요가 있는 것으로 보이며, 이러한 "정책성" 개념 안에 문무왕 관련 자원의 역사적 가치성(歷史的 價値性)도 포괄될 수 있을 것으로 판단되었다.

AHP 설문 척도에 대해 Saaty(1983)는 9점 척도를 제시하였으나, 이 경우 응답자의 부담이 늘어나 일관성 비율을 저하시킬 수 있음을 감안하여 송근원·이영(2013)을 바탕으로 한 5점 척도를 통해 전문가 의견을 수집하였으며, 쌍대비교를 위한 행렬 구성도 이에 따랐다.

고유벡터(Eigen Vector)는 그 합이 1로 각 항목에 대한 상대적 가중치를 의미한다. 가중치 설정 방법도 여러 가지 방식이 있지만, 본 연구에서는 대표적인 가중 산술 평균방식인 고유벡터 방식을 적용하고자 한다.

고유벡터를 구하게 되면 수행된 쌍대비교 절차가 일관성을 유지하고 있는지 검증할 필요가 있는데, 이를 위해 먼저 일관성 지표(Consistency Index, CI)를 구한 다음, 이를 평균 무작위 지표(Random Index, RI)로 나눈 값인 일관성 비율(Consistency Ratio, CR)을 활용한다. 일관성 비율 산출의 첫 번째 단계인 일관성 지표는 다음 식 (4)와 같다.

$$CI = \frac{\lambda_{\max} - n}{n-1} \quad \text{-----------------} \quad \text{식 (4)}$$

여기서 $\lambda_{\max}$는 최대 아이겐 값을, n은 행렬의 개수를 의미한다. 무작위 지표는 통상 Saaty(1983)가 제시한 값을 적용하는데, 대안의 개수가 많을수록 무작위 지표의 숫자도 커진다. 최종적으로 얻어진 일관성 비율값은 "10% 미만"을 합리적인 일관성이 있는 것으로 보지만, "20% 미만"도 용납할 수 있는 수준의 비일관성을 구비하고 있는 것으로 판단한다(박현 외, 2013). 본 연구에서는 AHP 설문의 난이도를 고려하여 "20% 미만"을 적정 일관성 비율로 설정하였다.

개별 대안들의 상대적 가중치를 산출한 다음, 각 판단 기준의 가중치로 곱해 이를 모두 더한 가중합계(Weighted Sum)를 통해 종합적인 중요도와 우선순위를 산출한다.

여기서부터는 본 연구에서 실증한 세 가지 분석 축 가운데, 텍스트 네트워크 분석 절차에 관해서는 보다 상술(詳述)할 필요가 있다. 앞서 다룬 것은 텍스트 데이터의 구축 단계에 한정되었기 때문이다.

텍스트 마이닝 절차는 전처리(Pre-Processing)를 거쳐 정보추출(Information Extraction) 단계로 넘어가게 되는데, 이때 정보추출의 방식을 결정하여야 한다. 이는 어떠한 "정보원천"을 사용할 것인가 하는 문제인데, 정보추출의 방식은 문장 내에서 키워드가 동시 출현하는 단순 절대 빈도를 기준으로 하는 경우와 문서 집합 내에서 특정 키워드가 얼마나 자주 등장하는지 여부를 기준으로 삼는 경우의 두 가지 대안을 고려할 수 있다. 전자(前者)를 TF(Term Frequency: 단어빈도) 기준 빈도 분석이라 하고, 후자(後者)를 TF-IDF(Inverse Document Frequency: 역문서 빈도) 기준 빈도 분석이라고 한다. TF 방식과 TF-IDF 방식 간의 관계는 다음 식 (5)와 같이 표현될 수 있다.

$$TF\text{-}IDF = TF \times \frac{1}{DF} \quad \text{-------------------} \quad \text{식 (5)}$$

TF-IDF 기준 빈도 분석은 문서집합 내에서의 중요도를 고려하므로 여러 문서에서 동시에 출현하는 용어(用語)는 범용어(汎用語)에 해당될 확률(確率)이 높다는 가정을 바탕으로 역문헌 빈도 수를 가중치로 이용하는 방식이기 때문에, 단순한 출현 빈도를 계량하는 TF 방식보다 진일보한 접근방법이라 할 수 있으며, 본 연구에서는 이를 고려하여 정보추출방식으로 TF-IDF 방식을 적용하였다.

본 연구에서 텍스트 마이닝 절차에 활용한 툴(Tool)은 텍스톰(Textom) 패키지이다. 본 연구에서 텍스트 마이닝을 위한 분석 툴로 텍스톰을 선정한 것은 학술용도로 활용되는 텍스트 네트워크 전용 프로그램 중 그 활용도가 가장 높은 편이며, 한국정보통신기술협회가 인증하는 GS(Good Software) 1등급 획득한 바 있을 뿐만 아니라 텍스트 분석의 편의성을 크게 개선시킨 것으로 알려져 있기 때문이다(오창우, 2017).

앞서 살펴본 바와 같이 정보추출 방식을 결정했다면 본격적으로 텍스트 정제(精製)작업을 수행하여야 한다. 본 연구에서는 문무왕 관련 주요 이슈 도출을 목적으로 하고 있음을 감안하여 은/는/이/가 등의 조사(助詞), 형용사(形容詞), 동사(動詞) 등을 제외시켜 명사(名詞)만 추출되도록 정제하였다. 명사 중에서도 그 뜻이 문무왕과 직접적인 관련성을 찾기 어려운 경우에는 이를 제외시켰으며, 정제모듈은 복합명사(複合名詞)에 대한 반응성이 우수한 것으로 평가받고 있는 형태소(形態素) 분석기 "Espresso K"를 사용하였다.

위와 같은 절차를 거쳐 본 연구에서는 문무왕 관련 SNS 이슈 및 학술 이슈 네트워크를 구축하였는데, 네트워크마다 TF-IDF 빈도 및 연결정도 중심성을 기준으로 각 상위 50개 키워드를 선별하였다.

<표 1> 텍스트 마이닝 절차

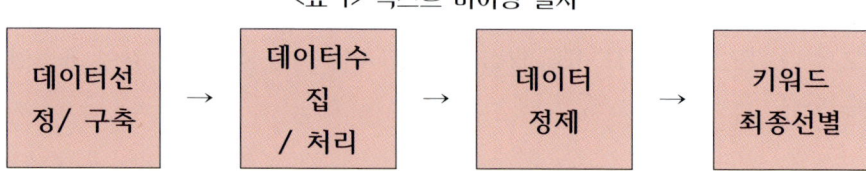

텍스트 네트워크 분석의 제2단계 절차인 사회 네트워크 분석의 경우 본 연구에서는 기본지표로 TF-IDF 빈도 분석과 연결정도 중심성 분석을 시행하였다. 중심성 지표 중에서는 연결정도 중심성의 활용도가 가장 높을 뿐만 아니라 매개정도 중심성과 근접정도 중심성의 경우 본 연구와 같이 다양한 문서를 대상으로 할 때 그 실익(實益)이 크지 않다는 김준현(2015)의 분석결과를 고려하여 중심성 지표를 결정한 것이다.

네트워크 중심도 지표의 경우 본 연구에서 적용한 연결정도 중심성 지표에 대응한 연결정도 중심성 지수를 산출하여 제시하였다.

제2장에서 언급한 바와 같이 본 연구에서 도출된 50개 키워드에 대해 일일이 정책 함의를 찾고자 한다면 그것은 매우 비능률적(非能率的)인 접근이라 하지 않을 수 없다. 본 연구에서는 일종의 군집분석인 CONCOR 분석을 통해 각 키워드를 4개 유형으로 분류하였다. 이처럼 4개 그룹으로 유형화된 군집들의 명칭(名稱)은 문무왕 관련 연구 및 정책 활성화를 위한 정책과제의 후보 풀(Pool)로 운영하였다.

또한, 본 연구에서는 사회 네트워크 분석의 시각화 기능을 통해 직관적(直觀的)으로 분석대상 네트워크의 정보를 제시하였는데, SNS 및 학술 이슈 네트워크를 구성하는 50개 키워드에 대해 먼저 전체 네트워크 지도를 작성한 다음, 4개 군집 그룹을 고려한 군집화 네트워크 지도를 작성하였다.

2. 연구 흐름(Flow) 정립

본 연구는 지금까지 논의한 내용을 바탕으로 다음 〈표 2〉와 같이 연구의 흐름을 구성하였다.

<표 2> 연구의 흐름

분석 개요	내 용
분석 대상 및 시기	최근 5년간(2017.8~2022.7) 문무왕 관련 핵심 이슈(키워드) 도출
분석 매체	SNS(포털사이트) 및 학술 논문))
분석 도구	텍스톰(Textom) 솔루션, UCINET 6.744, NetDraw, 엑셀

분석 지표	빈도분석(IDF), 연결정도 중심성 분석, 네트워크 중심도, CONCOR(군집) 분석	
분석 절차	분석 내용	활용 툴
기술통계 분석	문무왕 관련 준거기준별 연구경향 분석	엑셀
텍스트 마이닝	문무왕 관련 텍스트 데이터 구축	엑셀
텍스트 마이닝	키워드 추출 및 정제	텍스톰
텍스트 마이닝	최종 키워드 선별 및 빈도 분석(IDF)	텍스톰
사회 네트워크	연결정도 중심성(중심도) 및 군집(CONCOR) 분석	UCINET
사회 네트워크	문무왕 네트워크 지도 작성(시각화)	NetDraw
개선과제 도출(AHP)	문무왕 관련 개선과제 대상 상대적 가중치 산출 및 종합적 우선순위 설정	엑셀

Ⅳ. 실증분석

1. 문무왕 연구경향에 대한 기술적 분석

본 절에서는 문무왕 연구경향을 기존의 계량사학적 접근방법을 통해 분석하고자 한다. 본 연구가 빅데이터 기반 텍스트 네트워크 분석의 적용을 기본적인 목적으로 하고 있음을 고려할 때 기존의 계량사학적 접근법을 이용하여 문무왕 연구경향을 다시 분석하는 것은 다소 이질적(異質的)으로 비칠 수도 있겠지만, 본 연구는 보다 다각적이고 다양한 분석방법을 활용하여 연구경향을 분석하는 것이 분석결과의 신뢰성을 최대한 담보할 수 있는 시금석(試金石)으로 판단하였다.

또한, 빅데이터 분석 역시 양(量)을 주요 인자(因子)로 하고 있다는 측면에서 계량사학과 빅데이터 분석기법은 공통분모(共通分母)를 갖고 있는 것으로 볼 수 있는 점도 감안하였다.

계량적인 방법을 통해 연구경향을 분석하는 경우에도 연구자에 따라 "준거기준"을 다르게 설정하는 경우가 많지만, 역사학 분야의 경우 절대 다수가 사료 등을 바탕으로 한 역사인식과 역사해석을 서술(敍述)하는 방식을 택하기 때문에, 준거기준 설정에 큰 차이는 없을 것으로 생각된다.

본 연구는 한국학술지인용색인을 검색엔진으로 하여 "문무왕"을 키워드로 검색되는 2017년 8월부터 2018년 7월까지 90편의 논문 중 국문 초록이 없거나 문무왕과의 연관성이 낮다고 판단되는 11편의 논문을 제외한 총 79편의 논문을 대상으로 연구경향을 분석하였으며, 준거기준으로는 "발간연도", "학문 분야", "저자 소속기관", "발간처", "키워드" 등 5개를 설정하였다.

<표 3> 문무왕 연구의 연도별 분포

연도	'17	'18	'19	'20	'21	'22
분포	5	18	11	17	19	9

<표 3>에 나타난 문무왕 연구의 연도별 분포를 구체적으로 살펴보면 연도별로는 2021년이 19편으로 가장 많았으며, 2017년이 5편으로 가장 적었다. 다만, 2017년과 2022년의 경우 대상 기간이 완전한 1년이 아닌 점을 고려할 필요가 있다. 2017년과 2022년을 제외하고서 게재 편수가 가장 적었던 해는 2019년이었는데, 이 해에 문무왕 연구가 침체기(沈滯期)에 들어선 것으로 보기는 어려울 듯하다. 오히려 국립경주문화재연구소 주최로 2019년 11월 '신라 왕경과 월성(月城)의 공간과 기능'이라는 학술대회가 개최되었기 때문인데, 이러한 학술적 붐 조성이 2020년의 문무왕 연구의 게재 편수 증가를 견인했던 것으로 추정된다.

또한, 2020년 7월 '통일신라의 궁원지(宮園地), 동궁과 월지(月池)의 조사와 연구 회고(回顧)와 전망(展望)"이라는 학술대회의 개최는 2021년의 문무왕 연구 게재 편수 증가로 이어졌던 것으로 보인다. 위와 같은 문무왕 연구의 연도별 분포를 통해 확인할 수 있는 것은 문무왕 연구의 저변이 비록 넓

지는 않다고 하더라도, 학술 이벤트를 발판으로 꾸준히 이루어지고 있다는 점이다.

다음 〈표 4〉는 문무왕 연구의 학문분야별 분포를 나타낸 것이다.

<표 4> 문무왕 연구의 학문분야별 분포

순위	학문분야	논문편수	순위	학문분야	논문편수
1	역사학	52	5	건축공학	2
2	기타인문학	17	6	고고학	1
3	미술학	3	7	국문학	1
3	한국어와 문학	3	계		79

〈표 4〉에 의하면 문무왕 연구에서 가장 높은 비중을 차지하는 학문 분야는 예상대로 역사학이었다. "문무왕"이라는 역사상 인물을 조명하는 분야에서 역사학의 비중이 높다는 것은 당연한 분석결과라고 할 수 있다. 역사학 다음으로 높은 비중을 차지하는 분야는 기타 인문학이었다. 역사학 역시 인문학의 한 분과라는 점과 인문학의 세부영역 중 어느 영역에도 속하지 않는 기타 분야에서 문무왕에 대한 학술적 관심이 높다는 것은 '문무왕 연구'가 가진 융합학문으로서의 가능성이 충분하다는 것을 대변(代辯)해준다고 볼 수 있을 것이다. 이 밖에 미술학(美術學) 분야와 한국어(韓國語)와 문학(文學) 분야는 각각 3편이었으며, 경주 동궁에 대한 관심 증대로 인해 건축공학(建築工學) 분야도 2편이었다. 역사학과 학문적 거리(距離)가 가장 가까운 것으로 여겨지는 고고학(考古學) 분야는 단 1편에 그쳤다.

다음 〈표 5〉는 문무왕 연구의 저자 소속기관별 분포이다.

<표 5> 문무왕 연구 저자 소속기관별 분포

순위	소속기관	논문편수	순위	소속기관	논문편수
1	동국대학교	10	3	전남대학교	5
2	경북대학교	6	5	단국대학교	4
3	부산대학교	5	6	기타	49

〈표 5〉에 따르면 문무왕 연구가 가장 활성화되어 있는 기관은 동국대학교(東國大學校)이었다. 이와 같은 분석결과는 동국대학교가 문무왕 관련 사적이 곳곳에 산재(散在)해 있는 경주에 분교(分校)를 보유하고 있을 뿐만 아니라 학풍(學風) 자체에 불교와의 높은 연관성이 존재하는 것으로부터 기인한다고 볼 수 있을 것이다. 경북대학교(慶北大學校)와 부산대학교(釜山大學校)는 지리적으로 영남권(嶺南圈)에 위치하고 있어 경주·동해안을 중심으로 한 문무왕 관련 역사 자원에 대한 접근가능성이 상당히 높다고 할 수 있으며, 이는 두 대학에서 문무왕 연구를 적극적으로 수행할 수 있었던 배경(背景)으로 판단된다. 전남대학교(全南大學校)는 경주·동해안 일대와 상당히 멀리 떨어져 있지만, 문무왕 관련 연구가 상당히 활성화된 것으로 나타났다. 이러한 분석결과는 인터넷 기술의 발달에 따라 문무왕 연구의 활성화가 지리적으로 가까운 지역은 물론, 원격지(遠隔地)에서도 충분히 가능할 수 있음을 시사하는 것이라 할 수 있다. 단국대학교(檀國大學校)에서 문무왕 관련 연구가 활성화된 것은 신라 중대 및 통일신라 연구에 천착(穿鑿)해 온 전덕재 교수의 학술 성과에 기인하는 것으로 볼 수 있다.

다음 〈표 6〉은 문무왕 연구 관련 상위 발간처 현황이다.

〈표 6〉 문무왕 연구의 상위 발간처

순위	발간기관	논문편수	순위	발간기관	논문편수
1	신라문화연구소	8	3	한국고대사탐구학회	5
2	한국고대사학회	7	6	영남문화연구원	3
3	대구사학회	5	6	탐라문화연구원	3
3	신라사학회	5	6	호남사학회	3

〈표 6〉에 의하면 문무왕 연구가 가장 활성화되어 있는 발간처는 신라문화연구소였다. 신라문화연구소는 동국대학교 WISE 캠퍼스의 부설연구소(附設研究所)로 학술지『신라문화』를 통해 문무왕 연구의 구심점으로 기능하고 있음을 알 수 있다. 한국고대사학회(韓國古代史學會)는 "문무왕대"가 시기적으로 고대(古代)에 해당된다는 차원에서 어느 정도 예상된 결과라 할 수 있으며, 대구사학회(大邱史學會)는 경주와 지리적으로 가깝다는 차원에

서, 신라사학회(新羅史學會)는 신라 연구를 주도하고 있다는 차원에서 보다 적극적으로 문무왕 관련 연구를 추진했던 것으로 판단된다. 탐라문화연구원이 상위에 오른 것은 다소 이채로운 결과라 할 수 있다. 이는 최근 들어 문무왕대 탐라국의 복속(服屬)과정이 학계의 관심을 불러일으키고 있는 연구상황과 관련되어 있는 것으로 판단된다. 호남사학회(湖南史學會)가 상위에 오른 것은 지리적으로 경주와 이격(離隔)되어 있는 호남지역에서도 문무왕 연구에 관심을 보이고 있음을 나타내는 것으로 이해할 수 있는데,32) 전남대학교가 문무왕 연구에 대해 높은 비중을 보였던 것과 궤(軌)를 같이하는 것으로 볼 수 있다.

<표 7> 문무왕 연구의 상위 키워드

순위	키워드	횟수	순위	키워드	횟수
1	문무(대)왕	17	6	감은사	4
2	신라	15	6	동궁	4
3	사천왕(사)	8	6	문무왕릉비	4
4	난민	6	6	신문왕	4
5	월지	5	6	탐라(국)	4

〈표 7〉은 79편의 학술 논문 저자들이 선정한 상위 키워드들이다. 문무왕 연구경향인 점을 감안할 때 "문무왕"이나 "신라"가 상위 키워드에 오른 것은 당연한 결과로 볼 수 있는데, 사천왕사나 감은사, 동궁, 월지 등이 상위 키워드에 오른 것은 문무왕 연구가 전통적인 정치사(政治史) 연구 단계에서 문화사(文化史) 분야로 그 지평을 넓혀가는 경향성을 보여주고 있는 것으로 판단된다. 최근 한국 고대사 연구경향을 다룬 박성현(2021)에 의하면 2019~2020년 기간 동안 문화사의 비중이 경제·사회사(社會史)를 압도하고 있는 것으로 나타났는데, 이는 문무왕 연구에서 위와 같은 키워드들이 상위 포지션을 점하는 현상과 맞닿아 있는 것으로 보인다. 난민의 순위가 높은

---

32) 문무왕 연구는 삼국통일 및 백제멸망을 매개로 백제 의자왕 연구와 불가분의 관계에 있다고 볼 수 있다. 따라서 관련 연구가 활발한 호남지역에서 문무왕 연구에 관심을 가지는 것을 완전히 이례적(異例的)인 현상으로 보기는 어렵다.

것도 고대사 연구경향과 관련성을 갖고 있는 것으로 볼 수 있다. 정동준(2019)과 박성현(2021) 등에 의하면 디아스포라(Diaspora)는 2010년대 중반 이후 대두된 새로운 연구 조류(潮流)로서, 문무왕 연구경향에도 적지 않은 영향을 미친 것으로 볼 수 있는데, 키워드 "난민"의 높은 순위 역시 이와 무관하지 않은 것으로 보인다. 삼국통일을 매개로 무열왕과 문무왕이 연결되어 있다면 문무왕과 신문왕은 '통일신라의 통치기반 구축'이라는 이슈를 매개로 연결되어 있다. 신문왕은 9주 5소경으로 대표되는 신라의 지방행정제도를 완비(完備)하였으며, 국학(國學)을 설립하고, 녹읍(祿邑)을 폐지하여 왕권강화의 바탕으로 삼았는데, 신문왕의 이 같은 치적(治績)은 문무왕대에 그 시초(始初)를 찾아볼 수 있는 경우가 많아 문무왕대에 대한 연구가 함께 진행되었던 것으로 판단된다.

〈표 7〉에 나타난 문무왕 연구의 상위 키워드들은 각 논문의 저자들이 선정한 것인데 반해 제2절의 학술 이슈 도출은 논문 제목과 국문 초록을 대상으로 텍스트 네트워크 분석을 통해 상위 키워드들을 도출하는 것이다. 따라서 양자 간 키워드 비교는 정성적(저자 선정)·정량적(텍스트 네트워크 분석) 방법론을 혼용(混用)하는 것으로 분석결과의 신뢰성을 높이는 대안이 될 수 있을 것으로 생각된다.

상기에서 5개 준거기준을 통해 분석한 문무왕 연구경향을 요약해보면 첫째, 학술대회 개최는 그 다음연도에 게재 논문 수 증가를 견인하는 있는 것으로 보인다. 둘째, 학문분야로는 "역사학"이 압도적이지만, 기타 인문학 등의 비중이 작지 않음을 감안할 때 학제적·융합적 학문으로서 문무왕 연구의 가능성이 충분함을 확인할 수 있었다. 셋째, 지역적으로는 영남권이 문무왕 연구를 주도(主導)하고 있지만, 지리적으로 멀리 떨어져 있는 호남지역의 대학, 학술단체들도 삼국통일을 매개로 문무왕 연구에 대해 적지 않은 관심을 두고 있음이 확인되었다. 넷째, 문무왕 연구분야에서 문화사가 높은 비중을 차지하고 있는 것으로 나타났는데, 이는 2010년대 이후 한국 고대사 연구의 전체 경향성과 깊이 연관되어 있는 것으로 판단된다.

이와 같은 준거기준별 연구경향 분석결과는 문무왕 연구 활성화 및 관련 정책 개선과제 도출을 위한 기초자료로 활용될 수 있을 것이다.

2. 텍스트 네트워크 분석 결과

본 연구는 문무왕 관련 SNS 이슈 탐색을 위해 2017년 8월부터 2022년 7월까지 최근 5개년 간 네이버, 구글, 다음으로부터 "문무왕"을 검색어로 할 때 1회 이상 동시 출현한 21,176개 키워드를 추출하였다. 전처리 및 정제 과정을 거쳐 TF-IDF 기준 상위 50개 키워드를 최종 선별하였으며, 50개 키워드의 빈도 분석 및 연결정도 중심성 분석 결과는 다음 <표 8>에 나타나 있다.

<표 8> 문무왕 관련 SNS 이슈의 빈도 분석 및 연결정도 중심성 분석

빈도 분석(TF-IDF)			연결정도 중심성 지수(표준화)		
순위	키워드	빈도 수	순위	키워드	지수
1	신라	3883.861	2	신라	0.089
2	통일	3452.806	3	통일	0.085
3	경주	3193.956	7	경주	0.038
4	고구려	2981.825	4	고구려	0.053
5	삼국통일	2897.090	5	삼국통일	0.048
6	백제	2409.274	7	백제	0.038
7	무열왕	2406.493	7	무열왕	0.038
8	역사	2318.501	10	역사	0.028
9	삼국	2298.860	6	삼국	0.045
10	바다	2281.451	17	바다	0.022
11	창건	2220.316	37	창건	0.012
12	대왕암	2204.299	13	대왕암	0.025
13	신문왕	2154.898	19	신문왕	0.021
14	신라왕	2017.661	19	신라왕	0.021
15	김유신	1938.212	14	김유신	0.023
16	문무대왕릉	1914.852	14	문무대왕릉	0.023
17	수중릉	1899.832	19	수중릉	0.021
18	문무대왕	1858.959	30	문무대왕	0.015
19	당나라	1826.265	10	당나라	0.028
20	동해	1817.094	17	동해	0.022
21	고려	1767.222	34	고려	0.014
22	삼국유사	1759.075	19	삼국유사	0.021
23	기록	1738.805	19	기록	0.021

제 5장 빅데이터 기반 텍스트 네트워크 분석을 활용한 '문무대왕(文武大王)' 관련 핵심 이슈 및 정책 개선과제 도출

빈도 분석(TF-IDF)			연결정도 중심성 지수(표준화)		
순위	키워드	빈도 수	순위	키워드	지수
24	아들	1726.564	19	아들	0.021
25	멸망	1654.654	10	멸망	0.028
26	아버지	1597.370	28	아버지	0.016
27	흉노	1550.447	44	흉노	0.009
28	한국사	1508.148	14	한국사	0.023
29	삼국사기	1504.881	30	삼국사기	0.015
30	선덕여왕	1456.365	26	선덕여왕	0.018
31	문무왕	1449.023	1	문무왕	0.277
32	의상대사	1448.853	50	의상대사	0.006
33	김춘추	1358.793	30	김춘추	0.015
34	사찰	1354.271	48	사찰	0.007
35	박혁거세	1344.911	27	박혁거세	0.017
36	경덕왕	1283.000	48	경덕왕	0.007
37	이야기	1268.417	44	이야기	0.009
38	식목일	1268.142	37	식목일	0.012
39	나무	1267.719	37	나무	0.012
40	인물	1262.782	25	인물	0.019
41	시작	1245.965	28	시작	0.016
42	설화	1237.302	35	설화	0.013
43	진흥왕	1224.411	30	진흥왕	0.015
44	당	1221.238	41	당	0.011
45	경주시	1179.850	46	경주시	0.008
46	유언	1169.212	41	유언	0.011
47	경북	1162.965	37	경북	0.012
48	감은사지	1156.068	46	감은사지	0.008
49	태종무열왕	1143.661	43	태종무열왕	0.010
50	재위	1115.050	35	재위	0.013

〈표 8〉에 나타난 빈도 분석 및 연결정도 중심성 분석 결과에 따르면 빈도 분석 기준 상위 10대 키워드는 신라 / 통일 / 경주 / 고구려 / 삼국통일 / 백제 / 무열왕 / 역사 / 삼국 / 바다 등이었으며, 연결정도 중심성 분석 기

준 상위 10대 키워드는 문무왕 / 신라 / 통일 / 고구려 / 삼국통일 / 삼국 / 경주 / 백제 / 무열왕 / 역사 / 당나라 / 멸망 등이었다.

　빈도 분석과 연결정도 중심성 분석에서 공통적으로 상위 10대 키워드에 오른 단어는 9개로 양 분석 간 상당히 높은 상관관계를 나타냈다. 아래에서는 양 분석 간 순위에 차이를 보이는 키워드를 중심으로 실증결과를 보다 구체적으로 살펴보기로 한다.

　빈도 분석에서 10위에 올랐으나, 중심성 분석에서 17위로 하락한 키워드 "바다"는 문무왕과 "바다" 사이의 밀접한 연관성을 나타내는 결과로 볼 수 있지만, 출현 빈도에 비해서는 해당 키워드에 대한 연결이 상대적으로 적었다. "바다"는 문무왕의 동해 대왕암에 장골되어 호국대룡이 되겠다는 전설적(傳說的) 이야기의 배경임에도 불구하고 그 중심성이 낮은 것은 문무왕 SNS 네트워크 내에서 키워드 "동해"와 파워(Power)를 반분(半分)했기 때문인 것으로 판단된다. 키워드 "동해"의 중심성은 "바다"와 같았다.

　빈도 분석에서는 19위에 그쳤으나, 중심성 분석에서 10위에 오른 키워드 "당나라"는 문무왕 SNS 네트워크에서 상당한 위상(位相)을 점하고 있음이 반영된 것으로 판단된다. 사실 무열왕과 문무왕 시기 통일전략의 핵심은 바로 "당나라"였음을 부정하기 어렵다. 비록 신라 단독(單獨)이었다면 전력(全力)을 다 기울인다 하더라도 백제는 일거에 멸망시키는 것은 불가능했을 것이므로 "당나라"는 신라의 통일전략에 있어 가장 핵심적인 외교파트너였다고 볼 수 있다. 다만, 당나라의 출현 빈도가 다소 낮은 것은 삼국통일과정에서 "당나라"가 차지하고 있는 중요성에도 불구하고, 우리나라 SNS의 특성상 중국의 특정 고대국가에 대한 언급이 많을 수 없는 현상에 기인하고 있는 것으로 볼 수 있을 것이다.

　빈도 분석에서는 25위였으나, 중심성 분석에서 10위로 도약한 키워드 "멸망(滅亡)"은 문무왕 시기의 특성과 깊이 관련되어 있는 단어라 할 수 있다. 문무왕이 왕위에 오르기 직전 백제는 형식적으로 "멸망"했지만, 백제를 실질적으로 멸망시킨 장본인은 바로 문무왕이였기 때문이다. 또한, 문무왕은 고구려의 배후를 공략하여 그 멸망을 촉진(促進)시켰다는 측면 역시 키워드 "멸망"이 높은 중심성을 보이는 이유로 보인다.

제 5장 빅데이터 기반 텍스트 네트워크 분석을 활용한 '문무대왕(文武大王)' 관련 핵심 이슈 및 정책 개선과제 도출

빈도 분석과 중심성 분석에서 가장 큰 차이를 보이는 키워드가 바로 "문무왕"이다. 빈도 분석에서는 31위에 그쳤으나, 중심성 분석에서 1위에 올랐기 때문이다. 본 연구의 빈도 분석은 단순 출현빈도가 아니라 문서집합 내에서의 출현빈도에 비중을 두는 TF-IDF에 기반하고 있으며, TF-IDF는 너무 자주 등장하는 키워드를 관용어구로 인식하는 경향이 있다. "문무왕" 역시 각종 SNS에서 등장하는 빈도가 매우 많았기 때문에 TF-IDF 기반 빈도가 낮게 측정된 것으로 볼 수 있지만, 노드로서 "문무왕"에 연결된 링크 수가 많았던 것은 문무왕 네트워크에서 "문무왕"이 이슈 중심성을 주도하는 것은 지극히 당연하다고도 볼 수 있다.

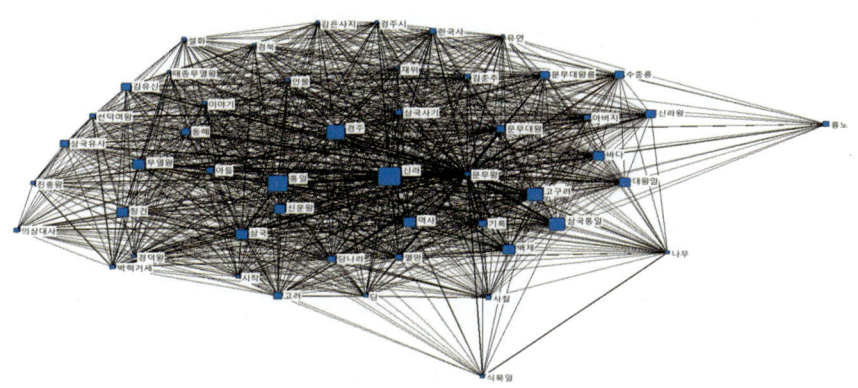

<그림 2> 문무왕 관련 SNS 이슈의 네트워크 지도

〈그림 2〉에서 나타난 바와 같이 문무왕 관련 SNS 네트워크의 가장 중심부에는 키워드 "문무왕"이 자리잡고 있으며, 문무왕을 중심으로 매우 촘촘한 연결망(連結網)이 구축되어 있음을 알 수 있다. 빈도 분석 및 연결정도 중심성 분석에서 상위에 오른 키워드들이 대체로 네트워크의 중심부에 포진(布陣)하고 있는 것으로 보여 시각화 분석이 실증분석결과를 뒷받침하고 있는 것으로 판단된다. 다만, 상위 10대 키워드 중에서는 "무열왕"이 네트워크의 중심부로부터는 다소 떨어져 있는 것으로 보이는데, 이는 무열왕 시기와 문무왕 시기가 서로 깊이 연관되어 있다 해도, 문무왕 중심의 네트워크에서는 주변적(周邊的) 위상을 지닐 수밖에 없음을 나타내고 있는 것으로 볼 수 있다.

한편, 연결정도 중심도가 26.0%로 측정되어 문무왕 SNS 네트워크는 소수의 키워드에 대한 집중도가 매우 높은 것으로 나타났다. "바다"와 같이 공간(空間)을 나타내는 일부 키워드가 상위권에 랭크되었다고는 하지만, 앞서 살펴본 바와 같이 상위 키워드와 네트워크의 중심부를 차지하는 것은 여전히 문무왕대 정치·외교와 관련된 소수의 키워드라는 측면에서 SNS의 관심 범위는 아직까지 제한되어 있는 것으로 해석할 수 있다.

<표 9> 문무왕 관련 SNS 이슈의 그룹핑 결과

그룹	소속 키워드
문무왕 이야기 (28개)	설화, 수중릉, 문무대왕릉, 흉노, 의상대사, 경덕왕, 이야기, **바다**, 기록, **삼국통일**, 유언, 삼국유사, 동해, 재위, 태종무열왕, 삼국사기, 식목일, **경주**, 창건, 경북, 대왕암, 나무, 아버지, 감은사지, 경주시, 사찰, 문무대왕, 신문왕
삼국통일 전쟁 (10개)	한국사, **고구려**, *문무왕*, 당, **삼국**, **통일**, **백제**, **신라**, **멸망**, 인물
통일전략 (7개)	김유신, **무열왕**, **당나라**, 고려, 역사, 김춘추, 아들
신라 군주 (5개)	박혁거세, 선덕여왕, 신라왕, 시작, 진흥왕

위 <표 9>는 본 연구의 상위 50개 키워드를 구조적 등위성의 논리에 입각한 CONCOR분석을 통해 4개 유형으로 그룹핑한 결과이다. 4개 그룹에 대해 살펴보면 "문무왕 이야기"에 28개 키워드가 포함되어 최대 그룹을 형성하였으며, "삼국통일 전쟁" 그룹에 10개 키워드가 소속되었다. "통일전략" 그룹에는 7개 키워드가, "신라 군주(君主)" 그룹에는 5개 키워드가 포함되었다.

문무왕 이야기 그룹에는 문무왕의 죽음과 관련된 "수중릉", "문무대왕릉", "삼국유사", "동해", "대왕암", "감은사지", "유언" 등의 키워드가 다수 포함되어 있어 문무왕 관련 SNS에서는 문무왕 호국대룡의 전설이 상당히 폭넓게 회자(膾炙)되고 있는 현상을 반영하고 있다. 또한, 문무왕과 직간접적으로 관련되어 있는 "의상대사", "삼국사기", "신문왕", "경덕왕" 등의 키워드들은 문무왕의 정치적 업적 및 사후 추숭과 관련된 키워드들로 파악된다.

또한, "경주", "경주시", "경북" 등의 키워드들은 문무왕이 주로 활동했던 공간적 무대(舞臺)이면서 현재 문무왕 관련 유무형 역사자원의 장소성을 보여주고 있는 것으로 판단된다. 이러한 문무왕 관련 서사(敍事)는 비교적 다양한 콘텐츠를 바탕으로 SNS의 관심을 받고 있는 것으로 보이지만, 28개 키워드 중 단 3개 키워드만이 상위 키워드였던 것으로 나타나 문무왕 관련 SNS 네트워크를 주도하지는 못하고 있는 것으로 보인다.

삼국통일 전쟁 그룹에는 "고구려", "문무왕", "백제", "신라", "멸망" 등 삼국통일의 주역이나 대상국가가 다수 포함되어 있었으며, 10개 키워드 중 7개가 상위 키워드였던 것으로 나타났다. 이처럼 삼국통일 전쟁 그룹이 상위 키워드를 다수 포함하고 있는 것은 문무왕 시기에 대한 일반인 등의 관심이 정치와 외교에 국한(局限)되어 있음을 반영하고 있는 것으로 해석할 수 있을 것이다.

통일전략 그룹에는 "김유신", "무열왕", "당나라", "김춘추" 등 신라의 삼국 통일전략과 관련된 키워드들이 소속되었다. 신라의 국력(國力)으로는 고구려는 물론 백제조차 상대하기 버거웠던 상황을 반전(反轉)시켜 삼국통일을 완수했던 것은 신라 내부적으로는 김유신의 가야 김씨 가문과 무열왕 가문이 결합하고, 외부적으로는 당나라의 군사 원조(援助)를 끌어냈기 때문이라고 할 수 있으며, 통일전략 그룹에는 이러한 역사적 사실에 부합되는 키워드들이 포함되어 있었던 것이다. 또한, 7개 소속 키워드 중 3개가 상위 키워드였던 것으로 나타나 문무왕 SNS 네트워크 내에서 통일전략의 중요성이 드러난 것으로 이해할 수 있다.

신라 군주 그룹에는 "박혁거세(朴赫居世)", "선덕여왕(善德女王)", "진흥왕" 등 신라의 중고기(中古期)까지 신라사(新羅史)에서 큰 족적(足跡)을 남긴 군주들의 왕호(王號)가 포함되었다. 이는 문무왕을 조명하는 과정에서 신라 역사상 인상적(印象的)인 활동을 보인 "신라왕"들도 함께 조명되었기 때문으로 보인다. 어쨌든 신라 군주 그룹은 문무왕이 통일대업(統一大業)을 이뤘던 "왕"이라는 측면에서 신라 역사상 다른 왕들과의 연계 및 시너지 창출 가능성을 보여주는 그룹이라고 할 수 있을 것이다.

본 연구는 문무왕 관련 학술 이슈 탐색을 위해 2017년 8월부터 2022년

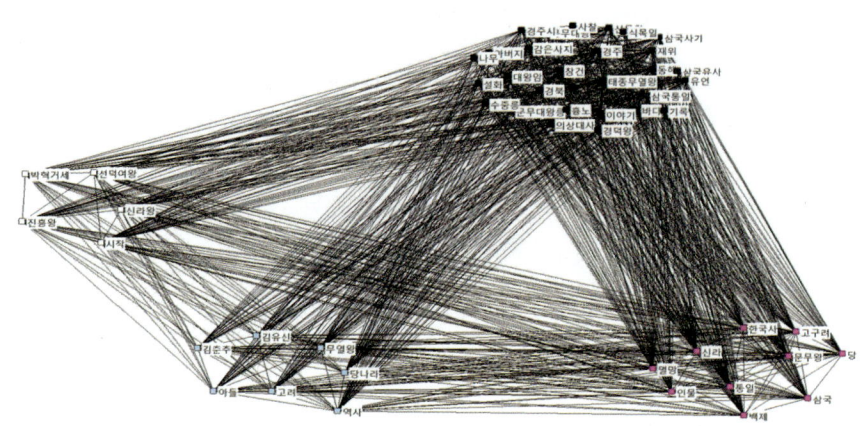

<그림 3> 문무왕 관련 SNS 이슈의 군집 네트워크 지도

7월까지 최근 5개년 간 한국학술지인용색인(KCI)에서 색인어 "문무왕"으로 검색되는 79편의 학술 논문으로부터 1회 이상 동시 출현한 3,826개 키워드를 추출하였으며, 전처리 및 정제 과정을 거쳐 TF-IDF 기준 상위 50개 키워드를 최종 선별하였다. 상위 50개 키워드의 빈도 분석 및 연결정도 중심성 분석 결과는 다음 <표 10>에 나타나 있다.

<표 10> 문무왕 관련 학술 이슈의 빈도 분석 및 연결정도 중심성 분석

빈도 분석(TF-IDF)			연결정도 중심성 지수(표준화)		
순위	키워드	빈도 수	순위	키워드	지수
1	인장	136.0231	36	인장	0.006
2	난민	131.0834	4	난민	0.066
3	고구려	121.2842	2	고구려	0.085
4	당	118.1395	5	당	0.059
5	융	104.8667	9	융	0.037
6	신라	100.4424	1	신라	0.144
7	석굴	95.58382	16	석굴	0.018
8	태자	93.84034	7	태자	0.038
9	일본	92.79678	13	일본	0.022
10	백제	90.66523	3	백제	0.082
11	종묘	86.51145	31	종묘	0.008

빈도 분석(TF-IDF)			연결정도 중심성 지수(표준화)		
순위	키워드	빈도 수	순위	키워드	지수
12	기단	77.20231	23	기단	0.013
13	김유신	74.75296	36	김유신	0.006
14	선덕여왕	71.95838	34	선덕여왕	0.007
15	황룡	69.91117	39	황룡	0.005
16	설치	68.03750	15	설치	0.019
17	건물	67.01990	39	건물	0.005
18	신문왕	65.55041	17	신문왕	0.017
19	법화경	65.54172	24	법화경	0.012
20	기록	64.30909	7	기록	0.038
21	사천왕사	64.12018	20	사천왕사	0.014
22	유형	62.14588	25	유형	0.011
23	동궁	60.58844	39	동궁	0.005
24	조성	58.65003	18	조성	0.016
25	신앙	57.96021	18	신앙	0.016
26	불교	55.80529	20	불교	0.014
27	전쟁	55.80529	11	전쟁	0.032
28	책봉	55.74137	20	책봉	0.014
29	중국	55.57535	6	중국	0.049
30	첨성대	55.14451	43	첨성대	0.004
31	삼국	53.69676	10	삼국	0.035
32	금당	53.69676	26	금당	0.010
33	선부	52.43337	46	선부	0.002
34	발해	52.43337	43	발해	0.004
35	왕자	52.33337	12	왕자	0.027
36	삼국사기	52.33046	14	삼국사기	0.021
37	유조	49.06253	46	유조	0.002
38	불상	49.06253	29	불상	0.009
39	부산	47.79191	36	부산	0.006
40	안압지	47.79191	48	안압지	0.001
41	사면	47.73046	48	사면	0.001
42	애장왕	47.73046	31	애장왕	0.008
43	왕경	47.31726	26	왕경	0.010

빈도 분석(TF-IDF)			연결정도 중심성 지수(표준화)		
순위	키워드	빈도 수	순위	키워드	지수
44	탐라	46.92017	34	탐라	0.007
45	왕릉	44.74730	45	왕릉	0.003
46	벽화	44.11561	48	벽화	0.001
47	출토	43.82070	39	출토	0.005
48	삼국유사	43.62368	31	삼국유사	0.008
49	중대	43.51012	29	중대	0.009
50	무열왕	43.44447	26	무열왕	0.010

〈표 10〉에 나타난 빈도 분석 및 연결정도 중심성 분석 결과를 살펴보면 빈도 분석 기준 상위 10대 키워드는 인장 / 난민 / 고구려 / 당 / 융 / 신라 / 석굴 / 태자 / 일본 / 백제 등이었으며, 연결정도 중심성 분석 기준 상위 10대 키워드는 신라 / 고구려 / 백제 / 난민 / 당 / 중국 / 태자 / 기록 / 융 / 삼국 등이었다.

학술 이슈 네트워크의 빈도 분석과 연결정도 중심성 분석에서 공통적으로 상위 10대 키워드에 오른 단어는 7개로 SNS 네트워크보다 2개 감소했다. 양 분석 간 상위 키워드에 차이를 보이는 것은 학술 이슈 네트워크가 SNS 이슈 네트워크에 비해 보다 다각적이고 심층적인 차원에서 문무왕 관련 연구를 다뤘기 때문으로 판단된다. 아래에서는 양 분석 간 상위 키워드 순위에 차이를 보이는 키워드를 중심으로 실증결과를 구체적으로 살펴보기로 한다.

빈도 분석에서는 1위였으나, 중심성 분석에서 36위로 하락한 키워드 "인장(印章)"은 일부 연구에서 신라의 문서행정(文書行政)과 인장을 다루는 가운데 부각된 이슈라 할 수 있다. 다만, 79개 학술 논문 네트워크에서의 이슈 중심성은 매우 낮은 것으로 나타났는데, 정치·외교사가 강세를 보이는 학술 네트워크에서 순수 행정(行政) 분야와 관련된 키워드 "인장"이 두드러진 위상을 나타내기는 어려웠을 것으로 판단된다.

빈도 분석에서는 7위에 올랐으나, 중심성 분석에서는 16위로 하락한 키워드 "석굴(石窟)"은 일부 논문들이 신라의 불교와 관련된 주제를 다루면서 등장하였는데, "석굴" 자체를 다룬 논문보다 전체 불탑(佛塔)과 사찰에 관한 논의가 중심을 이루면서 "석굴"의 중심성 지수가 다소 하락한 것으로 판단된다.

빈도 분석에서는 9위였으나, 중심성 분석에서 13위로 내려앉은 키워드 "일본"은 통일전쟁기 낮지 않은 비중에도 불구하고, 출현 빈도에 비해 낮은 이슈 중심성을 보였는데, 이는 문무왕 시기 "일본"의 활동 자체에 초점을 맞추는 경우보다 '문무왕과 해양'이라는 보다 폭넓은 주제 아래에 각론(各論)적인 차원에서 "일본"을 다루는 경향을 반영된 결과로 해석할 수 있을 것이다.

빈도 분석에서는 20위에 그쳤으나, 중심성 분석에서 7위에 오른 키워드 "기록"은 문무왕 대를 다룬 사료가 상대적으로 많고 중요하다는 차원에서 높은 중심성이 나타난 것으로 보인다. 사실 삼국사기 신라본기(新羅本紀) 제6권과 제7권은 전적으로 문무왕에 대한 서술로만 구성되어 있으며, 삼국유사에서 차지하는 문무왕의 비중도 결코 적지 않다. 또한, 각종 금석문(金石文) 자료 역시 다른 신라 왕대(王代)와는 비교도 할 수 없을 만큼 많다고 할 수 있는데, 이러한 기록유산(記錄遺産)의 존재가 키워드 "기록"의 위상을 뒷받침하고 있는 것으로 보인다.

빈도 분석에서는 31위였으나, 중심성 분석에서 6위에 오른 키워드 "중국"은 문무왕 대 주요 외교 대상을 나타내고 있는 것으로 볼 수 있다. 물론 키워드 "당"이 빈도와 중심성 모두에서 최상위 키워드에 랭크되어 있지만, "당"을 대체(代替)할 수 있는 더욱 포괄적인 용어로서 "중국" 역시 문무왕 관련 학술 네트워크에서 상당한 위상을 갖고 있다는 사실도 추가로 확인할 수 있었다.

빈도 분석에서는 31위였으나, 중심성 분석에서 10위로 도약(跳躍)한 키워드 "삼국"은 문무왕 학술 연구의 주요 환경요인으로 볼 수 있다. 백제를 형식적으로만 멸한 바로 다음 해에 왕위에 오른 문무왕은 근본적으로 삼국정립이라는 프레임으로부터 결코 자유로울 수 없었으며, 문무왕 치세 20년은 이러한 삼국정립 상태를 완전히 해소(解消)하는 데 모든 역량이 집중되었던 만큼 키워드 "삼국"의 높은 이슈 중심성은 이와 같은 맥락에서 이해될 수 있다.

〈그림 4〉에서 나타나듯이 문무왕 관련 학술 네트워크의 가장 중심부에는 삼국통일 전쟁기 치열한 항쟁을 벌였던 "신라", "고구려", "백제", "당"이

위치하고 있으며, SNS 이슈 네트워크에 비해서는 그 촘촘함이 줄어들었으

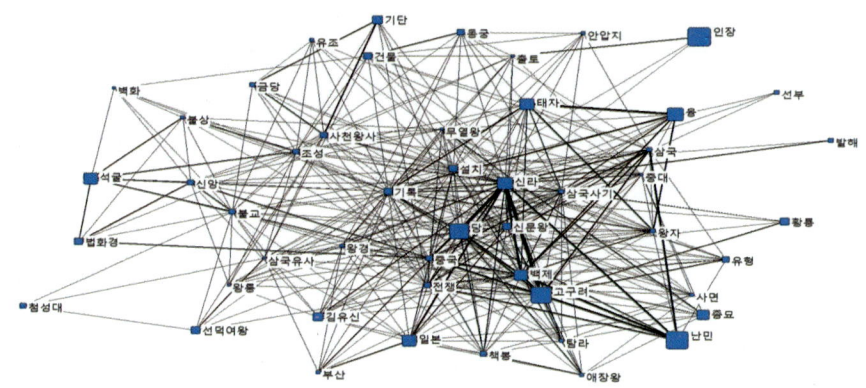

<그림 4> 문무왕 관련 학술 이슈의 네트워크 지도

나, 학술 이슈 네트워크 역시 방사형 형태를 구축한 것으로 보인다. 학술 이슈 네트워크에 대한 시각화 결과는 빈도 분석보다는 연결정도 중심성 분석 결과에 근사(近似)한 것으로 판단된다. 연결정도 중심성에서 최상위권을 형성했던 키워드들이 네트워크 지도에서도 중심적 위상을 유지하고 있기 때문이다. 다만, 키워드 "난민"의 경우 네트워크의 중심부로부터는 다소 떨어져 있는 것으로 보이는데, "난민"의 높은 빈도 수와 중심성에도 불구하고, 문무왕 관련 학술 이슈 네트워크를 주도할 만한 입지를 구축한 것으로는 보기 어려울 것이다.

한편, 학술 이슈 네트워크의 연결정도 중심도는 12.8%로 SNS 이슈 네트워크의 절반에도 미치지 못했다. 즉 문무왕과 관련된 학술 이슈 네트워크는 SNS 이슈에 비해 소수 노드에 대한 집중도가 2배 이상 완화되어 다극화 경향을 띠고 있는 것으로 나타났다.

제 5장 빅데이터 기반 텍스트 네트워크 분석을 활용한 '문무대왕(文武大王)' 관련 핵심 이슈 및 정책 개선과제 도출

<표 11> 문무왕 관련 학술 이슈의 그룹핑 결과

그룹	소속 키워드
신라 정치 및 외교 (29개)	**삼국**, **중국**, 책봉, 유형, 김유신, 신문왕, 왕경, **신라**, 사면, **고구려**, **난민**, 발해, 종묘, 중대, 무열왕, **당**, 유조, 애장왕, 탐라, **일본**, 왕릉, **인장**, **백제**, 출토, 황룡, 선부, 전쟁, 부산, 설치
신라 공간 및 건축 (9개)	첨성대, 선덕여왕, 금당, 기단, 건물, 사천왕사, 안압지, 삼국유사, 동궁
신라 불교 (7개)	불상, 불교, 법화경, 조성, 신앙, 벽화, **석굴**
삼국통일 관련 기록 (5개)	삼국사기, **기록**, **태자**, **융**, 왕자

위 〈표 11〉은 문무왕 관련 학술 이슈의 상위 50개 키워드에 대해 CONCOR 분석을 수행한 결과로 4개 그룹은 "신라 정치·외교" 그룹(29개 키워드), "삼국통일 전쟁" 그룹(9개 키워드), "통일전략" 그룹(7개 키워드), "삼국통일 관련 기록" 그룹(5개 키워드) 등이다.

신라 정치·외교 그룹은 4개 그룹 중 가장 많은 키워드가 포함된 유형으로 "삼국", "중국", "신라", "고구려", "백제", "난민", "일본" 등 문무왕 및 신라의 정치·외교 관련 키워드들이 총망라(總網羅)되어 있다. "종묘", "왕경" 등 일부 키워드들이 전통적 정치사와 다소 다른 맥락에서의 접근을 시사하고 있지만, 중심성 수준이 낮아 전체 그룹의 성격을 좌우하기는 어려울 것으로 판단되었다. 29개 키워드 중 9개가 상위 키워드였던 점을 고려해보면 문무왕 관련 학술 네트워크에서 정치·외교 분야가 차지하는 비중은 매우 크다고 볼 수 있을 것이다.

신라 공간 및 건축 그룹에는 "첨성대(瞻星臺)", "금당(金堂)", "기단(基壇)", "사천왕사", "안압지(雁鴨池)", "동궁" 등의 키워드가 포함되었는데, 이들은 모두 신라 중대 시기 건축물과 관련된 단어들이었다. 이와 같은 군집화 결과는 신라의 건축 분야가 문화사의 특수 영역으로 문무왕 관련 학술 이슈의 한 축을 형성하고 있음을 의미하는 것으로 볼 수 있다. 다만, 중심성이 높은 키워드들은 포함되지 않아 아직까지 문무왕 관련 학술 이슈를 주도하지는

못하고 있는 것으로 판단된다.

　신라 불교 그룹에는 "불상(佛像)", "불교", "법화경(法華經)", "신앙(信仰)", "석굴" 등의 키워드가 소속되었는데, 문무왕 대를 전후한 시기, 신라의 불교와 연관된 주제 영역을 다룬 연구들의 진척(進陟)에 따라 군집을 이룬 것으로 보인다. 신라 불교 그룹에 포함된 7개 키워드 중 1개가 상위 키워드로 나타났는데, 불교사 영역에서 상위 키워드가 등장한 것은 신라의 불교와 관련된 주제가 전통적 문화사 영역으로 비교적 꾸준한 연구 노력이 이어져 온 것이 그 원인으로 볼 수 있을 것이다.

　삼국통일 관련 기록 그룹에는 "삼국사기", "기록", "태자" 등 5개 키워드가 포함되었으며, 이 중 3개가 상위 키워드였다. 4개 그룹 중 가장 적은 키워드만이 포함되어 있음에도 불구하고, 상위 키워드 개수가 많은 것은 문무왕 관련 사료 등 기록유산이 상당히 풍부하며, 이 중 삼국통일과 관련된 "기록"에 큰 의미를 부여한 것이 문무왕 관련 학술논의의 핵심적 맥락으로 이해할 수 있다. 특히 여기서 등장하는 "태자"는 무열왕의 태자로서 문무왕(김법민)보다는 백제 태자로서 당군을 완전히 축출하기까지 정치 공간에서 활발한 족적을 보였던 백제 태자 "융(隆)"을 의미하는 것으로 보이며, 이 같은 "태자" "융" 관련 "기록"에 많은 연구자들이 학술적 관심을 보임에 따라 '삼국통일 관련 기록'이 하나의 군집을 형성할 수 있었던 이유로 생각된다.

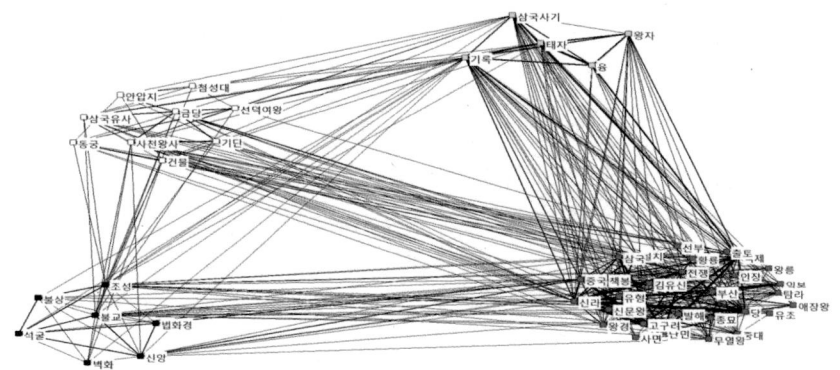

<그림 5> 문무왕 관련 학술 이슈의 군집 네트워크 지도

<표 12> 분석방법별·매체별 키워드 비교

순위	SNS		저자 선정 키워드	학술 논문 키워드	
	빈도	연결중심		빈도	연결중심
1	신라	문무왕	문무(대)왕	인장	신라
2	통일	신라	신라	난민	고구려
3	경주	통일	사천왕(사)	고구려	백제
4	고구려	고구려	난민	당	난민
5	삼국통일	삼국통일	월지	융	당
6	백제	삼국	감은사	신라	중국
7	무열왕	경주	동궁	석굴	태자
8	역사	백제	문무왕릉비	태자	기록
9	삼국	무열왕	신문왕	일본	융
10	바다	역사, 당나라, 멸망	탐라(국)	백제	삼국

위 〈표 12〉는 준거기준별 연구경향 분석에 따라 학술 논문의 저자들이 직접 선정한 상위 키워드를 SNS 및 학술 논문을 대상으로 텍스트 네트워크 실증분석을 통해 추출한 상위 키워드와 상호 비교한 결과이다.

저자들이 직접 선정한 상위 키워드의 경우 "사천왕(사)", "월지", "감은사", "동궁" 등 문무왕 시기 문화공간에 대한 키워드들이 상당수를 점하였으나, 텍스트 네트워크 분석을 통한 학술 이슈의 경우 "석굴"을 제외한 나머지 키워드 대부분이 문무왕 시기 정치·외교와 관련된 단어들이었다. 이러한 경향은 SNS 이슈도 마찬가지였는데, 키워드 "바다"만이 비정치적 상위 키워드였던 것이다.

위와 같은 분석결과를 통해 추론할 수 있는 것은 문무왕과 관련된 대다수 이슈가 당시 정치·외교 분야에 집중되는 경향성이 있다는 것이다. 또한, 저자 선정 키워드와 학술 논문 키워드 간의 비교분석 결과, 학술 논문의 저자들이 의도적(意圖的)으로 건축·문화 등 비정치적인 주제를 선정하여 연구를 진행하는 경우라 할지라도 정치·외교 분야와의 관련성을 배제(排除)하기가 쉽지 않다는 것도 추정할 수 있다.

다음으로 본 연구는 빅데이터 기반 텍스트 네트워크 분석을 통해 구축한 문무왕 관련 SNS 이슈 네트워크와 학술 이슈 네트워크 간의 관련성을 통계적으로 검증하였다. 다음 〈표 13〉은 SNS 이슈 네트워크와 학술 이슈 네트워크 간 QAP(Quadratic Assignment Procedure) 상관분석을 수행한 결과이다.

〈표 13〉 QAP 상관분석 결과

구 분	문무왕 학술 이슈 네트워크
문무왕 SNS 이슈 네트워크	0.138**

* 주: *** $p < 0.01$, ** $p < 0.05$, * $p < 0.1$

〈표 13〉에 의하면 문무왕 관련 SNS 이슈 네트워크와 학술 이슈 네트워크는 통계적으로 유의한 수준(p 〈0.05)에서 관련성이 있는 것으로 나타났다. 상관계수 값의 해석과 관련하여 Evans(1996)는 0.000~0.199는 매우 약한 상관관계, 0.200~0.399는 약한 상관관계, 0.400~0.599는 상당한 상관관계, 0.600~0.799는 강한 상관관계로 평가하였는데, 이에 따르면 SNS 이슈 네트워크와 학술 이슈 네트워크는 매우 약한 상관관계를 가지는 것으로 볼 수 있다. 즉 SNS와 학술 간의 활발한 상호작용을 통한 공진화(Coevolution)가 제대로 이루어지지 못하고 있는 것으로 해석할 수 있다.

3. 정책개선을 위한 후보과제 풀 구축

본 연구는 제1절과 제2절에서 실증된 분석결과 및 선행연구에서 제시된 정책대안에 대한 검토를 바탕으로 문무대왕 - 동해 간 연계 강화 및 정책개선을 위한 후보과제 풀(Pool)을 구축하고자 한다.

먼저 준거기준별 문무왕 연구경향 분석을 통해 학술대회 등 이벤트 개최를 기점으로 학술연구가 활성화되는 경향이 있음을 확인한 만큼 문무왕 시기를 조명하는 정기(定期) 학술대회 개최가 필요할 수 있으며, 호남 등 동해에 멀리 이격되어 있는 지역에서도 문무왕 관련 연구가 지속되고 있는 점을 고려하여 영호남 공동학술대회를 개최할 필요가 있을 것으로 보인다. 호남 또는 충청지역과 공동 학술대회를 개최할 경우 "삼국통일전쟁"을 주제로 삼는다면 문무왕대를 중심으로 한 심도 있는 연구논의가 이루어질 수 있을 것으로 보인다. 또한, 문무왕 연구가 가지는 학제적 성격을 고려하여 학술대회 개최 시 '빅데이터와 역사학', 또는 '빅데이터와 고대사' 등을 주제로 한 프로그램을 포함시킨다면 문무왕 연구의 융복합적 시너지 창출이 가속화될 수 있을 것으로 예상된다.

텍스트 네트워크 실증 분석을 통해서는 신라 건축 분야가 문화사의 한 영역으로 자리매김한 사실을 확인한 만큼 문무왕대 문화공간을 매개로 한 학제적 연구를 장려(奬勵)할 필요가 있을 것으로 보인다. 특히 건축 분야와 역사학은 학문적 거리가 매우 먼 상황인 만큼 융합이 이루어질 경우 그 파급효과(波及效果)는 상당히 클 것으로 예상된다. 이러한 차원에서 건축학과 역사학 간의 융복합연구를 적극적으로 지원할 필요가 있을 것으로 보이며, 이는 한국연구재단(韓國研究財團) 등에 대한 학술연구비 지원 신청 및 선정을 통해 어느 정도 가능할 것으로 판단된다.

또한, 문화사 연구가 활성화되는 경향을 보인다고는 하지만, 정치·외교사 중심의 학술경향 및 일반 국민의 인식은 크게 바뀌지 않는 것으로 보이는 만큼 비정치·비외교사 분야에 대한 연구지원이 보다 강화되어야 할 것으로 보인다.

문무대왕과 관련된 유·무형 문화유산 중 본 연구의 분석결과, 다시 한번 조명되는 것은 삼국통일과 관련된 "기록"이다. 삼국통일과 관련된 "기록"은 문무왕 관련 학술논의의 핵심적 맥락으로 이해되는데,「삼국사기」,「삼국유사」에서 문무왕 기록은 분량과 내용 모두에서 상당한 역사적 의미를 지닌다고 할 수 있다. 사실 일반인들의 시각에서는「삼국사기」나「삼국유사」가 갖는 사료적 가치에 대해 제대로 인식하기 어렵다는 차원에서 이들 사료에 대한 주의를 환기시킬 계기가 필요할 것으로 보이는데, 세계기록유산(世界記錄遺産) 신청은 문무왕 및 고대사료에 대한 국민적인 관심을 증폭(增幅)시킬 전기가 될 수 있을 것으로 생각된다.[33] 설령 여러 가지 사유로 세계기

---

[33] 우리나라는 훈민정음(訓民正音), 조선왕조실록(朝鮮王朝實錄), 직지심체요절(直指心體要節), 승정원일기(承政院日記), 조선왕조 의궤(儀軌), 동의보감(東醫寶鑑), 해인사(海印寺) 대장경판(大藏經版) 및 제경판(制經版), 일성록(日省錄), 5.18 민주화운동 기록물, 난중일기(亂中日記), 새마을운동 기록물, 한국의 유교책판, KBS특별방송 이산가족을 찾습니다, 조선왕실 어보(御寶)와 어책(御冊), 국채보상운동(國債報償運動) 기록물, 조선통

록유산 등재가 어렵게 된다 하더라도, 이를 위한 다양한 정책사업이 추진되는 가운데 자연스럽게 문무왕 관련 정책사업들도 구상(構想)되고 실행될 가능성이 높아질 것이기 때문이다.

문무대왕이 오랜 기간에 걸쳐 기억되고 추숭되는 이유는 그가 삼국통일의 대업을 완수한 "왕"이었다는 사실이 큰 비중을 차지한다고 할 수 있다. 다만, 50여 명에 달하는 신라왕 중에서 문무대왕만을 기억하고 상징화하는 것은 다소간의 무리가 따를 수 있는 상황을 상정하지 않을 수 없다. 본 연구의 실증결과에서도 '신라 군주'그룹을 별도로 유형화한 바와 같이 박혁거세, 진흥왕, 선덕여왕, 경덕왕(景德王), 무열왕, 신문왕, 지증왕(智證王), 법흥왕(法興王) 등 신라 역사상 명군들도 함께 조명하는 방식도 고려할만한 것으로 판단된다.

앞서 살펴본 바와 같이 문무왕 재조명과 관련된 정책대안을 제시한 사례는 안상경(2013), 이창식(2014), 김윤배·윤성진(2017) 등 몇몇 연구에 불과한 상황이다. 다행스러운 것은 이들의 연구성과가 아직까지 구체적인 정책과 연결되지는 못했지만, 상당한 수준의 타당성과 참신성을 갖추고 있다는 점이다. 본 연구는 이러한 차원에서 이들 연구로부터 문무왕-동해 간 연계강화 방안 구축을 위한 후보과제를 추출하고자 한다. 본 연구의 제2장에서 검토된 바와 같이 김윤배·윤성진(2017)은 경주 동해안권의 해양과학자원과 문화자원 간의 융합을 통해 문무대왕에 대한 재조명 및 경주지역 해양교육관광 활성화 방안을 제시하였다. 특히 용승(湧昇)현상을 자연과학자원으로 삼아 문무대왕의 승천(昇天)이라는 기존의 역사문화자원과 결합시키는 한편, 경주 양남권역의 주상절리(柱狀節理) 자원 및 감포항의 근대문화유산 자원과 문무왕 역사문화유산 간에는 충분한 시너지 창출이 가능할 수 있음을 주장하였다.

이창식(2014)은 문무 해중릉의 장소성과 서사(敍事)의 가치성을 바탕으로 신라유산창조콘텐츠연구원의 설립, 경주-신라 역사문화자원의 팩션형 스토리텔링 사업 추진, 기존 추모제 등의 문무대왕축제로 통합·관리, 감은사-대왕암에 대한 테마파크 조성, 킬러콘텐츠(killer contents) 제작에 대한 선택과 집중, 경주 양북면 문화유산 복원을 통한 지역발전의 공동선(共同

신사(朝鮮通信使)기록물 등 16종을 세계기록유산으로 등재시켰다.

善) 추구, 경주 동해 문화자원에 대한 브랜딩 및 수출 등 7개 아이디어를 문무왕 관련 정책사업 대안으로 제시하였다.

안상경(2013)은 문무왕 유·무형자원이 가지는 문화원형적 가치에 주목(注目)하여 문무왕 테마파크의 조성 환경과 공간 내용을 구성하였는데, 중국의 대당부용원(大唐芙蓉園)을 벤치마킹하여 감은사지(感恩寺址) 뒤편 야산, 문무왕릉 서편 야산 등을 후보지로 호국성지(護國聖地) 컨셉의 문무왕 전설과 결합된 판타지 영상콘텐츠, 한국무속의 순기능을 부각시킨 무속콘텐츠, 세계 용문화행사 퍼레이드 등 축제콘텐츠 등 다양한 실행 프로그램을 제시하였다.

본 연구는 상기에서 검토된 정책 개선과제 풀을 〈표 14〉와 같이 정리·매칭하였다.

<표 14> 정책 개선과제 풀 구성

실증분석 결과		안상경 (2013)	이창식 (2013)	김윤배·윤성진 (2017)	최종 후보과제
준거기준별 분석	텍스트 네트워크				
문무왕 정기 학술대회 개최					①문무왕-동해 관련 정기·공동 학술대회 개최
영호남 공동 학술대회 개최					
	문무왕 융합연구비 지원				②문무왕 관련 비정치·융합 분야 연구비 확보
	비정치·비외 교사 연구 지원 강화				
	세계기록 유산 신청				③삼국사기 등 세계기록유산 신청
	신라군주그룹 동시조명				④위대한 신라왕 공통 조명
		문무왕 테마파크 조성	테마파크 조성		⑤문무왕 테마파크 조성

실증분석 결과		안상경 (2013)	이창식 (2013)	김윤배·윤성진 (2017)	최종 후보과제
준거기준별 분석	텍스트 네트워크				
		판타지가미 영상콘텐츠 개발	팩션형 스토리텔링 사업		⑥팩션형 영상콘텐츠 등 스토리텔링 사업
		무속콘텐츠 개발			–
		축제콘텐츠 개발	문무대왕 축제 통합		⑦통합형 문무대왕 축제 개최
			신라유산콘텐츠 연구원 설립		⑧신라문화콘텐츠 연구원 설립
			양북면 문화유산 복원		–
			경주-동해 문화자원 브랜딩		⑨경주-동해 문화자원 브랜딩
			킬러콘텐츠 발굴		⑩킬러콘텐츠 발굴
				자연과학자원과 결합	⑪자연과학자원과 결합

〈표 14〉에 나타난 바와 같이 본 연구에서는 문무왕-동해 간 연계강화를 위해 11개 최종 개선과제를 선정하였다. 본 연구의 준거기준별 연구경향 분석에 따라 도출된 문무왕 관련 정기 학술대회 개최와 영호남 공동 학술대회 개최를 ❶ 문무왕-동해 관련 정기·공동 학술대회 개최 과제로 통합시켰다.

 텍스트 네트워크 실증 분석에 따라 도출된 문무왕-동해 관련 융합연구비 지원과 문무왕-동해 관련 비정치·비외교사 분야 연구 지원 강화를 문무왕-동해 관련 비정치·융합 연구비 확보로 통합시켰다. 세계기록유산 신청은 삼국사기 등 고대사료에 대한 세계기록유산 신청으로 수정하였다. 신라 군주 그룹 동시 조명은 '위대한 신라왕' 발굴 프로젝트 실시로 수정하였다.

　문무왕 테마파크 조성은 막대한 예산과 장기간의 시일이 소요되는 만큼 단기과제로 운영하기는 곤란하지만, 중장기 프로젝트로서의 의미는 충분할 것으로 판단되는 점을 고려하여 ❺ 문무왕 테마파크 조성은 별도 수정 없이 과제로 선정하였다. 안상경(2013)이 제시한 판타지 가미 영상콘텐츠 개발과 이창식(2014)이 제시한 팩션형 스토리텔링 사업은 팩트(Fact)만을 중시하지 않는다는 측면에서 공통점을 갖고 있다. 본 연구에서는 이 둘을 ❻ 팩션형 영상콘텐츠 제작 등 스토리텔링 사업 추진으로 통합시켰다.

　무속콘텐츠 개발의 경우 이를 그대로 진행할 경우 일반인 등에 의한 반감(反感)이 클 수 있음을 고려하여 제외하였다. 기독교(基督敎), 천주교(天主敎) 등을 신봉하는 종교인의 입장을 고려한다면 무속콘텐츠 개발은 득보다 실이 많은 선택일 수 있을 것이다.

　현재 문무대왕을 테마로 다양한 축제성 이벤트가 간헐적으로 개최되고 있지만, 그 규모 등이 영세하여 제대로 된 문무대왕 상징화에 큰 도움이 되지 못하고 있는 상황을 고려할 때 이들 축제성 이벤트를 '문무대왕 대축제(가칭)'로 통합시킬 필요가 있을 것으로 판단되며, 이를 위해 ❼ 통합형 문무대왕축제 개최를 최종 과제로 선정하였다.

　이창식(2014)은 "신라유산창조콘텐츠연구원"의 설립을 정책과제로 제시하였는데, 상당히 타당성 있는 정책대안으로 판단된다. 사실 한국콘텐츠진흥원이 한류(韓流)의 전세계적 확산과 유지를 전략적으로 뒷받침하는 역할을 충실히 수행하고 있는 사례에서 볼 수 있듯이 신라역사문화자원이 갖고 있는 잠재력을 역사문화콘텐츠로 업그레이드시키기 위해서는 이를 전략적인 측면에서 기획할 수 있는 구심점으로서, ❽ "신라역사문화콘텐츠진흥원(가칭)"의 설립이 무엇보다 긴요하다 할 수 있다. 또한, 신라역사문화콘텐츠진흥원의 설립은 국책사업으로 진행되어야만 할 것이다. 민간에 이를 맡길 경우 단기 수익성에 따라 진흥원 자체의 존폐(存廢)가 결정될 수밖에 없기 때문이다.

　이창식(2014)이 제시한 양북면 문화유산 복원은 다소 지엽적인 과제인 점을 고려하여 제외하였다. 사실 범경주권역에서 문무왕과 관련 없는 지역은 거의 존재하지 않을 정도인데, 굳이 양북면에 한정하여 문화유산 복원을 추진하고자 하는 것은 지역균형이나 문무대왕의 지역별 문화유산 분포상황 등을 고려할 때 그 타당성이 다소 미흡하다고 볼 수 있을 것이다.

❾ 경주-동해 문화자원에 대한 브랜딩 및 수출은 상당히 의미 있는 정책과제로 판단된다. 사실 그동안의 브랜딩은 지역자치단체 단위로 이루어지거나 특정 인물을 매개로 진행되었던 것으로 보인다. 문무대왕의 경우도 특정 인물에 해당되는 것으로 볼 수 있지만, 문무대왕을 동해와 연계시킨다면 기존의 브랜딩 접근과 차별화된 차원에서 예상치 못한 파급효과를 기대할 수 있을 것으로 판단된다.

킬러콘텐츠의 발굴도 문무왕-동해 간 시너지 창출의 기반이 될 수 있다. 과거 선덕여왕에 대한 관심이 급증한 것은 드라마 "선덕여왕"의 역할이 결정적이었는데, 이를 선례로 삼아 경주시 등이 문무대왕의 전설과 관련된 연극, 오페라, 영화, 드라마 등의 기획·제작 지원을 추진하는 것도 상정해 볼 수 있을 것으로 생각된다.

문무대왕 역사문화자원과 동해안의 자연과학자원 간 결합이 필요하다. 김윤배·윤성진(2017)이 제시한 바와 같이 동해안의 용승 현상은 문무대왕의 호국대룡 전설과 결합하기에 안성맞춤이다. 역사문화자원과 자연과학자원 사이의 결합은 학문이나 영역 사이의 거리가 아주 먼 유형의 결합인 만큼 그 파급력과 관광 매력도는 매우 클 것으로 기대할 수 있다.

4. 계층화 분석(AHP)를 통한 정책 우선순위 설정

본 연구는 제3장 제1절에서 논의한 바와 같이 연구자 일개인의 인식 차원을 넘어 집단지성에 근거한 문무왕-동해 관련 정책 아젠다를 설정하고자 한다. 이를 위해 문무왕-동해 관련 정책 및 역사 분야 전문가 그룹을 대상으로 우선순위 설정을 위한 계층화(AHP) 설문조사를 수행하였다.

본 연구의 AHP 분석절차는 ①계층구조의 설정 → ②쌍대비교 행렬의 작성 → ③고유벡터(Eigen Vector) 계산 → ④일관성 검토 → ⑤종합 중요도 도출의 5단계로 구성된다. 본 연구에서는 계층구조 설정을 위한 판단 기준으로 정책성과 경제성을 선정한 다음, 전문가 설문결과를 대상으로 11개 정책과제 간 쌍대비교를 위한 행렬을 작성하였으며, 고유벡터 계산 결과를 통해 일관성을 검증하였다. 최종적으로는 개별 대안들의 상대적 가중치를 산출한 다음, 각 판단 기준의 가중치로 곱해 이를 모두 더한 가중합계(Weighted Sum)를 통해 종합적인 중요도와 우선순위를 산출하였다.

〈표 15〉는 문무왕-동해 연계강화를 위한 AHP 설문 대상자 5인의 프로필이다.

〈표 15〉 AHP 설문 대상자 프로필

순번	구분	소속	성별	연령	주요 경력
1	학계	OOOOO대학교	남	50대	문학(사학) 박사, 교수
2	실무	OO중학교	남	30대	문학(사학) 석사, 교사
3	학계	OOOOO대학교	여	50대	문학(미술사) 박사, 교수
4	학계	OO대학교	여	50대	행정학 박사, 강사
5	학계	OOO OOOO 연구소	여	50대	행정학 박사, 소장(연구원)

〈표 15〉에서 나타난 바와 같이 본 연구에서는 '문무왕'과 '동해'가 갖고 있는 역사성을 감안하여 한국 고대사 분야에 권위(權威)를 가지는 전문가 그룹을 섭외(涉外)하는 한편, 문무왕-동해 연계강화 방안이 가지는 정책적 의미를 감안하여 행정학 분야 전문가 그룹도 설문대상으로 운영하였다.

판단 기준(정책성, 경제성)의 상대적 중요도 및 판단 기준에 따른 정책과제들의 상대적 중요도를 통해 종합 중요도를 〈표 16〉과 같이 산출하였다. 전문가 설문조사 결과, 일관성 비율이 20% 이상으로 나타난 경우에는 일관성 확보를 위해 재설문을 반복하여 실시하였다.

〈표 16〉 AHP 분석 결과

정책과제	정책성	경제성	종합 중요도	우선순위
-	0.7000	0.3000	-	-
문무왕-동해 관련 정기·공동 학술대회 개최	0.0657	0.0265	0.0922	5

정책과제	정책성	경제성	종합 중요도	우선순위
문무왕-동해 관련 비정치·융합 연구비 확보	0.0729	0.0196	0.0925	4
삼국사기 등 고대사료에 대한 세계기록유산 신청	0.0627	0.0176	0.0803	8
'위대한 신라왕' 발굴 프로젝트 추진	0.0644	0.0244	0.0888	7
문무왕 테마파크 조성	0.0523	0.0367	0.0890	6
팩션형 영상콘텐츠 제작 등 스토리텔링 사업 추진	0.0812	0.0384	0.1196	2
통합형 문무대왕 축제 개최	0.0407	0.0228	0.0636	11
신라역사문화콘텐츠진흥원 설립	0.1011	0.0283	0.1294	1
경주 동해 문화자원 브랜딩 및 수출	0.0459	0.0244	0.0703	9
킬러콘텐츠 발굴	0.0437	0.0264	0.0701	10
문무대왕 역사문화자원 및 동해 자연과학자원 간 결합	0.0694	0.0349	0.1043	3

〈표 16〉의 두 번째 행에 나타난 비율은 본 연구에서 설정한 AHP 판단 기준인 정책성, 경제성의 상대적 중요도를 나타낸 것이며, 네 번째 열에 나타난 종합 중요도는 이용(2018)에 따라 개별 대안들의 상대적 가중치를 각 판단 기준의 가중치로 곱해 이를 모두 더한 가중합계(加重合計)에 의해 산출되었다.

〈표 16〉에 나타난 수치를 가지고 구체적으로 산출방식에 관해 살펴보면 '신라역사문화콘텐츠진흥원 설립'의 종합 중요도는 (정책성에 따른 개선과제의 상대적 중요도 0.1445 × 정책성 자체의 상대적 중요도 0.7000 = 0.1011) + (경제성에 따른 개선과제의 상대적 중요도 0.0943 × 경제성 자체의 상대적 중요도 0.3000 = 0.0283)의 계산식을 통해 0.1294로 산출하였다.

판단 기준은 정책성이 0.7000이었으며, 경제성이 0.3000였다. 정책성의 경우 공공재나 공공서비스의 제공과 같은 가치와 연관되어 있는데, 문무대왕에 내재된 '역사성'은 이러한 정책성 분야에 녹아들어 있는 것으로 볼 수 있다. 판단 기준의 상대적 중요도에서 정책성이 경제성을 크게 압도한 결과는 정책성 개념 안에 존재하고 있는 역사성 때문으로 볼 수 있을 것이다.

정책과제별 상대적 중요도에 판단 기준별 가중치를 곱하여 합산한 종합 중요도는 '신라역사문화콘텐츠진흥원 설립'이 0.1294로 1위였으며, 2위는 '팩션형 영상콘텐츠 제작 등 스토리텔링 사업 추진'으로 0.1196이었다.

3위는 0.1043으로 나타난 '문무대왕 역사문화자원 및 동해 자연과학자원 자원 간 결합'이었으며, '문무왕-동해 관련 비정치·융합 연구비 확보'가 4위로 0.0925였다. 5위는 '문무왕-동해 관련 정기·공동 학술대회 개최'로 0.0922였다.

'문무왕 테마파크 조성'은 0.0890으로 6위였으며, '위대한 신라왕 발굴 프로젝트'가 0.0888로 7위였다. 8위는 '삼국사기 등 고대사료에 대한 세계기록유산 신청'으로 0.0803이었다.

'경주 동해 문화자원 브랜딩 및 수출'은 0.0703으로 9위였으며, 10위는 0.0701로 나타난 '킬러콘텐츠 발굴'이었다. 0.0636으로 집계된 '통합형 문무대왕 축제 개최'는 11위였다.

AHP 분석결과에 의하면 전문가 그룹은 '신라역사문화콘텐츠진흥원 설립(1위)'과 같이 문무왕 관련 정책과 연구성과를 총망라할 수 있는 기관 설립 관련 과제와 '팩션형 영상콘텐츠 제작 등 스토리텔링 사업 추진(2위)'과 같이 문무왕 서사에 근거를 둔 소프트웨어 구축 관련 과제에 대해 높은 선호도를 나타냈다.

V. 결론

1. 연구요약

본 연구는 문무왕-동해 간 연계강화를 위한 정책대안 탐색을 목적으로 문무왕 관련 준거기준별 연구동향 분석, 빅데이터 기반 텍스트 네트워크 분석을 통한 SNS상 이슈 및 학술 이슈 도출, 계층화(AHP) 분석 등을 시행하였다.

문무왕 관련 준거기준별 연구동향 분석을 통해 학술대회 개최가 그 다음연도에 게재 논문 수 증가를 견인한다는 점, 학문분야로는 "역사학"이 압도적이지만, 기타 인문학 등의 비중이 작지 않음을 감안할 때 학제적·융합적 학문으로서 문무왕 연구의 가능성을 확인한 점, 지역적으로는 영남권이 문무왕 연구를 주도(主導)하고 있지만, 지리적으로 멀리 떨어져 있는 호남지역의 대학, 학술단체들도 삼국통일을 매개로 문무왕 연구에 대해 적지 않은 관심을 갖고 있는 점, 문무왕 연구분야에서 문화사가 높은 비중을 차지하고 있는 것으로 나타난 점 등을 확인할 수 있었다.

텍스트 네트워크 분석을 통해 문무왕 관련 SNS 키워드를 도출한 결과, 빈도 분석 기준 상위 10대 키워드는 신라 / 통일 / 경주 / 고구려 / 삼국통일 / 백제 / 무열왕 / 역사 / 삼국 / 바다 등이었으며, 연결정도 중심성 분석 기준 상위 10대 키워드는 문무왕 / 신라 / 통일 / 고구려 / 삼국통일 / 삼국 / 경주 / 백제 / 무열왕 / 역사 / 당나라 / 멸망 등이었다. 상위 50개 키워드를 CONCOR분석을 통해 4개 유형으로 그룹핑한 결과. "문무왕 이야기"에 28개 키워드가 포함되어 최대 그룹을 형성하였으며, "삼국통일 전쟁" 그룹에 10개 키워드가 소속되었다. "통일전략" 그룹에는 7개 키워드가, "신라 군주(君主)" 그룹에는 5개 키워드가 포함되었다.

텍스트 네트워크 분석을 통해 문무왕 관련 학술 논문의 키워드를 도출한 결과, 빈도 분석 기준 상위 10대 키워드는 인장 / 난민 / 고구려 / 당 / 웅 / 신라 / 석굴 / 태자 / 일본 / 백제 등이었으며, 연결정도 중심성 분석 기준 상위 10대 키워드는 신라 / 고구려 / 백제 / 난민 / 당 / 중국 / 태자 / 기록 / 웅 / 삼국 등이었다. 상위 50개 키워드에 대해 CONCOR분석을 수행한 결과로 분류한 4개 그룹은 "신라 정치·외교" 그룹(29개 키워드), "삼국통일 전쟁" 그룹(9개 키워드), "통일전략" 그룹(7개 키워드), "삼국통일 관련 기록" 그룹(5개 키워드) 등이었다.

SNS 이슈 네트워크와 학술 이슈 네트워크 간 QAP 상관분석을 수행한 결과, 양자 간 상관계수는 0.138로 통계적으로 유의하였으나, 매우 약한 상관관계만이 존재하는 것으로 나타나 SNS와 학술 간의 활발한 상호작용을 통한 공진화가 제대로 이루어지지 못하고 있는 것으로 해석되었다.

실증분석 결과와 선행연구에서 제시된 문무왕-동해 활성화 정책과제 등을 바탕으로 본 연구에서는 '문무왕-동해 관련 정기·공동 학술대회 개최', '문무왕-동해 관련 비정치·융합 연구비 확보', '삼국사기 등 고대사료에 대한 세계기록유산 신청', "위대한 신라왕' 발굴 프로젝트 추진', '문무왕 테마파크 조성', '팩션형 영상콘텐츠 제작 등 스토리텔링 사업 추진', '통합형 문무대왕축제 개최', '신라역사문화콘텐츠진흥원 설립', '경주 동해 문화자원 브랜딩 및 수출', '킬러 콘텐츠 발굴', '문무대왕 역사문화자원 및 동해 자연과학자원 간 결합'의 11개 정책과제를 도출하였다.

또한, 본 연구에서는 정책역량의 효율적인 투입과 집중을 위해 11개 정책과제에 대해 전문가 설문조사를 바탕으로 한 계층화 분석을 시행하여 각 정책과제의 우선순위를 판별하였다. 분석결과, 전문가 그룹은 경제성보다 정책성이 중요성을 갖는 판단 기준으로 보았으며, 신라역사문화콘텐츠진흥원 설립, 팩션형 영상콘텐츠 제작, 문무왕 역사문화자원 및 동해 자연과학자원 간 결합 등과 같은 과제에 대해 상대적으로 높은 선호도를 보이는 것은 나타났다.

2. 정책적 시사점 및 연구의 한계

본 연구의 실증분석 결과를 바탕으로 다음과 같은 몇 가지 정책적 시사점을 도출할 수 있을 것으로 판단된다.

첫째, 역사학, 특히 고대사 영역에서 빅데이터 기반 텍스트 분석을 활성화시킬 필요가 있을 것으로 보인다. 역사학과 빅데이터 간의 거리가 상당히 먼 것으로 여겨지지만, 사실 역사학이 사료에 천착하는 데이터과학으로서의 속성을 갖는 이상, 빅데이터 분석을 역사가의 역사 인식을 보조하는 도구로써 잘 활용한다면 역사학과 빅데이터 분석 사이에는 전혀 예상치 못한 시너지 창출이 가능할 것으로 기대된다. 또한, 상대적으로 사료여건이 빈곤한 고대사 영역에서도 빅데이터 기반 텍스트 분석의 효용 가치에 대해 지속적인 고민이 필요할 것으로 생각된다. 다른 시대사에 비해 데이터양이 다소 적다할지라도, 다양성(variety) 차원에서는 충분히 빅데이터와의 접점을 찾을 수 있을 것으로 보이기 때문이다.

둘째, 융합 관점의 역사연구를 지향할 필요가 있을 것이다. 사실 본 연구역시 일종의 융합적 접근을 추구한 것으로 볼 수 있는데, 특히 정책대안의 발굴과 제시라는 관점에서 역사학은 정책학이나 행정학 분야와 활발히 교류할 필요가 있을 것으로 보이며, 나아가 간학문적(間學問的)·학제적 연구를 통해 역사학의 저변을 확대해 나갈 수 있을 것으로 생각된다. 또한, 역사연구는 역사문화콘텐츠를 관광 분야와 연계시킬 수 있을 것이기 때문에, 산업연관효과나 경제성 측면에서도 다른 학문 분과 못지않은 성과를 창출할 수 있는 계기가 될 것으로 여겨진다.

셋째, 문무왕-동해 사이의 연계성을 극대화시킬 마스터플랜 마련이 필요할 것으로 판단된다. 본 연구에서는 빅데이터 기반 분석 및 선행연구검토를 통해 11개 정책과제를 제시하였는데, 이들 과제는 문무왕-동해 간 연계강화전략 구축을 위한 실행과제 역할을 할 수 있을 것으로 보인다. 따라서 문무왕-동해 연계 정책은 실행과제 보강 및 전략 방향성 제고, 정책 비전 설정 등의 절차만 추가될 수 있다면 짜임새 있는 역사문화정책으로서의 입지를 다지는 데 큰 어려움은 없을 것으로 생각된다.

넷째, 문무왕-동해 연계강화를 위해서는 지방자치단체, 관련 기관, 연구소, 학회 등과 협업이 무엇보다 중요할 것으로 판단된다. 기초자치단체인 경주시가 문무왕-동해의 지리적 배경이라고 해서 이러한 정책의 활성화를 단독으로 관철(貫徹)시키는 것은 사실상 불가능에 가까울 것이다. 경북도와 같은 상급 자치단체의 지지와 성원이 긴요할 것으로 보이며, 경주시와 지리적으로 가까운 대구시, 울산시 등과 전략적 제휴(提携)도 적극적으로 모색되어야 할 것으로 보인다. 이와 같은 행정기관뿐만 아니라 문무왕-동해를 정책적 측면에서 총괄·조정할 수 있는 기관의 역할은 매우 중요한 의미가 있는 것으로 볼 수 있는데, 현재 이러한 역할을 수행할 수 있는 자원과 역량을 가진 기관으로 독도재단(獨島財團)을 꼽을 수 있을 것이다. 문무왕-동해 연계강화 정책의 가시적 성과도출을 위해서는 독도재단을 "환동해재단(가칭)"으로 확대·개편하여 정책총괄 기능을 강화하는 방향의 정책적 노력이 필요하다고 할 수 있다. 또한, 신라학회, 대구사학회 등 문무왕-동해 관련 학술 저변을 가진 학회들과의 활발한 상호작용도 필수불가결할 것으로 판단된다.

제 5장 빅데이터 기반 텍스트 네트워크 분석을 활용한 '문무대왕(文武大王)' 관련 핵심 이슈 및 정책 개선과제 도출

본 연구는 문무왕-동해 간의 연계강화정책 활성화를 위해 빅데이터 기반 텍스트 네트워크 분석, 전문가 그룹의 집단지성을 통한 정책 우선순위 설정 등 다양한 분석기법을 적용하였으며, 11개 정책과제를 도출하는 과정에서 보다 과학적·객관적 근거를 확보하고자 노력하였으나, 아직까지 이와 같은 접근이 이루어진 사례가 거의 존재하지 않는다는 측면에서 적지 않은 한계를 가지고 있음을 굳이 부정할 필요는 없다고 본다. 문무왕 연구를 아우르고 있는 역사학·인문학 분야에서 빅데이터 기반 분석이나 전문가 설문 기반 계층화 분석이 생소하게 여겨지는 것은 어찌 보면 당연하다고도 볼 수 있을 것이다. 다만, 방법론적 다원화와 신뢰성 높은 연구결과의 집적, 실효성 있는 정책대안의 발굴 등을 매개하는 역할을 조금이나마 수행했다면 그것만으로도 본 연구는 과분한 소임을 감당했다고 할 수 있으며, 이는 후속 연구 방향에 대한 가늠자가 될 것으로 믿어진다.

참고문헌

『삼국사기』, 『삼국유사』
국가정보화전략위원회, 2011, 『스마트 국가 구현을 위한 빅데이터 마스터플랜』.
권윤경, 2018, 「새로운 문필공화국을 향하여: 18세기 프랑스사 연구와 디지털인문학의 사례들」, 『역사학보』 240, pp.35-74.
김나경, 2020, 「新羅 五廟制 受容의 意味」, 『한국고대사연구』 97, pp.107-142.
김윤배·윤성진, 2017, 「경주 동해안권의 해양과학자원과 문화자원 융합을 통한 문무대왕 재조명 및 경주지역 해양교육관광 활성화 방안」, 『수산해양교육연구』 29(4), pp.1214-1224.
김준현, 2015, 「네트워크 텍스트 분석결과 해석에 관한 소고: 행정학 분야 연구를 중심으로」, 『인문사회과학연구』 16(4), pp.247-280.
김지숙, 2012, 『빅데이터 활용과 분석기술 고찰』, 고려대학교 대학원 석사학위논문.
김창겸, 2017, 「신라 문무왕(文武王)의 해양의식(海洋意識)」, 『탐라문화』 56, pp.117-146.
박남수, 2018, 「탐라국의 동아시아 교섭과 신라」, 『탐라문화』 58, pp.33-64.
박성현, 2021, 「고대사학에서 고대학으로」, 『역사학보』 251, pp.35-53.
박진철, 2017, 「학습자 선호 인물 분석을 통한 한국사 교육개선 방향 연구: 인물사 학습을 중심으로」, 『한국학연구』 62, pp.167-197.
박치성·정지원, 2013, 텍스트 네트워크 분석: 사회적 인식 네트워크 (socio-cognitive network) 분석을 통한 정책이해관계자 간 공유된 의미 파악 사례, 한국행정학회 하계학술발표논문집, 828-849.
박현 외 3인, 2013, AHP 의사결정 특성 분석, KDI 공공투자관리센터.
서영교, 2006, 『羅唐戰爭史 硏究(나당전쟁사 연구): 약자가 선택한 전쟁』. 서울. 아세아문화사.
서영교, 2019, 「眞德女王 崩年(654) 空位와 金春秋의 踰年(655) 즉위」, 『영남학』 69, pp.57-85.
서호준, 2021, 「빅데이터와 한국 고대사 연구경향」, 『대구사학』 144, pp.1-71.
송근원·이영, 2013, 「AHP의 일관성 향상을 위한 척도 재구성」, 『사회과학연구』 29(2), pp.271-288.
신은이, 2018, 「보덕국의 탄생과 그 의미」, 『대구사학』 132, pp.237-273.
신형식, 1997, 『한국고대사의 신연구』. 중판. 서울. 일조각.
안상경, 2013, 「문무왕 테마파크' 조성 시론」, 『신라문화』 42, pp.379-402.

이상국, 2016,「'빅데이터' 분석 기반 한국사 연구의 현황과 가능성: 디지털 역사학의 시작」,『응용통계연구』29-6, pp.1007-1023.
이상동·박충식, 2020,「From Data to Agents: 한국 디지털 역사학의 현주소와 AI 시대의 역사학」,『Homo Migrans』22, pp.178-202.
이용, 2018,『Topic-Modeling과 AHP를 이용한 R&D 우선순위 결정에 관한 연구』, 한양대학교 대학원 박사학위논문.
이재원, 2016,「제4차 산업혁명: 주요국의 대응현황을 중심으로」,『국제경제리뷰』, 2016-24.
이정민·미조구치 아키노리, 2019,「신라사천왕사(新羅四天王寺) 건립과정(建立過程) 재고(再考)」,『건축역사연구』28(2), pp.77-90.
이창식, 2014,「문무해중릉의 문화원형과 가치활용」,『신라문화』44, pp.115-142.
장창은, 2020,「삼국시대 '難民'의 발생 배경과 동향」,『한국고대사탐구』36, pp.11-72.
전덕재, 2006,『한국고대사회경제사』. 파주. 태학사.
전덕재, 2017,「신라 東宮의 변화와 臨海殿의 성격」,『사학연구』127, pp.5-54.
전덕재, 2018,「[삼국사기]의 기록을 통해 본 신라 왕경의 實相: 문무왕대 이후 신라본기와 잡지, 열전에 전하는 기록을 중심으로」,『대구사학』132, pp.1-47.
정동준, 2019,「한국고대사 연구의 양적 증가와 새로운 동향」,『역사학보』243, pp.21-48.
정병준, 2017,「文武王 9년(669) 赦書에 보이는 '五逆'의 系譜: 唐代 以前 赦書에 대한 검토를 중심으로」,『한국고대사탐구』27, 245-281.
정병준, 2018,「新羅 文武王 21년(681) 遺詔에 보이는 律令格式 改定令」,『한국고대사연구』90, 121-160.
채미하, 2017,「신라의 冊封儀禮와 그 기능」,『사학연구』, 127, pp.55-96.
최민희, 2018,「鵠巖과 鵠林 그리고 경주 원성왕릉」,『신라사학보』44, pp.341-375.
하효지 외 5인, 2019,「조선시대 역사적 인물들 간의 정치적 관계에 대한 시각적 분석: 서거정을 중심으로」,『디자인학연구』32-1, pp.147-160.
허수, 2014,「어휘 연결망을 통해 본 '제국'의 의미 - '제국주의'와 '제국'을 중심으로」,『大東文化硏究』87, pp.501-562.
허수, 2016,「네트워크분석을 통해 본 1980년대 '민중' -『동아일보』의 용례를 중심으로」,『개념과 소통』18, pp.53-95.
허수, 2018,「언어 네트워크 연구를 통해 본 고교 한국사 교과서의 역사인식: 내재적 발전론의 의미구조를 중심으로」,『인문논총』75-1, pp.121-176.
허수, 2018,「언어연결망 분석으로 본 20세기 초 한국의 '문명'과 '문화': 주요 언론 기사에서의 논의 맥락을 중심으로」, 『개념과 소통』 22 pp.241-279.

Cukier, K., 2010, The economist, data, data everywhere: A special report on managing information.

Evans, J. D., 1996, Straightforward statistics for the behavioral sciences. Thomson brooks/Cole publishing Co.

Lee, S., and Lee, W., "Strategizing Marriage: A Genealogical Analysis of Korean Marriage Networks", Journal of Interdisciplinary History 48-1(MIT Press, 2017) pp.1-19.

Lorrain, F. and White, H. C., 1971, Structural equivalence of individuals in social networks. The Journal of mathematical sociology, 1(1), 49-80.

Marr, B., BIG DATA IN PRACTICE(Wiley, 2016)[안준우・최지은 공역, 『빅데이터 4차 산업혁명의 언어』(학고재, 2017)].

Provan, K. G. and Milward, H. B., 1995, A preliminary theory of interorganizational network effectiveness: A comparative study of four community mental health systems, Administrative science quarterly, 1-33.

Saaty, T., 1980, The analytic hierarchy process (AHP) for decision making. In Kobe, Japan (pp. 1-69).

Saaty, T., 1983, Priority setting in complex problems, IEEE Transactions on engineering management, 3, 140-155.

Schwab, K., 2017, The fourth industrial revolution, Crown business.

제 6장

독도 및 주변해역의 해양보호구역 설정에 관한 연구

최정환*

　독도는 역사적, 지리적 및 국제법적으로 우리나라의 영토로서, 우리나라가 유엔해양법협약에 따른 연안국의 주권적 권리 및 배타적 관할권을 행사할 수 있다. 본 논문은 독도의 해양생태계 보전 중요성을 기반으로 해양보호구역 설정 필요성에 관해 연구하고자 한다. 특히, 본 연구는 비록 독도가 한국·일본간의 해양경계미획정 수역에 놓여 있다 하더라도, 해양보호구역 설정은 우리나라가 연안국으로서 행사할 수 있는 배타적 권리임을 차고스 군도 사건을 통해 살펴보고자 한다. 또한, 독도 및 주변해역의 해양보호구역 설정은 대외적으로 독도의 해양생태계적 가치를 알리며, 우리나라가 독도의 실효적 지배 및 해양주권 확립을 더욱 강화할 수 있는 계기가 될 수 있음을 시사하고자 한다.

---

* Ph.D. in Maritime Law, Foreign Expert at Law School of Dalian Maritime University(China), Contact me at junghwanchoi@dlmu.edu.cn or roman2321@naver.com

I. 서론

전 세계적으로 지속 가능한 어족자원 보호, 해양생태계 보전 및 보호를 위하여 일정 해역 또는 지역을 해양보호구역으로 설정하여 관리하는 추세가 증가하고 있다. 우리나라는 현재 「해양생태계의 보전 및 관리에 관한 법률」 및 「습지보호법」 에 따라 15개의 해양생태계 보호구역, 14개 습지보호구역, 2개의 해양생물 보호구역, 1개 해양경관 보호구역을 설정하여 관리하고 있다.[1] 해양보호구역은 지역의 문화적, 생태적, 사회적 가치 증대 및 지역 관광정책과 연계 시 지역발전에 기여할 수 있으며, 지정된 보호구역은 해양생태계를 효과적으로 보전·보호 및 관리하기 위하여 동 법률에서 정하는 관리사업의 지원을 받을 수 있다.

지난 2014년 12월 24일 해양수산부는 동해안에서 처음으로 울릉도 주변해역 39.44㎢ 에 해당되는 면적을 해양생태계 보호구역으로 지정·고시하였다. 경상북도는 울릉도 주변해역을 해양보호구역으로 설정함으로써, 보호대상 해양생물 서식지 및 산란지를 효과적으로 보호하고, 산호, 해초 등 우수한 해저경관을 보전 및 관리할 수 있게 되었다.

본 논문은 울릉도 주변해역과 더불어 독도 및 주변해역 역시 해양보호구역으로 설정하여, 독도의 해양생태계를 보전 및 보호할 필요성이 있음을 시사하고자 한다. 독도는 우리나라 고유의 영토로, 우리나라가 실효적 지배를 하는 상황에서도 일본의 지속적인 독도 영유권 주장은 양국의 외교 및 협력 관계를 악화시키는 계기가 되고 있다. 그동안 우리나라 학계에서는 일본의 영유권 주장에 대응하기 위하여 독도 영유권 문제와 관련하여 다양한 연구가 있어왔다. 본 연구는 기존 연구와 달리 독도의 해양생태계 보호에

---

1) - 습지보호지역(14개소) : 옹진장봉도갯벌, 송도갯벌, 시흥갯벌, 서천갯벌, 부안줄포만갯벌, 고창갯벌, 무안갯벌, 신안갯벌, 진도갯벌, 순천만갯벌, 보성벌교갯벌, 봉암갯벌, 대부도갯벌, 화성 매향리갯벌
 - 해양생태계보호구역(15개소) : 대이작도 주변해역, 신두리 사구해역, 오륙도 및 주변해역, 문섬 등 주변해역, 가거도 주변해역, 소화도 주변해역, 남형제섬 주변해역, 나무섬 주변해역, 청산도 주변해역, 울릉도 주변해역, 추자도 주변해역, 토끼섬 주변해역, 조도 주변해역, 통영 선촌마을 주변해역, 포항 호미곶 주변해역
 - 해양생물보호구역(2개소): 가로림만해역, 고성군 하이면 주변해역
 - 해양경관보호구역(1개소): 보령 소황사구 해역

중점을 두고, 해양보호구역 설정을 통해 우리나라가 연안국으로서 적극적 주권행사 및 배타적 관할권을 행사하는 방안을 마련하고자 하며, 독도 및 주변해역의 해양보호구역 설정은 해양생태계를 보전하기 위한 양국에 이익을 주는 해양보호조치로 그 적법성 및 합리성을 입증하고자 한다. 나아가, 유엔해양법협약상 일방적 해양보호구역 설정 시 예상되는 일본의 분쟁 가능성 및 대응방안에 대하여 차고스 군도 사건을 바탕으로 연구하고자 하며, 향후 우리나라가 독도 및 주변해역의 해양보호구역 설정을 위한 방향성 및 사전적 검토사항이 무엇인지에 대해 언급하고자 한다.

본 연구는 독도 해양생태계를 보호하고, 독도의 사회·문화적, 교육적 및 해양관광학적 가치 증대를 위하여 독도 및 주변해역의 해양보호구역 설정 필요성 및 법적 타당성에 대하여 국제법 및 국내법을 근거로 제시하고자 하며, 본 연구를 바탕으로 독도 및 주변해역의 해양보호구역 설정에 대한 정책적 및 사회적 논의가 실현되는데 기여하고자 한다.

Ⅱ. 독도의 일반적 현황 및 지위

1. 독도의 일반적 현황

1) 지리적 현황

독도는 우리나라의 영토로서 행정구역상 경상북도 울릉군에 속해 있다. 독도는 동도와 서도의 두 섬과 89개의 작은 섬으로 이루어져 있으며, 총면적은 187,554m²이다.[2] 독도는 울릉도에서 87.4Km 떨어져 있으며, 일본 시마네현 오키섬으로부터는 약 157.5Km 떨어져 있다. 일반적으로 동도는 유인등대를 비롯하여 해양수산시설이 설치되어 있으며, 중앙부가 원형상태로 해수면까지 커진 수직홀이 있는 것이 특징이다.[3] 반면, 서도는 전체적으로

---

2) 독도재단, "일반현황" 〈출처: https://k-dokdo.com/index.do?menu_id=00010062&servletPath=%2Findex.do, 검색일자: 2022년 8월 17일〉.
3) 윤영민·이윤철, 2010.07, 『독도문제의 주요 법적쟁점에 관한 고찰』, 해사법연구 제22권

험준한 원추형의 발달상태를 이루고 있으며, 정상부분의 접근이 어렵다. 현재 서도에는 1956년 3월 고 최종덕씨가 독도 주민으로 이주한 이래로 김성도 김신열 부부가 주민등록상 독도 주민으로 거주하고 있으며, 14명이 거주 등록이 되어있다. 또한, 독도에 근무하는 인원은 독도경비대원 약 40명, 포항지방해양항만청 소속의 독도 등대 관리명 3명, 울릉군청 소속의 독도관리사무소 직원 2명이 근무 중이다.4)

<그림 1> 독도 지리적 현황 <출처:독도재단>

2) 해양환경 및 해양관광적 특성

(1) 해양환경적 특성

독도의 기후는 난류의 영향을 많이 받는 전형적인 해양성 기후로 연평균 기온이 12℃이며 1월 평균 1℃, 8월 평균 23℃로 비교적 온난하다.5) 독도

제2호, p.226.
4) 독도재단, "독도 인구현황"〈출처:https://k-dokdo.com/index.do?menu_id=00010069, 검색일자: 2022년 8월 17일〉.
5) 김미경, 2011,『기후변화에 따른 독도연안의 해양환경과 생태계변화』, 한국환경생태학회

주변 해역은 동해안으로 북상하는 동한난류와 북쪽에서 남하하는 북한한류의 영향을 동시에 받아 해조류 서식에 적합한 환경을 갖는다. 2020년 『국가해양생태계종합조사』에 따르면 독도 주변에는 암반무척추동물 215종, 해조·해초류 94종, 산호류 21종, 어류 15종 등 총 345종의 해양생물의 서식한다고 발표하였다.6)

독도 주변해역에서 확인되는 어류는 총 180여종으로 해류와 수온변화에 따라 변한다. 암반이 발한 곳에는 자리돔, 혹돔, 꽁치, 방어, 말쥐치, 연어병치, 놀래기, 복어, 전어, 부시리, 가자미, 도루묵 등이 서식하며, 동도와 서도 사이 수심이 얕은 숲에서는 뱅에돔, 돌돔, 볼락류 등 정착성 물고기들의 유어, 치어가 서식한다.7) 해양 포유류로 강치가 많이 목격되었으나 일본 어부들의 남획으로 멸종되고, 현재는 점박이 물범, 큰 바다사자, 물개 등이 목격되고 있다.8)

일반적으로 독도 주변해역은 차가운 한류와 따뜻한 난류가 만나 해양생물 다양성이 매우 높은 곳으로 알려져 있다. 그러나 최근 독도 주변해역에서 해조류를 먹어치우는 성게가 빠르게 증식하고 수온이 상승하면서 갯녹음 현상이 심화되어 해양생태계 균형의 훼손이 우려되는 상황이다.9) 특히, 연안 암반지역에서 해조류가 사라지고 석회조류가 달라붙어 암반 지역이 흰색으로 변하는 '바다 사막화'현상이 진행되고 있기 때문이다. 해양수산부는 2015년부터 독도 해양생물 다양성 회복 사업을 추진하고 있으며, 갯녹음 진단·관찰, 갯녹음 원인생물인 성게 및 석회조류 제거, 해조류 이식, 천적생물 방류 등 복합적인 해양생태계 개선작업을 이어오고 있다.10)

학술대회논문집 21(1), pp.6-7.
6) 외교부, "독도 자연환경", 〈출처: https://dokdo.mofa.go.kr/kor/introduce/nature.jsp, 검색일자: 2022년 8월 17일〉.
7) 전게 홈페이지.
8) 전게 홈페이지.
9) 전게 홈페이지.
10) 해양수산부, 2021.08.30., "청정해역 독도 해양생태계 지키기, 올해도 계속된다!",『해양수산부 보도자료』.

(2) 해양관광 현황

독도는 1982년 천연기념물 제336호로 지정된 이래「문화재보호법」제48조 및 같은 법 시행규칙 제30조에 따라 공개제한구역으로 설정되어 왔다.[11] 이후 독도의 국민적 관심 증대 및 관광수요 증가로 인하여 2005년부터 동도만 관광객들의 방문이 허용되었다. 독도 공개지역 관람시간은 8시부터 19시까지이며, 1회 관람 시간은 특수목적 입도 혹은 군수가 인정하는 경우 외에는 1시간을 초과할 수 없다.[12] 독도 공개지역 동도 접안 시설의 입도인원은 행정·학술상의 목적, 경찰업무 등을 목적으로 상주하고 있는 인원을 제외하고는 1회 470명을 초과할 수 없다. 또한, 바닷새 번식기인 5월과 6월에는 1일 여객선박 입도횟수는 10회 이하(2015년 시행)로 제한되며, 4월부터 6월까지는 구급, 조난 구조 등의 경우에만 헬기를 통한 입도가 가능하다.[13]

다음 〈표 2〉와 같이 독도 방문객 수는 2020년 코로나 대유행으로 관광객 수가 급감한 것을 제외하면 2005년 4만여명을 시작으로 2013년 25만 명까지 꾸준히 증가하였다. 2014년 급감하였다가 지속적으로 회복되어 2018년에는 최초로 입도객 기준 20만명을 넘어섰고 누적 방문객도 200만을 넘었다. 겨울철은 동해상의 악천후로 결항이 잦기 때문에 겨울철 방문객 수가 극히 적고 봄철에는 출항 대비 선회 비율이 높게 나타나며, 5월부터 9월 사이에 입도객 수가 가장 많은 것으로 나타났다.

〈표 2〉 연도별 독도 방문객 수(입도현황)

연도	방문객 수	증감	전년대비 증감 비율
2010	111,808	−20,750	−16%
2011	176,822	65,014	58%
2012	202,098	25,276	14%
2013	251,734	49,636	25%
2014	136,438	−115,296	−46%
2015	173,870	37,432	27%
2016	202,050	28,180	16%

---

11)「문화재보호법」제48조 및 동 법 시행령 제30조.
12) 남성모·이문숙, 2021.08,『독도 관광수요 결정요인에 관한 연구』, 한국도서연구 제33권 제2호, pp.41-42.
13) 전게논문.

2017	200,728	-1,322	-1%
2018	221,722	20,994	10%
2019	252,821	31,099	14%
2020	86,839	-165,982	-66%
합계	2,016,930		

출처: 울릉군청 <http://www.ulleung.go.kr/m/page.htm?mnu_uid=2411&>

3) 독도의 법적 지위

독도의 지위에 관해 다루고 있는 국내법의 현황을 살펴보면 다음과 같다. 첫 번째, 「국유재산법」 제6조의 규정에 따른 행정재산으로 현재 등기부상 국토교통부의 재산으로 등재되어 있다.14) 두 번째로, 앞서 설명한 바와 같이 1982년 독도의 자연환경과 생태계를 보전하고자 문화재청은 「문화재보호법」에 의하여 1982년 11월 16일 독도를 천연기념물 제336호로 지정고시 하였으며, 1999년 12월 10일 "천연보호구역"으로 문화재 명칭을 변경하였다.15) 세 번째로, 환경부는 독도의 자연환경과 생태계의 보전을 위하여 「독도 등 도서지역의 생태계 보전에 관한 특별법」에 의하여 2000년 9월 5일 독도를 특정도서로 지정고시 하였으며, 「국토이용관리법」에 의하여 "자연환경보전지역"으로 설정되어 관리되고 있다.16)

우리나라 주요 행정부처의 독도 이용관리 업무 현황은 우선적으로 독도는 행정구역상 경상북도 울릉군에 속해 있어 울릉군에서 독도 영토대책사업 및 주민지원을 담당하고 있다. 해양경찰청에서는 독도 주변해역의 해상경비 및 독도 입도 여객선 안전관리를 담당하고 있으며, 경북지방경찰청에서 독도경비대를 운용하고 있다. 독도의 자연보호 및 해양환경보호를 위해서 해양수산부는 「독도의 지속가능한 이용에 관한 법률」에 따라 독도의 생태계 보호 및 수산자원 개발관련 종합계획을 수립하고 있으며, 환경부 및 문화재청이 관련 법률에 따라 독도 자연환경 및 섬 자체를 보호하기 위해 관리하고 있다.17)

---

14) 「국유재산법」 제6조.
15) 「문화재보호법」 제25조.
16) 외교부, "독도관련 법령",〈출처: https://dokdo.mofa.go.kr/kor/dokdo/dokdo_policy_list.jsp, 검색일자: 2022년 8월 20일〉.

2. 독도 영유권 분쟁 및 한·일간 해양경계 미확정 문제

1) 독도의 영유권 분쟁

한국의 1952년 1월 18일 "평화선"선포 후 일본은 독도가 평화선 안에 포함되는 것을 항의 하고, 이후 독도의 영유권을 주장하고 있다.[18] 특히, 2005년 일본 시네마현 의회에서 2월 22일 '다케시마의 날(竹島の日)'로 정하는 조례를 통과시키고, 문부성의 독도 관련 교과서 왜곡, 해양탐사선의 수로측량 등 지속적인 도발을 통해 국제분쟁 지역화하고자 하는 의도가 있다.[19] 일본이 독도의 영유권을 주장하는 근본적인 이유는 해양관할권 확대하여 군사전략화 및 경제적 실익을 얻고자 하는 데 있다. 유엔해양법상 독도는 암석이냐 섬이냐에 대한 이견이 있지만, 우리나라와 일본의 대부분의 학자들은 독도는 섬으로서의 지위를 가진다고 보고 있다.[20] 특히, 일본은 2006년 해저지형 조사 후 독도를 섬으로 공포하고, 독도를 기점으로 해양관할권을 확대하기 위해 영유권을 주장을 해오고 있다.[21]

일본은 국제적으로 독도를 분쟁지역으로 인식시키기 위해 노력하고 있으며, 장기적으로는 독도 영유권과 관련하여 양국간의 교섭을 통한 평화적 해결방법이 어렵다고 판단하여 강제적 해결방안 중 하나인 국제사법재판소를 통한 사법적 해결방안을 목적으로 대응방안을 준비하고 있다.[22] 이는 현재 일본이 남쿠릴열도 및 센카구제도의 국제사법재판소를 통한 사법적 해결방안에 소극적인 자세를 취하면서, 유독 독도에 대해서만 적극적으로 국제사법재판소를 통한 사법적 해결방안을 요구하는 이유는 독도의 실효적

---

17) 국립수산과학원 독도수산연구센터, "독도법적지위",〈출처:https://www.nifs.go.kr/dokdo/page?id=dd_01010200, 검색일자: 2022년 8월 20일〉.
18) 박성욱, 2010.03, 『독도영유권을 둘러싼 한일 양국의 핵심쟁점 검토』, 해사법연구 제22권 제1호, p.223.
19) 전게논문.
20) 김임향, 2018.07, 『국제법상 해양관할수역을 갖는 독도의 법적 지위에 관한 연구』, 해사법연구 제30권 제2호, pp.273-274.
21) 신창훈, 2006, 『일본의 동해 측량/조사계획 사건에 대한 국제법적 평가』, 서울국제법연구 제13권 제1호, pp.113-114.
22) 김현수, 2014.11, 『일본의 독도 영유권 문제 국제사법재판소 제소주장에 대한 반박논리 연구』, 해사법연구 제26권 제3호, p.4.

지배를 하는 우리나라와 재판에서 패소하더라도 손해 볼 것이 없다는 의도와 정치적 외교적 역량을 동원하여 국제사법재판소의 재판결과를 이끌고자 하는 전략이 숨겨져 있다.[23] 반면, 우리나라는 일본의 독도 영유권 주장에 대해 적극적으로 대응하면서, 역사적 지리적 및 국제법적으로 독도의 영토주권행사의 정당성을 국제적으로 입증하고자 한다.

2) 한국·일본간의 해양경계 미확정

1982년 유엔해양법협약이 채택된 이후, 한·일은 1996년에 동 협약을 비준하여 각각 200해리의 배타적 경제수역을 선포하였다. 한국 중국 일본의 연안 간 거리는 대부분 400해리를 넘지 못하고 있으며, 배타적 경제수역 및 대륙붕이 중첩되는 수역이 존재한다.[24] 이러한 이유로 한반도 주변 수역은 아직 경계획정이 되지 않은 상태이다. 한국 및 일본의 해양경계 미확정 문제는 독도 영유권 분쟁과 관련되어 있다. 국제법상 독도는 섬으로서 자체의 영해, 접속수역, 배타적 경제수역 및 대륙붕과 같은 확대된 해양관할수역을 가질 수 있다.[25] 일본은 확대된 해양관할권 확보를 위해 독도 영유권을 주장하고 있으며, 독도와 관련하여 양국의 팽팽한 대립은 동 수역을 경계미획정 수역으로 만들었다.

유엔해양법협약 상 연안국은 배타적 경제수역에서 해저 상부 및 해저의 생물이나 무생물등 천연자원의 탐사 개발 보존 및 관리에 관한 주권적 권리와 해수 해류 및 해풍을 이용한 에너지 생산과 같은 경제적 개발과 탐사를 위한 활동에 관한 주권적 권리를 가진다.[26] 또한 연안국은 배타적 경제수역에서 인공섬, 시설 및 구조물의 설치와 사용 및 해양과학조사에 관한 배타적 관할권을 행사할 수 있다. 연안국은 해양환경보호를 위한 일반적 의무와

---

[23] 독도재단, "독도영유권 분쟁"〈출처: https://k-dokdo.com/index.do?menu_id=00010051, 검색일자: 2022년 8월21일〉.
[24] 정민정, 2020.09, 『한반도 주변 경계미획정 수역에 대한 국제법적 쟁점과 대응과제』, 입법정책 보고서 Vol. 57, p.5.
[25] 김임향, 전게논문, p.274.
[26] 김자영, 2016, 『관할권 중첩수역에서 한·일 간 해양관할권 행사 문제』, 일본공간 20호, p.152.

입법 및 집행 관할권을 가진다.27) 비록 중첩수역을 가지고 있는 연안국들이 최종 경계획정에 도달하지 못했더라도 연안국은 유엔해양법협약에서 규정하고 있는 권리와 의무를 가진다. 다만, 유엔해양법협약에서는 중첩수역에서의 연안국은 실질적인 잠정약정에 이르도록 모든 노력을 다해야 하는 의무와 최종합의에 이르는 것을 위태롭게 하거나 방해하지 않아야 할 의무를 부과하고 있다.28) 동 규정은 중첩수역에서 연안국의 권리행사를 제한하는 규정으로 작용하고 있다. 분명한 사실은 중첩수역에서의 연안국의 권리는 충돌 및 경합의 소지가 있다는 것이다.

일례로 2006년 4월 14일 일본 해상보안청은 국제수로기구(International Hydrographic Organization: IHO)에 독도 주변 해역의 수로측량 및 해양과학조사 계획을 통보하고, 일방행위로 해양과학조사를 실시하였다.29) 우리나라가 독도의 실효적 지배를 하고 국내법 및 국제법에 따라 배타적 경제수역의 관할권을 행사하고 있는 수역으로 일본의 이러한 행위는 연안국의 권리를 침해하는 결과라 할 수 있다. 일본의 일방적 행위는 '경계미획정 수역에서의 해양과학조사'라고 하지만, 독도의 영유권 문제 및 그와 관련된 해양관할권 문제를 국제사회에 이슈화시키기 위한 전략이라고 볼 수 있다.

한·일 양국은 현재 중첩수역에 관한 잠정약정으로 대륙붕의 공동탐사개발을 위하여 1974년 한일 간에 「대한민국과 일본국 간의 양국에 인접한 대륙붕 남부구역 공동개발에 관한 협정」 및 1998년 생물자원의 보존관리를 위하여 「대한민국과 일본국간의 어업에 관한 협정」을 체결하였다.30)

---

27) 유엔해양법협약 제56조.
28) 김선표·홍성걸, 1999.12, 『잠정협정의 법적성격과 중간수역 운용문제 연구』, 한국해양수산개발원 기본연구 1999-06, pp.12-15; 이기범, 2019, 『경계미획정 수역을 규율하는 국제법적 체제에 관한 비판적 소고 - 유엔해양법협약 제74조 제3항 및 제83조 제3항에 관한 논의를 중심으로 -』, 국제법논총 제64권 제3호, p.128.
29) 김민철, 2021, 『연안국 권리 사건을 통해 본 분쟁수역에서의 유엔해양법협약 제297조 및 제298조 제1항(b) 적용가능성 검토 : 독도 및 한반도 주변수역을 중심으로』, 서울국제법연구 제28권 2호 (2021), p.116.
30) 정민정, 전게 보고서, p.5.

<그림 2> 한국·중국·일본의 해양경계 주장 현황
(출처:https://www.joongang.co.kr/article/12578654
#home)

3) 한일 어업협정

1998년 한국·일본은 중첩수역이 존재하는 배타적 경제수역에서의 어업 문제와 관련하여 어업협정을 체결하였다. 동 협정은 배타적 경제수역에 적용되며, 어업에 관한 문제를 규율한다.[31] 자국 EEZ내 타방의 국민 및 어선에게 허용하는 어획가능어종,어획할당량, 조업구역 및 기타 조건을 매년 통보해야 한다.[32] 나포되거나 억류된 어선 및 승무원은 적절한 담보금 또는 기타 담보 제공 서류 제출 후 신속히 석방해야 하며, 양국은 항행에 관한 국제법규의 준수, 어선간 조업의 안전과 질서 유지 및 해상 사고의 원활하고 신속한 해결을 위하여 적절한 조치를 취할 의무를 진다.[33] 독도 영유권 문제와 중첩수역이 존재하는 동해의 배타적 경제수역은 양국의 어선이 공동

---

31) 「대한민국과 일본국간의 어업에 관한 협정」제2조.
32) 「대한민국과 일본국간의 어업에 관한 협정」제3조.
33) 「대한민국과 일본국간의 어업에 관한 협정」제6조.

조업이 가능한 '중간수역'이며, 중간수역에서의 어업 관할권에 대해서는 자국이 행사하도록 하고 있다.

어업협정이 독도 영유권 분쟁에 영향을 미치는지와 관련해서는 동 협정은 어업 분야에만 적용되며 독도의 영유권이나 배타적 경제수역 경계획정 및 대륙붕 문제와는 무관하다고 볼 수 있다.34) 그 근거로는 한일 어업협정의 대상수역은 배타적 경제수역이므로 영해는 적용대상이 되지 않는다. 어업협정의 목적은 배타적 경제수역의 최종경계획정 이전의 어업문제를 규율하기 위한 것으로 영유권과는 무관하다.35) 또한, 1953년 The Minquiers and Ecrelzos 사건에서 영국 및 프랑스 양국이 도서 주위해역에 공동어로수역을 설정하는 협정을 체결하였지만, 국제사법재판소는 이러한 수역을 설정하는 협정의 존재에도 불구하고 협정 그 자체가 섬의 영유권에 영향을 미치지 않는다고 판결하였다.36) 우리나라의 헌법재판소도 2001년 3월 1일 헌법소원에 대한 판결을 통하여 한·일 어업협정은 독도 영유권 문제나 영해 문제와는 별개의 사안 이라고 판시 하였다.37)

---

34) 「대한민국과 일본국간의 어업에 관한 협정」제1조 및 제15조.
35) 김선표·홍성걸, 전게 연구보고서, p.32.
36) The Minquiers and Ecrelzos case, Judgment of Novernber 17th, 1953 : I.C.J. Report, p.58, "…even if it be held that these groups lie within this common fishery zone, the Court cannot admit that such an agreed common fishery zone in these waters would involve a regime of common user of land territory of the islets and rocks , since the Articles relied on refer to fishery only to any kind of user of land territoty."
37) 헌법재판소 2001. 3. 21. 선고 99헌마139 결정, "이 사건 협정은 배타적경제수역을 직접 규정한 것이 아닐 뿐만 아니라 배타적경제수역이 설정된다 하더라도 영해를 제외한 수역을 의미하며, 이러한 점들은 이 사건 협정에서의 이른바 중간수역에 대해서도 동일하다고 할 것이므로 독도가 중간수역에 속해 있다 할지라도 독도의 영유권문제나 영해 문제와는 직접적인 관련을 가지지 아니한 것임은 명백하다 할 것이다."

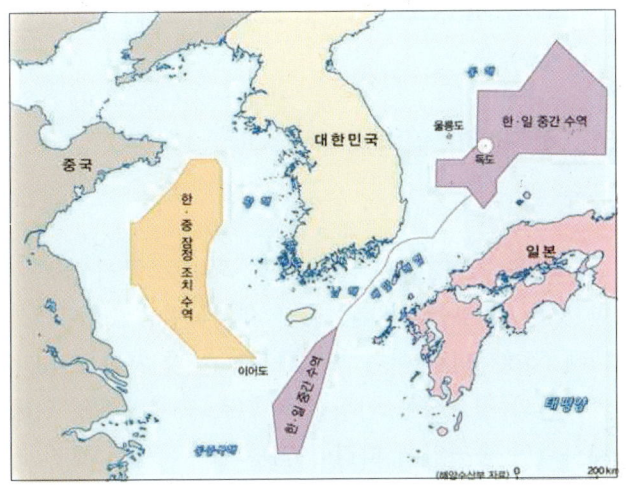

〈그림 3〉 한국·중국 및 일본 간의 중간수역 현황
(출처:https://www.ilovesea.or.kr/eduGarden/e
duTemplet.do?menuCode=010200)

4) 소결

독도는 일본과 한국의 경계미획정 수역에 있다. 경계미획정 수역은 타국과의 배타적 경제수역과 대륙붕에 관한 일정한 권리와 권원이 중첩 또는 경합하고 있으므로, 주권적 권리 또는 관할권 행사에 따라 타국과의 분쟁갈등이 야기 될 수도 있다. 유엔해양법협약은 중첩수역의 인접국과 '잠정약정'을 체결하기 위한 신의성실 교섭의무, 최종 해양경계획정 합의에 이르는 것을 위태롭게 하거나 방해하지 않을 의무를 부과하고 있다. 이에 따라, 한국과 일본은 1998년 어업협정을 체결하고, 동해에 양국의 어선이 공동조업이 가능한 '중간수역'을 설정하여 어업 관할권에 대해서는 자국이 행사하도록 하고 있다. 동 어업협정은 독도의 영유권 분쟁과는 별개로 어업문제만 규율하고 있는 것으로, 어업을 제외한 연안국의 주권적 권리 및 배타적 관할권 행사에 영향을 주지 않는다. 따라서, 해양보호구역의 설정과 영유권 분쟁은 별개의 사안으로 보아야 할 것이다.

Ⅲ. 독도의 해양보호구역 설정에 관한 일반적 검토

1. 해양보호구역의 일반적 현황
1) 해양보호구역 정의

해양보호구역은 지역기반관리수단 중 하나로 국제사회에서 처음 논의되기 시작한 것은 1962년 개최된 제1차 세계국립공원총회에서였다. 1950년 및 1960년대에 국제사회는 이미 해양환경보호 및 자원을 관리하기 위한 효과적인 규제수단의 필요성을 인식한 이후로, 규제마련을 위해 노력하였다. 이러한 국제사회의 움직임에 따라 1971년 습지자원의 보전에 관한 최초의 국제협약인 람사르협약 및 1972년 유엔환경계획의 지역해 프로그램에서도 지역기반관리수단의 구체적인 도입 및 기반을 마련하는 계기가 되었다.[38]

해양보호구역은 보호 및 보존이 필요한 일부 해역을 법률 및 규제수단을 통해 보호하기 위해 설정된 구역으로 주변의 수역과 비교하여 특별한 지위를 부여받게 되는 곳이다. 보편적으로 인식되고 있는 해양보호구역의 정의를 살펴보면, 국제자연보전연맹에서는 "법이나 다른 효과적인 수단을 통해 둘러싼 환경의 일부 또는 전부를 보호하기 위한 조간대 또는 조하대 공간으로, 여기에는 그 위에 있는 수체와 함께 수체와 관련된 동식물상, 역사문화적 특성이 포함"된다고 정의하였다.[39] 또한, 생물다양성협약에서는 "보호구역이라 함은 특정 보전목적을 달성하기 위하여 지정되거나 또는 규제되고 관리되는 지리적으로 한정된 지역을 말한다"고 정의하였다.[40] 우리나라「해양생태계의 보전 및 관리에 관한 법률」에서는 "해양생물다양성이 풍부하여 생태적으로 중요하거나 해양경관 등 해양자산이 우수하여 특별히 보전할 가치가 큰 구역"이라고 정의하고 있다.[41] 해양보호구역은 해양환경

---

38) Kelleher, G·Richard Kenchington, 1992, Guidelines for Establishing Marine Protected Areas, A Marine Conservation and Development Report, IUCN, p.3.
39) IUCN GA Resolution 17.38, 1988, *Protection of the Coastal and Marine Environment*.
40) 생물다양성협약 제2조, "Protected area means a geographically defined area which is designated or regulated and managed to achieve specific conservation objectives.".
41)「해양생태계의 보전 및 관리에 관한 법률」제2조 제14호.

보호, 해양생태계 보호, 습지보전, 어족자원 보호, 해양문화유산 보호, 해양관광 및 교육 제공 등 다양한 목적으로 설정되고 있으며, 지정목적이나 규제방법에 따라 전 세계적으로 다양하게 분포된다.

Roberts & Hawkins은 "해양보호구역 네트워크가 생태학적으로 일관성을 갖고 각 해양 서식처의 30%를 보호할 경우, 바다의 생물 다양성 및 생산성을 회복하는데 크게 도움이 될 것이다"라고 말하였다.[42] 해양보호구역의 확대는 빈곤 완화, 식량안보 강화, 일자리 창출, 해안 마을 보호에 기여 할 수 있다.[43] 2014년 세계공원총회에서 전세계 해양보호구역을 30%까지 확대한다는 목표치를 제시하였다.[44]

1879년 호주의 로얄내셔널 공원이 최초로 해양보호구역으로 설정된 이래로, 2022년 채택되어진 해양보호구역은 17,742곳이며 총 면적은 29,452,490km2에 이른다.[45] 이는 전 세계 해양의 약 8.13%를 차지하는 수치이다. 해양보호구역의 공간적 범위는 연안국의 해양관할수역과 국가관할권이원지역으로 나누어진다. 국가관할권이원지역은 전세계 해양의 약 61%를 차지하고 있으며, 현재 약 1.18%만 해양보호구역을 설정되어 있다.[46]

2) 해양보호구역에 관한 법적 근거

바다의 헌법이라 할 수 있는 유엔해양법협약에서는 해양보호구역 설정에 관한 구체적인 근거 규정은 두고 있지 않지만, 연안국이 자국 해양관할수역에서 지역기반관리수단을 채택할 수 있는 근거 규정을 마련하고 있다. 협약 제192조는 국가들에게 해양환경을 보호하고 보전할 일반적 의무를 부여하고 있다.[47] 특히, 협약 제194(5)조는 연안국으로 하여금 "매우 희귀하거

---

42) Roberts, C.M·J.P. Hawkins, 2000. *Fully-protected marine reserves: a guide.* WWF Endangered Seas Campaign, p.5.
43) Brander, L., et.al, 2015. *The benefits to people of expanding Marine Protected Areas,* p.5.
44) Reuchlin-Hugenholtz, E.·McKenzie, E. 2015. *Marine protected areas: Smart investments in ocean health.*
45) Protected Planet, "Marine Protected Areas"〈출처: https://www.protectedplanet.net/en/thematic-areas/marine-protected-areas, 검색일자: 2022년 9월 1일〉.
46) 전게 홈페이지.
47) 유엔해양법협약 제192조.

나 손상되기 쉬운 생태계, 고갈되거나 멸종의 위협을 받거나 위험에 처한 생물종 및 그 밖의 해양생물체 서식지의 보호와 보존에 필요한 조치"를 취할 수 있도록 한다.48) 이는 연안국이 자국 해양관할수역에서의 지역기반관리수단을 통해 해양생태계를 보호하기 위한 근거 규정이라 할 수 있다.

한편, 해양보호구역의 국내법적 근거는「해양생태계의 보전 및 관리에 관한 법률」에서 해양생물보호구역, 해양생태계보호구역, 해양경관보호구역에 관한 규정을 다루고 있고,「습지보호법」에 따라 습지보호구역에 관한 규정을 제공하고 있다.「해양생태계의 보전 및 관리에 관한 법률」제27조에 따라 해양보호구역 내에서의 건축물의 신축 또는 증축, 공유수면 변경 또는 해수의 수위 증감 행위, 모래 및 광물등의 채취행위는 금지된다. 또한, 동 법률 제34조 및 시행령 제14조에 따라 해양보호구역이 설정된 지자체에서는 해양폐기물 수거사업, 해양오염저감을 위한 시설사업, 해양보호구역 및 그 인접 지역주민에 대한 지원사업 등의 해양보호구역 지원사업을 신청할 수 있다.

2. 우리나라의 해양보호구역 현황

1) 해양보호구역 지정기준 및 절차

「해양생태계의 보전 및 관리에 관한 법률」제25조 제1항에서는 해양보호구역 지정기준에 대해 규정하고 있다. 해양보호구역으로 지정되기 위해서는 동 해역이 ① 해양의 자연생태가 원시성을 유지하고 있거나 해양생물다양성이 풍부하여 보전 및 학술적 연구가치가 있는 해역이거나, ② 해양의 지형·지질·생태가 특이하여 학술적 연구 또는 보전이 필요한 지역이거나, ③ 해양의 기초생산력이 높거나 보호대상 해양생물의 서식지·산란지 등으로서 보전가치가 있다고 인정되는 해역이거나, ④ 다양한 해양생태계를 대표할 수 있거나 표본에 해당하는 해역이거나, ⑤ 산호초·해초 등의 해저경관 및 해양경관이 수려하여 특별히 보전할 필요가 있는 해역이거나, ⑥ 그 밖에 해양생태계의 효과적인 보전 및 관리를 위하여 특별히 필요한 해역으로서 대통령령이 정하는 해역이어야 한다.49)

---

48) 유엔해양법협약 제194(5)조.

해양보호구역의 지정절차는 사전준비단계, 지정준비단계 및 지정으로 나누어진다. 사전준비단계에서 해양보호구역의 후보지를 추천하고, 지방자치단체와 사전 협의를 거친다. 이후 대상지역이 해양보호구역로 적합한지 정밀조사를 시행한다. 지정준비단계에서는 정밀조사 결과를 바탕으로 지정계획안을 마련한다. 마련된 지정계획안에 대해 지역주민 대상으로 공청회 및 설명회를 개최하고, 해양보호구역 설정 필요성 및 기대효과에 대해서 충분한 공감대를 형성한다. 이후 해양수산발전위원회 심의를 거쳐 최종 해양보호구역을 공식화하고, 관련 법률에 따라 지정 고시한다.

2) 해양보호구역 지정현황

우리나라에는 「해양생태계의 보전 및 관리에 관한 법률」 및 「습지보호법」에 따라 현재 14개의 습지보호지역과 15개의 해양생태계보호구역, 2개의 해양생물보호구역, 1개의 해양경관보호구역 등 총 32개의 해양보호구역이 총 면적 1,798.692㎢으로 지정되어 있다. 해양보호구역 관리체계 개선 및 지역자율형 해양보호구역 관리기반을 강화하기 위하여 해양환경공단은 해양보호구역센터를 운영하고 있다.[50]

---

49) 「해양생태계의 보전 및 관리에 관한 법률」 제25조 제1항.
50) 해양환경공단, "해양보호구역 관리"〈출처:
    https://www.koem.or.kr/site/koem/04/10401040000002019051004.jsp, 검색일자: 2022년 9월 1일〉.

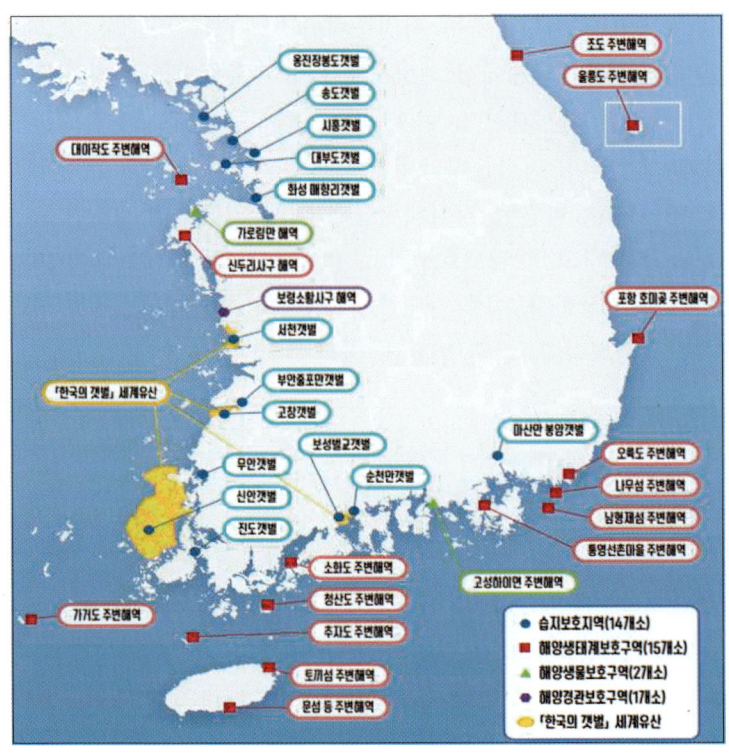

<그림 4> 우리나라 해양보호구역 지정 현황 (출처: 해양환경공단)

　　독도 및 주변해역의 해양보호구역 설정에 앞서 지난 2014년 12월 24일 울릉도 주변해역이 동해안에서 처음으로 해양생태계보호구역으로 지정되었다.51) 울릉도 주변해역은 보호대상 해양생물 서식지 및 산란지이며, 산호, 해초 등 우수한 해저경관을 보유하고 있는 곳으로 해양보호구역 설정 필요성이 오랫동안 논의되었던 곳이었다. 특히, 울릉도 주변해역의 주요 자원으로는 무척추동물로 유착나무돌산호, 해송류, 측해면, 보라해면류, 보석말미잘, 섬유세닐말미잘, 부채뿔산호 등이 있으며, 해조류로는 미역, 감태, 외톨개모자반, 주름뼈대그물말, 사카이대마디말이 있다.52) 다음 <그림 5>와 같이 울릉도 북면 및 서면 주변해역 총 39.44㎢이 해양보호구역으로 설정되었다.

---

51) 해양수산부, 「울릉도 주변해역 해양보호구역 지정고시」, 해양수산부 고시 제2014-139호.
52) 전게 고시.

관할지자체인 경상북도는 해양보호구역 방문객센터 개소를 통해 울릉도 주변해역의 해양보호구역 가치와 중요성을 알리고, 나아가 독도 및 주변해역의 해양보호구역 설정에 대한 국민적 공감대를 확산시키고 있다.

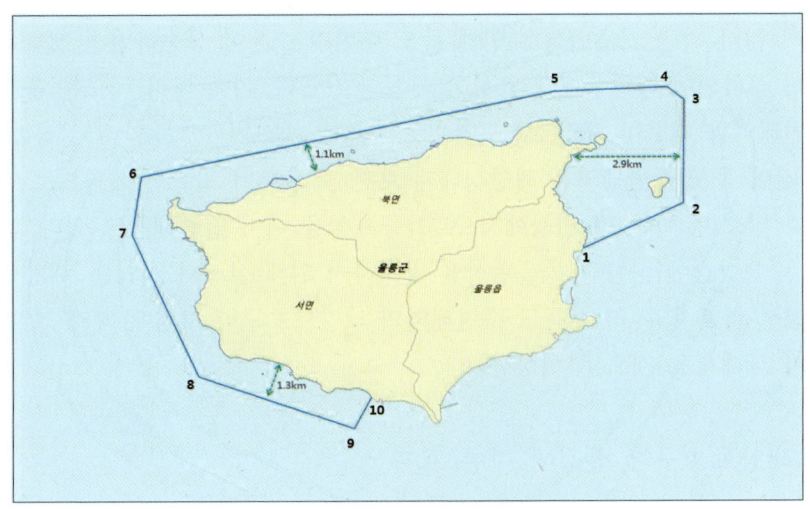

<그림 5> 울릉도 주변해역 해양보호구역
(출처: 해양수산부, 「울릉도 주변해역 해양보호구역 지정고시」)

3. 독도 및 주변해역의 해양보호구역 설정 효과

1) 해양보호구역 설정 필요성

독도 바다는 차가운 한류와 따듯한 난류가 만나 해양생물 다양성이 매우 높은 곳으로, 현재 독도에는 250여종의 해조류와 총 520여종의 해양 무척추동물이 서식 중이다.53) 특히, 서도에는 유착나무돌산호의 국내 최대군집이 발견되었으며, 유착나무돌산호는 최근 지속적으로 서식지가 감소함에 따라 해양보호생물(해양수산부 지정)과 멸종위기 야생생물 II급(환경부 지정)으로 지정·관리되고 있는 해양생물 중 하나이다. 독도 어장에는 주로 오징어, 명태, 대구, 문어 및 새우 등이 잡히며, 암반이 발한 곳에서는 혹돔, 돌

---

53) 독도재단, "독도 생태",〈출처: https://k-dokdo.com/index.do?menu_id=00010087&servletPath=%2Findex.do, 검색일자: 2022년 9월2일〉.

돔, 뱅에돔, 개볼락, 조피볼락,볼락, 불롤락, 자리돔 등이 서식하고 있어 풍부한 어족자원을 제공해 주고 있다. 또한, 독도는 아름다운 자연경관과 역사적·문화적·교육적 가치가 높은 곳으로 매년 약 10만명의 관광객이 찾는 우리나라에서도 대표적인 해양관광지 중 하나이다.54)

그러나 최근 기후변화로 인해 독도 주변의 수온이 상승하면서 갯녹음현상이 심화되어 해양생태계 균형이 훼손되고 있다. 이에 따라 독도는 울릉도 주변해역과 더불어 해양보호구역으로 지정할 필요가 있다. 앞서 설명한 바와 같이 독도 주변해역은 해양생태계 보전 및 보호가 필요한 해역으로 인식되고 있으며, 이는 타 법률에서도 그 중요성을 이미 입증해주고 있다. 더욱이, 수온상승에 따른 갯녹음현상을 방지하기 위해 실시되고 있는 '해양생물다양성 회복사업' 역시 독도 주변해역의 해양보호구역 지정에 따라 그 효율성이 극대화될 것으로 예상한다.

2) 해양보호구역 설정에 따른 효과

일반적으로 인식되고 있는 해양보호구역의 효과는 다음과 같다. 첫 번째, 경제적 효과로서 지역의 문화적 생태적 사회적 가치증진에 기여하며, 이는 지역 관광정책과 연계 할 경우 관광객 증가에 따른 지역사회 발전에 기여 할 수 있다. 두 번째, 환경적 효과로서 해양보호구역의 경우 상업 조업지역보다 약 4배 가까운 어종이 증가한다는 연구결과가 있으며, 인간 활동의 영향을 줄이고 관리강화를 통해 해양생태계 복원 및 해양환경보호에 기여 할 수 있다. 세 번째, 정책적 효과로서 국내법에 따라 해양보호구역으로 지정 될 경우 지역사회는 해양보호구역 관리사업에 지원을 받을 수 있으며, 이를 통해 해양생태계 보존 및 보전계획을 체계적으로 실현할 수 있다.

이와 더불어, 독도의 해양보호구역 설정은 독도의 해양생태계 가치를 국제적으로 홍보함으로써 해양관광 활성화에도 기여할 수 있을 것이다. 무엇보다 독도 및 주변해역의 해양보호구역 설정은 중첩수역에서의 공동의 이익을 주는 행위이자 우리나라가 행사할 수 있는 연안국의 적극적 주권 및

---

54) 전게 홈페이지.

배타적 관할권으로 일본의 독도 영유권 주장에 대해 적극적으로 대응할 수 있는 수단이 될 수 있을 뿐만 아니라 우리나라가 독도의 실효적 지배 및 해양주권 확립을 강화하는 계기가 될 수 있을 것이다.

Ⅳ. 독도 및 주변해역의 해양보호구역 설정에 관한 적법성 평가

1. 독도 및 주변해역의 해양보호구역 설정 적법성
1) 중첩수역에서의 연안국 관할권 행사

독도는 우리나라와 일본의 배타적 경제수역이 중첩되는 해역에 있으며, 아직 최종경계획정이 이루어지지 못한 해역으로 한·일어업협정에 따른 잠정수역이 존재할 뿐이다. 동 수역에서의 독도 영유권 문제는 최종 해양경계획정 합의를 힘들게 할 뿐만 아니라 해양환경보호 등과 같은 양국 간의 협력이 절대적으로 필요한 부분 역시 어렵게 만들고 있다.

유엔해양법협약 제74조는 경계미획정 수역에서의 연안국의 권리 및 의무에 대해 언급하고 있다. 동 협약 제74조 제1항은 인접국 간의 배타적 경제수역 경계획정이 국제법에 기초로 하는 합의에 따라 이루어져야 함을 규정하고 있고, 제74조 제3항은 다음과 같이 연안국의 의무를 규정하고 있다.

"제1항에 규정된 합의에 이르는 동안, 관련국은 이해와 상호협력의 정신으로 실질적인 잠정약정을 체결할 수 있도록 모든 노력을 다하며, 과도적인 기간동안 최종 합의에 이르는 것을 위태롭게 하거나 방해하지 아니한다. 이러한 약정은 최종적인 경계획정에 영향을 미치지 아니한다."[55]

동 규정은 연안국에게 실질적인 잠정약정의 체결을 위하여 모든 노력을 다해야 할 의무와 위태롭게 하거나 방해하지 않을 의무를 부과하고 있다. 한국과 일본은 동 협약의 규정에 따라 한일 어업협정을 통해 잠정수역을 설

---
55) 유엔해양법협약 제74조 제3항.

정하고 있다.

중첩수역에서의 연안국의 일방적 행위는 때로는 인접국을 위태롭게 하거나 방해하여, 제74조 제3항을 위반하는 결과를 낳기도 한다. 이는 국제 판례 1976년 그리스-터키 간 에게해 대륙붕 사건, 2007년 가이아나-수리남 사건과 2017년 가나-코트디부아르 사건에서 잘 나타난다.

1976년 그리스-터키 간 에게해 대륙붕 사건에서 터키국립석유회사는 그리스와 터키의 중첩수역인 대륙붕에서 터키의 석유탐사 허가를 받아 일방적으로 지진파 탐사를 시행하였다. 이에 그리스는 최종경계획정이 되지 않은 중첩수역에서의 터키의 일방 탐사행위 및 과학조사행위가 회복할 수 없는 손해가 되며, 이는 양국가의 우호관계를 해친다고 국제사법재판소에 잠정조치를 신청하였다.56) 이에 대해 국제사법재판소는 "(i) 이러한 형태의 지진파 탐사가 해저나 하층토 또는 그곳의 천연자원에 대하여 물리적 손해를 일으킬 위험을 포함하지 않는 점, (ii) 특히 지진파 탐사 활동이 일시적인(transitory) 성격을 가지며 대륙붕의 해저상 또는 해저 상부에 시설을 설치하는 것을 포함하지 않는 점, (iii) 터키가 계쟁 중인 대륙붕에서 천연자원을 실제로 개발하거나 이용하는 활동을 착수하지 않았다는 점" 등을 근거로 터키의 탐사행위는 그리스 권리에 대해 회복 불가능한 손해를 일으키는 것은 아니라고 판시하였다.57)

이후, 2007년 가이아나-수리남 사건에서도 중첩수역에서의 연안국의 일방적 행위에 대해 회복 불가능한 손해 발생 여부를 바탕으로 그 판단 기준을 제시하였다.58) 기이아나는 캐나다 회사인 CGX Resources Inc(이하 "CGX")에게 수리남과의 중첩수역에서의 석유탐사 및 개발을 양허하였다. 2000년 6월3일 CGX가 석유탐사활동을 할 때 수리남 해군 함정은 즉각적인 퇴거명령을 내렸고, 무력충돌이 발생하게 되었다.59) 기이아나에 의해 동 사건은 중재재판에 회부되었고, 재판부는 기이아나 및 수리남 모두 제73조 제

---

56) Aegean Sea Continental Shel f(Greece/Turkey), Judgment, I.C.J. Reports 1978, para. 16.
57) Ibid, paras. 30-33.
58) In the Matter of an Arbitration between Guyana and Suriname, Award of the Arbitral Tribunal (17 September 2007), para.156.
59) Ibid, para. 488.

3항의 신의성실 협력의 의무와 위태롭게 하거나 방해하지 아니해야 할 의무를 위반하였다고 판시하였다.[60] 특히, 중재재판부에서는 1976년 그리스-터키 간 에게해 대륙붕 사건을 선례로 언급하면서, 잠정적인 성질의 활동과 해양환경에 대해 회복 불가능한 손해를 발생시키는 활동에 대해 엄격히 구별하였다.[61] 이와 관련하여, 지진파에 의한 탐사는 중첩수역에서 허용가능한 활동이라고 언급하였으며, 굴착행위는 해양환경에 영구적인 손상을 초래할 수 있는 행위로 반드시 인접국과의 협정 또는 협의가 필요한 행위로 보았다.[62]

이처럼, 연안국이 중첩수역에서의 일방적 권리행사를 하고자 할 때 유엔해양법협약 제74조 제3항에 따른 의무를 위반하는 것이 아닌지 사전 검토가 필요할 것이다. 다만, 해양보호구역 설정은 해양환경 및 해양생태계를 보호하기 위한 연안국의 조치로써 이는 인접국간의 공동의 이익을 주는 행위이므로, 어업권 제한 및 항해권 제한과 같이 인접국의 권리행사를 지나치게 제한하지 않는다고 한다면 국제법적으로 문제가 되지 않을 것이다.

2) 법적 근거

유엔해양법협약에 따라 연안국은 영해에서 배타적 주권을 가진다. 배타적 주권이란 어업권, 해양환경 보호 및 보전의무, 해양과학 조사, 천연자원 개발 및 탐사권, 법령 집행권 등 연안국에게 부여된 자주적이며 배타적인 권리를 말한다. 다만, 배타적 경제수역에서는 동 협약 제56조에서는 천연자원의 탐사 및 개발권 및 해수해류 및 해풍을 이용한 에너지 생산과 같은 이 수역의 경제적 개발과 탐사 및 관리 목적의 활동에 관한 주권적 권리를 가지며, 해양과학조사, 인공섬 및 구조물 설치, 해양환경의 보호 및 보전 등과 같은 권리에 대해서는 연안국은 제한된 관할권을 행사할 수 있다.[63]

독도는 「영해 및 접속수역법」에 따라 우리나라 영해로 속해져 있으며,

---

60) Ibid, para. 277.
61) Ibid, para. 468.
62) Ibid, para. 476-478.
63) 유엔해양법협약 제56조.

우리나라가 배타적 주권행사를 하고 있다. 독도는 우리나라의 고유한 영토로서, 국내법에서 그 지위를 명확히 하고 있다. 유엔해양법협약에서 연안국에 부여한 해양환경 보호 및 보전에 관한 권리행사와 관련하여 우리나라는 독도의 자연환경과 생태계를 보전하기 위해「문화재 보호법」을 따라 1982년 11월 16일 독도를 천연기념물 제336호로 지정·고시 하였으며,「독도 등 도서지역의 생태계 보전에 관한 특별법」을 제정하여 독도를 특정도서로 지정하여 관리하고 있다. 이와 더불어 독도는「국토이용법」에 따라 자연보전지역으로 지정되어져 있다.

이처럼, 독도는 우리나라의 영토로써「해양생태계의 보전 및 관리에 관한 법률」에 근거하여 독도 주변해역의 해양생태계 및 해양환경을 적극적 보호하기 위해 해양보호구역으로 설정하는 것은 연안국의 배타적이며 적극적인 권리행사와 관련된 사안일 것이다. 다만, 독도는 한국과 일본의 중첩수역내에 한·일 어업협정에 따라 설정된 잠정수역에 있으므로, 해양보호구역의 설정에 따른 어업권 및 항해권을 제한하지 않아야 할 것이다. 독도의 해양보호구역 설정은 표면적으로는 독도 주변해역의 해양생태계를 보호하여 양국의 이익을 가져오는 결과가 될 것이지만, 우리나라가 대내외적으로 독도 및 주변해역을 해양보호구역으로 설정을 함으로써 적극적 주권행사를 통해 실효적 지배 타당성을 확고히 할 수 있는 계기가 될 수 있다.

2. 차고스 군도 사례 검토를 통한 시사점

1) 사건개요

차고스 군도는 인도양 중앙에 위치한 수개의 산호초로 구성된 섬으로 도서국가인 모리셔스의 영토의 일부였다. 과거 모리셔스는 인도 및 동아시아 항해 기착지로 활용되어 네덜란드, 프랑스 및 영국의 식민지배를 거쳐 1968년 3월12일에 독립되었다. 모리셔스 독립 당시 영국은 차고스 군도를 군사적 요충지로 사용하기 위해 분리독립을 추진하였고, 1965년 9월 차고스 군도의 분리 및 보상, 원주민의 이주문제 등에 대해 랭카스터 하우스 합의(Lancaster House Undertaking, 이하 'LHU' 라고 한다)라고 불리는 합의서에

서명하였다.64) 이는 정식 문서상의 조약 형식이 아닌 영국이 모리셔스에 제공해야 하는 약속 이행에 관한 것으로 차고스 군도의 국방의 목적이 없어지면 영국이 모리셔스에 반환하겠다는 약속도 포함돼 있었다. 그동안 영국은 모리셔스와의 정상회담 및 국제사회에 합의의 이행을 차질 없이 진행될 것이라고 수차례 확인해주었다. 이후, 모리셔스 정부는 차고스 군도의 반환을 지속적으로 촉구하였으며, 1982년에는 유엔해양법협약을 기반으로 차고스 군도 주변의 배타적 경제수역을 선포하고 1991년 헌번개정을 통해 차고스 군도를 모리셔스 영토로 편입시켰다. 이에 영국은 모리셔스의 차고스 군도 영토 확장 의지에 대해 원주민의 어업활동을 제한하는 규칙을 제정하여 반대 의사를 강력하게 표명하였다. 또한, 영국은 2003년 9월 차고스 군도에 200해리에 해당하는 해양보호구역을 일방적으로 선포하여 어업행위를 제한하는 조치를 발표하였다. 모리셔스는 영국은 연안국이 아니므로 해양보호구역을 설정할 수 없다고 반발하였고, 영국과의 협의 진전이 없어 2010년 12월 유엔해양법협약 제 287조에 따라 제7부속서 중재재판에 회부되었다.65)

2) 청구취지 및 재판 관할

모리스셔스의 청구취지는 다음과 같다. 첫째, 영국은 연안국이 아니므로 일방적으로 차고스 군도의 해양보호구역을 설정할 수 없다. 모리셔스는 LHU 및 일련의 회담을 기반으로 할 때 모리셔스의 반대에도 불구하고 일방적으로 어업권을 제한하는 해양보호구역을 설정하는 것은 유엔해양법협약 제2조, 제55조, 제56조 및 제76조 위반이라고 주장하였다.66) 또한, 모리셔스는 CLCS에 차고스 군도의 대륙붕한계정보를 제출할 권한 가지고 있지만, 영국이 이를 저지해서는 안 된다고 하였다. 그리고 모리셔스는 차고스 군도 및 그 주변해역을 해양보호구역으로 설정하는 것은 유엔해양법협약 제2조, 제55조, 제56조, 제63조, 제64조, 제194조, 제300조 및 공해어업의 규제협정

---

64) In the Matter of the Chagos Marine Protected Area Arbitration between The Republic of Mauritius and The United Kingdom of Great Britain and Northen Ireland, Award of the Arbitral Tribunal (18 March 2015), para. 77.
65) Ibid, para. 14.
66) Ibid, para. 158.

제7조에 따라 양립될 수 없으며, 근본적으로 영국은 유엔해양법협약 제194조 국제법에 따르는 협력과 협의의 의무를 위반한 것이라고 주장하였다.67) 반면, 영국은 모리셔스의 청구에 대해 이는 '인위적이고 근거없는' 차고스 군도 영유권을 주장하려는 의도를 내포하고 있으며, 재판소가 관할권이 없으므로 기각해 달라고 요청하였다.68)

이에 재판소는 우선, 영국의 일방적 해양보호구역 설정과 관련된 청구와 관련하여 재판소는 본 사안의 핵심은 차고스 군도의 영유권과 관련된 것으로 이는 동 협약 제288조 제1항의 '당사자들의 분쟁은 협약의 해석이나 적용'에 관한 것이 아니므로 재판관할권이 없다고 하였다.69) 이와 마찬가지로, 영국은 모리셔스만이 연안국으로서 동 협약 56(b)(iii)조의 배타적 경제수역에서의 해양환경 보호 조치에 대한 권리행사와 제76(8)조에 근거한 대륙붕한계 정보를 대륙붕한계위원회에 제출할 의무를 가진다는 청구와 관련해서는 이는 차고스 군도 영유권과 관련된 사안으로 재판소는 당해 청구에 대한 관할권을 가지지 못한다고 주장하였다.70) 재판부 역시 동 청구는 차고스군도 영유권에 따른 당사국의 분쟁이 주된 사안이므로 모리셔스의 청구를 기각하였다. 특히, 재판부는 차고스 군도의 대륙붕한계정보 제출과 관련하여 당사국간의 분쟁은 존재하지 않으며, 재판소가 재판 관할을 판단할 이유가 없다고 하였다.71)

다만, 재판소는 모리셔스가 영국의 일방적인 해양보호구역 설정은 유엔해양법협약 제2조, 제55조, 제56조, 제63조, 제64조, 제194조, 제300조 및 공해어업의 규제협정 제7조에 따라 양립될 수 없는 문제라고 청구한 취지에 대해 재판 관할을 인정하였다.72) 모리셔스는 동 협약 제297조(1)(C)에 따른 해양환경 보호하고 보존하려는 조치로 재판소가 재판 관할을 가진다고 주장하였으며, 영국은 배타적 경제수역에서의 어업 및 생물자원과 같은 주권

---

67) Ibid, para. 158.
68) Ibid, para. 159.
69) Ibid, para. 204.
70) Ibid, para. 223.
71) Ibid, para. 230.
72) Ibid, para. 231.

적 권리에 해당하므로 재판소가 재판 관할을 가질 수 없다고 하였다.[73] 재판소는 해양보호구역의 설정은 어업에 국한되는 조치로 볼 수 없으며, 해양환경를 보호하고 보존하기 위한 조치도 포함되는 것으로 LHU 에 따른 차고스 군도의 반환문제와 관련이 있다고 판단하였다. 재판부는 모리셔스의 마지막 청구 취지를 받아들여 영국의 일방적 해양보호구역 설정은 유엔해양법협약 제2(3)조 , 제56(2)조, 제194(4)조, 제56(2)조의 적절한 고려의무 위반한 것이라고 최종 판시하였다.[74]

3) 재판 판결

(1) 영해 및 배타적 경제수역에서의 어업권 제한

유엔해양법협약 제 2(3)조는 영해의 주권은 동 협약이나 국제법 규정에 따라 행사되어야 한다고 규정하고 있다. 또한 유엔해양법협약 제56(2)조에서는 배타적 경제수역에서의 권리행사와 의무이행에 있어서, 연안국은 다른 국가의 권리와 의무를 적절히 고려해야 한다고 규정하고 있다. 모리셔스는 1965년 LHU 를 근거로 영국과 합의한 사항이 제대로 지켜지지 않았으며, 영국은 적절한 고려의무를 위반하였다고 주장하였다.[75] 모리셔스는 비록 LHU는 통상적인 형태의 국가 간의 합의 또는 조약은 아니지만, 약속 이행의무를 확답받은 구속력 있는 국제법적 권리라고 강조하였다.[76] 특히, 동 합의에는 어업권의 범위 및 제한에 대한 구체적 내용도 없으며, 타국의 어선의 어로행위를 금지할 때도 모리셔스의 어선은 차고스 군도 수역에서 어업 활동을 해왔으며, 이는 관행적으로 영국이 인정해 왔던 사실이라고 주장하였다.[77] 모리셔스는 영국의 일방적 해양보호구역 설정에 따라 어업권이 제한되는 것은 연안국의 권리가 심각하게 침해받고 있다고 하였다. 반면, 영국은 LHU은 단지 정치적 목적의 문서일 뿐이며, 법적 구속력을 가지지 못한다고 주장하였다.[78]

---

73) Ibid, para. 232.
74) Ibid, paras. 534-536.
75) Ibid, para. 463.
76) Ibid, para. 464.
77) Ibid, paras.451-452, para.456.

재판부는 LHU는 영국의 국내법상 자치주와의 합의는 국제법상의 지위를 가지지 못한다는 주장에 대해, 모리셔스는 독립을 앞둔 국가로서 독립과 동시에 동 합의는 국가 간의 합의로서 효력이 발생되며, 국제법상의 지위를 가진다고 판시하였다.[79] 특히, 모리셔스는 영국이 LHU 이행과 관련하여 지속적으로 그 의사를 확인해왔으며, 이는 금반언 원칙에 의해 부인될 수 없다고 하였다.[80] 재판부는 모리셔스가 영국의 약속을 신뢰했으며, 그로 인해 억울한 피해가 발생하였는지를 검토하였다. 우선, 모리셔스가 독립된 이후 양국은 관계는 상당히 우호적이었으며, 차고스 군도 분쟁이 표면적으로 드러나지 않았는데, 이는 모리셔스가 영국의 약속을 신뢰했기 때문이라고 보았다. 특히, 재판부는 모리셔스가 영국의 약속을 신뢰하여 LHU의 조약화 기회를 상실한 것은 피해나 손실에 해당할 수 있다고 보고, 영국은 금반원 원칙에 따라 동 합의를 부인할 수 없다고 하였다.[81]

또한, LHU에 따른 어업권의 범위와 관련해서는 모리셔스의 어업권이 절대적인 것은 아니며, 타국 어선에 비해 우선권을 가지는 것도 아니라고 하였다. 다만, 관행적으로 볼 때 타국의 어선이 영국에 의해 조업허가를 받지 못할 때도 모리셔스 어선은 차고스 군도 영해 및 접속수역에서 어업 활동을 했던 점을 근거로 모리셔스는 LHU에 따라 차고스 군도 영해에서의 어업권을 부여받은 것이라고 보았다.[82]

(2) 유엔해양법협약 관련 규정 위반

유엔해양법협약 규정과 관련한 당사국의 분쟁에서 우선으로, 동 협약 제 2(3)조 영해에서의 주권은 국제법 규정에 따라 행사해야 한다는 규정과 관련하여 영국은 단순 서술형에 지나지 않는다고 주장하였으며, 모리셔스는 의무 규정이라고 주장하였다. 재판부는 동 규정이 비록 "...is exercised ..."와 같이 의무성이 적은 표현되어 있지만, 동조의 입법취지 및 조약법에 관한

---

78) Ibid, para.464.
79) Ibid, para.517.
80) Ibid, paras. 393-398.
81) Ibid, para. 445.
82) Ibid, paras. 452~454.

비엔나협약 제33조를 적용해 볼 때 이는 의무조항에 해당한다고 보았다.[83] 유엔해양법협약 제2(3)조, 제34(2)조, 제56(2)조, 제78(2)조, 제87(2)조와 같은 조항 역시 "…is exercised …"과 같이 표현되지만, 이는 모두 해양관할수역에서의 연안국의 권리 및 의무를 규정하는 것으로 제2(3)항 역시 타 조항과 마찬가지로 의무조항으로 보는 것이 타당하다고 판시하였다.[84] 다만, 재판부는 LHU는 협약 제2(3)조에 규정하고 있는 국제법의 규정에 해당되지는 않지만, 영국은 국제법의 규정의 금반언의 원칙 및 신의성실의 원칙에 따라 행동해야 하는 의무를 가지며 이러한 의무에 LHU가 포함된다고 하였다.[85]

모리셔스는 영국의 일방적 해양보호구역 설정은 유엔해양법협약 제56(2)조의 모리셔스의 권리와 의무를 적절히 고려하지 않았다고 주장하였다. 재판부는 영국의 일방적 해양보호구역 설정에 따라 모리셔스의 어업권은 제한됐으며, LHU에 따라 국방의 목적이 사라지면 반환받기로 약속하였던 차고스 군도 반환문제 역시 상당한 영향을 받게 되었다고 언급하였다.[86] 따라서 모리셔스는 유엔해양법협약에 따르는 그 권리 및 의무에 대해 정당한 고려를 받을 자격이 충분하다고 판단하였다. 영국의 일방적 해양보호구역 설정은 협의의 과정, 불충분한 정보제공 등으로 볼 때 최소한의 협의를 진행했다고 보기 힘들며, 영국의 자신의 권리와 LHU에서 부여한 모리셔스의 권리 간의 적절한 균형이 이루어졌다고 보기 힘들다고 하였다. 재판부는 영국의 해양보호구역 설정은 유엔해양법협약 제2(3)조 및 제56조(2)조와 부합되지 않는다고 판시하였다.[87]

그리고, 재판부는 영국의 일방적 해양보호구역 설정이 해양오염 방지 조치 시행 시 자국 정책과의 조화를 도모해야 하는 규정 제194(1)조와 다른 국가의 권리행사나 의무 이행상 수행되는 활동을 부당하게 방해하지 않아야 하는 규정 제194(4)조를 위반 여부에 대해서도 검토하였다. 우선 제194(1)조와 관련하여 영국의 해양보호구역설정은 해양오염 방지 조치를 시행하는

---

83) Ibid, para. 501.
84) Ibid, para. 500.
85) Ibid, para. 517.
86) Ibid, para. 531.
87) Ibid, paras. 534-536.

것뿐만 아니라 해양생태계를 보호 및 보존하기 위한 정책으로 모리셔스와의 조화를 도모해야 할 의무가 있다고 하였다. 하지만, 이러한 의무는 최선의 노력 의무이며, 해양보호구역 설정에 앞서 행해야 하는 것은 아니라고 하였다.[88] 따라서, 재판부는 영국의 해양보호구역 설정이 동 조항을 위반했다고 보기 어렵다고 판단하였다. 반면, 협약 제194(4)조는 제2(3)조 및 제56(2)조와 기능적인 측면에서 동일하다고 볼 수 있으며, 권리 간의 균형을 요구한다고 하였다. 영국의 해양보호구역 설정에 따른 모리셔스 어업권의 제한은 해양환경 보호를 위해 정당화될 수 있으나, 이러한 행위가 정당화되기 위해서는 해양보호구역 설정에 따른 조치의 필요성 및 대체 조치를 모색할 수 있는 진지한 협의의 과정이 필요하다고 하였다. 재판부는 영국의 일방적 해양보호구역 설정은 이러한 협의가 이루어지지 않았음을 지적하고, 협약 제194(4)조와 양립될 수 없다고 결론 지었다.[89]

4) 시사점

차고스 군도 사건은 우리나라가 향후 독도 및 주변해역을 해양보호구역으로 설정할 시 인접국인 일본과의 분쟁 가능성에 대해 중요한 시사점을 준다. 차고스 군도 사건의 본질은 영유권 문제라는 사실을 당사국뿐만 아니라 재판부도 인정하였다. 특히, 재판부는 차고스 군도 영유권 문제와 직접 연관되는 '연안국'지위에 대한 재판 관할은 배제되었으며, 해양보호구역에 대한 유엔해양법협약상의 해석과 적용에 대하여 재판 관할을 인정하였다. 차고스 군도 사건은 혼합분쟁으로 재판부는 영유권 문제에 대해 판결은 하지 않고, 영국의 일방적 해양보호구역의 적법성과 어업권 제한에 대한 유엔해양법협약 제2(3)조와 제56(2)조 및 제194(3)를 위반사항에 대해서만 검토하였다. 하지만, 동 판결을 도출하기 위해서는 연안국 지위에 관한 확인이 필수 불가결하게 검토될 수밖에 없다. 이와 관련하여, 중재재판부 재판관 5명 중 2명의 반대의견에서 유엔해양법협약 제293(1)조 및 제288(4)조에 따라 본질적 사안이 영유권 문제임에도 불구하고, 차고스 군도의 연안국 지위와 관련

---

88) Ibid, paras. 539-541.
89) Ibid.

하여 재판 관할권을 가질 수 있다고 하였다. 이러한 움직임은 향후 영유권 문제가 포함된 혼합분쟁의 경우 재판부가 재판 관할이 인정될 수도 있는 사안이다.[90]

우리나라가 독도 및 주변해역을 해양보호구역으로 설정하고자 할 때, 일본의 일방적 제소 가능성을 완전히 배제할 수는 없다. 만약 우리나라가 독도 주변 해역을 해양보호구역으로 설정하여 일본이 중재재판소에 일방적 제소 한다고 할지라도, 동 사안은 독도의 영유권 문제가 본질적 사안이므로 재판소가 재판 관할을 가지 못할 가능성이 크다. 다만, 재판부는 영유권 문제와 별개로 해양보호구역에 대한 유엔해양법협약 위반 여부를 검토할 수 있으므로 차고스 군도 사건을 바탕으로 일방적 제소 가능성에 대한 전략적 대응이 필요할 것이다.

3. 독도 및 주변해역의 해양보호구역 설정에 관한 제언

독도는 우리나라의 고유한 영토로써, 우리나라가 연안국으로 배타적 주권 권리를 행사하고 있다. 독도는 섬으로서 그 지위를 가지며, 그에 따라 영해 및 배타적 경제수역과 같은 해양관할수역을 갖는다. 독도는 한국과 일본의 해양경계가 최종 획정되지 않은 관할권이 중첩된 수역에 놓여 있으며, 한일 어업협정에 따라 잠정수역 내에 있다. 일본은 해양관할권 확대 및 영토 확장을 위해 지속해서 독도에 대한 영유권을 주장하고 있다.

독도는 차가운 한류와 따듯한 난류가 만나는 곳으로 해양생물 다양성이 매우 높은 곳으로 알려져 있으나, 최근 기후변화로 인해 독도 주변의 수온이 상승하면서 해양생태계 균형이 크게 위협받고 있다. 우리나라는 독도의 해양생태계를 효과적으로 보호 및 보존하기 위해 해양보호구역 지정하여 관리할 필요가 있을 것이다. 앞서 해양수산부는 2014년 12월 19일 울릉도 주변해역 39.44㎢를 해양보호구역으로 지정하였다. 지정된 해양보호구역의 범위는 울릉도 북면·서면 주변해역 약 3해리로 내수에 해당한다. 행정구역상 독도를 관리하는 경상북도는 앞으로 해양보호구역을 확대해 생태 기반

---

[90] 윤영민·이윤철, 2015.11, 『영국·모리셔스 간 차고스제도 해양보호구역 문제에 관한 중재재판 판결의 분석 및 시사점』, 해사법연구 제27권 제3호, p.27.

구축에 나선다고 발표하였다. 울릉도와 더불어 독도 역시 보호대상 해양생물의 서식지·산란지를 보호하고, 산호, 해초 등 우수한 해저경관을 보전·관리하기 위하여 해양보호구역 설정 필요성이 꾸준히 제기되어 왔다.

독도의 해양보호구역 설정은 연안국으로서 우리나라가 행사할 수 있는 주권적 권리행사이자 배타적 관할권으로 이는 국제법 및 국내법상 적법한 해양보호조치이다. 다만, 일본은 독도의 영유권 문제와 별도로 중첩수역에서의 일방적 해양보호구역 설정과 관련하여 유엔해양법협약의 규정 위반 여부를 바탕으로 일방적 제소 가능성을 완전히 배제할 수는 없다. 따라서, 일본의 일방적 제소에 대한 우리 측의 대응방안도 사전에 검토되어야 할 것이다. 일방적 제소 가능성과 관련하여 우리나라는 과거 2006년 4월 18일 유엔사무총장에게 유엔해양법협약 제298조의 분쟁에 대해 강제절차 배제선언서를 기탁하였다.[91] 협약 제286조에 따라 협약의 해석이나 적용에 관한 규정은 일방 당사자의 요청에 따라 강제적 분쟁절차 진행이 가능하다. 하지만, 어느 당사국이 제287조에 따른 분쟁해결기관을 선택하지 않았거나, 당사국이 서로 다른 재판소를 선택한 경우 동 사안은 중재재판에만 회부 될 수 있다. 만약, 우리나라가 독도 및 주변해역을 해양보호구역으로 설정하여 일본이 일방적 제소를 하게 될 경우, 중재재판에 회부 될 가능성이 크다. 향후 우리나라는 이러한 상황을 염두에 두고 차고스 군도 및 국제 판례를 바탕으로 일방적 제소에 대한 대응 논리를 마련해야 할 것이다.

특히, 차고스 군도 사건을 바탕으로 다음과 같은 사안을 검토해 볼 수 있다. 일본이 일방적 제소를 하게 될 경우 재판부는 본질적 사안이 독도 영유권 문제라는 사실을 인지하게 될 것이므로, 재판 관할권이 성립되지 않을 것이다. 하지만 해양보호구역 설정에 대한 유엔해양법협약상의 해석과 적용에 관한 문제에 대해서는 재판 관할권이 성립될 수도 있다. 재판 관할이 인정되더라도 차고스 군도와 달리 독도는 우리나라가 국내외적으로 실효지배에 타당성이 입증되고 연안국으로 배타적 주권행사 및 관할권을 행사하고 있으므로 그 적법성에 하자가 없을 것이다. 다만, 일방적 해양보호구역

---

91) 이환규, 2020.10, 『UN 해양법협약에서의 분쟁해결제도와 독도』, 인문사회21 제11권5호, p. 2093.

설정 시 위법성 여부에 대한 논쟁의 여지가 남아 있으므로 협약 제2(3)조, 제56(2)조 및 제194(3)조 위반사항이 없는지 사전 검토가 이루어져야 할 것이다. 독도 해양보호구역의 범위가 울릉도와 마찬가지로 독도 주변해역 3해리를 넘지 않을 경우 협약 규정 제56조는 적용되지 않을 것이다. 또한, 협약 제2조는 영해의 주권에 관한 규정으로 이미 우리나라가 독도의 연안국으로서 권리행사를 하고 있으므로 동 규정 위반에 대해 논란의 여지가 없다. 협약 제194(4)조는 해양환경 오염 방지 조치를 취할 때 다른 국가의 권리행사나 의무이행 활동을 부당하게 방해하지 않아야 한다고 규정하고 있다. 독도 주변해역 해양보호구역 설정 범위를 최소화하여 일본의 권리를 고려한 결과로 보일 수 있도록 해야 할 것이다. 나아가, 해양보호구역은 국내법에 따라 어업권 및 항해권을 제한하는 등 주변국의 권리를 침해하는 조치가 아니라 해양생태계를 보존·보호하기 위한 정책적 효과를 기대하는 행정적·재정적 지원에 한정된 조치라는 것을 대외적으로 알릴 필요가 있다. 따라서, 우리나라는 일방적 해양보호구역 설정에 따라 일본의 권리행사 및 의무이행 활동을 부당하게 방해받은 사실이 없음을 입증해야 할 것이다.

차고스 군도 사건 중재재판부의 결론적 의견에서는 영유권 분쟁 당사자의 주권 보호의 형태로 취해지는 해양환경을 보호조치가 상호 만족스러운 협의를 달성하기 위해서는 해양보호구역 설정 이전에 행해져야 한다고 피력하였다.[92] 필요에 따라서는 우리나라는 독도 및 주변해역의 해양보호구역 설정에 앞서 일본과의 최소한의 협의 또는 정보교환이 요구될 수 있다.

V. 결론

본 연구는 독도 해양보호구역 설정 필요성에 대해 검토하였다. 최근 기후변화로 인해 갯녹음현상이 심화되어 독도의 해양생태계가 심각하게 훼손

---

[92] In the Matter of the Chagos Marine Protected Area Arbitration between The Republic of Mauritius and The United Kingdom of Great Britain and Northen Ireland, Award of the Arbitral Tribunal, para.544.

되고 있는 상황에서 독도 주변해역의 해양보호구역 설정은 해양생태계를 효과적으로 보전 및 보호할 수 있는 중요한 법적 수단이 될 수 있을 것이다. 특히, 독도의 사회적·문화적·역사적 가치 고려해 볼 때 해양보호구역 설정은 해양생태계 보호뿐만 아니라 지역사회 발전, 해양관광 활성화에 따른 독도의 대외적 홍보효과, 연안국의 적극적 주권행사에 따른 해양주권 확립에 기여 할 수 있을 것으로 예상한다. 더욱이, 해양보호구역은 중첩수역에서의 공동의 이익을 주는 행위로써 한일 양국의 외교적 긴장감 완화 및 협력을 증진할 수 있는 계기가 될 수도 있을 것이다.

하지만, 일본의 지속적인 독도 영유권 주장에 따라 우리나라의 일방적 독도 및 주변해역의 해양보호구역 설정은 일본을 자극하여 일반적 제소 가능성도 있다. 이러한 가능성을 염두에 두고 본 연구는 2015년 차고스 군도 사건을 바탕으로 우리나라가 독도 및 주변해역을 해양보호구역으로 설정하고자 할 때 문제가 될 수 있는 사안에 대해 검토하였다. 차고스 군도 사건과 달리 독도는 우리나라가 실효적 지배를 통해 연안국으로서 명확한 지위를 가지고 있으며, 다양한 국내법을 근거로 독도의 배타적 주권 및 관할권을 행사하고 있다. 비록 독도가 최종 해양경계획정이 되지 않은 중첩수역에서 있으며 일본이 지속적으로 독도 영유권을 주장할지라도, 우리나라가「해양생태계의 보전 및 관리에 관한 법률」에 따라 해양보호구역을 설정하는 것은 법적으로 문제가 되지 않을 것이다. 다만, 일본의 일방적 제소 가능성에 적극적 대응하기 위해서는 유엔해양법협약상의 해양보호구역 설정에 위법성이 없는지 자세히 검토해야 할 것이며, 필요에 따라서는 최소한의 협의 또는 정보교환이 요구될 수도 있다. 이는 차고스 군도 중재재판부의 결론적 의견으로 해양보호구역 선언 이전의 정보교환 및 최소한의 협의가 필요함을 시사하였다. 앞으로 독도 주변 해역의 해양보호구역 설정을 하기 위해서는 적법성, 합리성, 분쟁 가능성 및 그에 대한 대응방안 등 다각적 검토가 이루어져야 할 것이다.

참고문헌

1. 판례

Aegean Sea Continental Shel f(Greece/Turkey), Judgment, I.C.J. Reports 1978

In the Matter of an Arbitration between Guyana and Suriname, Award of the Arbitral Tribunal (17 September 2007)

In the Matter of the Chagos Marine Protected Area Arbitration between The Republic of Mauritius and The United Kingdom of Great Britain and Northen Ireland, Award of the Arbitral Tribunal (18 March 2015)

The Minquiers and Ecrelzos case, Judgment of Novernber 17th, 1953 : I.C.J. Report, 헌법재판소 2001. 3. 21. 선고 99헌마139 결정,

2. 국내자료

김미경, 2011, 『기후변화에 따른 독도연안의 해양환경과 생태계변화』, 한국환경생태학회 학술대회논문집 21(1).

김민철, 2021, 『연안국 권리 사건을 통해 본 분쟁수역에서의 유엔해양법협약 제297조 및 제298조 제1항(b) 적용가능성 검토 : 독도 및 한반도 주변수역을 중심으로』, 서울국제법연구 제28권 2호 (2021).

김선표·홍성걸, 1999.12, 『잠정협정의 법적성격과 중간수역 운용문제 연구』, 한국해양수산개발원 기본연구 1999-06.

김임향, 2018.07, 『국제법상 해양관할수역을 갖는 독도의 법적 지위에 관한 연구』, 해사법연구 제30권 제2호.

김자영, 2016, 『관할권 중첩수역에서 한·일 간 해양관할권 행사 문제』, 일본공간 20호.

김현수, 2014.11, 『일본의 독도 영유권 문제 국제사법재판소 제소주장에 대한 반박논리 연구』, 해사법연구 제26권 제3호.

남성모·이문숙, 2021.08, 『독도 관광수요 결정요인에 관한 연구』, 한국도서연구 제33권 제2호.

박성욱, 2010.03, 『독도영유권을 둘러싼 한일 양국의 핵심쟁점 검토』, 해사법연구 제22권 제1호.

신창훈, 2006, 『일본의 동해 측량/조사계획 사건에 대한 국제법적 평가』, 서울국제법연구 제13권 제1호.

윤영민·이윤철, 2010.07, 『독도문제의 주요 법적쟁점에 관한 고찰』, 해사법연구 제22권 제2호.

윤영민·이윤철, 2015.11, 『영국·모리셔스 간 차고스제도 해양보호구역 문제에

관한 중재재판 판결의 분석 및 시사점」, 해사법연구 제27권 제3호.
이기범, 2019,『경계미획정 수역을 규율하는 국제법적 체제에 관한 비판적 소고 - 유엔해양법협약 제74조 제3항 및 제83조 제3항에 관한 논의를 중심으로 -」, 국제법논총 제64권 제3호.
이환규, 2020.10,『UN 해양법협약에서의 분쟁해결제도와 독도」, 인문사회21 제11권5호.
정민정, 2020.09,『한반도 주변 경계미획정 수역에 대한 국제법적 쟁점과 대응과제」, 입법정책 보고서 Vol. 57.

3. 국외자료
Brander, L., et.al, 2015. The benefits to people of expanding Marine Protected Areas.
IUCN GA Resolution 17.38, 1988, Protection of the Coastal and Marine Environment.
Kelleher, G·Richard Kenchington, 1992, Guidelines for Establishing Marine Protected Areas, A Marine Conservation and Development Report, IUCN.
Reuchlin-Hugenholtz, E. ·McKenzie, E. 2015. Marine protected areas: Smart investments in ocean health.
Roberts, C.M·J.P. Hawkins, 2000. Fully-protected marine reserves: a guide. WWF Endangered Seas Campaign.

4. 기타
해양환경공단, "해양보호구역 관리",
〈https://www.koem.or.kr/site/koem/04/10401040000002019051004.jsp,〉
독도재단홈페이지
〈https://k-dokdo.com/index.do?menu_id=00010062&servletPath=%2Findex.do〉
해양수산부, 2021.08.30., "청정해역 독도 해양생태계 지키기, 올해도 계속된다!",『해양수산부 보도자료』.
해양수산부,「울릉도 주변해역 해양보호구역 지정고시」, 해양수산부 고시 제2014-139호.
외교부, "독도관련 법령",
〈https://dokdo.mofa.go.kr/kor/dokdo/dokdo_policy_list.jsp〉.
국립수산과학원 독도수산연구센터, "독도법적지위",
〈https://www.nifs.go.kr/dokdo/page?id=dd_01010200〉.
Protected Planet, "Marine Protected Areas",
〈https://www.protectedplanet.net/en/thematic-areas/marine-protected-areas〉

제 7장

한·일 독도인식과 독도방어 DKD 모델
* DKD(The Defense of Korea Dokdo; 대한민국 독도방어)

하대성

I. 서 론

독도는 세계 도서영유권 사례에 비추어 볼 때 군사적 위기까지 초래할 가능성이 있는 전형적인 도서영유권 분쟁의 특성을 지니고 있다. 그러나 지금까지 독도관련 연구들은 주로 역사학자나 국제법학자들에 의해 대부분 역사적·국제법적 측면에서 양국의 영유 주장 논리의 타당성 여부에 초점을 맞추어 왔다.[1] 일본은 이미 안보법안의 정비과정을 통해 유사시 한반도에 집단자위권을 행사할 수 있고, 심지어 한국이 동의하지 않더라도 북한지역에 대한 작전이 가능한 정치적 환경을 조성하였다.[2] 만약 일본이 집단자위권 행사를 명분으로 독도를 점령한다면 이는 1592년 정명가도(征明假道)의

---

[1] 일본 측 다케시마 관련 저작물들을 검색한 결과 335건 중 역사학 자료가 46건, 국제법·국제정치 관련 자료가 62건, 총론 212건, 기타자료 15건으로 분류되었다. 한일 간 독도 관련 연구는 역사적 권원 측면과 국제법 측면에서 상호 대응논리 개발을 위해 가장 많이 연구되고 있다.
[2] 2015년 9월 19일 11개 안보 관련 법률 제·개정안을 참의원 본회의에서 가결하여 집단자위권 행사를 위한 법률 정비를 마무리했다. 일본은 밀접한 관계에 있는 국가가 공격당했을 때 자국에 대한 공격으로 간주하고 대신 반격하는 집단자위권을 행사할 수 있게 됐다.

우(愚)를 반복하는 천추의 한으로 남을 것이다. 이것이 바로 독도분쟁이라는 전쟁행위를 연구의 핵심 주제로 선정한 이유이다.

국제정치에서 미래가 아닌 현재 임박한 가장 큰 위험은 미중 간 패권경쟁의 향방이다. 투키디데스의 함정에 빠진 미국의 두려움이 문제가 아니라 정점을 찍은 강대국의 함정에 빠진 중국의 불안과 초조가 가장 큰 위험이라고 지적한다.[3] 중국의 국력은 정점을 찍고 성장둔화, 급속한 노령화와 노동인구 축소, 중국에 대한 국제사회의 적대감 고조 등으로 쇠락을 걱정하는 가장 위험한 단계에 이르렀다는 분석이다. 결국 쇠락을 앞둔 강대국이 패권국을 이길수 있는 기회가 지금 아니면 없다는 불안과 초조가 무력도발을 감행할 것이라는 이론이다.[4] 미국의 지정전략가 할 브랜즈와 마이클 베클리가 펴낸 '위험지대'는 중국의 대만 침공을 가장 최악의 가상 시나리오로 제시하고 있다. 이는 중국의 무력 도발이 임박했다고 경고하고 있는 것이며 미국은 이러한 위험에 대비하기 위해 대만에 대한 군사지원과 세계 공급망에서 중국을 차단하는 등 강화된 봉쇄정책을 가동하고 있다. 세계에서 가장 위험한 분쟁지역으로 동아시아를 바라보는 시각은 이미 기정사실화 되고 있다.

동아시아에서 벌어지는 전쟁게임에서 심각하게 우려되는 부분은 중국과 러시아의 위협에 맞대응하기 위한 일본의 군사력 증강이다. 동아시아는 미중 패권 경쟁, 영토분쟁을 통해 군비경쟁의 각축장[5]이 되고 있으며 이로 인한 안보딜레마는 일본의 군사력 증강을 멈출 수 없게 만들고 있다. 일본은 중국, 러시아의 위협에 대응하기 위해 군사력을 증강하고 있다지만, 유사시 독도에 투사하지 않는다는 보장이 없다. 일본의 증강된 군사력이 독도에 투사된다면 우리에게는 가장 위협적인 상황이 될 것이다. 그렇다면 한국은 일본의 군사적 위협에 대응할 계획과 능력을 갖추고 있는가?[6] 독도 방어작

---

3) "정점 찍은 중국, 그래서 위험하다", 동아일보(2022.09.08.), https://www.donga.com/news/article/all/20220908/115366432/1(2022.09.14.)
4) 폴 케네디 저, 이일수·김남석·황건 공역, 『강대국의 흥망』(서울: 한국경제신문사, 1989), pp. 134.-136.
5) The Military Balance 2021에 의하면 아시아 지역의 국방비는 미국 국방비의 62%를 차지하며 병력은 전 세계의 47%를 차지하고 있다.
6) "軍, 日의 독도 침공 시나리오와 대응 문건 만들었다", 동아일보(2021.2.11.), https://www.donga.com/news/article/all/20210211/105380064/1(2022.08.19.)

전을 통해 전쟁을 조기에 종결하고 전쟁 이전의 상태를 회복하여 평화를 수호할 수 있을 것인가? 한국이 독도방어 작전계획을 수립하고 있다고 하나 작전능력 면에서 일본의 군사력에 비해 매우 부족한 수준이다. 더군다나 이를 검증하고 보완하는 시스템이 부재한 상황이어서 일본의 군사적 위협을 억제하고 유사시에 대비하기에는 역부족이다.

본 논문은 이러한 독도 방어문제를 풀기 위해 영토문제는 힘의 논리라는 현실주의적 인식을 바탕으로 연구주제를 설정하고 몇 가지 이유와 전제를 설정했다. 먼저, 독도 및 동해해역에서 일본과의 영유권 분쟁이 계속되는 상황에서 무력충돌을 전제로 한다. 1947년부터 시작된 독도 영유권 분쟁의 역사적 논쟁은 주변 국가의 정치 경제적인 환경변화에 따라 전혀 예측할 수 없는 방향으로 전개된다는 사실을 두 번의 세계대전과 우크라이나전쟁 등에서 경험한 바 있다. 특히 한국인에게 독도는 민족의 자존심이자 양보할 수 없는 상징이다. 따라서 독도 분쟁의 결과를 예측해보고 이에 대비한 방어전략을 구상하는 것은 필연적이고 당위적인 주제이다. 또한 영토분쟁의 마지막 해결 방법은 군사력이다. 독도 문제에서 전쟁은 반드시 고려해야 할 방안이라는 인식에서 출발하였다. 둘째, 유사시 일본의 증강된 군사력이 독도에 투사되었을 때를 대비하여 한국의 방어계획은 수립되어 있으며 작전계획을 수행할 군사적 능력은 갖춰져 있는가의 문제이다. 아쉽게도 한국의 독도방어 작전계획은 비밀에 부쳐져 있고 해군의 작전능력은 일본의 군사력에 비해 열세하다고 평가된다. 따라서 작전계획을 검증하고 보완하는 시스템을 구축하여 일본의 군사적 위협을 억제하고 유사시 대비할 수 있는 방어전략의 구상이 필요하다. 셋째, 2019년 아베 정부의 한국에 대한 수출규제와 화이트리스트 배제 등의 사건은 일본이 한국을 우방으로 대하지 않을 수도 있다는 불신을 각인시키는데 충분한 경험이었다. 이를 통해 한일 간 벌어질 수 있는 극단적인 상황을 적절히 통제할 수 없다는 현실을 보여준 것이다. 따라서 독도분쟁의 전쟁화는 무시할 수 없는 우리의 대응 시나리오 중 하나이다.

넷째, 독도 문제는 영토의 전략적 가치, 일본의 현상변경 시도, 이전 전쟁경험, 민족주의 부상 등의 요인으로 평화적으로 해결될 가능성이 낮고 군사적 분쟁 또는 전쟁으로 확대될 가능성이 크다고 판단된다.7) 전쟁 사례를 분석한 연구에 따르면 국가 간 전쟁의 2/3 이상이 인접한 국가에서 발생했으며 과학기술이 발달해도 지리적인 근접성은 군사적 충돌 가능성을 높이는 결정적인 요소로 작동한다는 사실이다.8) 이는 독도에서 평화적 해결 가능성보다는 군사적 충돌 가능성이 훨씬 크다는 것이며 우리가 현재 독도 문제에 당면한 중요한 숙제이다.

다섯째, 일본에서는 다케시마 탈환을 위해 군사적 점령 가능성을 주장하는 학자가 있다. 한국과 일본의 군사력을 정밀하게 분석하고 국내외 정치환경을 고려하여 매우 정교한 작전계획을 수립하여 발표하였다.9) 이는 일본의 군사전문지 군사연구에 발표한 것으로 2009년 "다케시마 포 폭격 작전은 가능한가?"란 논문10)과 2012년 "2020년, 일본자위대의 다케시마 탈환작전"11)이란 논문이 있다. 2009년 발표한 다까이 미쓰오 논문은 나카무라 아키라 돗쿄대학(獨協大学) 명예교수의 "다케시마 포 폭격론"12)에 대한 답변의 형태로 검증해주었다는 점이 매우 흥미롭다. 두 논문 모두 매우 정교하게 독도를 무력으로 점령하는 계획을 수립하고 있으며 충분히 작전계획으로 발전할 수 있는 객관성과 합리성, 현실성, 창의성을 갖추고 있다.

반면 한국은 군사적 분야에 대한 민간 차원의 연구가 없다. 다시 말해서 독도 방어전략은 단순히 군사적인 방어만을 하는 것이 아니라 다양한 위기를 관리하고 전쟁을 억제하며 상황이 발발했을 때를 대비한 고도의 민관군 통합전략이라는 점을 생각한다면 민간 차원의 연구는 더욱더 필요하다.

---

7) North Texas대학 폴 헨젤 교수의 연구에 따르면 1950~1990년까지 보고된 영토분쟁의 50% 이상이 미해결로 남아 있는데 ①영토의 전략적 가치, ②소수민족과 국경을 접하거나 ③민족/언어 집단을 공유하거나 ④국가가 현상변경을 시도할 때 또는 ⑤군사분쟁이 이전에 일어났을 때 평화적으로 해결되지 않았다.
8) The Carter Center "Approaches to Solving Territorial Conflicts: Sources, Situations, Scenarios, and Suggestions", Atlanta: 2010., pp.45-53.
9) "한일 독도 대전 벌어지면 승자는?", 주간조선(2019.08.21.), http://weekly.chosun.com/news/articleView.html?idxno=14697(2022.09.14.)
10) 高井三郎, 「竹島砲爆撃作戦は可能か？」, 『軍事研究』(2009. 3.), pp.28.-38.
11) 三鷹 聰,「対潜水艦作戦が鍵だ! 日韓が選択すべき最良の手段とは? 2020年`自衛隊の竹島奪還作戦」, 『軍事研究』47号(2012. 12.), pp.28.-39.
12) 中村粲, 「やむなし`竹島の砲爆撃」, 『月刊ウィル』(2008. 10.), pp.84.-95.

마지막으로 한국이 추구하고 있는 독도외교와 우리의 군사전략은 심각한 비대칭을 이루고 있다. 독도에 대한 일본의 다양한 도발에 대한 한국의 대응은 강한 압박과 외교적 협상을 불가하게 만들었다. 이러한 현상은 궁극적으로 정치, 경제, 군사적 위기 또는 분쟁으로 충돌 가능성을 예고하고 있다. 이것이 독도 및 동해해역에서 전쟁을 방지하고 적극적인 평화를 달성하기 위한 전략이 필요한 이유이며 핵심은 독도방어 DKD 모델이다.

본 연구는 한일 간 독도에서 군사적 충돌을 주제로 하지만 실제 국가 간 무력 사용계획은 공개할 수 없는 비밀자료로 자료 수집의 한계를 가지고 있다. 한국 역시 독도방어 관련 위기관리 매뉴얼과 작전계획[13]을 수립하고 있으나 공개하지 않는다. 국내에서 독도 관련 연구 또한 일본의 군사적 위협에 대한 방어전략 측면에서 연구한 자료는 찾아보기 어렵다.[14] 저자의 경북대학교 박사학위 논문 "한국의 독도 위기관리 DKD 모델"은 독도에 군사적 위기상황을 포함한 다양한 위협에 대응하기 위한 독도방어 위기관리 모델을 제시하고 있다. DKD 모델은 평시 회색지대 위협과 유사시 비전통적 위협, 전시 군사적 위협에 대응할 수 있는 통합모델을 제시하고 있다.[15]

본 연구는 독도에서 군사적 충돌이 발생하였을 경우 독도방어를 위한 한국형 모델[16]을 구축하는 것이다. 이를 위해 Ⅱ장에서는 한국의 독도 인식과 방위전략을 살펴보고 Ⅲ장에서는 일본의 독도 인식과 입장을 한국의 인식과 비교하여 좁혀질 수 없는 현상을 진단하였다. Ⅳ장은 독도방어 DKD 모델을 구상하기 위해 먼저 한국의 독도방어 전략과 시스템 상황을 점검하고 일본의 무력공격 시나리오를 분석하고 군사적 위협을 도출하였다. 그리고 포클랜드전쟁 모델을 적용하여 전쟁단계별 군사력을 평가[17]하고 대응방

---

13) "[독도는 우리 땅] 독도 '위기관리 매뉴얼' 있다", 한국경제(2005.03.17.), https://news.naver.com/main/read.naver?mode=LSD&mid=sec&sid1=100&oid=015&aid=0000787979(2021.11.04.); "〈2012 국정감사〉버려진 독도방어 작전계획", 유용원의 자료실(2012.10.09.), https://bemil.chosun.com/nbrd/bbs/view.html?b_bbs_id=10081&num=307(2022.09.03.)
14) 일본의 군사적 위협과 대응방안 관련 논문은 홍봉기의 대전대학교 대학원 박사학위 논문 "통일 한국의 적정 군사력에 관한 연구"와 하대성의 경북대학교 대학원 박사학위 논문 "한국의 독도 위기관리 DKD 모델"이 유일하다.
15) "한국의 독도 위기관리 DKD 모델"은 저자의 박사학위 논문으로 본 논문은 박사학위 논문 중 전시 포클랜드형 모델을 기반으로 작성하였음을 밝혀둔다.
16) DKD(The Defence of Korea Dokdo; 대한민국 독도방어) Model

안을 도출하여 독도방어 DKD 모델을 제시하였다. V장은 모델에 대한 평가와 더불어 향후 개선 방향과 연구과제를 적시함으로 본 논문에 대한 지속적인 보완 방향을 제시하였다.

Ⅱ. 한국의 독도 인식과 방어전략

1. 독도 분쟁의 원인과 가치

독도 분쟁의 원인을 분석한 논문과 보고서의 대부분은 역사적 측면에서 출발하고 있으며, 역사적인 자료에 대한 신뢰와 고증을 아전인수식 해석으로 양국 간 갈등이 시작되었다고 볼 수 있다. 또한 독도가 가지고 있는 다양한 이해관계로 인하여 양국 모두 포기할 수 없는 중요한 지역으로 대두되었을 뿐만 아니라 양국 지도자들의 이해관계가 그 원인을 제공한 측면이 크다. 따라서 본 논문에서는 독도 자체가 가지고 있는 국가이익과 가치 측면에서 독도 분쟁의 원인을 찾아보았다.

첫째, 독도에 대한 국민적 인식 요인이다. 독도에 대한 한국인의 시각은 역사적인 인식에서 출발한다. 한일 간 독도 문제가 본격화되기 이전에 독도에 대한 국민적 관심은 크게 높지 않았다. 그러나 독도를 일본 영토라고 주장하는 일본 지도자와 일본 교과서가 나타남으로써 한일 간 역사적 앙금이 갈등의 촉매가 되고 독도는 자존심 경쟁의 표상으로 대두된 것이다.

독도 문제는 한국 사회에서의 반일감정을 부추기는 중요한 요인이며 외교 문제뿐만 아니라 국내 정치의 중요한 이슈로 등장하는 매개체 역할을 하고 있다. 따라서 정치인들은 일본과의 교류에서 가장 중요한 것은 독도와

---

17) 유럽의 재래식 군사력 균형을 평가하기 위해 개발된 방법으로 정태적 평가와 동태적 평가방법 두 가지가 있다. 정태적 방법에는 병력, 무기의 숫자를 비교하는 단순 정태적 평가와 무기들의 효과와 가중치를 통해 질적인 요소를 고려한 평가방법이 있다. 동태적 방법에는 전투에 대한 여러 가지 가정과 입력값을 사용하여 시간의 변화에 따른 전투 결과를 예측해 내는 방법을 말한다. 본 논문에서는 단순 정태적 평가방법과 도상 위게임 방법을 적용하여 상호 전투력 비교 및 전투의 결과를 예측하였다.

위안부 문제를 먼저 해결하지 않고서는 다른 문제로 넘어갈 수 없다는 강경론이 대일본 외교정책의 근간이 되었다는 점에서 해결의 실마리를 찾지 못하고 표류하고 있다.18)

일본 국민들의 독도에 대한 인식은 한국 국민들과 같이 국가적 차원에서 이슈가 아니라 일부 지식인들 사이의 화두로 등장하고 있어 국가적 차원이라고 보기 어렵다. 일본이 독도에 집착하는 이유는 주변 국가와 영유권 분쟁이 전개되고 있는 상황에서 한국에 독도를 이양하던가 아니면 스스로 독도를 포기하는 것이 나쁜 선례로 작용할 수 있다는 우려가 깔려있다. 즉 북방 4개 도서 문제, 센카쿠-댜오위다오 문제 해결에 지대한 영향을 미칠 수 있다는 정치·외교적 계산이다.

한일 양국 모두 국민적 인식, 정치적 이슈, 국가 간 이해관계 등을 고려하여 독도 문제에 대한 대승적 결단을 선제적으로 제시하기 힘든 상황이 독도 문제를 더욱 혼란하게 만드는 요인이 되고 있다. 독도 문제는 1946년 1월 26일 연합국 최고 사령부(SCAPIN) 제667호에 의거 미군정이 독도를 한국 영토로 인정하였다19)는 역사적 근거로 볼 때 미국도 독도 문제의 갈등 당사자로 볼 수 있다. 독도 문제에 있어 제3국인 미국의 중재가 필요하다는 주장은 부인할 수 없는 사실이다. 인도태평양전략 하에서 한미일 안보체제는 중국과의 패권경쟁에서 매우 중요한 위상을 차지하고 있기 때문에 한국과 일본은 미중 관계에서 우선적 지위를 강구하기 위해 미국과의 긴밀한 협력관계가 필요하다. 따라서 독도 문제 해결에 미국이 제3자의 역할을 자처한다면 갈등을 해결로 전환하는 국면을 기대할 수 있을 것이다.20)

둘째, 한일 양국이 독도를 양보하지 않은 가장 중요한 요인 중 하나는 경제적 가치이다. 독도 주변 바다는 난류와 한류가 만나는 조경 수역으로

---

18) 일본 국민들의 독도에 대한 인식은 한국과는 다른 양상이라고 볼 수 있다. 한국과 같은 극명한 갈등 요인으로 등장하는 것이 아니라 외교적인 측면에서 접근하고 있다는 주장도 일부 설득력이 있는 것으로 보인다.
19) 이한기,『한국의 영토』(서울대학교, 1969), pp.227.-228. 재인용.
20) 현 상황에서 미국이 할 수 있는 상황을 열거하면 두 가지로 축약된다. 한일 간의 갈등을 해결할 수 있는 국면 또는 동북아 문제를 우선적으로 해결하고 한일문제를 해결한다는 유보적 입장을 제시할 가능성이 있다는 점에서 바이든 행정부의 동북아 정책의 구체화에 관심이 쏠리는 이유이다.

물고기의 먹이인 플랑크톤이 풍부하다. 해류를 따라 난류성 어족과 한류성 어족이 이동하면서 독도 주변 바다에서 만나 좋은 어장을 형성하므로 수산 자원이 매우 풍부하다.21) 독도가 자원의 보고로 주목받는 가장 큰 이유는 메탄 하이드레이트22)가 풍부하게 매장되어 있기 때문이다. 전 세계에 10조 톤이 매장되어 있고, 동해 해저에 6억 톤이 매장된 것으로 추정하고 있다. 또한, 독도의 해저에는 잠재적 가치가 우수한 해양 심층수23)가 존재한다. 땅 위의 물보다 인체에 필요한 미네랄을 300배 이상 함유하고 있어 자유로운 개발이 이루어진다면 경제적 가치를 제공할 수 있을 뿐만 아니라 독도를 사수하여야 할 이유를 제공하고 있다. 해양 자원의 확보와 보존은 국가적 과제이다. 우리의 고유 영토인 독도를 방위하고 자원을 보호하는 것은 국가적 차원의 당면 과제이다.

셋째, 독도의 군사적 가치는 포기할 수 없고 독도방어는 국민적 의무라고 주장해도 무리가 없을 것이다. 러일전쟁 사례를 통해 지정학적으로 확인된 독도와 동해해역의 군사적 가치는 현재도 유효하다. 독도는 동해의 한 가운데 위치한 유인도로24) 전략적 군사적 요충지다. 한반도를 둘러싸고 있는 일본, 중국, 러시아는 객관적으로 한국보다 우위를 점하고 있는 군사 강대국으로 이들이 독도를 점유하여 동해해역에서 전초기지로 활용할 수 있기 때문이다.

러시아는 러일전쟁 당시 태평양 진출을 위한 교두보로 울릉도 독도를 확보하고자 했으나 일본의 선점으로 러일전쟁에서 패해 동해해역에서 주도권을 잃는 뼈아픈 경험이 있다. 중국은 2011년 미국과의 태평양 분할론을 제기할 정도로 태평양 진출을 위한 교두보 확보에 매진하고 있다. 우리의 서해에 항공모함을 띄우고 태평양 진출을 꾀하고 있는 상황에서 독도는 중

---

21) 독도의 어장은 연안어장과 대화퇴어장으로 양분되며, 오징어의 경우 국내 전체 어획량 중에서 독도 연안과 대화퇴어장의 어획량이 60% 이상을 차지하고 있다. 가오리, 열어, 광어 등 잡어 어획량과 홍게, 새우를 대상으로 하는 통발어선의 어획량도 연간 수백억 원대에 이르고 있어 어민들의 중요한 경제적 텃밭이라고 볼 수 있다.
22) 메탄 하이드레이트는 메탄이 주성분인 천연가스가 고체화된 것이다.
23) 해양 심층수는 수심 200m 이하의 깊은 곳에 있는 바닷물로 수온이 일정하고, 햇빛이 거의 닿지 않아 세균 번식이 없는 청정수이다.
24) 위도상 동도가 북위 37° 14′ 12″, 동경 131° 52′ 07″(독도 삼각점 기준)에 위치하여 있고, 서도는 북위 37°, 동경 131″ 51′ 51″에 위치하고 있다.

국의 해양 진출 전략에 구미가 당기는 지역이다. 일본은 한국과의 역사적 갈등 관계에서 우위를 선점하려는 의도와 함께 독도를 전략적으로 활용할 수 있는 충분한 이유와 명분을 가지고 있다. 독도를 군사적으로 차지할 수 있다면 독도를 바탕으로 러시아와의 북방 4개 도서 반환에 대한 문제를 용이하게 해결할 수 있는 국면 전환이 가능하다. 신대동아공영권의 부활을 주장하는 국내 정치 환경하에서 독도는 북방으로 나아갈 수 있는 교두보이자 군사 전초기지[25]로 활용할 수 있다는 점에서 포기할 수 없다.

독도를 주변국의 군사 전진기지로 빼앗긴다면 동해안의 안보는 물론 한국의 해양 안보를 담보할 수 없는 상황이 전개될 가능성이 있다. 이러한 관점에서 독도가 가지는 군사전략적 가치[26]는 먼저 영토로서 12해리의 영해를 확보하여 한국 작전 수역 및 방공식별 수역을 설정하는 근거를 제공한다. 둘째, 독도는 적의 동태를 감시하고 접근을 조기에 경보[27]할 수 있는 지역으로 활용할 수 있으며 현대전에서 적의 접근을 조기에 감지할 수 있는 능력은 더욱더 중요해졌다. 한국이 독도에 최신 레이더 기지를 설치하여 대공 감시체제를 확보하고, 해저 잠수함 감시 시스템을 구비한다면 독도는 동해 및 태평양 진출을 감시하는 조기 경보 기지로서 거듭날 수 있는 군사 전략적 가치를 발휘할 수 있다. 그리고 독도는 동해안의 해상과학기지 역할을 수행할 수 있는 여건을 충족하고 있다. 기상예보, 지구환경 연구, 해양산업기지, 자원 활동 동태, 해양 오염방지 등과 같은 부수적인 가치를 지니고 있어 전략적으로 많은 도움을 제공할 수 있을 것이다.

또한 해양 교통의 전략적 요충지[28]로서 군사 전략적 가치를 가지고 있으며 해군의 정박기지와 어선의 긴급대피기지로서의 역할을 수행할 수 있다. 동해해역에서 독도의 군사전략적 가치는 매우 중요하다.[29]

---

25) 전초기지는 침략군이 남의 나라를 공격하기에 유리한 최전방 지역에 설치한 군사 기지
26) 홍성룡, "독도 영유권 분쟁에 관한 실태 분석과 대응방안", 한양대학교 대학원 석사학위 논문, 2010, pp. 35.-38.
27) 일본은 러시아와의 전쟁 당시 독도를 러시아 해군을 감시하는 정보기지로 활용하여 조기경보와 통신중계 임무를 수행하도록 운용했다. 현재에도 이러한 군사적 가치는 유효하다.
28) 배진수, "세계의 도서 영유권 분쟁사례와 독도", 『국제정치논총』 제38집 2호(한국국제정치학회, 1998), p.122. 참조.

2. 독도 방위전략

우리는 독도 문제를 독도 분쟁으로 표기할 정도로 한일 간 첨예한 대립이 시작되었다는 경고를 간과해서는 안 된다. 지금까지 독도는 우리의 고유 영토이고 실효적 지배를 하고 있기에 분쟁으로 볼 수 없다는 소극적 대응은 앞으로 더 큰 혼란을 불러올 수 있다는 점을 인식하여야 한다. 일본은 독도 문제를 분쟁화하여 국제사법재판소에 회부함으로써 국제적으로 이슈화를 시도할 가능성에 대비해야 할 만큼 심각한 수준에 와 있기 때문이다.

그동안 우리 정부는 실효적 지배의 우위를 기반으로 일본의 주장에 무반응으로 일관해 왔다. 독도 분쟁의 직접적인 원인은 아니지만, 우리의 허술한 대응으로 일본에 유리한 국면을 제공했다는 비난을 받는 사건이 1999년에 체결된 신한일어업협정체결이다. 독도의 어로수역을 한국과 일본이 공동관리하고 잠정수역화30) 하기로 한 것은 독도에 대한 일본의 영유권 주장을 방관한 꼴이며 독도 분쟁의 불씨를 남겼다고 비난받는 역사적 사건이 발생한 것이다.

다행히 2006년 8월 15일 노무현 대통령이 독도에 대한 우리의 견해를 발표함으로써 독도 문제에 대한 제대로 된 대응전략을 강구하였다는 점은 높이 평가받아야 한다. 독도는 역사적 의미를 갖고 있는 우리의 땅이며, 자주독립의 역사와 주권 수호 차원에서 정면으로 다루어나가겠다고 밝힘으로써 독도에 대한 새로운 인식과 평가를 강구하였다는 평가를 받는다. 2012년 8월 10일 이명박 대통령의 독도 방문으로 독도 문제는 한일 간 새로운 국면으로 전환되어 오늘에 이르고 있다는 점을 인식하여야 한다.

한국의 독도 방위전략은 실효적 지배의 강화와 천명이다. 실효적 지배를 위해 법적 제도적 장치를 공고히 해야 한다. 일본은 한국의 실효적 지배를 인정하지 않고 독도를 강제 점유하고 있다고 주장한다. 일본의 주장에는 한국이 독도에 대한 실효적 지배와 관련하여 평화성을 확보하지 못하고 있다

---

29) 이외에도 독도의 지질학적 가치를 선행연구에서 많이 피력하고 있으나 본 논문에서는 정치·군사적인 측면에서 접근하고 있어 지질학적 가치에 대한 분석은 생략하였다.
30) 잠정수역화란 어느 나라 땅인지 당분간 보류시키자는 것으로써, 독도가 우리 땅이라는 기존의 입장에서 물러선 협상으로 일본의 독도영유권 주장에 힘을 실어주었다는 비판의 역사를 말한다.

는 점을 부각한다. 따라서 더 많은 주권 행사를 통해 독도에 대한 현실적 점유를 실효적 지배로 인식할 수 있도록 해야 한다. 이를 위해 실효적 지배 요건을 충족하고 행사할 수 있는 국제법적인 논리 개발과 국가적 차원의 과감한 투자가 필요하다.[31]

독도 방위전략 중 군사적 대응능력의 문제는 일본의 무력점령에 대응할 수 있는 군사력의 수준이다. 일본은 독도 문제를 국제사법재판소에 회부 할 수 없다면 무력으로 점령할 수밖에 없다는 논리를 1990년대 초부터 지식인들을 중심으로 주장하고 있다. 이러한 분위기에 편승하여 매우 정밀하고 현실적인 독도 무력점령 시나리오가 논문으로 발표될 정도로 숙성되어 있다고 판단된다. 한국의 대응능력 평가는 무력점령에 대비한 작전계획과 이를 수행할 군사력의 수준으로 판단할 수 있다. 그러나 작전계획은 국가적 비밀사항으로 존재 여부도 공식적으로 확인할 수 없다. 군사력 수준 또한 주변국가의 군사력과 비교할 때 매우 열세한 수준이다. 결국 일본의 무력점령에 대비한 군사적 대응능력을 군사력 수준으로만 판단해 본다면 일본의 위협을 억지할 수 없으며 유사시 즉각적인 조치를 통해 위협을 해소할 수 없을 것이다.

현재 독도에 대한 방위전략은 실효적 지배를 강화하기 위한 수단으로 행정권 발효 측면에서 경찰력을 배치하여 대비하고 있다. 유사시 독도에 대한 방어작전도 경찰경비작전으로 이루어져 군사적 도발에 대한 대비는 미흡하다. 따라서 자위권 차원에서 최동단 영토인 독도를 지키기 위해서 군사력을 배치하여 대비하는 것이 타당하며 영토 주권을 수호하겠다는 의지를 보여주는 것이 중요하다.[32] 독도에 대한 무력도발이 발생한다면 지금과 같은 치안적 측면에서 대응은 무용지물이기 때문이다.

영토 주권 수호 의지는 독도에 대한 방위전략의 개념 전환을 통해 보여줄 수 있다. 독도 방위전략을 경찰에 의한 치안적 개념에서 군대에 의한 영토 보존과 수호라는 개념으로 전환하여 독도 수호 의지를 천명하고 선포해

---

31) 하대성, 이정태, "독도의 전략적 가치와 독도방어 전략의 특수성", 『대한정치학회보』 제30집 3호(대한정치학회, 2022), p.73. 참조
32) 위의 논문, p.75. 참조

야 한다. 타국의 군사적 위협에 대비하여 병력, 장비, 무기체계, 시설물 등을 보강하고, 실효적 지배를 위한 입법적 행정적 조치 등과 연계하여 적극적으로 추진할 필요가 있다.

3. 독도 방위전략의 딜레마와 한계

한국의 독도 방위전략은 다음과 같은 태생적 한계와 딜레마가 존재하고 있으며 이에 대한 전략적 정책 대안을 강구하지 않으면 독도 문제를 해결할 수 없다. 먼저 한미동맹과 미일동맹이 가지고 있는 전략적 특수성의 문제이다. 즉 독도에 대한 일본의 무력도발이 있을 경우 미일동맹과 한미동맹은 어떻게 작동할 것인가의 딜레마이다. 한미상호방위조약 제3조에 따라 한국의 행정관리 하에 있는 독도가 유사시 타국에 의한 공격을 받는다면 미국이 당연히 지원해야 한다. 그러나 독도를 자국 영토라고 주장하는 일본이 공격하였을 경우 독도는 일본의 영토이며 행정관리를 하고 있는 상황에서 미일 안전보장조약 제5조의 적용을 받아야 한다면 상황은 달라질 것이다. 한국과 일본의 분쟁지역에서 미국의 전략적 판단이 우리에게 기울어질 것이란 기대는 예측하기 어렵다. 특히 바이든 정부의 인도태평양전략 하에서 요구되는 한미일 협력의 강화는 이러한 딜레마를 더욱더 심화시키고 있다. 따라서 일본의 무력도발을 공개적으로 상정하고 대비하기 어려운 환경이다.

둘째, 정치외교적 한계로 독도에 대한 일본의 정책적 변화가 전제되어야 한다는 한계이다. 한일 양국은 독도 영유권에 대해 한 치의 양보도 할 수 없는 입장이다. 이것이 독도 문제의 한계이며 어떻게 극복할 것인가에 대한 정치외교적 접근이 필요한 이유이다. 그러나 독도 문제를 정치외교적으로 풀기위해서는 국가영토 일부분을 양보하는 국가적 차원의 대대적인 결심이 우선 되어야 한다는 한계를 가지고 있다. 이외에도 독도 영유권의 문제는 미국을 비롯한 주변 국가들과의 외교적 문제가 함축되어 있어 주변 국가 모두의 동의 또는 묵시적 합의가 전제되지 않고서는 해결할 수 없는 딜레마가 병존하고 있다.

셋째, 한일 양국 간의 독도 문제를 해결할 수 있는 몇 가지 방법론을 제시할 수 있으나 모든 방법론에는 극명한 장단점이 존재한다. 먼저 타협론이다. 독도 문제는 평화적인 타협을 통하여 문제를 해결할 수 있다는 견해이다. 그러나 정치 경제적으로 너무나 첨예한 대립을 하고 있어 양국 간 양보와 타협을 제시할 수 없는 한계를 가지고 있다. 독도가 우리의 고유 영토라는 충분한 증거를 수집하여 협상용으로 제시할 수 있는 정책 개발 등을 통해 이러한 한계를 극복해 나가야 한다.[33] 다음은 점령론이다. 평화적인 방법으로 해결하지 못하면 마지막 수단은 무력을 동원한 해결책이다. 일본의 경우는 지식인들을 중심으로 독도에 대한 무력점령론을 주장하고 있는 상황에서 한국은 대응전략을 가지고 있는가에 대한 반문을 제기할 수밖에 없다. 우리의 독도 방위전략이 소극적 방어전략으로 군사적 대응에 한계를 가지고 있다는 점은 심각하게 고민하여야 한다. 그러나 군사적 차원에서의 독도 방위전략을 대외적으로 공포할 수 있는 수준의 방법론이 부재하다는 한계를 가지고 있다.

현 상황에서는 수용할 수 있는 가장 합리적인 방안이 현상 유지론이다. 이는 주변국들의 묵시적 동의가 존재하고 있으며 어느 한쪽도 자신의 영토라는 확실한 근거를 제시하지 못하고 있다는 점에서 효과적이다. 그러나 당사국인 한일 양국의 입장에선 전혀 도움이 될 수 없다는 한계와 딜레마가 있다.

넷째, 한국은 그동안 일본의 주장에 대한 반박과 무시라는 전략으로 일관되게 대응해 왔다. 독도 분쟁이 국제사법재판소 제소로 전개될 경우 일본의 국제적 지명도와 영향력으로 인하여 한국에 불리하게 작용할 가능성이 크다는 이유에서였다. 역사적 고증자료를 바탕으로 강력한 주장을 기피 할 수밖에 없는 한계이다. 그러나 독도 분쟁은 장기간의 청사진을 가지고 일본이 주장해 온 모든 논리를 전면적으로 반박할 수 있는 역사적 자료를 정리하여 논리적으로 구성해 나가는 적극적인 대응방안을 모색할 때이다.

다섯째, 독도는 우리 영토의 최동단으로 군사적 측면에서 방위전략 개념을 전환하는 작업이 필요하다. 그러나 한일 간 정치적인 측면과 동북아 주변국 간 외교적인 측면을 고려하여 군사적 개념으로 전환하지 못하는 한계

---

33) 이성환, "일본의 독도관련 연구의 새로운 동향과 분석", 『일본문화연구』 제49집, (동아시아일본학회, 2014), pp.312.-313. 참조.

를 가지고 있다. 이러한 한계는 독도에 대한 한국의 영유권 주장을 나약하게 만드는 중요한 요인 중의 하나로 매우 중요하게 작용하고 있다.

Ⅲ. 일본의 독도 인식과 입장

일본은 독도에 대한 영유권 주장의 근거를 역사적 사실에 두고 있다. 특히 독도를 선점하고 있는 한국으로부터 영유권을 반환받기 위해서는 논리적이고 합법적인 정책을 개발하여 자신들의 주장을 강력하게 뒷받침해야 한다고 인식한다. 따라서 역사적 사실과 고증이 불리하다면 국제사법재판소에 의존할 수밖에 없다는 대응방식의 안일함을 비판적 시각으로 지적하고 있다는 점이 주목할 만하다.[34]

1. 일본의 인식

일본은 독도를 역사적 사실 뿐만 아니라 국제법상으로도 명백한 일본 고유의 영토라고 일관되게 주장한다. 한국의 독도 점거는 국제법상 아무런 근거 없이 지속하고 있을 뿐만 아니라 불법점거이며, 한국의 모든 조치는 법적인 정당성을 가지고 있지 않다는 것이다. 그리고 일본은 한국이 선점하고 있는 독도 영유권을 둘러싼 문제에 대해 국제법에 의거하여 냉정하고 평화적으로 분쟁을 해결하겠다는 정치외교적 선언을 해왔다.

일본은 자신들이 독도를 실효적으로 지배하고 영유권을 재확인한 1905년 이전에 한국이 독도를 실효적으로 지배하고 있었다는 명확한 근거를 제시하지 못한다는 점을 부각하고 있다.

일본측 주장에 의하면 일본이 옛날부터 독도의 존재를 인식하고 있었을 뿐만 아니라 오래된 역사적 자료나 지도에 의해 밝혀지고 있다는 것이다.

---

[34] 본 장의 내용은 일본의 독도에 대한 인식을 분석하는 글로 오직 일본의 시각을 중심으로 구성하였고 이러한 일본 측 시각은 이미 선행연구에서 객관화되어 있다. 따라서 본 장의 내용은 일본 자료를 중심으로 객관화된 정형에 저자의 분석을 첨가하여 정리하였음을 밝힌다.

예를 들면 17세기 초에는 일본 정부(江戸幕府) 공인하에 울릉도에 갈 때마다 다케시마를 항법상 하나의 목표로 삼았고, 선박에 문제가 발생하였을 경우에는 정박지로 사용하였고 강치 나 전복 등의 어렵에 이용하였다는 고증이 있었으며 당시 일본은 다케시마에 대한 영유권이 확립되어 있었다는 인식을 가지고 있었다는 것이다. 또 하나의 역사적 주장으로는 1900년대 초 시마네 현의 오키도민으로부터 본격적으로 강치잡이 사업의 안정화를 요구하는 목소리가 높아지고 있었으며, 일본은 1905년(메이지 38년) 1월 각의 결정으로 독도를 시마네 현에 편입하고 영유 의사를 재확인하였을 뿐만 아니라 관부가 지역 대책에 등록하여 강치 사냥 허가 국유지 사용료의 징수 수입 등을 통한 주권 행사를 실시함에 있어서 타국의 항의를 받지 않았다는 것은 다케시마에 대한 일본 영유권이 있었다는 하나의 예라는 점을 주장하고 있다. 그리고 이러한 행위는 국제법상으로 국제사회에 주장할 수 있는 명백한 근거로 작용할 수 있다는 자신감으로 나타나고 있다.

한국이 독도를 불법 선점하고 있다는 주장의 배경으로 1952년 샌프란시스코 평화조약 발효 이전 한국은 이승만 라인을 일방적으로 설정하면서 독도를 선점하였다는 것이다. 이것은 분명한 국제법 위반이라는 인식이다. 특히 독도에 경비대원을 상주시키고 있을 뿐만 아니라 숙소, 등대, 접안시설 등을 구축하는 것은 국제법에 위배되는 행위로 인식한다. 이러한 불법 점거에 따라 어떠한 조치도 법적인 정당성을 가지고 있는 것이 아니며 영유권의 근거가 되는 어떠한 법적 효과를 가지고 있지 않다는 주장을 하고 있다.35)

일본이 그동안 독도 분쟁의 해결 방법으로 일관되게 국제사법재판소를 통한 해결 방법을 모색하고 있지만 한국이 이를 거절하고 있다는 국민적 인식의 공감대를 형성하고 있다.36)

---

35) 국제법에 반하는 이승만 라인의 일방적인 설정에 의해 일본과의 영유권 분쟁이 발생한 후 한국이 일본의 일관된 항의와 일련의 행위는 국제법상 증거 힘이 부족하고 영유권의 결정에 영향을 미치지 않는다는 주장을 하고 있다. 또한 한국은 다케시마 점거를 영유권 회복이며 주장하고 있지만, 상술한 바와 같이 일본이 다케시마를 실효 적으로 지배하고 영유권을 재확인 한 1905년 이전에 한국이 동 섬을 실효적으로 지배하고 있었다는 것을 증명해야 합니다. 그러나 한국은 전혀 근거를 제출하지 않고 있다는 주장과 인식을 가지고 있다.
36) 일본 국민들의 다케시마 영유권에 대한 인식과 주장은 한국 국민들이 가지고 있는 인

일본인과 일본 정부가 생각하는 독도는 어떠한 의미를 함축하고 있는가를 보는 것이 독도에 대한 일본의 의지를 가늠할 수 있는 하나의 기준이 될 수 있을 것이다. 독도가 한일 양국 사이에서 분쟁의 대상이 된 가장 가까운 근대사는 1952년 1월 18일 설정된 이승만 라인으로 이를 통해 독도가 한국의 영토로 편입되었다. 4개월 후 일본이 샌프란시스코 강화 조약을 계기로 국제무대에 복귀하면서 독도는 한일 간 분쟁의 시작을 알리는 단초가 되었다. 한국은 독도 영유권에 문제가 있다는 점을 인식하고 있었으나 일본 군국주의에 대한 극도의 경계와 최고조의 반일감정을 가진 이승만 대통령이 집권하는 기간 내내 이승만 라인을 넘어서는 일본 어선을 나포하거나 억류함으로써 독도 분쟁에 대한 합의점을 찾지 못하였다. 이승만 라인은 1965년 박정희 정부에 의해 체결된 한일 국교정상화를 계기로 소멸되었지만 이미 독도는 한국이 점유하고 있었기 때문에 문제를 해결하기 어려웠다. 또 하나 주목할 점은 독도에 대한 일본 정부의 영유권 의지가 그리 크지 않았다는 점이며 1990년 초[37]까지 잊힌 영토로 일본인의 뇌리에서 사라져가고 있었다는 지적이다.

일본은 독도 문제를 역사적으로 접근하는 것은 지리한 분쟁과 갈등만 남는 방법이라고 인식하고 국제사법재판소로 끌고 가는 방법을 선택하였으나, 매번 한국 정부의 묵살과 무시로 국제사법재판소에 회부되지 않고 있다고 비판한다.[38] 독도 문제는 일본의 침략 역사를 경험한 주변 국가들의 반일감정 등과 같은 변수가 존재하고, 한국이 선점하고 있어 분쟁 해결에 대한 더 이상의 진척 없이 90년대 초까지 한일 간 커다란 분쟁이 발생하지 않고 일본인들의 뇌리에서 사라지고 있었다.[39]

식의 심도와는 다르다는 것은 주지의 사실이다. 한국 국민들의 일본의 대한 인식은 일본 강점기의 피해자라는 측면에서 일본의 주장과 태도를 수용할 수 없다는 측면에서 독도에 대한 영유권 인식은 과거사와 연계되어 있는 것임을 인식하여야 할 것으로 보인다.
37) 1994년 유엔 해양법 협약이 발효된 이후에는 다케시마에 대한 문제는 한일 양국의 실질적 외교전략의 일환으로 부상하기 시작하였다고 볼 수 있다.
38) 한국 정부는 일본이 영토 분쟁을 국제사법재판소에 회부하려는 기도는 사법적으로 가장하여 허위를 주장하려는 시도에 불과하다는 주장함으로서 일본의 의사를 묵살하였다.
39) 下條正男,「歷史認識問題としての竹島問題を何故`解決できないのか」,『歷史認識問題研究』4호(2019), pp.101.-102.

2. 권원 주장의 논리 및 한계

1990년대 초까지 다케시마에 대한 분쟁의 다툼이 표면적으로 나타나지 않은 상태에서 한일관계는 우방적 지위를 유지한 채 스무드한 관계를 지속하여 왔다는 것이 일반적인 견해이다. 물론 일본의 과거사 문제, 위안부 문제, 일본 교과서 문제 등과 일본 강점기 시대의 역사적 사건에 대하여 일본을 질타하는 이슈는 그대로 지속되어 왔으나 현재와 같이 한일관계가 최악의 정치외교 상황으로 전환하는 상황은 아니었다고 볼 수 있다.

한일관계에 있어서 다케시마 문제가 수면 위로 떠오르게 된 계기는 1994년 발효된 유엔 해양법 협약이다. 이 협약으로 말미암아 1965년 한일간 체결된 한일어로협정이 폐기되고 새로운 협정을 해야 하는 시점에 도달한 것이 주요한 계기였다. 다시 말해서 한일 양국은 독점적 수역을 설정하는 중간선을 획정하기 위한 협약을 하지 않으면 안 되는 상황으로 '배타적 경제수역'에 대해 논의하여야 한다는 필요성을 모두 인식하고 있었다. 배타적 경제 수역에 대한 주권적 권리를 가지기 위해 한일 양국은 영해 기선으로부터 200 해리를 초과하지 않는 중간 지역점에 중간선을 획정하기로 되어있었다. 이러한 규정 속에 독도의 귀속 문제도 협의의 대상이 되어 공식적으로 협의할 수 있는 기회를 제공하였다.

그러나 일본의 관점에서 한국 정부는 협의를 통한 해결보다 불법점거를 정당화하기 위한 전략으로 1996년 독도에 접안시설 구축을 시도했다. 또한, 일본 정부의 항의를 국민의 반일감정을 양산하는 방향으로 역 이용하여 일본의 강점기 문제 역사적 사죄 문제로 이끌어감으로써 일본이 해결하려 했던 독도 영유권 문제는 수포로 돌아갔다는 것이다. 특히 일본의 영유권 반환 시도는 일본이 한국으로부터 영토를 강탈하고 있다는 인상을 주도록 하여 국제사회에 영향을 미침으로써 일본의 처지를 난감하게 만드는 계기가 되었다고 정책적 미비를 자책한다. 한국은 독도에 대한 영유권을 주장할 만한 역사적인 권원이 없음에도 불구하고 다케시마를 불법 점거하고 있다는 것이 일본 정부의 일관된 인식이다. 이러한 문제를 해결하고 일본인들에게 독도에 대한 각성과 한국 정부에 대한 항의의 표현이 시네마현 의회의 다케시마의 날 조례 제정이었다.

다케시마 날 조례 제정은 경제적인 문제를 함축하고 있을 뿐만 아니라 한일 간 갈등 관계에서 새로운 분기점을 제공하는 중요한 위치를 차지하고 있다. 1998년 12월에 체결된 새로운 한일 어업 협정은 독도 주위 12해리를 잠정 수역'으로 지정하여 일본의 어항을 한국에 빼앗기는 결과를 초래하였다는 것이다. 그리고 원래 일본의 어장이라는 볼 수 있는 '大和堆' 대부분도 한일 공동관리 수역으로 지정되어 한국 어선의 불법 어로를 저지하거나 강압할 수 없었다는 것이다. 결국 시마네현을 비롯해 '大和堆'를 어장으로 삼던 일본 어민들의 막대한 피해를 보호하기 위해 수차례 일본 정부에 진정하고 한국 어선의 불법 행위를 중단하여 줄 것을 한국정부에 요구하였으나 성과를 보지 못했다. 그래서 시마네현은 다케시마가 시마네현 오키도사의 소관 100년이 되는 2005년을 계기로 '다케시마의 날' 조례를 제정하고 '다케시마 영토권 확립'을 위한 계몽 사업을 시작하게된 계기가 되었다.

그러나 다케시마의 날 조례 제정은 일본의 의도와는 달리 한국의 본격적이고 적극적인 항의가 전개됨에 따라 일본의 설 땅이 점점 축소되는 상황으로 전개되었다. 당시 한국의 노무현 대통령은 2005년 3.1절 행사 연설을 통해 일본에 대한 견제와 함께 모든 잘못이 일본에 있다는 한국의 주장과 인식을 대통령이 공개적으로 선언하였다. 다케시마의 날 제정으로 일본이 과거의 역사를 책임지고 반성하지 않는다는 문제를 이슈로 등장시킨 것이다. 또한 노무현 대통령은 2005년 3월 7일 역사·독도 문제를 장기적·종합적·체계적으로 관리할 수 있는 전문화된 담당 기관의 설치를 지시했고 4월 20일 "동북아의 평화를 위한 바른역사정립기획단"을 설립하였다. 한국이 독도 문제를 국가의 중요한 과제로 격상시키는 계기가 된 것으로 보고 있다. 특히 마치무라(町村) 일본외상은 부정적인 입장을 표명하고 시마네현에 조례 제정을 자제하도록 요구하였다는 점을 지적하였다. 결국 다케시마의 날 조례에 한국이 적극적으로 반응한 것은 독도를 불법 점거하는 한국에게 새로운 명분을 주었을 뿐 일본이 이 문제에 대해 소극적으로 대응하였다는 점을 지적하고 있다. 다시 말해서 일본과 한국의 영토 문제에 대한 대처방법이 상반되게 나타났다는 점이 일본에게 커다란 충격으로 다가오고 있다는 점을 깊이 인식하고 있다.

일본이 독도에 대한 영유권 주장을 강력하게 할 수 있음에도 불구하고 한국의 무시와 거부를 그대로 수용하는 것은 일본의 태생적 한계 때문이다. 일본과 주변 국가들과의 영토분쟁이 맞물려 있기에 다케시마의 날 제정에 대해서도 일본 정부가 자제를 요구한 것이다. 독도 문제에 대한 일본의 대처 방안은 중국과 러시아와의 영토분쟁에 직접적인 영향을 미치기 때문이다. 특히 중국과 러시아는 역사적으로 일본의 점령과 전쟁을 치른 경험으로 반일감정이 해소되지 않은 국가라는 점을 인식하고 있다. 결국, 주변 국가들 모두와 영토분쟁을 벌이고 있어 공세적인 다케시마 정책을 전개하지 못한다는 점을 일본의 한계로 지적하고 있다.

2010년 11월 당시 메드베데프 러시아 대통령이 쿠나시르 섬(国後島)에 상륙하여 일본을 견제한 사례와 2010년 9월 중국 어선이 일본의 보안청 순시선을 의도적으로 충돌하여 센카쿠 문제가 수면 위로 부상한 사건, 2011년 5월 한국의 국회 독도수비대책 특별위원회 강창일 위원장 등 3명이 쿠나시르섬(国後島)에 상륙하여 독도에 대한 한국의 주권을 주장한 것은 우연의 일치라고 보기 어렵다는 것이다. 한국과 중국, 러시아의 이러한 역사적 사례는 영토분쟁에 대한 일본의 태생적 한계를 보여준다고 평가한다.

2008년 9월 이명박 대통령이 러시아를 방문했을 때 메드베데프 대통령과의 사이에서 북방 영토를 포함한 오호츠크해의 공동 개발을 논의하고 포괄적인 파트너 관계에서 전략적 협력 동반자 관계로 격상한 것도 러시아의 북방 영토문제를 해결하기 위한 전략으로 일본 견제카드가 있었기 때문이다. 한국 국회의원들의 쿠나시르섬 상륙이 일본의 센카쿠제도 문제와 북방 영토문제가 불거진 시기에 행해진 것으로 의미하는 바가 매우 크다. 2009년 9월 16일 일본에서 민주당의 하토야마 정권이 탄생하게된 배경도 영토분쟁과 무관하지 않다고 보여지며 이는 일본이 인식하고 있는 한계인 동시에 딜레마다.

3. 한·일 인식 및 입장 차이

한국과 일본의 독도에 대한 인식과 입장의 차이가 무엇인가를 설명하기 위해서 일본의 독도 영유권 주장의 사유를 정리한 외무성 자료를 중심으로 분석하고자 한다.[40] 독도 영유권을 주장하는 일본의 입장은 주관적이고 추론적인 주장으로 한계를 가지고 있으나 이러한 내용을 중심으로 독도에 대한 일본 영유권 주장을 객관화하고 있어 간과할 수 없기 때문이다.

먼저 일본은 한일 양국의 독도에 대한 인식 여부에 상당한 차이가 있다고 주장한다. 이를 통해 독도가 일본의 고유 영토란 점을 부각한다. 일본은 역사적으로 다케시마에 대한 존재를 확실하게 인식하고 있었다는 주장이다. 독도나 울릉도의 명칭에 대해서는 유럽의 탐험가 등에 의해서 울릉도 측위의 잘못에 의한 일시적 혼란이 있었지만[41] 일본은 다케시마(울릉도)와 송도(독도)의 존재를 오래전부터 알고 있었다는 주장이다. 예를 들면, 경위선을 투영하여 간행된 가장 대표적인 일본지도로 1779년에 초판을 발행한 나가쿠보 아카미즈의 개정일본여지노정전도(改正日本輿地路程全図)가 있고 그 외 울릉도와 다케시마를 한반도와 오키제도(隱岐諸島) 사이에 정확하게 기재한 지도가 많이 있다는 것이다.

다케시마에 대한 역사적 고증을 보면 나가사키 데지마의 의사 시볼트는 유럽에서 1840년「일본도」(1840년)를 간행하였는데 그는 오키섬과 한반도 사이 서쪽에 다케시마[42]와 송도[43]라는 2개의 섬이 있었다는 것을 일본의 여러 문헌이나 지도를 통해 이미 알고 있었다는 주장을 하고 있다. 한편 유럽의 지도에는 서쪽부터 '아르고노트섬', '다주레섬' 이라는 두 개의 명칭이 나란히 있는 것도 알고 있었다. 따라서 그의 지도에서는「아르고노트섬」이「타카시마」,「다쥬레섬」이「마츠시마(송도)」라고 기재되게 되었고, 이러한 관계로 "다케시마" 또는 "이소 다케시마"라고 불려 온 울릉도가 "송도"라고도 불리는 혼란을 초래하게 되었다는 일관된 주장을 피력하고 있다.

그 이후 1905년에 현재의 독도를 정식으로 "다케시마"라고 명명했다. 다

---

40) https://www.mofa.go.jp/mofaj/area/takeshima/pdfs/takeshima_point.pdf 참조
41) 유럽 탐험가의 측량 오류 등으로 인해 일시적으로 울릉도 명칭에 혼란이 발생한 것으로는 1787년 프랑스 항해가 라페루즈가 울릉도에 이르러 이를 다즐레(Dagelet)섬이라고 명명하였고, 1789년에는 영국의 탐험가 코르넷도 울릉도를 발견하였는데 이 섬을 아르고노트(Argonaut)라고 이름 붙였다는 주장을 하고 있다. 그러나 라페루즈와 코르넷이 측정한 울릉도의 경위도에는 차이가 있었기 때문에 그 후에 유럽에서 작성된 지도에는 울릉도가 마치 다른 2개 섬인 것처럼 기재하게 되었다.
42) 울릉도의 에도 시대의 호칭.
43) 현재의 다케시마의 에도 시대의 호칭.

시 말해서 일본 내에서는 예로부터 다케시마와 송도에 관한 지식과 그 후 유럽과 미국으로부터 전해진 섬 이름이 혼재되어 있었지만, 그 와중에 송도를 희망했다는 일본인이 그 섬의 개척을 정부에 청원하였고 정부는 섬 이름과의 관계를 밝히기 위해 1880년 현지 조사를 통하여 동 민원에서 송도라고 불리는 섬이 울릉도임을 확인하였다고 주장하고 있다. 이러한 이유를 바탕으로 울릉도는 송도로 통칭하게 되면서 현재의 다케시마의 명칭을 어떻게 하는지가 문제가 되었다. 이 때문에 정부는 시마네현의 의견도 수렴하면서 1905년 기존의 명칭을 바꾸는 형식으로 현 독도를 정식으로 "다케시마"라고 명명하였다는 주장이다. 결론적으로 일본은 다케시마에 대한 명칭이 중요한 것이 아니라 현재 다케시마에 대한 인식이 옛날부터 있어 왔다는 것을 강조하고 있다.

반면에 한국이 옛날부터 다케시마라는 섬의 실체를 인식하여 왔다는 주장은 근거가 미약하다는 주장이다. 한국 측은 『동국문헌비고』(東国文献備考), 『증보문헌비고』(増補文献備覧), 『만대요람』(萬機要覧)에 『여지지』(輿地志)를 인용하여 우산도는 일본에서 말하는 송도라고 기술됐으며, 우산도가 한국 정부가 주장하는 독도인 것이 분명하다고 주장하고 있다. 그러나 『여지지』의 본래 기술은 우산도와 울릉도를 동일한 섬이라고 하고 있고 『동국문헌비고』 등의 기술은 『여지지』로부터 직접, 올바르게 인용된 것이 아니라고 비판하는 연구가 있다는 점을 간과하고 있다는 것이다. 그 연구에서 〈동국문헌비고〉 등의 기술은 안용복이란 신빙성이 낮은 사람의 진술을 무비판적으로 도입하였고 또 다른 문헌인 강계고(彊界考, 1756년)를 바탕으로 하고 있다고 지적하고 있다. 그리고 지도상의 위치와 크기가 이상한 우산도는 존재하지 않는 섬이라는 점을 강조한다. 다시 말해서 『신증동국여지승람』에 첨부된 지도에는 울릉도와 우산도가 별개의 2개의 섬으로 그려지고 있지만, 만약 한국측이 주장대로 우산도가 독도를 나타낸다면 이 섬은 울릉도 동쪽으로 울릉도보다 훨씬 작은 섬으로 그려져야 한다는 것이다. 그러나 이 지도에서 우산도는 울릉도와 거의 같은 크기로 그려져 있으며 더욱이 한반도와 울릉도 사이에 위치하고 있어 실제 존재하고 있는 섬이라고 볼 수 없다는 것을 알 수 있는 대목이다. 따라서 한국 정부가 고증을 바탕으로 주장하고 있는 독도는 현실적으로 수용하기 어려운 점이 있다는 것을 강조하고 있다.

다음은 영유권 확립의 차이점이다. 일본은 몇 가지 사례를 통하여 독도에 대한 영유권 확립을 주장하고 있다. 예를 들면 에도 시대 초기부터 막부 공인 아래 어부들에게 이용되고 있던 다케시마는 1618년 돗토리번 호키국 요나고의 죠닌 오오타니 진키치, 무라 카와 이치베가 동번주를 통해서 막부로부터 울릉도44)(鳥取藩伯耆国米子の町人大谷甚吉`村川市兵衛は`同藩主を通じて幕府から鬱陵島) 면허를 받았으며 그 이후 양가는 매년 1회씩 울릉도로 건너가 전복 채취, 홍역 포획, 나무 벌채 등에 종사하였다는 근거를 제시하고 이를 영유권 확보의 증거로 들고 있다. 양가는 쇼군가의 아오이 무늬를 표시한 표식를 달고 울릉도에서 사냥에 종사하며 채취한 전복을 쇼군가 등에 헌상하는 것이 상례여서 일명 동도의 독점적 경영을 막부 공인으로 하고 있었다는 것이다. 따라서 오키에서 울릉도로 가는 길에 있는 독도는 항행 목표로 삼아 선박의 정박지로 자연스럽게 이용되었다는 것이다. 이와 같이 일본은 늦어도 에도시대 초기인 17세기 중반에는 타케시마의 영유권을 확립했다고 주장한다.

또 하나의 역사적 사례로 울릉도 귀속을 놓고 막부와 조선왕조 간 의견 대립이 있었다는 것을 들고 있다. 1692년, 무라카와 가문이 울릉도로 향하자, 조선인의 상당수가 울릉도에서 어채에 종사하고 있는 것을 목격하였고, 1693년 오오타니 집안이 역시 다수의 조선인을 만나 안용복, 박어둔(朴於屯) 등 2명을 일본으로 데려갔다. 이 무렵 조선왕조는 울릉도 도해를 금지하였는데 이러한 상황을 인지한 막부는 대마도번(江戶시대 대조선외교무역의 창구였음)을 통해 안용복과 박어둔을 조선에 송환하고 조선에 대해 조선 어민의 울릉도 도해 금지를 요구하는 교섭을 시작하였으나 울릉도 귀속에 대한 의견 대립으로 합의를 보지 못하였다는 기록이 있다는 것이다. 일본은 조선과의 우호를 고려해 울릉도 도해를 금지했지만 독도에 대한 도해는 금지하지 않았다는 점을 강조한다. 이를 통해 당시 다케시마에 대한 일본의 영유권이 확립되었다고 볼 수 있다는 주장이다.

한국은 사실과 다른 안영복의 진술을 바탕으로 다케시마에 대한 영유권

---

44) 당시의 일본 이름인 다케시마를 가르킴.

을 주장하는데 이는 근거가 미약하다고 지적한다. 한국의 문헌에 따르면 안용복은 1693년에 일본에 왔을 때 울릉도와 독도를 조선 영토로 한다는 증서(書契)를 에도 막부로부터 얻었는데 대마도 영주가 이를 탈취했다고 진술하였다. 그러나, 안용복이 1693년에 일본에서 송환된 것을 계기로 일본과 조선국 사이에서 울릉도 줄어 협상이 시작된 것으로 1693년 도일 시에 막부가 울릉도와 독도를 조선 영토로 한다는 서계를 줄 수 없고 실제로 그런 사실이 없다는 점을 주장한다.

　또한 한국 측의 문헌에 의하면 안용복은 1696년 일본 방문 때 울릉도에 일본인이 다수 있었다고 주장하고 있지만 1969년 방문은 막부에서 울릉도 도해를 금지하는 결정을 내린 후 일어난 사항으로 당시 오타니·무라카와 양가 모두 이 섬에 도해하지 않았다는 점에 주목해야 한다는 주장이다. 따라서 안용복에 대한 한국 측 문헌의 기술은 안영복이 1696년에 국금을 어기고 국외로 건너가 귀국 후에 조사를 받을 때의 진술에 따른 것이다. 그 진술에는 상기에 한정하지 않고 사실에 부합하지 않는 것이 많이 보인다고 강조한다. 따라서 한국 측의 다케시마 영유권 주장의 근거는 무리가 있다는 것이다.

　세 번째, 1905년 이후 주장의 차이점이다. 일본은 1905년을 기점으로 다케시마가 일본의 고유 영토임을 재확인했다고 본다. 시마네현 오키도민인 나카이 요자부로(中井養三郎)가 독도에서의 강치 포획사업의 안정을 도모하기 위해 1904년 9월 내무·외무·농상무 3대신에 대해 량코도(やんこ島)[45]의 영토편입 및 10년간 대여를 요청하였다. 요청에 따라 정부는 시마네현의 의견을 청취한 후 죽도를 오키섬청 소관으로 해도 지장이 없다는 것과 다케시마라는 명칭이 적당한지 확인하였다는 것이다. 이는 일본 내각의 결정으로 일본이 독도에 대한 영유 의사가 있다는 의지를 확실하게 재확인하였다는 주장이다.

　1905년 1월 각의 결정에 따라 시마네현 지사는 1905년 2월 독도가 "대나무 섬"으로 명명[46]되었고 오키섬 소관으로 된 사실을 고시하고 당시 신문에

---

[45] 량코도는 다케시마의 양명 "리앙 쿠르 섬"의 속칭으로 당시 유럽의 탐험가의 측량 오류 등으로 인하여 울릉도가 "송도"라고 불리는데 현재의 다케시마가 "량코도"라 불리게 되었다.

도 게재되어 일반에게 고지되었다는 주장이다. 시마네현 지사는 독도를 국유지 대장에 등록함과 동시에 강치 포획을 허가제로 하였으며 이후 1941년까지 계속 되었다는 주장이다.

반면 한국 정부가 말하는 돌섬이 독도라는 해석에 문제가 있다는 것이 일본의 주장이다. 한국에서는 1900년 대한제국 칙령 41호에 의해 울릉도를 울도라고 개칭하고 도감을 군수로 보냈고 이 칙령에서 울도군 관할 지역을 "울릉 전도와 돌섬"으로 규정했다. 여기서 돌섬이 지금의 독도를 가르킨다는 주장에 의문을 제기한다. 돌섬이 오늘의 독도라면 왜 칙령에서 독도가 사용되지 않았는지, 왜 돌섬이라는 명칭을 사용하였는지 그리고 왜 한국 측이 독도의 옛 이름이라고 주장하는지, 우산도 등의 명칭이 사용되지 않았는가 대한 의문이 산적해 있다는 점을 지적한다. 그리고 이 칙령의 공포 전후에도 한국이 독도를 효과적으로 지배한 사실이 없어 한국의 독도 영유권은 확립되지 않았다는 것이 일본의 일관된 주장이다. 따라서 한국의 독도 영유권 주장은 불법이라는 점을 부각하고 있다.

일본이 주장하는 또 하나의 근거로 한국이 1951년에 독도 영유권을 요구하는 서한을 미국에 제출하였으나 미국은 명백하게 부인하였다는 사실을 들고 있다. 미국은 러스크 극동 담당 국무부 차관보의 답변을 통해 다케시마는 조선의 일부로 다뤄진 적이 없고 1905년경부터 일본 시마네현 오키섬 지청의 관할 하에 있었다고 지적하였다는 점이다. 또 다른 하나는 독도는 주일미군의 폭격 훈련 구역으로 지정되어 있었다는 사실이다. 일본의 점령 아래 있던 1951년 7월에도 연합국 총 사령부는 연합국 총 사령부 각서 (SCAPIN) 제2160호로 다케시마를 미군의 폭격 훈련 구역으로 지정하고 있었으며 샌프란시스코 평화조약 발효 직후인 1952년 7월, 미군이 계속 독도를 훈련 구역으로 하고 사용하기를 희망하면서 일·미 행정 협정에 의거 설립된 합동 위원회는 다케시마를 폭격 훈련 구역으로 지정하는 동시에 외무성은 그 뜻을 고시했다고 주장한다. 1953년 3월 합동 위원회에서 독도를 폭

---

46) 이와 같은 주장에 대해 반일 학자들은 독도를 조선의 영토인 송도가 아니라 무주지인 랑코도로 만들고 새로 죽도라는 이름을 붙여 일본 영토로 편입시키는 방법을 사용하였다는 것이다.

격 훈련 구역에서 삭제하기로 결정하였다는 역사적 사실을 근거로 다케시마는 일본 영토라고 볼 수 있다는 주장이다. 미일행정협정에 따르면 합동위원회는 일본 내 시설 또는 구역을 결정하는 협의기관으로서 임무를 수행하기 때문이다.

마지막으로 국제법 인식의 차이점이다. 일본이 독도에 대한 국제법적인 측면을 강조하는 것은 두 가지로 하나는 한국이 독도를 불법적으로 점유하고 있다는 사실, 다른 하나는 독도 분쟁을 국제사법재판소에 회부하자는 주장을 한국이 수용하지 않고 있다는 측면을 일관되게 주장하고 있다. 한국은 국제법을 어기고 일방적인 평화선을 설정하여 넓은 수역에 대한 어업관할권을 일방적으로 주장하는 동시에 그 라인 내에 독도를 포함했다는 것이다. 한국이 설정한 평화선은 공해상에서의 불법 경계이자 한국에 의한 독도 점거는 국제법상 아무런 근거 없이 이루어지고 있는 불법 점거라는 주장이다. 그리고 일본이 다케시마 문제를 국제사법재판소에 회부하자는 제안을 한국에 수차례 하였으나 이를 매번 거부하고 있다는 자체만으로 한국은 불법 점유에 대한 정당성이 없다는 것을 시인하고 있다는 것이다. 일본은 독도 문제의 평화적 수단에 의한 해결을 위하여, 1954년 9월부터 독도 영유권에 관한 분쟁을 국제사법재판소(ICJ)에 회부하자고 한국에 제안했지만 한국은 이 제안을 거부하고 있는 실정이다.47) 그리고 1962년 3월의 한일 외무장관 회담 때에도 고사카 젠타로(小坂善太郎) 외무대신으로부터 최덕신(崔德新) 한국 외무부장관에게 본건을 ICJ에 회부하는 것을 제안였으나 한국은 받아들이지 않았다. 2012년 8월에는 이명박 한국 대통령이 역대 대통령으로서는 처음으로 독도에 상륙하면서 다시 독도 영유권에 관한 분쟁을 ICJ에 회부하자고 한국에 제안했지만, 같은 달 한국은 일본의 제안을 거부했다.48)

---

47) ICJ 회부는 1954년 당시 미국도 한국에 권하고 있었다는 점이다. 1954년에 한국을 방문한 밴 플리트사의 귀국 보고에는 "미국은 독도를 일본 땅이라고 생각하고 있지만, 사건을 ICJ에 회부하는 것이 적당하다는 입장이어서 이 제의를 한국에 비공식적으로 하였다는 기록이 남아 있다는 것이 일본측 주장이다.
48) ICJ는 분쟁 양 당사자가 동 재판소에서 해결을 요구한다는 합의가 있어야 비로소 해당 분쟁에 대한 심리를 개시하는 구조로 되어 있다. 일본은 국제사회에서 '법의 지배'를 존중한다는 관점에서 1958년 이래 합의 없이 상대국이 일방적으로 일본을 제소해 왔을

Ⅳ. 독도방어를 위한 DKD 모델

1. 한국군의 독도방어 전략과 시스템 상황

본 절에서는 다루고자 하는 한국군의 독도방어 전략과 시스템은 대부분 비밀사항으로 일반인의 열람이 제한된다. 한미일 동맹관계의 특수성으로 인해 독도방어에 관한 한국의 대응은 매우 제한되었고 이에 따라 계획수립의 존재 또한 공식화하지 못하는 상태라고 판단된다. 하지만 독도 문제는 중일 간의 센카쿠제도 분쟁에서 드러났듯이 영토문제에 대해서는 한 치의 양보도 없다는 것이 국제사회의 현실이며 동아시아 안보환경의 변화 속에 철저히 대비하지 않는다면 지켜낼 수 없다. 따라서 한국군의 독도방어 전략과 시스템은 독도방어에 참여하는 해양경찰, 해군, 공군, 해병대 등의 제 작전요소를 대상으로 독도해역에서 벌어진 사례 분석을 통해 전략과 시스템은 있는지? 있다면 잘 가동되고 있는지 등을 추론해 보고자 한다.

독도는 전략적 가치를 가진 도서이며 국가이익을 위해 활용될 수 있는 도서로 전략도서로 정의할 수 있다. 주변국과의 해상분쟁 발생 시 신속대응 및 지원을 위한 핵심기지로 활용할 수 있고, 도서 인근의 대륙붕 및 배타적 경제수역 등을 효과적으로 관리·통제할 수 있는 기지로 활용할 수 있다. 영토적 측면에서 주변 국가와의 영역적 충돌에서 우위에 설 수 있는 경제적 전초기지로 활용될 수 있기 때문이다.[49]

군사적 관점에서 전략도서는 해상 접근로 확보 및 통제, 본토방어를 위한 작전종심 제공, 위협세력 분산배치 강요, 전략목표 타격 및 전략기지 제공, 해군세력의 지원기지 제공, 도서일대 방위권 감시 및 통제 등이 가능해야 한다.[50] 한국군의 전략도서 방어는 서해, 남해, 동해를 잇는 U자형 전략

경우에도 ICJ의 강제적인 관할권을 원칙적으로 받아들이고 있다는 점을 강조하고 있다. 하지만 한국은 이런 입장이 아니라는 점을 강조하고 있으며 만약 일본이 일방적으로 제소를 했다고 해도 한국이 자발적으로 응하지 않는 한 ICJ 관할권은 설정되지 않는다는 점을 강조하면서 일본의 정당성을 주장하고 있다.

49) 하대성, "한국의 독도 위기관리 DKD 모델", 경북대학교 대학원 박사학위 논문(2021), pp.155.-156.

도서방어체계 구축을 기본개념으로 한다.51) 서해부대는 백령도·연평도지역의 서북도서부대와 남해 제주도지역의 9여단 그리고 동해 울릉도 지역의 부대배비를 통해 전략도서방어체계를 완성할 수 있다.52) 이를 위해 2011년 서북도서사령부 창설, 2015년 제주도 해병 9여단을 창설하여 서해 및 남해 전략도서 방어를 위한 체계를 완성하였으나 동해 전략도서 방어를 위한 울릉도 지역 부대배비는 지지부진한 실정이다.

그러나 울릉도지역 순환식 부대배비와 공세적 부대운용을 위해 여건을 갖추어 가고 있다. 울릉도 주한미군 반환부지 사용을 승인받아 해병대 전략도서방어체계 구축 여건을 조성하였고, 사동항 건설(2018년), 소형공항 건설(2020년~2025년), 항공단 창설(2021년)을 통해 울릉도·독도방어를 위한 부대운용 여건이 조성되고 있다.53)

도서방어부대는 평시에는 분쟁을 억제하고 유사시 분쟁이 발생한 경우 효과적인 대응이 가능해야 한다. 평시에는 위기관리 신속대응부대로 운용되어 위협을 억제하고 위기발생 시 즉각적인 대처를 통해 위기가 확산되지 않도록 해야 한다. 전시에는 결정적 임무수행부대로 군사적 위협을 제거하고 피해를 최소화하여 전쟁 이전 상태로 환원시킬 수 있어야 한다.

이를 위한 울릉도·독도 방어 시스템은 제 작전요소를 통합하여 운용되어야 한다. 예를 들어 일본이 군사적 또는 비군사적 수단으로 독도에 대한 강점을 시도할 경우 울릉도 전방기지에서 가용한 수단을 동원하여 독도를 먼저 점령하여 적의 강점을 거부한다. 이후 해·공군, 해병대 전력을 추가 증원하여 해상 및 공중에서 주도권을 확보함으로써 위기를 효과적으로 관리할 수 있어야 한다. 위기관리에 실패하여 전쟁이 발발한다면 독도는 적의 활동을 관측, 탐지, 감시하는 전초기지로 운용하고, 울릉도는 사동항과 소형공항 등을 이용하여 제 작전요소를 통합 운용할 수 있는 전진기지로 운용할 수 있다. 그러나

---

50) 정기영, "미래 전장환경에 부합한 전략도서의 역할과 운용개념에 관한 연구",『전략논단』제9호(2008), p.203
51) 해병대 "울릉부대 창설 추진...울릉도·독도 등 전략도서 방위 능력 강화", 뉴스핌(2019. 10. 15.), http://www.newspim.com/news/view/20191015000679(2020. 3. 21.)
52) 박재형, "해병대 전략도서방어체계 구축에 관한 연구",『전략논단』, 제24호, 2016, p.95.
53) 하대성, 앞의 논문, p.157.

울릉도 전진기지 건설과 순환부대 배비 등의 계획이 실현되지 않아 한국군의 독도방어 전략은 위기상황 발생 시 즉각적인 대응이 제한될 것이다.

한국의 독도방어 전략은 위기관리 전략과 전쟁 대비 전략으로 구분된다. 비군사적 위협에 대한 위기관리 전략은 NSC가 주관하고 정부부처 및 해양경찰, 지자체가 담당하는 위기관리 표준매뉴얼[54]에 근거한다. 주로 일본의 일상적 도발과 상륙 도발에 대한 대응 매뉴얼이다. 일본 우익단체의 독도 무단 상륙 및 영공·영해 진입 등을 "중대한 주권침해 행위"로 간주하고 이에 대한 단계별 대응 시나리오를 작성한 것이다.[55] 독도 우발사태에 대한 정부의 위기관리 목표와 방향, 의사결정체계, 위기경보체계, 부처기관의 책임과 역할 등을 규정한 것이 독도 우발사태 위기관리 표준매뉴얼이다.[56]

표준매뉴얼 시행을 위한 독도 경비대책은 독도 인근 해역 대형함정 1척과 울릉도 헬기 1대가 상시 배치되어있고 3시간 내 대형함정 2척이 증원될 수 있도록 운용하고 있으며 해군과 독도경비대가 합동작전체계를 구축하고 있다. 그러나 동해와 포항에 배치된 함정의 출동시간은 6시간 30분 이상으로 장시간 소요되며 울릉도를 제외하고 포항과 동해에서 헬기의 출동시간은 1시간 20분으로 독도에서 임무수행은 매우 제한된다.[57] 평상 시 독도 해역에 배치된 함정은 1척으로 강원도 3배 면적의 해역을 관할함으로써 위기관리 시스템을 정상 작동하는데 제한[58]이 있을 것으로 판단된다.

군사적 위협에 대한 대응은 독도방어작전계획에 근거한다. 독도방어작전

---

54) 2004년 5월 일본 극우단체가 독도 상륙을 시도한 이후 유사한 사건 등에 대응하기 위해 NSC를 중심으로 2004년 9월 "위기관리 표준 매뉴얼"을 만들었다.
55) "정부, 4~5월에 독도 '우발사태' 대비 종합훈련", 오마이뉴스(2005.4.4.), https://news.naver.com/main/read.nhn?mode=LSD&mid=sec&sid1=100&oid=047&aid=0000061330(2022.07.20.)
56) 해양경찰에서 독도 관련 위기관리 표준매뉴얼에 의해 독도 침입, 독도 상륙 등의 우발사태에 대비하여 대비태세를 강구하고 있으나 세부사항은 공개하지 않고 있다.
57) "독도 유사시 우리 함정이 일본보다 3시간 늦게 도착", KBS 뉴스(2019.9.2.), http://news.kbs.co.kr/news/view.do?ncd=4274757&ref=A (2022.07.20.)
58) 2020년 국정감사에서 나온 이상민의원 발표 자료에 의하면 독도에 배치된 최대 주력함정인 동해해경 5001 경비함(5천t급)은 최근 5년여 간(2015~2020.6.) 고장으로 인해 해경 경비에 차질이 예상되는 '10일 이상 중정비를 받은 정비횟수'가 5차례였다. 5001 경비함은 '좌현 주기관 손상 개소 복구수리', '축 발전기 정류기 재생수리', '열상감시장비 분해 점검 수리' 등을 위해 최장 44일, 총 135일 이상 해상작전에 투입되지 못했던 것으로 밝혀졌다.

계획의 존재는 2012년 국정감사에서 김광진의원이 방치되어 있다고 지적하면서 알려졌다.59) 존재 여부조차 함구하고 있으며 작전계획 명칭도 별도 분류한 것은 한국군 단독으로 작전을 수행한다는 의미를 나타낸다. 1991년 독도방어작전계획을 작성하여 1996년부터 동방훈련이란 이름으로 합동훈련을 진행했으며 지금은 독도방어훈련으로 명명하여 매년 훈련을 실시하고 있다.

공식적으로 존재하지 않는 한국군의 독도방어 전략은 몇 가지 한계를 가지고 있다. 첫째, 비밀로 분류되어 존재조차 비밀인 작전계획은 검증할 수도 없으며 검증되지 않은 작전계획이 유사시 효과를 나타낼지 의문이다. 비밀보장을 위해 소수의 전문가가 검토한 작전계획의 오류는 평시에 드러나지 않기 때문이다. 둘째, 독도방어 시스템이 정상 작동할 것인가의 문제이다. 평시 위기관리를 위한 해경의 경우 함정의 노후화, 함정의 관할 담당구역 과다, 신속 대응전력의 반응시간 지연 등의 문제로 독도방어 시스템이 무력화될 수 있기 때문이다.

2. 일본의 독도 무력 점령 시나리오

일본의 독도 무력 점령 시나리오는 2012년 일본의 저명한 무기연구가인 미타카 사토시가 일본 군사연구 12월호에 발표한 "2020년, 일본자위대의 독도 탈환작전"60)이란 논문을 분석한 것이다. 2012년은 한반도 주변 모든 국가들에서 영유권 분쟁을 둘러싸고 발생한 긴장으로 권력변동이 있었던 해이다. 중국은 제18차 전국대표자회의가 열리는 해로 지도부가 대거 교체되는 시점으로 당내 권력투쟁이 치열하고 한국은 12월 대통령선거로 인해 내정통치능력이 저하되고 있으며 일본은 민주당 정권 하 내정 및 외교 양쪽 다 어색한 가운데 충분한 사전 외교적 교섭이나 준비 없이 센카쿠제도 국유화를 선언함으로써 영유권 분쟁을 불러일으켰다. 미타카 사토시는 이러한 배경에서 독도탈환작전을 기획하였으며 순수 군사적 관점에서 진행하였다고 밝혔다.

미타카 사토시가 주목하는 점은 일본이 2012년 시즈오카현 히가시후지

---

59) "김광진 독도방어 작전계획 10년째 방치", 파이낸셜뉴스(2012.10.), https://news.naver.com/main/read.nhn?mode=LSD&mid=sec&sid1=100&oid=014&aid=0002738161(2022.07.19.)
60) 三鷹 聡, 앞의 논문

연습장에서 실시한 종합화력연습의 훈련 상황이다. 작년까지는 영토에 침입하여 상륙한 적군을 격퇴하는 내용이었으나, 올해에는 종합연습이라는 타이틀을 가지고 도서방위를 명확하게 강조한 것이다. 해상전투를 상정하여, 해상자위대의 P-3C도 처음으로 등장하였고 또한 2013년도 예산에 수륙양용장갑차가 포함되었으며, 이는 독도탈환을 노렸다고 해석하고 있다. 그리고 일본은 F-35A[61]의 부대 배치를 끝낼 2020년을 기점으로 제공권 확보까지 노리고 있다고 평가한다.

군사행동에는 명확한 의사 및 군사능력으로 결정된다. 독도탈환작전의 시뮬레이션은 일본정부가 무력으로 섬의 영유권을 탈환하겠다는 결심과 그 의사를 명확하게 밝히고 군사적 능력을 가진 육·해·공 자위대에 명령하면 시행되기 때문이다. 따라서 의사결정 자체가 작전의 90%를 차지하고 있다고 판단한다. 국회에서 전쟁계획을 승인하면 여건조성작전, 제해·공권 확보, 상륙작전 등 단계별 작전이 시작된다. 여건조성작전에서 주목할 사항은 데이터링크 C4I 네트워크에 대한 사이버 공격을 통해 통신망을 차단하고 네트워크를 무력화하는 사이버전을 기획하고 있다는 점이다. 특히 2012년에 군사적 수단뿐만 아니라 민간 요소에 의한 사이버 공격을 강조하고 부추기고 있다는 것이 매우 전문적이고 정교하다.

〈그림 1〉 독도 탈환작전 구성

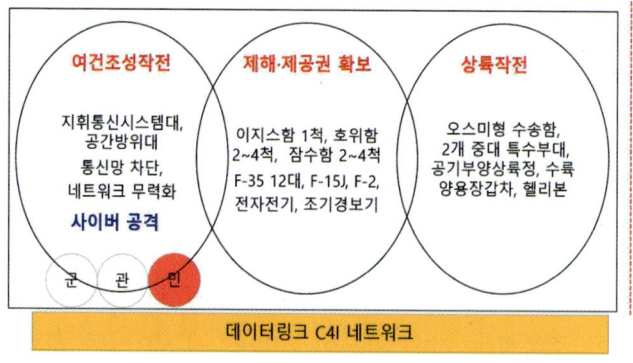

출처: 하대성, "한국의 독도 위기관리 DKD 모델", 경북대학교 박사학위 논문, p. 117.

---

61) 2018년 신대강의 계획이 완성되면 일본 보유 F-35 스텔스 전투기는 총 147기(F-35A 105rl, F-35B 42기)를 보유하게 된다.

1) 1단계: 여건조성작전

여건조성작전은 독도탈환을 위해 벌어질 공중 및 해상, 수중전투에서 유리한 여건을 조성하기 위한 작전으로 적보다 우위를 점하기 위해 반드시 수행해야 하는 작전으로 핵심은 사이버전이다. 1990년 걸프전쟁에서 미군이 이라크의 소련식 방공시스템 네트워크에 침입하여 사이버 공격을 하였고 2007년 이스라엘이 시리아 핵관련 시설을 공습하였을 때 이스라엘 공군은 스텔스기를 사용하지 않았음에도 불구하고 시리아군의 반격이 없었다[62]는 것이다. 또한 2008년 그루지아의 남오세티아 내전에서 확인된 민간인에 의한 사이버공격이 있었다는 점을 주목한다. 그루지야에 대한 민간인의 사이버 공격으로 행정기관 컴퓨터 네트워크가 일시적으로 혼란에 빠졌고 이에 대해 그루지아의 민간인이 대응한 사례이다. 이로써 민간인이 전쟁에 개입하는 기회가 생겼고 사이버게릴라라는 호칭도 생기고 있다는 것이다.

일본의 독도에 대한 사이버 공격은 먼저 독도를 정보적으로 고립시키는 것이다. 모든 통신망을 차단하고 본토와의 연락이 되지 않도록 하여 레이더 등의 센서류 네트워크를 무력화 하는 것이다. 사이버게릴라의 공격도 있을 것이나 양국의 방위시스템의 능력을 확인할 수는 없다. 그러나 사이버 공간만의 전투로 끝날 수 도 있으나 공격으로 인해 국내 네트워크에 영향을 끼쳐 사회에 막대한 손실을 입힐 수도 있을 것이다. 현대 사회는 우리가 평상시에도 매번 느끼듯, PC 네트워크에 의해 지탱되고 있고 라이프 라인의 제어는 네트워크를 통해 이뤄지고 있음을 생각해보면, 현대사회의 사이버전은 교전국의 인프라 파괴라는 도시부에 대한 전략 폭격과 같은 역할을 할 가능성이 충분히 있을 것으로 강조하고 있다.

2) 2단계: 제해・제공권 확보

독도에 대한 공격은 전면전이 아니라 도서탈환이라는 국지전으로 일본은 독도탈환작전에 대한 한일 양국의 군사력에 대해, 일본이 질적으로나 양

---

[62] 이스라엘군은 시리아군의 방공시스템에 대한 사이버공격을 통해 무력화함으로써 시리아군은 이스라엘의 공군기를 탐지할 수 없었다.

적으로나 한국을 앞서고 있다고 자신한다. 이는 육·해·공 자위대의 능력이 한국을 충분히 압도한다는 자신감으로 분석된다.

일본의 탈환작전의 목표인 독도는 면적 0.23㎢의 작은 섬으로 평지도 거의 없는 지형이기 때문에, 점령 확보를 위해서는 1~2개 중대 규모가 적당하며 사세보시에 주둔하는 육상자위대 서부방면 보통과 연대가 담당한다. 이 연대는 낙도대처 즉응부대로 편제되어, 연대의 약 7할 정도가 레인저 자격사이며, 수로 잠입 등 특수작진도 실행 가능한 부대이다.

독도에 2개 중대 규모의 병력을 양륙시키기 위한 수송능력은 바로 '오스미'형 수송함63)을 최적으로 생각하고 있다. '오스미'형 수송함은 LCAC 에어 쿠션 양륙정을 2척을 탑재하고 330명의 인원 및 90식 전차 10량을 수송할 수 있는 수송함이다. 2개 중대 규모의 병력을 수송하기에는 오버스펙의 수송함으로 보일 수 있는데, 일본은 물자보급이나 의료지원과 같은 후방지원의 거점기능까지 생각하여 '오스미'형 수송함을 포함했다. '오스미'형 수송함 3척은 구레에 집중 배치되어 있으며, 후방 예비로 제1 공정단을 기간으로 하는 중대 규모의 헬리본 부대를 혼슈에 대기시켜둘 필요가 있을 것이라고 한다. 그리고 일본은 본격적인 상륙작전에 있어, 제1파는 2013년도부터 조달이 시작되는 '수륙 양용 전투차'로 상정하고 있다.

다음으로 '오스미'형 수송함을 충분하게 호위할 병력이 필요하다. 마이즈루기지를 모항으로 하는 해상자위대의 제3호위대군64)이 담당한다. 제3호위대군에는 이지스함 2척, 4500톤급 호위함 6척이 있으며, 잠수함대는 구레기지 제1잠수대군에 9척이 배치되어 있다. 미 해군의 최신 종합 무기 시스템을 갖춘 이지스함이 호위의 중심이 되어, 항공기 위협이나 해상 위협에 충분한 대처를 할 수 있게 될 것으로 분석한다. 이지스함을 중심으로 작전 함정은 헬리콥터 탑재형을 포함해서 호위함 2~4척, 잠수함 2~4척 정도가 될

---

63) 일본은 1998년 1만3000t급 헬기탑재 수송함 '오스미'를 건조한 바 있다. 이어 2008년 SH-60J/K 대함헬기를 실을 수 있는 휴가급(16DDH) 헬기탑재 호위함(만재배수량 1만 3500t, 길이 197m, 너비 38m) 휴가와 이세 등 2척을 건조했고, 2013년 함재기를 탑재할 수 있는 이즈모급(22DDH) 경항모를 건조했다.
64) 제3호위대군은 동해를 사이에 둔 중국이나 북한과 대치하고 있는 부대로 장비도 충실하며, 미확인 선박에 대한 대처나 북한의 미사일 소동에도 출동한 경험이 축적된 부대이다.

것으로 보이며, 독도탈환작전이 근해의 단기작전으로 판단되는 만큼 보급함은 참가하지 않는다.

다음은 항공지원으로 제공권 확보의 필요성은 전투기가 등장한 이래 빠질 수 없는 부분이 되었다. 일본 역시 본 작전에서 많은 항공 전력의 필요성을 강조하고 있다. 일본은 현대 항공전의 양상을 '제로섬 게임'이라고 정의한다. 그리고 수가 아닌 능력이 뛰어난 쪽이 일방적인 승리를 거둔다고 정의한다. 일본은 주력 전투기 F-15J 201기가 배치되어 세계에서 미국 다음의 많은 전력을 보유하고 있다. 또한 2020년에는 F-35 라이트닝Ⅱ 통합공격전투기(JSF)의 배치65)가 시작된다. 2020년 독도탈환작전에는 F-35 1개 비행대의 반 정도가 참가할 것으로 예상한다. 이외 F-15J 또는 공격 지원으로 F-2A, 기타 전자전기, 조기경계관제기가 참가하고, 항공전력 네트워크를 형성하려고 한다.66) 이를 담당하는 것은 서부 항공방면대로 제5, 제8항공단을 기간으로 한다고 한다. 제5, 제8 항공단은 모두 중국, 북한을 주시하는 영공침범대응을 담당하고 있는 것으로 분석된다.

일본은 육·해·공 전력 유닛 전체의 데이터를 링크한 C41의 네트워크를 강조한다. 개개 함정이나 항공기는 네트워크로 링크된 하나의 단말로 F-35와 이지스함 등은 조기경보관제기나 지상관제시스템, 위성궤도 상의 인공위성까지 연계해야 능력을 최대한 발휘할 수 있다는 것이다. 결국 일본은 해상전투, 항공전투에서 이 네트워크 시스템의 우열이 승부를 결정할 것이라고 본다.

독도에 대한 일본의 영유권을 나타내기 위해서는 실력에 의한 '독도 봉쇄'를 선언해야 한다. 한국보다 높은 능력을 보유한 해군력과 공군력으로 제해·공권을 장악하는 것이다. 공중작전은 F-35를 통해 24시간 이내에 한국 공군을 압도할 것이라고 평가한다.67) 이후에는 항공자위대가 상공의 CAP

---

65) 일본은 노후한 F-4 전투기의 후계기로 F-35A를 도입하기로 해, 2018년 1월 미사와 기지에 첫 배치해 3월부터 비행을 시작했다. 2025년까지 F-35A 총 105대, F-35B 42대를 도입할 계획이다.
66) 아베 내각은 2018년 가가함 등 이즈모급함을 F-35B급 수직이착륙기를 운영할 수 있는 경항모로 개조하기로 결정하면서 비행갑판에 스키점프대까지 설치했다. 일본은 2023년 무렵 이즈모급 경항모에 F-35B를 탑재할 것으로 예상된다.
67) 한국 공군은 2019년 3월 F-35A 2대 인수를 시작으로 13대, 2020년 13대, 2021년에 14대를 인도받아 총 40대를 보유하게 된다. 일본의 F-35 142대 도입과 비교해 볼 때 3배

임무68)를 이행하면서 제공권을 확보하게 된다.

　수중작전을 위해 해상자위대 잠수함대가 광범위한 영역에서 운용된다. 잠수함 전력은 장비의 하드웨어 측면에서부터 운용의 소프트웨어 측면까지 숫자 및 능력 모두 일본이 한국을 능가한다. 일본은 잠수함대의 전개를 통해 한국 해군 함정의 행동을 억제 가능하다고 평가한다. 평시에도 독도, 센카쿠제도에 상당수의 일본 잠수함대가 전개해서 초계 임무를 맡고 있다. 일반적인 해군의 특성상 수상함은 불리하다고 판단하면 항구에서 나오지 않기 때문에 본 작전에서도 한국 해군의 수상함은 출격하지 않을 가능성이 높고 전투지역이 좁아 전선에 투입되지 못할 것으로 예측한다. 한국의 이지스함 운용을 고려할 필요성은 있으나 제공권을 장악한 일본의 전세를 뒤집을 만큼 효과적이지 않다는 것이다.

　일본은 본 작전의 최대 위협을 한국 해군의 잠수함으로 판단한다. 독도 탈환을 위해 좁은 해역에 함정을 집중시켜야 하는 어려움이 있으며, 함정은 미사일이나 어뢰 한 방에 격침될 가능성이 있기 때문이다. 만약 '오스미'형 수송함이 공격을 받는다면 작전 자체가 좌절될 수 있다. 일본의 뛰어난 대잠 능력에도 한국 잠수함의 행동을 완전히 봉쇄할 수 없기에 일본 함대도 희생을 각오해야 한다고 경고한다.

　일본은 한국이 보유하는 '현무'69) 지대지 미사일을 고려 대상으로 뽑았다. 일본은 현무 시리즈에 탄도탄형 및 순항형이 있는데, 순항형에는 사거리 제한이 없으며, 탄도탄형도 2012년 사거리 800Km까지 인정된 점을 전제로서 일본이 사거리 내에 들어가게 되었기 때문이다.70) 그러나 일본 본토에 대한 직접공격은 지역분쟁 수준을 넘어 전면전으로 확대될 리스크가 크다는

　　이상의 전력 차이를 보인다.
68) 일본 상공에 대한 CAP(Combat Air Patrol) 임무는 영공을 지키기 위한 공중초계임무를 뜻한다.
69) 탄도미사일 현무 2ABC는 사거리는 각각 300km, 500km, 800km이다. 현무B 1톤을 제외하고 탄도중량은 0.5톤. 순항미사일인 현무-3ABC는 사거리 500km, 1000km, 1500km가 실전 배치됐다. 현재 우리 군이 보유한 현무 미사일 수량은 2016년 1월 25일, 미사일사령부에 의해 처음으로 언론에 공개됐다. 당시 SBS 단독 뉴스에 따르면 2016년 말까지 1700발을 확보한 뒤 2020년까지 총 2000발을 확보한다고 보도됐다.
70) 한국의 미사일지침은 한국과 미국 간에 협의한 한국의 탄도미사일 개발 규제에 대한 가이드라인으로 2021년 한미정상회담을 통해 폐지되었다. 이로써 한국의 지대지

점을 꼽아 실제 사용될 가능성은 낮다고 상정한다.

3) 3단계: 상륙작전 전개

제해·공권이 확보되었다면, 본격적인 상륙작전이 전개된다. 일본군의 주 목표는 시설이 집중된 여도이다. 몹시 좁고 가파른 험준한 지형에 한국이 설치한 방어시설도 그다지 견고하지 않아 본격적인 폭격에 도저히 견뎌낼 수 있는 규모가 아니다. 일본이 생각하는 최상의 작전은 제해·공권을 확보한 시점에 봉쇄 완료를 선언하고, 섬에 있는 부대에 항복을 압박하는 농성전이다. 그러나 현실적으로 섬의 방어부대가 간단하게 항복할 것은 아니기에 1회전 정도의 전투가 필요할 것으로 생각한다. 지상 작전이 시작되면 앞서 말한 '오스미'형 수송함에서 에어쿠션정 LCAC(Landing Craft Air Cushion: 공기부양상륙정) 2척에 서부방면 보통과 연대의 1개 중대 규모의 병력을 탑재해서 섬으로 향한다. 여기에 2013년 예산안으로 도서방어 강화를 위해 도입한 수륙양용장갑차(AAV7[71] 추정)가 사용될 것으로 보인다.[72]

주력의 상륙 지점은 여도 서부의 선박 접안시설이며 조공 부대는 독도의 지형 특성상 소수의 반 단위로 동부 암벽을 등정해 갈 수밖에 없다. 조공 부대가 동부의 암벽까지 도달하기엔 LCAC, AAV7으로는 착안이 불가하여 고무보트 등을 사용하고 '오스미'형 수송함에 탑재된 헬리본도 병행해야 한다. 독도는 협애한 지형으로 강습착륙에 적합한 평지가 매우 한정적이기 때문에 헬리본으로 전개할 수 있는 병력은 많아야 1개 소대가 될 것으로 분석하고 있다. 독도는 비교적 너무 작은 섬으로 어느 방향에서 침투하여도 다 보여 은밀한 침투는 매우 어려울 것으로 본다.

일본이 생각하는 최악의 상황에서 소요되는 작전 기간은 인간이 재보급 없이 저항 가능한 한계 일수인 7일에서 10일을 예상한다. 일본 측도 작전 기

---

71) AAV7은 미국의 수륙양용돌격장갑차로 상륙함에서 해안으로 병력을 수송하는 용도로 사용된다. 전투 무장을 갖춘 해병을 모든 종류의 지형에서 최대 25명까지 보호·수송할 수 있다. 기관실이 완전 방수되므로 물살이 거친 항해에도 적합하다.
72) 수륙양용장갑차는 독도 지형을 생각하면 투입될 기회가 없을 것으로 분석되었으나, 일본이 사용하려는 LCAC 자체가 장갑화되어 있지 않아 강습상륙에는 부적절하여 일정한 장갑 및 화력이 있는 수륙양용장갑차를 사용하는 편이 현실적일 수도 있다.

간이 길어지면 물자 보급이나 구호 등의 후방 지원을 '오스미'형 수송함 및 본토와의 헬기수송에 의지할 수밖에 없다. 향후 V-22 오스프리 수송기를 도입하면 일본 본토에서 대규모 공중강습이 가능해지므로 작전의 유연성이 비약적으로 발전할 것이라 예상한다. 오스프리 항공기 도입은 2018년 수륙기동여단을 창설하면서 공중이동수단으로 오스프리 항공기 5대를 도입하기로 결정하여 2020년 5월 2대가 인도된 상태이다.[73]

3. 독도방어 DKD 모델과 실천 한계

군사적 DKD 모델은 국가의 해양관할권 문제의 범위로 일본의 군사적 도발에 대한 방어전략이다. 독도와 유사한 도서 지역분쟁 중 전쟁 수행사례를 살펴보면 1982년 영국과 아르헨티나 간 포클랜드전쟁이 가장 유사한 사례이다. 독도를 중심으로 전쟁을 수행한다면 영유권 확보라는 제한된 정치적인 목적을 위해 독도 및 동해해역에서 제한된 군사력을 동원한 제한전쟁이 될 것이다. 그리고 독도라는 제한된 작전지역을 고려할 때 상륙작전을 위한 지상작전부대가 포함된 특수작전으로 수행될 것이다.

포클랜드전쟁은 제한전쟁(Limited War)의 교과서적 사례이다. 또한, 현대전에서 입체적인 합동전력을 이용한 도서 탈환작전의 진수를 보여주는 사례였다. 전통적인 수상함 중심의 해군작전을 벗어나 항공기와 잠수함, 정밀유도무기, 상륙전력 등을 입체적으로 운용하여 전쟁을 수행한 것이기 때문이다. 대양 해양관할권 분쟁에서 효과적인 방어능력은 수상전력과 수중전력, 항공전력, 상륙작전을 위한 특수작전전력에 의해 결정된다는 것이 포클랜드전쟁이 주는 진정한 교훈이다. 결국, 합동작전 수행역량의 발전이 독도 방어모델의 핵심이다. 따라서 포클랜드전쟁 모델을 기반으로 일본의 독도 무력 점령 시나리오에 대응한 한국의 독도방어 모델을 구상하고자 한다.

---

[73] 2015년 5월 일본 육상자위대는 17대의 V-22B 오스프리 해외군사판매 형식의 구매를 결정했으며 중국과 센카쿠 해양 영유권 분쟁에 대비하여 다목적 이동수단으로 이용될 전망이다.

1) 해상전투

　독도를 방어하는데 투입할 수 있는 초기전력인 해군의 수상전력으로는 배수량 2,000톤에서 3,000톤급 호위함으로 구성된 해역함대가 있으며 증원전력으로 배수량 4,000톤에서 5,000톤급 이상의 구축함을 보유한 전단이 있으며 함대 규모의 전략기동부대도 투입이 가능하다.

　한국 해군의 주력 전투함은 동해와 서해, 남해 방어를 담당하는 3개의 해역함대(1, 2, 3함대)에서 운용하는 배수량 1,200톤급 포항급 초계함 12척과 울산급 호위함 14척(울산급 4척, 울산급 배치-Ⅰ(인천급) 6척, 울산급 배치-Ⅱ(대구급) 4척)[74], 배수량 3,200톤급의 광개토왕급 구축함 3척을 포함해 총 29척이다.

　배치-Ⅰ 인천급 호위함은 2,500톤급 신형 호위함으로 대공·대함유도탄방어유도탄(RIM-116 RAM)[75]을 탑재해 탐지 및 방어능력을 강화하고 신형 소나와 어뢰음향대항체계를 탑재하여 대잠 수행능력을 향상시켰다. 또한 헬기 데크와 격납고를 갖춰 해상작전헬기 운용이 가능하다. 그러나 터렛 방식의 RIM-116은 탑재위치에 따라 표적에 대응할 수 없는 사각이 생겨 문제로 지적되었다. 배치-Ⅱ 대구급 호위함[76]은 2,800톤급 신형 호위함으로 배치-Ⅰ 인천급 호위함의 문제점들을 보강하여 개발되었다. 터렛 방식의 RIM-116을 대신하여 해궁 대함유도탄방어유도탄[77]을 한국형 수직발사체계(KVLS)에 장착하여 개발되었다. 수직발사체계를 적용하여 사격 시 사각 발생 등의 문제를 해결하였다.

　차기 호위함 전력화를 통해 그동안 한국 해군의 문제점으로 지적되어왔던 대공·대함 유도탄의 위협으로부터 취약한 방호능력을 보강함으로써 일

---

74) "해군의 허리 호위함의 무한변신…더 강력한 울산급 배치Ⅳ 개발된다", 『서울경제』, 2021.08.04, https://www.sedaily.com/NewsView/22Q241ZHC8(2021.11.03.)
75) 미국 해군, 터키 해군, 독일 해군, 한국 해군, 그리스 해군 등에서 사용하는 소형, 경량, 적외선 유도 대공미사일로 사거리는 10km이다.
76) 현재까지 총 4척이 실전 배치되었고 2023년까지 추가로 4척을 인수하여 총 8척이 실전 배치될 예정이다.
77) 해궁은 북한의 미사일 위협으로부터 한국 함정을 방어하기 위한 다층 미사일 방어망의 하나로 미국의 RIM-116램 미사일을 대체하기 위해 2018년 개발이 완료되었다. 함정의 최대 위협인 대함유도탄과 항공기 공격을 막는 유도무기로 수직발사대에서 발사되며 사거리는 20km로 알려져 있다.

정 부분 원해작전능력을 갖추게 되었다고 평가된다. 향후 울산급 배치-Ⅲ(2016년~2027년)와 배치-Ⅳ(2023년~2032년) 사업을 통해 3,600톤급 6척, 4,500톤급 6척 등 총 12척이 추가로 전력화할 계획이다. 해군은 신형함 건조를 통해 구형함 대체작업을 지속 추진해 나갈 방침이다.

전략기동부대는 해군의 신속대응 전력으로 2010년 2월에 창설된 제7 기동전단이 있으며 배수량 4,500톤급의 이순신급 구축함 6척, 배수량 7,600톤급의 세종대왕급 이지스 구축함 3척 등 9척의 대형 함정으로 구성되어 있다.[78]

이에 반해 일본 해상자위대는 총 32척의 구축함을 보유한 호위함대를 중심으로 편성되어 있으며 호위함대는 4개의 호위대군으로 구분되며 각각 8척 규모의 구축함과 각 함이 탑재한 대잠헬기 8대로 편성되어 '8함 8기' 체제를 구축하여 '88함대'라 불린다. 세부 편성을 보면 기함인 헬기구축함 1척, 방공구축함 2척, 일반구축함 5척으로 구성되어 대함, 대공, 대잠 교전을 입체적으로 수행할 수 있는 능력을 갖추고 있다. VLS 기반의 함대공미사일을 탑재하여 운용하는 구축함의 수는 헬기구축함 2척, 방공구축함 6척, 일반구축함 16척 등 총 27척으로 호위함대 전력의 75%를 차지하며 공격하는 다수의 항공기와 대함미사일에 대해 전 방향에서 동시 교전 능력을 갖추고 있다. 또한, 유사시 헬기탑재호위함 4척을 각 호위대군에 1척씩 배치함으로써 한국 해군에 대한 전략적 우위를 유지하고 있다. 한편 일본 대잠작전과 소해작전 능력은 세계 최강인 미국 해군 수준으로 평가받고 있다.[79]

일본의 "2020년, 일본 자위대의 다케시마 탈환 작전" 시나리오를 기준으로 일본이 독도를 공격했다면 한국의 동해 제1 함대와 일본의 마이즈루 제3 호위대군이 독도해역에서 맞붙을 것이다. 그 결과는 대공·대잠 교전 능력이 부족한 한국이 일본의 대함미사일 공격에 속수무책으로 당할 수밖에 없을 것이다. 동해의 제1함대가 가지고 있는 군함은 포항급 초계함, 울산급 호위함으로 구성되어 대공·대잠 전투능력이 제한되나 일본의 제2 호위대군은 구축함 8척 가운데 6척이 수직발사장치를 갖춘 함대공미사일을 탑재하여

---

78) "대한민국 해군 최강의 창, 제7기동전단 경항모도 배치 예고", 『매일경제』, 2021.12.16., https://www.mk.co.kr/news/politics/view/2021/12/1140648/(2021.12.13.)
79) 해군전력분석평가단, 『일본 해상자위대의 이해』(2019), pp.67-69.

원해에서 생존력이 우수하기 때문이다.

한국의 제1함대가 격멸한다면 이순신함과 세종대왕함으로 구성된 제7기동전단을 투입할 수 있지만, 일본은 이에 대응해 사세보의 제2호위대군, 구레의 제4호위대군을 증원전력으로 투입한다면 한국은 수상전력의 수적 질적 열세로 패배할 가능성이 크다. 그 결과 독도 주변의 제해권은 일본이 차지할 가능성이 크며 일본의 독도 상륙을 위한 '독도 봉쇄'는 무난할 것으로 판단된다.

2) 수중전투

독도에서 한국이 수상전력의 열세를 만회할 수 있는 가장 효과적인 방안은 바로 잠수함전력이다. 현재 한국의 잠수함 전력은 해군의 전략부대로 2015년 창설된 잠수함 사령부 예하 6개의 전대에서 운용하는 총 19척의 재래식 잠수함이 있다. 1,200톤급의 장보고급 잠수함 9척, 1,800톤급의 손원일급 잠수함 9척, 3,000톤급의 도산안창호급 잠수함 1척이 실전 배치되어 운용 중이다.

2001년 실전배치가 완료된 장보고급은 209급 잠수함으로 소음이 적어 항해 정숙성이 뛰어나나 잠항 기간이 3일 이내에 불과해 연안 방어 임무에 적합하다. 2020년 실전 배치가 완료된 손원일급 잠수함은 장보고급 잠수함이 가진 작전능력의 한계를 보완하기 위해 AIP(Air Independent Propulsion: 공기불요 추진장치)를 탑재하여 잠항 기간을 2주에서 3주일로 늘였다. 이를 통해 작전지역을 연안에서 한반도 주변 대륙붕과 EEZ 내까지 확대할 수 있으며 높은 생존 가능성과 기동력을 발휘하여 공세적인 작전능력을 발휘할 수 있게 되었다.

2021년 1대가 실전 배치된 도산안창호급 잠수함은 AIP 탑재 디젤-전기 추진 잠수함으로 잠수함발사유도탄(SLBM)이 탑재 가능한 수직발사체계(VLS)를 장착한 중형 잠수함이다. AIP에 연료전지를 적용해 수중 잠항 기간도 손원일급에 비해 증가했다.[80] 배치-Ⅰ은 2024년까지 2척이 전력화되어

---

[80] "군함이야기 손원일급 잠수함, 지상표적도 정밀타격...국가전략적 비수", 『국방일보』, 2019.09.27., https://kookbang.dema.mil.kr/newsWeb/20190930/1/BBSMSTR_000000010206/view.do(2021.11.10.)

총 3척이 실전배치 완료될 계획이다.

　NPT 체제하에서 핵추진잠수함의 개발, 보유가 제한되는 한국군에게 AIP 탑재 잠수함은 독도방어를 위한 유일한 대안이다. 현재 추진 중인 도산안창호급 배치-Ⅱ는 2016년부터 2029년까지 다양한 위협에 효과적으로 대응하기 위해 3,600톤급 AIP 탑재 디젤-전기 추진 잠수함[81] 3척을 전력화한다는 계획이다.

　일본 해상자위대 잠수함대는 2개 잠수대군, 제1연습잠수대 및 잠수함교육훈련대로 구성되어 있다. 각 잠수대군은 3개의 잠수대, 식할함 및 후방지원을 담당하는 잠수함기지대로 편성되어 있다. 1개 잠수대는 2~4척의 잠수함으로 편성되어 있다. 잠수함은 소류급이라는 4,000t 규모의 잠수함을 포함해 22척 체제로 운영하고 있으며 핵잠수함은 없지만 소류급은 재래식 잠수함 중 세계 최대규모를 자랑한다. 소음이 가장 작아 공포의 잠수함이라 불린다.

　냉전 시절 홋카이도와 사할린 사이 소야해협에 2척, 홋카이도와 일본 본섬 사이 쓰가루해협에 2척, 대한해협에 2척의 잠수함을 배치해 16척 체제를 유지하였다. 또한, 매년 1척을 퇴역시키고 새로 1척을 건조하고 있으며 잠수함 기술도 매년 발전해 함령이 평균 8년도 안 되는 첨단 잠수함으로 무장, 재래식 잠수함 분야에서 세계 최고로 평가받고 있다.

　2011년부터는 미국의 요청으로 동중국해와 남중국해로 빠지는 두 곳의 길목에 8척의 잠수함을 배치해 22척 체제로 변환되었으며 매년 1척씩을 퇴역시키지만 해체하지 않고 연습함이라는 명목으로 그대로 보존하고 있어 운용 가능한 잠수함은 총 30척 정도로 추산하고 있다.[82] 이들은 모두 3,000톤급 이상으로 한국 해군의 잠수함 전력보다 대형이며 연안뿐만 아니라 원해작전이 가능하다.

　특히 일본은 AIP를 탑재한 소류급 잠수함을 2019년 기준 10척 건조했으며 2023년까지 잠수함 전력 22척 체제를 완성하기 위해 오야시오급 9척, 소류급 12척 그리고 차기 잠수함을 건조할 것으로 보인다. 따라서 한국의 수중전력

---

[81] 중·대형 잠수함 중 리튬이온전지를 적용해 수중작전 지속능력과 고속기동 지속시간이 늘어나고 전투체계 및 소나체계를 개선해 표적 탐색 능력 등 잠수함의 생존성과 작전 운용 능력을 높인 것이 특징이다.
[82] "주변국에 크게 뒤지는 한국의 잠수함 전력 보완 시급," 『중앙일보』, 2020.3.16., https://news.joins.com/article/23730556(2021.3.20.)

으로 독도 및 동해해역에서 독도 공격 시 동남해의 대륙붕, EEZ 내에서 조직적 체계적으로 투입하여 운용하는 것은 제한적일 것이다. 결국, 일본의 잠수함 공격으로 한국 해군의 독도 방어작전은 매우 어려울 것으로 판단된다.

3) 항공전투

동해안으로부터 약 220km 떨어진 거리에 위치한 독도에서 가장 가까운 비행장은 포항이며 거리는 약 260km로 한국 공군의 작전반경 하에 있다. 공군의 전투기는 독도 무력 공격 시 가장 먼저 투입할 수 있는 즉응전력으로 독도방어를 위해서는 공군의 엄호하에 수상전력이 운용되어야 한다.

독도방어 시 공군의 임무는 두 가지로 구분되는데 먼저 독도와 주변 상공에서 공중우세권을 달성하는 것이다. 공중우세권 달성을 통해 공군은 한국 수상전력의 생존 가능성을 확보하고 일본 잠수함을 탐지·추적·격멸하기 위해 운용되는 해상초계기, 대잠헬기 등의 활동을 보장해야 한다.

다음은 독도해역에 투입된 일본의 수상전력을 파괴 격멸하기 위한 공대함 공격을 위해 운용되어야 한다. 한국 공군이 보유한 총 460여 대의 전투기 중 주력 전투기는 KF-16 134대와 F-15K 59대. F-35A 40대를 포함하여 233대이다. 가장 성능이 우수한 F-35A는 스텔스 전투기로 원거리에서 공대공, 공대지 미사일을 발사할 수 있다. 추가로 F-35A 20대, F-35B 20대를 전력화할 계획이다. F-15K는 AIM-120 암람 공대공미사일을 탑재하여 원거리에서 효과적인 공중전을 수행할 수 있으며 사거리 120km의 AGM-84 하푼미사일을 탑재하면 공대함 공격이 가능하다.

일본 항공자위대는 13개 비행대 총 320여 대 이상의 전투기를 보유하고 있으며 주력기는 F-15J 150여 대, F-2 76대, F-35A 42대를 포함하여 268대이다. 공중우세권 달성을 위해서는 먼저 사거리 50~100km의 중장거리 미사일의 탑재여부가 평가기준인데 한국 공군은 이에 해당하는 기종이 KF-16과 F-15K, F-35A로 총 200여 대에 불과하나 일본 항공자위대는 F-15J, F-2, F-35A 등 260여 대를 보유하고 있다. 독도 무력공격 시 공중전투에 참여할 수 있는 전력은 일본의 77% 수준이며 공대공 작전능력은 동급으로 전력상 열세를 보인다. 그러나 공대함 능력은 한국의 전투기가 모두 100km 이상의 대함미사일을 탑재 운용할 수 있으나 일본의 전투기는 F-2 76대만이 대함미사일을 탑재할 수 있어 한국 공군의 우위가 예상된다.

　일본은 F-35A 63대, F-35B 42대를 포함하여 총 105대를 추가 구매할 계획이며 이중 F-35B 42대는 이즈모함과 가가함의 항모화 작업에 맞추어 전력화할 계획이다. 단거리 수직 이착륙(STOVL)기 운용이 가능하도록 경항모의 개조가 완료되면 일본은 2개 항모 함대 내지 항모 기동전단을 보유하게 되어 한국 해군에게는 매우 위협적인 존재가 될 것이다.

　또한, 포클랜드전쟁에서 증명하듯 원거리에서 발진한 영국 폭격기의 우위는 바로 공중급유기 운용에 따른 일일 출격횟수의 우위였다. 일본 항공자위대는 공중급유·수송부대 1개 비행대를 편성하여 총 4대의 미국산 KC-767 공중급유기를 운용하고 있다. 추가로 1개 비행대를 신편 하여 2개 비행대를 운용을 목표로 하고 있다.[83] 이를 통해 전투기의 작전 가용시간을 더욱더 연장할 수 있게 될 것이다. 한국 공군은 2018년 11월 유럽 에어버스사의 공중급유기 KC-330 1대를 필두로 2019년 12월까지 총 4대가 도입되어 2020년 7월부터 정상 운용 중이다.[84] 따라서 독도 및 부근 공역에서 체공시간과 항속거리를 대폭 확대하여 운용할 수 있게 되었다.[85] 따라서 독도에서의 공중전투는 작전수행능력의 우세에 따라 승패가 결정 날 것으로 평가된다.

　공중전력에 의한 공대함 전투에서는 대함미사일 탑재능력에서 우위를 보이는 한국 공군의 우세가 예상되며 이를 통해 수상전투에서의 열세를 만회해야 할 것으로 보인다.

4) 상륙전투

　독도의 면적은 약 0.2㎢로 매우 협소[86]하여 상륙작전을 위해서는 중대급인 약 100명의 병력으로 가능하다. 그러나 독도 상륙작전과 같은 정규전

---

83) 해군전력분석평가단, 앞의 책, p.68.
84) "공중급유기 시대 개막…독도 작전시간 3배 늘었다," 『세계일보』, 2019.01.30., http://www.segye.com/newsView/20190130004556?OutUrl=naver(2021.03.19)
85) 독도 상공에서 공중작전은 공중급유기 도입 전 최대 30분 동안 작전이 가능하였으나 공중급유기 도입 후 작전시간은 1회 급유받을 시 1시간 늘어난다.
86) 해양수산부, 『동쪽끝 우리땅 독도』, (서울: 해양수산부 해양정책국, 2002), p.114.

및 민간어선을 위장한 독도 상륙 등 비정규전에 대비하여 특수부대로 구성된 소규모 정예부대를 배치하여 다양한 상륙사태에 대비한 신속대응태세를 갖추는 것이 필요하다.

독도방어에 투입할 수 있는 특수전 전력은 포항의 해병 1개 사단이다. 해병대의 수송능력은 총 5척의 상륙함이 있으며, 배수량 14,000t의 독도급 상륙모함은 700여 명의 상륙병력과 헬기 10여 대, 공기부양정 2척을 탑재하여 이동할 수 있다. 유사시 기동헬기를 탑재한 독도함에서 상륙병력을 기동헬기에 탑재시켜 독도에 직접 공중기동작전을 수행할 수 있다.

일본은 2018년 3월 병력 2,100명 규모의 수륙기동단을 창설했으며 원거리 이격된 도서를 방어하는 전문부대로 일본판 해병대다. 2020년 현재 3개의 수륙기동연대, 약 3,000명 규모의 여단으로 편성되어 있으며 각 연대는 600~900명의 병력과 수륙양용장갑차 AAV(수륙양용장갑차)대대, 헬기강습대대, IBS(상륙 기습 고무보트) 기습침투대대 등을 편제하여 상륙작전, 기습침투, 해상침투, 정밀폭격유도, 레인저 등의 임무 수행이 가능하다.[87]

2007년 창설된 4,200명 규모의 중앙즉응집단[88]을 중·대형기동헬기와 공기부양정을 탑재한 이즈모함에 탑승시켜 독도 상륙작전에 투입할 가능성도 있다. 한국군이 해상 및 공중에서 우세를 달성하지 못한다면 독도 상륙전력의 신속한 전개에 제약을 주게 되어 일본의 독도 상륙병력에 대한 신속한 대응과 탈환 작전은 차질을 빚을 것으로 판단된다.

5) 독도방어 DKD 모델

포클랜드전쟁 모델을 적용한 한국의 군사력은 일본과의 대결에서 수상전투 및 항공전투에서 주도권을 잡는데 제한이 있는 것으로 평가된다. 결국, 한국은 일본과의 대결에서 아르헨티나와 같은 결과를 초래할 가능성이 크다는 것을 의미한다. 독도영유권 분쟁 등 주변국과의 해양영토 분쟁에 대비

---

[87] "일 자위대 내년 3월 '해병 여단' 수륙기동단 창설," 뉴데일리(2017.11.01.), http://www.newdaily.co.kr/site/data/html/2017/11/01/2017110100024.html(2021.03.19.)

[88] "일본 내주 '신속대응군' 창설", 『세계일보』, 2007.03.24., http://www.segye.com/newsView/20070323000372(2021.03.20.)

하기 위해서는 해군력의 증강이 필요하다.

방위사업청이 2012년 연구하여 발표한 "독도와 이어도 영유권 수호를 위한 해상전력 증강 방안에 관한 연구"에 따르면 독도와 이어도 분쟁 시 주변국 해양전력의 30%가 전개된다는 가정하에 이를 억제하기 위해서는 기동전단 3~4개가 필요하다는 결과를 도출했다. 4개 기동전단 창설에는 국방예산 22조원이 소요되고 해군병력 6,100여 명이 필요한 것으로 평가했다.[89]

<그림 2> 독도방어 DKD 모델

워게임	전력 비교	방어전략
해상전투 열세	① 초기전력 - 한국(초계함 7척, 호위함 3척, 구축함 2척) - 일본(구축함 8척) ② 증원전력 - 한국(구축함 6척, 이지스함 3척) - 일본(구축함 16척)	① 초기 대응전력 강화 • 항공전력 보강: 공중급유훈련 강화, F-35 전투기 전력화, KFX 사업 추진 • 해상전력 보강: VLS 기반 중단거리 함대공 미사일 탑재 차기호위함 전력화
수중전투 열세	① 전력 - 한국(장보고 9척, 손원일 9척) - 일본(3,000톤 이상 22척) ② 개발전력 - 한국(안창호 3척, 이지스함 9척) - 일본(AIP탑재 소류급 22척)	② 일본 증원전력에 대한 대응전력 확충 • 기동전단 확충(독도함, 구축함 5척, 이지스함 2척), 원거리 대공교전능력 확보 • AIP 잠수함 전력화(안창호급 3척), 이지스함 전력화(7,600톤급 3척, 6,000톤급 6척)
항공전투 열세	① 전력 - 한국(F-16 130대, F-15K 60대) - 일본(F-15J 150, F-2 76대) ② 작전능력 - 한국(공대공 작전능력: 열세) - 일본(공대함 작전능력: 열세)	③ 초음속 대함미사일 개발과 유사시 신속대응전력의 반응시간 단축 • 초음속 대함미사일 개발(해성 성능개량, 공대함, 함대함, 지대함 등) • 해병대 항공여단 전력화, 신속대응전담 여단 지정 운용, 상륙함 추가 확보 등
탈환작전 차질	① 투입전력 - 한국(해병 1사단, 독도함 1척, 기동헬기 10대, 공기부양정 2척) - 일본(수륙기동단, 오스미함, 기동헬기) ② 작전능력 - 한국(상륙전력 우세, 제해공권 열세로 상륙전력 전개 제약)	④ 울릉도 해상 거점기지 건설 • 해상 거점기지 건설(해역함대, 수상·수중 기동부대 수용) • 독도 전개시간 단축: 동해(4시간) → 울릉도(1시간 35분) • 일본 남서부 해상전력 전개시간 보다 1시간 이상 단축 가능

출처: 하대성, "한국의 독도 위기관리 DKD 모델", 경북대학교 박사학위 논문, p. 234.

---

[89] "이어도·독도방어에 해군 4개 기동전단 필요", 『아시아경제』, 2012.10.07., http://www.asiae. co.kr/news/view.htm?idxno=2012100711193266766(2021.11.04.)

전시 독도방어 DKD 모델의 효과적인 운용을 위한 방어전략을 정리하면 〈그림 2〉와 같다. 독도방어 DKD 모델의 운용을 위해 수상, 수중, 항공, 상륙전력을 포함하는 합동전력의 증강이 절실하다.

첫째, 일본의 독도 무력공격 시 가장 먼저 투입할 초기 대응전력의 강화이다. 방호능력 보강을 위해 차기 호위함 사업을 차질없이 추진하고, 구형함의 주기적인 교체를 통해 전투함의 성능을 최상으로 유지할 수 있어야 한다. 또한, 독도 상공에서 전투기들이 지속해서 임무를 수행할 수 있도록 공중급유기 연료재보급 훈련을 통해 능력을 향상시켜 나가야 한다. 차기전투기 사업과 한국형전투기 사업을 통해 공대공, 공대함 교전능력 면에서 일본의 주력 전투기들보다 나은 성능을 가질 수 있도록 하여야 할 것이다.

일본은 항공자위대에 우주영역 전문부대를 새로 편성하여 평시부터 유사시까지 모든 단계에서 우주 이용의 우위를 확보할 계획이다.[90] 우리는 이에 대비하여 정보 우위를 점할 수 있도록 우주 영역에서 운영할 수 있는 부대를 편성[91]하는 것을 국가 차원에서 검토해야 할 것이다.

둘째, 초기전투 이후 일본의 증원전력에 대한 대응전력의 확충이다. 일본은 초기전투에서 재해·공권을 효과적으로 장악하지 못할 경우 일본 서남부 해역에 위치한 해상자위대 제2, 제4 호위대군을 투입할 것이며 이는 독도에 투입된 한국의 제1함대에 가장 큰 위협요인이 된다. 비록 한국군이 수상 및 공중에서 우세권을 확보할지라도 일본의 증원전력을 효과적으로 차단하기 위해서는 수상 기동부대, 중·대형 잠수함 전력의 역할이 필요할 것이다.

일본의 해상전력을 거부, 저지하기 위해서는 최소 1개의 수상 기동부대가 투입되어야 한다. 따라서 총 2개 이상의 기동전단이 필요하다. 1개 기동전단은 독도급 상륙모함 1척, 이지스 구축함 2척과 한국형 구축함(4200t급) 2척, 작전 헬기 16대, 수송함 1척, 차기잠수함(3000t급) 2척, 해상초계기(P-3C) 3대, 군수지원함 1척 등이 필요하다.[92] 구축함은 사거리 100km 이상에서 대공 교전능력을 갖추어야만 일본의 호위대군을 상대할 수 있다. 이를 위해 고성능

---

[90] 해군전력분석평가단, 앞의 책, p.68.
[91] "한국형 3축 체계 컨트롤타워 전략사령부 창설 추진", 『MIDAS』, 2022. 8., http://www.yonhapmidas.com/article/220803203607_253484(2022.09.14.)
[92] 『아시아경제』, 앞의 글

방공레이더와 수직발사관 기반 함대공미사일 등을 반드시 탑재되어야 한다.

세종대왕급 이지스 구축함 중 최신함인 서애류성룡함에는 한국형 수직발사기(KVLS)가 탑재돼, 세계 최고 수준인 128발의 미사일을 장착할 수 있다. SPY-1D(V5)[93] 이지스 레이더는 최대 1,000km 밖에 있는 항공기나 미사일을 최대 1,000개까지 탐지할 수 있다. 2028년까지 총 6대의 이지스 구축함을 전력화하고 한국형 차기 구축함으로 6,000톤급 미니 이지스함 6척을 2024년부터 건조할 예정이다. 따라서 차질없이 차기 구축함 사업이 마무리되면 총 12척의 이지함을 보유함으로써 2030년대 안에 3개의 기동전단을 운용할 수 있을 것으로 예상한다.

수중전력은 현재 추진하고 있는 도산안창호급 배치-Ⅱ를 최초 작전 운용 성능(ROC: Required Operational Characteristics)에 적합하게 차질없이 진행하고 배치-Ⅲ 또한 계획대로 진행할 수 있어야 한다. 특히 핵추진잠수함의 건조 논의가 활발히 진행되는 국가적 요구를 적극 수용하여 차기 잠수함 사업에 반영할 수 있는 노력이 필요하다. 이를 통해 동남해의 대륙붕, EEZ에서 광역 초계임무를 수행하고 유사시 독도에 대한 일본의 증원역량을 저지, 무력화하는데 기여할 것으로 보인다.

셋째, 초음속 대함미사일의 개발과 유사시 신속대응전력의 반응시간 단축을 위한 노력이다. 초음속 대함미사일은 음속이하로 비행하는 대함미사일과 달리 마하 2 이상의 속도로 반응하여 함대공 요격능력을 무력화할 수 있다. 한국은 대함미사일 해성의 성능개량을 통해 초음속 공대함미사일을 개발하고 있으며 조만간 완료될 것이라고 보도[94]한 바 있는데 이는 항공기뿐만 아니라 차량이나 함정 등 다양한 탑재수단에서 발사할 수 있도록 개발하여야 할 것이다.

독도 유사시 투입할 상륙전력의 반응시간 단축을 위해 독도함 이외에 상륙함을 추가 확보하여 유사시 신속대응 및 독도 탈환 작전을 수행할 수

---

93) 이지스 위상배열 레이더로 약 1,000여 개의 공중표적을 동시 추적할 수 있고 약 20개의 표적을 동시에 공격할 수 있다.
94) "극초음속 미사일 등 KF-X의 국산 '독침' 무기들,"『조선일보』. 2021.03.16., https://www.chosun.com/politics/politics_general/2021/03/16/UDPPYWPUK5C3PD35N5QAPWBAYI/?utm_source=naver&utm_medium=referral&utm_campaign=naver-news(2021.03.21)

있어야 한다. 이를 위해 해병대 예하 신속대응전담 여단을 지정해 운용함으로써 평소 훈련과 즉응태세를 갖출 수 있으며 이러한 대비가 유사시 성과를 나타낼 수 있다고 사료된다.

넷째, 작전 반응시간 단축을 위해 울릉도에 입체적 합동작전을 수행할 수 있는 부대의 주둔이 필요하다. 해역함대와 잠수함, 특수부대 등을 수용할 수 있는 기지 건설이 요구된다. 울릉도에서 독도로 전력을 전개 시 약 2시간 이상의 시간이 단축되며 특히 사세보나 마이즈루에서 출동하는 호위대군의 전투함보다 1시간 이상 출동반응시간을 단축할 수 있다. 따라서 울릉도는 동해안 해역함대의 전진기지 역할을 수행하는 데 유리하다고 판단된다.

독도방어 DKD 모델은 몇 가지 한계점을 가지고 있다. 첫째, 전쟁 확산 가능성의 문제이다. 현실주의 시각으로 한일 양국은 준엄한 국가이익을 위해 전쟁도 고려할 수 있는 보통국가 중 하나라고 볼 수 있다. 일본 지식인들 사이에 거론되는 독도 무력 점령설은 일부 과격분자의 생각으로 치부해서는 안 되며 우리도 이에 대한 심도 있는 연구와 대비가 필요할 때이다.

둘째, 역사적 접근의 유보이다. 군사적 충돌을 전제로 독도 방어모델을 구상한 연구로 역사적 고증과 문헌적 자료를 중심으로 밝혀진 자료를 적시하는 작업은 유보하였다.

셋째, 주변국과와 연계성 검토의 문제이다. 독도는 한국, 중국, 일본, 러시아 모두의 분쟁지역이라고 보기 어렵다. 독도 문제는 한일 양국의 문제로 집약되어 있다는 점에서 독도 문제를 주변국의 문제로 연계하여 분석하는 것은 순수한 영토문제와 직결될 수 없다는 인식에서 출발하였다. 독도 문제는 한일 양국의 문제에 초점을 맞추는 것이 합리적이라고 판단하였다. 그러나 동아시아 해역은 여전히 샌프란시스코체제가 작동하는 지역으로 한일 양국의 문제만으로 한정시키기에는 무리가 있다.

V. 결론 및 평가

　본 논문에서는 독도를 둘러싸고 벌어지는 한일 간의 역사적, 국제법적 접근이 아닌 국제분쟁론적 접근으로 독도에 군사적 충돌이 발생하였을 경우 독도 수호를 위한 한국의 독도방어 모델을 제안하였다. 한국은 일본과 독도영유권을 놓고 역사적 국제법적 논쟁을 해오고 있지만 전쟁상황에 대비한 대응체제가 부재하고 이외 관련된 연구 역시 제한되었다. 특히 일본의 민간연구자들에 의해 독도 침략 시나리오가 제기되고 있는 상황을 감안하면 한국의 독도 위기관리 대응은 전면 재고되어야 한다.
　일본 지식인들이 주장하는 독도 문제해결방안은 세 가지로 요약된다. 첫째, 독도 분쟁을 끈기 있게 국제 재판에 회부하는 것에 동의하도록 한국을 설득해 나가야 한다는 것이다. 둘째, 국제사회의 이해를 돕기 위해 국제사법재판소에 독도 문제를 맡기자는 일본의 공명정대한 대응과 노력을 다양한 외국어로 팜플릿을 만들어 홍보할 것을 주장한다. 특히 세월이 흘러 한국의 실효지배가 법적 효력을 얻어 불법점거가 합법이 되도록 해서는 안 될 것이며 용납할 수 없기 때문이다. 마지막 해결방안은 한국의 불법점거를 포기하게 만드는 것인데 실효 지배의 근거로 내세우는 한국의 막사, 포대, 레이더, 헬기장, 부두 등을 자위대의 공습, 함포사격, 미사일 포격으로 완전히 파괴 소멸시키는 방법을 선택할 수밖에 없다는 주장이다. 공격대상은 독도 군사 시설로 한정하고 더 이상 확대시키지 않도록 무력사용의 범위를 제한하고 교섭도 조정도 거부하고 불법점거를 제재하겠다는 것이 목표이다. 이후 유엔의 안전보장이사회는 문제 해결을 위해 활동할 것이며 한국은 다케시마 불법점거의 죄를 인정하고 국제조정을 수용하게 될 것이라고 분석하고 있다.
　이에 본 연구는 일본의 독도 무력 침공 시나리오를 분석하여 단계별 군사적 위협을 도출하고 도상 위게임을 통해 한일 간 군사력을 분석 평가하고, 취약점에 대한 보완방향을 정립하였다. 이러한 일본의 군사적 위협에 대응하여 도출한 한국의 독도방어 모델이 포클랜드형 DKD 모델이다.
　본 논문이 가지고 있는 한계를 극복하고 후속연구를 통해 모델을 보완하기 위해서 다음과 같은 제안을 한다. 첫째, 국가 차원에서의 대응전략을 강구하고 공포할 것을 제안한다. 현재 비밀로 유지되고 통제되고 있는 독도관련 군사계획들을 공개하여 전 국민이 참여하는 독도평화체제를 만들어야 한다.

둘째, 독도 위기관리를 전담할 수 있는 연구인력과 기관의 설립을 제안한다. 한미동맹과 미일동맹 그리고 분단상황을 고려하면 한국정부가 일본을 공개적으로 적대시할 수는 없다. 따라서 민간차원에서 연구를 진행하고 시민단체들을 참여시키는 방법과 지방정부 차원에서 DKD 모델을 운용하는 방법을 제안한다.

셋째, 다차원적인 일본의 도발을 예측하고 대응책을 마련할 수 있는 컨트롤 타워를 설치할 것을 제안한다. 현재 독도수호의 주체는 너무나 다양하고 분산되어 있다. 이는 역으로 보면 책임성 있는 대응주체가 없다는 사실을 방증한다. 독도가 속한 경상북도와 대구경북을 중심으로 한 연구팀과 대학들이 일차적인 책임을 질 수 있도록 대응체제를 정비해야 한다. 그리고 전국의 연구기관과 지원기관들이 참여할 수 있는 네트워크를 형성하여 보다 효과적이고 신속한 독도위기관리 대응체제를 구축했으면 한다. 본 논문에서 제안한 DKD모델이 운용되고 정책에 반영된다면 일사분란하고 실효적인 독도관리가 이루어질 것이고, 평화로운 대한민국의 독도 시대가 앞당겨질 것이다.

참고문헌

경북대 대학원 정치학과, 『한국영토문제 자료집』 I, II, III권.
경상북도 독도사료 연구소 편, 『죽도문제 100문 100답에 대한 비판』
국방연구원. 『세계분쟁 데이터 베이스, 아시아분쟁현황』, 2015.
군사논단 10권, 편집실, 안보쟁점 시사논단 ; 독도 수호를 위한 대전략.
김민욱, 『해군, 해경과 합동으로 독도방어훈련 실시』, 한국방위산업진흥회, 2013.
김현수, 『세계도서 영유권 분쟁과 독도』, 연경문화사, 2009.
다케시마 문제연구소 편, 『다케시마 문제 100문 100답』
독도연구소, 『독도연구』 제15, 16, 19호, 경북: 영남대학교 출판부.
이한기, 『한국의 영토』(서울대학교, 1969)
폴 케네디 저, 이일수·김남석·황건 공역, 『강대국의 흥망』, 서울: 한국경제신문사, 1989
해군교육사령부, 『2009 세계 해군 무기체계 발전소식』, 해군교육사령부, 2009.
해군본부, 『21세기 해양력을 위한 협력전략』, 전력분석평가단, 2015. 5.
해상안보청 편, 『해상안보백서』, 1988.
황재연·정경찬, 『세계 최신무기 시리즈 5 한국해군 수상전투함』, 서울 : 군사연구, 2014. 6.
권석민, 「독도 영유권 분쟁 고찰: 동아시아 영토분쟁을 중심으로」, 해양전략연구소, 2011.
김연철, 「한중일 3국 해군군비경쟁에 관한 실태와 영향 연구」, 2006.
김용환, 하태영, 「독도와 이어도 수호를 위한 군사안보적 대비방향」, 한국전략문제연구소, 2017.
김재엽, 「독도방어 능력의 발전방향: 포클랜드전쟁의 교훈을 중심으로」, 국제문제조사연구소, 2013.
김종민, 「포클랜드전쟁 교훈」, 『海洋戰略』, 제26호, 1983. 10.
김종하, 김재엽, 「한국 해군력 건설의 평가 및 발전방향: '대양해군' 논의를 중심으로」, 『新亞細亞』 제19권, 2012.
김필재, 「독도방어는 한미 상호방위조약 대상이다!: 한미동맹 존속하는 한 일본의 무력행사 불가능」, 한국논단, 2014.
나홍주, 「샌프란시스코 평화조약 상 독도의 위상 (울릉도의 속도)과 그 수호책」, 영남대학교 독도연구소, 2016.
박재형, 「해병대 전략도서방어체계 구축에 관한 연구」, 『전략논단』, 제24호, 2016.
배규성, 「동아시아 영토분쟁과 한미동맹 : 독도 영유권 수호를 위한 의미」, 한국보훈학회, 2017.

, 「세계 영토분쟁의 흐름과 현황, 그리고 해결방안」, 기독교사상, 2012.
배진수, 「세계의 도서 영유권 분쟁사례와 독도」, 『국제정치논총』 제38집 2호, 한국국제정치학회, 1998.
양길수, 「현대전에 있어서 공중우세의 중요성: 포클랜드 전쟁을 중심으로」, 『空軍評論』 제100호, 1997.
양영민, 『사무라이 침략근성과 제국주의 일본의 부활: 독도에 대한 영토적 야욕을 드러낸 일본의 침략』.
유재현, 「독도와 군사안보」, 『合參』 제28호, 2006.
윤형노, 「주변국 대함유도탄 개발 추세 및 시사점」, 『週刊國防論壇』 제1279호, 2009.
이규태, 『일본의 동해 횡단항로의 개척과 전개』.
이기태, 『아베정부의 군사연구와 아카데미즘: 대학의 군사연구 활성화』.
이선호, 「독도특집 : 한국은 독도 수호 의지와 능력이 있는가? : 신 한일어업협정으로 훼손된 독도 영유권의 실상을 중심으로」, 해병대 전략연구소, 2008.
이성환, 「일본의 독도관련 연구의 새로운 동향과 분석 : 사회과학 분야를 중심으로」, 2013.
이신성, 「獨島의 國家領域的 價値에 관한 硏究: 韓·日 兩國간의 立場을 中心으로」, 海洋戰略, 제73호(1991. 12).
이용웅, 「현대해전 분석을 통한 장차전 대응방향 연구」, 『海洋戰略論叢』 제7집 (2006, 3).
이정태, 「남사군도 영토분쟁과 중국의 대응」, 『선주논총』 2002.
, 「중·일 해양영토분쟁과 중국의 대응」, 『대한정치학회』, 2005.
임덕순, 「독도의 정치지리학적 고찰」, 『부산교육대학 연구보고』 제8권 1호, 1972년 6월.
정기영, 「미래 전장환경에 부합한 전략도서의 역할과 운용개념에 관한 연구」, 『전략논단』 제9호(2008).
정남기, 「포클랜드 전훈분석: 지상전투를 중심으로」, 『軍事發展』 제48호 (1988. 6).
제성호, 「독도의 실효적 지배 강화방안과 국제법」, 『저스티스』 제93호 (2006. 8), pp.189-93.
조영갑, 『전통적 안보위기와 위기관리학의 정립』, 2005.
하대성, 이정태, 「독도의 전략적 가치와 독도방어 전략의 특수성」, 『대한정치학회보』 제30집 3호, 대한정치학회, 2022.
하대성, 「한국의 독도 위기관리 DKD 모델」, 경북대학교 대학원 박사학위 논문, 2021.
하태영, 「독도와 이어도 수호를 위한 군사안보적 대비방향: 남중국해 해양영토 분쟁을 통해서 본 한국의 정책적 대비를 중심으로」, 서울: 국방과학연구소
, 『최근 주변국 해군력 증강과 한국의 대응방향』, 2015.

김용환, 「최근 주변국 해양력과 한국의 대응방향: 해군력의 증강방향과 함정과학기술 발전방향을 중심으로」, 『전략연구』, 2015.
홍성룡, 「독도 영유권 분쟁에 관한 실태 분석과 대응방안」, 한양대학교 대학원 석사학위 논문, 2010,

The Carter Center "Approaches to Solving Territorial Conflicts: Sources, Situations, Scenarios, and Suggestions", Atlanta: 2010.

池内敏, 『竹島問題とは何か』, 名古屋大学出版会, 2012年
　　　, 『竹島―もうひとつの日韓関係史』, 中公新書, 2016年
金学俊 『独島/竹島、韓国の論理』論創校, 2004年; 増訂版, 2007年
島根県竹島問題研究会, 『竹島問題100問100答』, ワック, 2014年
木村幹, 「池内敏著『竹島問題とは何か』」, 『東洋史研究』, 2014年

高井三郎, 「竹島砲爆撃作戦は可能か？」, 『軍事研究』(2009. 3.), pp.28-38.
三鷹 聡, 「対潜水艦作戦が鍵だ! 日韓が選択すべき最良の手段とは? 2020年`自衛隊の竹島奪還作戦」, 『軍事研究』47号(2012. 12.).
下條正男, 「歴史認識問題としての竹島問題を何故`解決できないのか」, 『歴史認識問題研究』4호(2019)